자이니치 리더

신한은행을 설립한
자이니치 리더

이민호 지음

벼랑 끝에서 일어선 재일교포 성공담

책을 내면서

벼랑 끝에서 일어선 자이니치(在日)의 저력
한일수교 50년, 우리동포를 잃어버리고 있진 않은가

 "열 살짜리 어린 왕자가 일제통감 이토 히로부미(伊藤博文)의 손에 이끌려 남대문 정거장에 기차를 타러갈 때, 연도에 나온 백성들은 길을 막아서며 모두 목 놓아 울었다."

 서기 1907년 12월 5일. 조선의 마지막 황태자 영친왕(英親王) 이은(李垠)이 일본으로 끌려가던 날의 풍경이다. 바로 조선 왕조의 패망, 우리민족이 일본 식민지배를 당하는 전조였다. 그리고 재일교포, 재일동포 혹은 자이니치(在日)로 불리는 국외이주동포의 대량양산을 암시하는 예고편이었다.

 영친왕의 생애는 비참했다. 도쿄로 끌려가 외부와 격리된 채 일본왕실의 교육을 강요받으며, 편지마저 검열당하는 창살 없는 감옥살이를 했다. 어머니 엄비의 임종도, 아버지 고종의 임종도 지키지 못한 비운의 황태자는 말년에야 고국에 돌아왔다. 말 한마디 할 수 없는 실어증

(失語症)환자가 되어 돌아온 쓸쓸한 귀국이었다. 그렇게 폐인처럼 6년을 더 살다가 끝내 유언 한마디 남기지 못한 채 세상을 등지고 말았다. 힘없는 우리민족이 겪어야 했던 20세기 아픈 민족사의 단면이다.

왕족의 삶이 이럴진대 일반백성의 삶은 오죽했을까. 조선총독부에 의해 징용되었거나 궁핍을 견디다 못해 일제의 본산 일본행 연락선에 오른 동포는 허다했다. 망국의 황태자 영친왕부터 민족단체 민단을 창단한 열사 박열(朴烈), 규슈의 해저탄광에 노무자로 끌려간 갑돌이 아버지까지 제각기 사연은 달라도 현해탄을 건널 수 밖에 없던 우리동포들이다. 조선인 징용자는 일본 전체탄광 노동력의 3할, '죽음의 중노동'으로 꼽히는 갱도작업자의 7할을 맡았다. 징용사망자가 10만명에 달했다니 목숨을 내건 위험현장마다 동포들이 있었던 것이다.

당시 막장인생을 살면서 고향에 두고 온 처자식을 떠올리며 生을 부지했던 재일동포들이다. "닌니쿠 쿠사이(にんにく臭い, 마늘냄새 고약해)", "조센진(朝鮮人, 한반도 출신자를 일컫는 차별용어)"이란 모욕을 매일같이 들으면서도 생존을 위해 일본인에게 머리를 조아려야 했다. 먼 옛날이야기 같지만 우리 할아버지 세대에 벌어진 실화이다.

2015년은 대한민국과 일본이 국교를 맺은 지 꼭 50주년이 되는 해이다. 일본이 대한제국의 내정을 장악하고 외교권을 박탈한 '을사늑약(乙巳勒約)'이 체결된 지 110년 되는 해이기도 하다. 여기저기서 분기점을 맞이하는 해이니 냉각되어 있는 한일관계를 반전시킬 호기로 삼자는 목소리가 들린다.

하지만 거의가 보통사람에게 피부로 와 닿지 않는 원칙론 내지 외교담론이다. 본디 국가간의 관계개선이란 정치지도자의 의지가 수반되어야 풀릴 수 있다. 밖에서 백번 논의해봐야 논의로 그치기 십상이다.

차라리 그럴 시간에 지난 한일관계에서 실제로 일어난 사례를 찾아내고, 이를 타산지석(他山之石)으로 삼아 민족과 나라의 장래를 대비하는 편이 나을지 모른다.

필자는 재일동포사가 한일관계사의 일각을 차지하고 있으며, 이를 정리해야할 가치가 있다고 믿는다. 하지만 우리는 재일동포, 운명적으로 한일양국에 걸쳐 살아온 우리동포에 무관심하다. "재일교포가 도대체 누구인가"를 묻는 사람이 더 많은 세상, 재일동포를 제일동포라 틀리게 써도 전혀 이상하지 않은 나라에 살고 있다.

그들의 거주국인 일본 역시 재일동포는 마이너리티의 한 종류로 치부하고, 툭하면 민족적 우월감을 표출하거나 불만해소의 대상으로 삼는다. 모국에서 재일동포, 일본에서 자이니치로 불리는 그들은 엄연히 실존하는 인간군상임에도 양국 모두에서 그림자 취급을 받고 있다.

재일동포가 뭐지? 나랑 무슨 상관이야?

주류의 틀 속에 살아가고 있는 사람들의 사회적 소수자에 대한 무관심을 탓할 수는 없다. 다만 우리는 불과 100년전, 50년전 선조가 겪은 치욕의 역사마저 망각해버린 후세가 된 듯 싶다. 손자세대로서 영친왕이 볼모로 일본에 붙들려간 사실, 선조들이 1919년 3월 1일 일제에 항거해 독립만세운동을 했다는 사실을 몰라도 이를 부끄럽게 여기지 않는 풍토로 바뀌고 있다. 3.1운동 때 민족대표 33인이 우리민족의 독립을 선언한 기미독립선언서를 한자(漢字)가 섞여있기 때문에 못읽는다는 국민이 대다수이다. 할아버지의 글을 손자가 못읽는 국민이 있단 말인가를 생각하면 개탄을 넘어 말문이 턱 막힌다.

재일동포 문제도 망각하고 있는 우리역사 중 하나이다. 그림자처럼 여기는 그들이 모국 한국과 거주국 일본에 행한 공헌은 굵직굵직하다.

대한민국 정부수립 때부터 살펴봐도 그렇다. 1948년 6월 재일동포는 우리나라가 최초로 태극기를 달고 출전한 런던올림픽 때 선수단 경비를 전액지원하고, 요코하마항에 들르게 해 대표팀에게 운동용품, 유니폼, 외국선수단에게 건넬 기념품까지 챙겨줬다.

6.25한국동란 때 642명의 학도의용군이 참전했고, 60년대 '구로공단'으로 대표되는 초기 경제개발 참여, 70년대 새마을운동 지원, 80년대 '신한은행' 창립과 '롯데그룹' 창립 등 경제발전에 크게 공헌했다.

88서울올림픽 때는 100억 엔의 성금을 모아 올림픽경기장 5개소를 건설 기증했으며, 97년 말 IMF외환위기 때는 달러가 부족하다는 말에 앞 다퉈 15억 달러를 모국으로 송금했다. 당시 범국민운동으로 펼친 '금모으기 운동' 실적이 10억 달러 남짓임을 감안하면 가벼이 넘길 수 없는 애국활동이다.

특히 일본 속 한국의 얼굴이라 할 수 있는 주일대한민국공관 10개소 가운데 9개소는 재일동포가 기증하거나 모금운동을 통해 세워졌다. 이는 재일동포의 조국사랑을 증명해주는 실체이다.

재일동포들은 거주국 일본에서 존경받는 주민이 되려고 각종 교류와 봉사활동에 빠지지 않는다. 일례로 지난 2011년 3.11동일본대지진이 발생하자 재일동포와 민단 단원은 원전폭발사고가 일어난 후쿠시마까지 한달음에 달려갔다. 그때 동포들은 자기 집 밥솥과 먹을거리를 한군데 들고 나와선 밥과 국을 끓여 이재민들을 대접했다. 재난 시 이심전심 힘을 모아 남을 돕는 한민족의 몸을 사리지 않는 구호활동은 일본 사회에 신선한 충격파를 던졌다.

필자가 만난 재일동포는 모두가 오뚜기 인생이다. 하나같이 처음에는 막장인생이었다. 현해탄을 건넌 빈농의 자식들이었기에 일본인이 힘들다며 꺼려하는 노가다, 넝마주이 같은 험한 일을 도맡았고, 법의 경계를 넘나들며 밀주를 만들어 팔아 연명했다. 벼랑 끝에 내몰린 하류인생이었으나 그들의 인생사전에 포기란 단어는 없었다.

숱한 동포들이 빈곤과 차별의 이중고를 인생을 반전시킨 디딤돌로 삼았다고 고백한다. 오로지 독학으로 세계최고의 명장, 예술가의 반열에 오른 진창현(陳昌鉉, 바이올린 장인), 이우환(李禹煥, 미술가), 이타미 준(伊丹潤, 건축가)씨가 그랬고, 금융보국의 장대한 꿈을 품고 1982년 신한은행 창립에 앞장선 341명의 재일동포들 역시 곤궁함이 삶의 자양분이었다고 말한다.

재일동포는 저마다 자기분야에서 입지전을 일궈냈다. 일본 금융계를 뛰어넘어 한국금융에도 새 바람을 몰고 온 신한은행 창립의 일등공신 이희건(李熙健)씨, 22세 때 영주귀국해 벼랑 끝 리더십으로 모국에서 '야구의 신(神)'이 된 김성근(金星根)씨의 인생은 언제 들어도 가슴 먹먹한 감동을 선사한다. 도쿄 일등지의 자기 집을 주일한국대사관으로 헌납한 서갑호(徐甲虎)씨, 일생을 조국통일 운동과 민족언론 육성에 바친 이영근(李榮根)씨, 여성의 몸으로 6.25때 전장 구호활동을 펼친 백세여걸 오기문(吳基文)씨, 신용제일의 신조로 일본인들까지 존경해 마지않는 나고야의 정환기(鄭煥麒)씨, 오사카 중심부에 영사관을 세운 전설의 주먹 한록춘(韓綠春)씨, 도쿄의 빌딩을 팔아 차세대 육성에 온힘을 쏟은 중앙대 이사장 김희수(金熙秀)씨, '눈은 세계로 가슴은 조국으로'를 실천하며 사는 파친코 황제 한창우(韓昌祐)씨 등 어느 한 사람 훌륭하지 않은 사람이 없다.

이 책은 필자가 만나고 취재한 재일동포 21명의 인생이야기이다. 우리 곁에서 우리와 더불어 살아가는 동포의 경험담은 하나의 작은 역사이다. 일본에 살고 있는 동포가 누구인지 알려주는 재일동포 안내서로 보아도 좋다. 당사자를 인터뷰하고, 지인을 통해 보고들은 것, 각종 자료를 정리한 취재기록이기도 하다.

글로 옮기면서 벼랑 끝 궁지에서도 역경을 용수철 삼아 재기하는 재일동포의 저력에 다시금 고개가 수그려진다. 한편으론 마음이 무겁다. 그동안 우리동포를 너무 모르고 지내진 않았는가, 타향살이하는 혈육을 아류일본인으로 밉게 보고 있지는 않았는가, 우리의 홀대로 우리 동포를 일본에 빼앗기고 있지는 않은가. 무엇보다 한 사람의 인생으로서 누가 보아도 각자 훌륭한 분들인데, 재일동포를 조금이나마 안다면서 이를 외면하는 건 온당치 못하다는 기분이 든다.

모름지기 '우물 물을 마실 때는 그 우물을 판 사람을 기억하라(飮水思源, 掘井之人)'고 했다. 물을 마실 때는 근원을 누가 만들었는지 기억하고, 그분에 대한 고마움을 잊지 말라는 격언이다.

재일동포에게 감사하는 마음으로 그들의 이야기를 하고자 한다. 이 책을 통해 재일동포를 우리로 받아들이고 따뜻하게 바라보는 사람이 한 사람이라도 늘어나기 바라면서...

2015년 7월 길일 서울에서
이민호 올림

책을 내기까지 감사드려야 할 분들이 많이 계십니다. 일일이 찾아뵙지 못하고 지면을 빌어 감사를 표하는 점 양해를 구합니다. 우선 취재기회를 주시고 졸고를 쓰도록 허락해주신 재일동포 주인공 한 분 한 분께, 친지 분들에게 고개 숙여 감사드립니다. '따뜻한 금융'의 온기를 국내뿐 아니라 재일동포들에게 나누어 주시는 韓東禹 회장님과 趙鏞炳 은행장님, 李信基 부사장님 비롯한 신한금융그룹 관계자 여러분의 성원에 깊이 감사드립니다.

특히 집필을 허락해주신 통일일보사의 姜昌萬 사장님 감사합니다. 필자의 재일동포 기사를 국내에서 접할 수 있게 해주신 '신동아'의 이정훈 편집위원님, '월간조선'의 배진영 차장님께도 감사드립니다. 재일본대한민국민단 吳公太 중앙단장님, 외교부 한일국교정상화 50주년 사무국, 글로벌 한민족공동체 구현의 중심기관 재외동포재단의 배려도 잊지 않겠습니다.

애석하게 이번에 지면에 빠졌으나 도쿄에 계신 동포 2세분의 조국을 염려하는 따뜻한 마음은 제 추억의 한 페이지가 되었습니다. 마지막으로 책이 나오기까지 정성을 다해 도와준 스태프 여러분에게도 감사를 표합니다.

차 례

세계 넘버원에 도전한 자이니치경제인

이희건(李熙健) 신한은행 회장   15
新韓을 대한민국 일등금융사로 만든 재일동포 대부

서갑호(徐甲虎) 사카모토방적 사장   49
주일대한민국대사관 기증한 모국투자의 선구자

정환기(鄭煥麒) 코하쿠그룹 회장   79
「信用에는 國境이 없다」 아이치현 대통령

한창우(韓昌祐) 마루한그룹 회장   109
「눈은 세계로, 가슴은 조국으로」 봉사하는 파친코 황제

강인수(姜仁秀) 야치요병원 이사장   137
일본 최고의 노인요양병원 세운 히로시마리더

보다 나은 세상을 지향한 자이니치사회운동가

이영근(李永根) 통일일보 창립자   153
「조국통일로의 이 한길」 진보지식인의 표상

오기문(吳基文) 재일본대한부인회 창립자   185
재일대한민국민단을 창단한 유일무이 여걸

한록춘(韓綠春) 후지관광호텔 회장   211
오사카 심장부에 영사관 세운 전설의 주먹

박병헌(朴炳憲) 민단중앙본부 단장   233
애국활동에 온몸 바친 민단의 상징

서용달(徐龍達) 모모야마가쿠인대학 교수   257
차별철폐운동 펼친 일본내 외국인 1호 교수

정진(鄭進) 민단중앙본부 단장   275
5.17 민단 와해공작 때 동포사회 구원한 2세 리더

민족인재 육성에 헌신한 자이니치육영가

김희수(金熙秀) 중앙대학교 이사장　297
민족인재 육성 위해 전 재산 바친 빌딩재벌

조규훈(曺圭訓) 오사카 백두학원 창립자　319
재일동포 민족교육의 토대를 닦은 선각자

강길태(姜吉泰) 청암대학교 창립자　347
대한민국에서 대학 설립한 재일동포 1호

김경헌(金慶憲) 낙서건설공업 회장　365
한국일등 노인대학 부산대 경헌실버 창립자

김정출(金正出) 청구학원쓰쿠바 창립자　389
차세대 육성에 마지막 승부수 던진 외과의사

벼랑 끝에서 일어난 자이니치스포츠인

김성근(金星根) 한화이글스 감독　411
벼랑끝 리더십으로 야구의 신(野神)이 된 재일동포

김영재(金英宰) 재일대한체육회 회장　441
「일편단심 축구인생」 재일동포 체육계의 산 증인

[부록] 원로들이 말하는 재일대한체육회 비화(1948~2012런던올림픽까지)

독학으로 세계 일류가 된 자이니치예술가

진창현(陳昌鉉) 바이올린匠人　469
독학으로 세계최고 반열에 오른 바이올린 장인

거장 이우환(李禹煥)과 이타미준(伊丹潤)의 인생최후대담　487
세계 최고봉에 오른 재일동포 예술가, 서로의 인생 궤적을 논하다

| 이희건(李熙健) |
| 신한은행 회장 |

신한新韓을 대한민국 일등금융사로 만든 재일동포 대부

"주주총회가 끝날 때까지 절대 알리지 마라. 장례는 가족끼리 조용히 치르라."

신한은행 창립의 주역인 재일동포 1세 이희건(李熙健, 1917~2011) 회장의 유언이었다. 마지막 가는 길까지도 그는 자기회사에 누(累)가 될까를 염려했다. 그에게 신한은 생사의 갈림길에서도 꼭 지켜주고 싶은 소중한 존재였다.

신한新韓, 신화의 시작

'신한은행(新韓銀行)'이란 이름이 세상에 깃발을 올린 건 1982년 7월 7일이다. 점포 3개에 자본금 250억 원의 초미니뱅크의 출범. 이는 대한민국 금융사에 새로운 한 획을 긋는 일이었다. 대한민국 역사상 최초로 순수하게 민간자본만으로 세워진 은행으로, 국내가 아닌 해외를 터전으로 살아가는 교포들의 힘으로 일궈낸 금융기관이었다. 창립 주주는 341명, 모두 재일동포이다.

은행 창립에 많은 동포들이 힘을 보탰다. 그중에서도 창립의 일등공신은 이희건 회장이다. 정부와 대통령을 상대로 장장 10년간 찾아다 닌 끝에 은행 인가를 받아낸 장본인이다. 또한 출자금을 마련하려고 홋카이도부터 오키나와까지 일본 전역을 돌면서 동포 한 사람 한 사람을 만나며 모국에서의 은행 창립에 동참할 것을 설득해냈다. 여기서 발견할 수 있는 신한 창립이 갖는 중요한 의미는 신한은행은 재일동포의 나라사랑을 현실에 구현한 '애국자본 금융사'란 사실이다.

신한의 현주소는 놀랍다. 12개 자회사를 가진 명실공이 한국을 대표하는 금융그룹으로 성장하였다. 자산 기준으로 2014년말 기점 407조 원으로서, 창립 32년 사이 무려 1,600배가 넘는 폭풍성장을 일궈냈다. 가히 대한민국 금융의 성공신화를 만들어가고 있다고 말할 수 있다.

이희건 회장은 창립 당시 신한의 신화를 예언하듯이 장담했다.

"우리는 신한은행을 국내 최고의 은행으로 만들고야 말 것입니다."

그는 1982년 7월 6일 서울 명동의 로얄호텔에서 열린 창립 주주총회 때 이렇게 선언했다. 수많은 내외빈이 모인 공식석상이었다. 그러나 이 발언에 주목하는 사람은 많지 않았다. 장내 반응도 허풍으로 여기거나 으레 하는 인사말쯤으로 보는 기류가 역력했다.

그러나 이때 재일동포 주주들만은 이 회장의 선언이 진심임을 알고 있었다. 일본에서는 회사 대표가 공식석상에서 한 발언에는 어떻게든 지키고야 말겠다는 책임의식이 내포돼 있다. 리더의 발언에 막연한 희망이나 공약(空約)이 들어가서는 곤란하다고 여긴다.

이날 이희건 회장의 발언에는 신한은행을 반드시 대한민국 최고은행으로 성장시키겠다는 '유언실행(有言實行)'의 비장함이 녹아 있었던 것이다.

〈신한은행〉 창립기념식(1982.07.07)

"방관하지 말고 참여자가 되어라"

이희건 회장은 신한은행을 성공리에 창립한 비결이 보다 많은 사람에게 참여의 기회를 주고, 대중을 위한 조직으로 만들기 위해 노력했기에 가능했다고 밝혔다.

"무슨 일을 하든지 마찬가지라고 생각합니다. 되도록 많은 사람을 참여시키는 게 좋습니다. 그리고 대중에게 도움이 되는 조직 만들기를 고민해야 합니다. 신한은행을 세울 때도 기본에는 재일동포 다수를 참여시키겠다는 생각을 바탕에 깔고 있었습니다. 예나 지금이나 변함없는 신념입니다다만, 조직을 세우는 절대적인 조건은 참여자를 많이 만드는 일입니다. 이건 종전직후 오사카 쓰루하시(鶴橋)암시장에서 얻은 교훈입니다. 시장 안에서 조선인, 일본인, 중국인들이 뒤섞여서 다투고 대립할 때 그걸 정리해가면서 배운 것입니다. 요즘 젊은 사

람은 암시장 같은 건 모를 테지만..."(2007년 2월 인터뷰)

종전은 곧 일본의 패망을 의미했다. 1945년 8월 15일 천황이 태평양전쟁에서 무조건 항복을 선언하자, 일본사회는 일대혼란에 빠져들었다. 정치, 경제 체제가 마비되면서 순식간에 지금 당장의 한 끼 식사를 걱정해야 하는 궁핍의 시대가 도래했다.

보통의 일본인들은 먹을거리를 구하기 위해 집안 가재도구를 내다 팔아야만 했다. 물물교환 장터인 암시장이 일본 곳곳에 우후죽순처럼 생겨난 배경이다. 암시장은 재일동포가 가장 많이 모여 사는 지역인 오사카 이쿠노(生野)구내 쓰루하시역 근방에도 섰다.

"가보를 돈으로 바꾸는 사람, 전사한 남편의 유품을 파는 아내, 숨겨놨던 군수물자를 땅바닥에 늘어놓은 사람, 그런 걸 사들여 지방으로 되파는 사람 등 각양각색의 상인 으로 넘쳤다. 그 수가 족히 2,000명을 넘었다."('오사카흥은 30년사' 中)

쓰루하시시장은 재일동포, 일본인, 중국인 등 하루 손님만 20만 명에 달하는 대형 다국적 마켓이었다. 그러나 암시장은 어디까지나 무허가 시장, 손님이 많든 규모가 크든 당국 입장에선 단속 대상이다. 처음에 시장 외곽의 일부 노점만 단속하다가 점차 넓어지더니, 급기야 1946년 8월 1일부로 쓰루하시시장은 강제 폐쇄되고 만다.

상인들은 하루아침에 점포를 잃고 우왕좌왕하고 있었다. 이때 해결사를 자처하고 나선 이가 있었으니 재일동포 청년 이희건이었다. 그 역시 쓰루하시시장 구석에서 자전거 튜브와 오토바이 타이어 장사를 하는 상인이었다.

"상인마다 국적이 다르다보니 이해관계가 달라 의견 취합이 안되었습니다. 날마다 모여 협의는 하는데 만나기만 하면 으르렁대며 언쟁만 일삼았습니다. 그 가운데 한국사람이 4할 정도로 가장 많았습니다. 누군가 나서서 정리하지 않으면 안되는 상황이었습니다. 그때 제가 용기를 내어 나와서 단결하지 않으면 시장은 영원히 폐쇄되고 말테니 '상인연합대책회의'부터 만들자고 제안하였습니다. 그때부터 한 사람씩 찾아다니며 설득하였습니다."

그는 끈질겼다. 수천 명 상인을 일일이 만나서 상인연합대책회의에 참여하겠다는 약속을 받아냈다. 연판장을 돌려 손수 청원서도 만들었다. 협상 대상은 일본 경찰과 연합군사령부 GHQ(General Head Quarters). 이희건 청년은 보통 사람은 이름만 듣고도 벌벌 떨던 당국을 상대로 호기 좋게 교섭에 나섰다. 궁핍에 지친 상인의 실상을 설명하고 시장이 재개되도록 해달라고 선처를 호소했다.

그러나 당국은 움직이려 들지 않았다. 해제 조치는 차일피일 미뤄지고 있었다. 초조해진 상인들 사이에서 무력시위로 쓰루하시의 힘을 보여주자는 의견이 대두되었다. 실제 다른 암시장에서는 파이프 들고 농성하는 일이 빈번히 일어나던 상황이었다.

"무력 사용은 결단코 안됩니다. 협상만이 유일한 카드여야 합니다."

다시 상인들을 찾아다니며 설득했다. 그는 강자의 아량이 없어지면 약자인 상인만 손해 보게 된다는 걸 본능적으로 알았다. 한편으로는 매일 GHQ를 출근하듯 찾아가 사령관 면담을 신청하고, 만나게 되면 부탁하고 또 부탁했다. 뚝심은 보람으로 돌아와 1947년 3월 시장 재개 승인이 떨어졌다. '쓰루하시 국제상점가'라는 버젓한 이름까지 얻어냈다. 무허가 딱지를 뗀 합법시장으로 새로 태어난 것이다.

"그때 제 나이 서른이었습니다. '대중이 하나'되면 얼마나 큰 힘이 되는지 절감한 순간입니다. 방관해서는 안된다는 것도 깨달았고요. 사람들을 많이 참여시키니 힘이 생기고, 가망 없어 보이는 일도 가능하게 바뀌었다고 봅니다."

그는 한 걸음 더 나아갔다. 시장 상인들의 이익을 지키는 조직으로서 '쓰루하시국제상점가연맹 번영회'를 결성했다. 그리고 번영회 초대 총회에서 만장일치로 번영회장에 선출되었다.

박정희 대통령과 하숙동기

이희건 회장을 오래전부터 알고 지내온 재일동포 1세들은 그를 '타고난 보스'라고 평한다. 당당한 체격에 두둑한 배짱, 뛰어난 언변을 갖췄다. 전화번호, 이름, 숫자, 연설문은 슬쩍 보고도 바로 외워버리는 비상한 두뇌의 소유자이기도 했다.

그렇다고 천부적인 재능의 리더라 단정하는 건 곤란하다. 스스로 현상을 타개해보려고 끊임없이 노력하는 자기발전 의식이 강한 인물이기 때문이다. 일제 식민지하 15세의 어린 나이에 혈혈단신 현해탄을 건넌 용기가 있었고, 굶기를 밥 먹듯 하던 고단함 속에서도 학업의 꿈을 포기하지 않는 끈기가 있었다. 오사카에 있던 메이지대학 전문부 재학 시절, 청년 이희건은 함바집(간이숙박시설)에 기거하며 낮에는 막노동을 하고 밤에 공부하는 주경야독을 했다. 장차 큰일을 하려면 학문 연마가 우선되어야 한다는 신념이 있었다.

향학열은 일본으로 건너가기 전부터 있었다. 일제 때 팔도강산 수재들의 집합체로 불렸던 대구사범학교 입학시험에 응시한 적도 있다.

"현해탄 건너기 전 대구사범 입학시험 때문에 대구로 나와서 열 하루 동안 하숙 생활을 한 적이 있습니다. 완전히 우연입니다만 그때 같은 하숙생 중에 박정희 대통령이 있었습니다. 나중에 들으니까 그는 시험에 붙어 소학교 교원이 되었더군요. 저도 고향(경산)에서는 수재 소리 듣던 터라, 필기시험에는 나름 자신이 있었습니다. 그런데 음악, 미술이 문제였어요. 소학교 교원이 되려면 모든 과목을 고루 잘해야 하는데, 그만 두 과목 때문에 떨어지고 말았습니다. 지금도 음악, 미술엔 재능이 없지만요."

그의 말대로 박 대통령은 대구사범을 졸업한 뒤, 경북 문경국민학교에서 3년간 교사생활을 한 바 있다. 두 사람은 같은 경상도 출신의 1917년생 동갑내기였다. 한 명은 훗날 대통령으로 조국의 경제 근대화를 일궈낸 불세출의 국가 지도자가 되었고, 다른 한 사람은 재일동포사회를 선도하는 금융가 겸 리더로 성장했다. 이때 두 소년은 훗날 재회하게 될 줄 미처 몰랐을 것이다.

〈오사카흥은〉 설립

쓰루하시시장 시절, 이희건 회장에게 번영회장직은 생애 처음 맡은 공식 리더 직함이었다. 상인 간 분쟁부터 세무 상담, 관공서를 대상으로 한 협상까지 크고 작은 민원처리에 눈코 뜰 새 없이 바쁜 나날을 보냈다. 민원은 주로 한국인을 위한 일이었다. 쓰루하시역 인근에 코리안타운이 형성돼 있고 상인 수도 한국 사람이 제일 많았기 때문이다.

그에겐 어느새 '해결사'라는 별명이 붙어 있었다. 쓰루하시시장도 국제상점가라는 공식명칭보다 '조선시장'으로 통했다.

초창기 〈오사카흥은〉 시절의 이희건 회장

이런저런 민원을 도맡아 처리하면서 그는 금융의 위력을 절감하였다. 한국 사람이 일본에서 경제적인 자립을 이루기 위해서라도 현실적인 급선무가 금융문제 해결이라 생각했다. 재일동포들은 제 아무리 좋은 사업 아이템이 있어도 자금을 못구해 단념하기 일쑤였다. 일본 시중은행에서 융자를 받는 건 하늘의 별따기 같은 일이었다.

재정과 담보가 탄탄한 업체라도 사주가 재일동포이면 은행은 으레 일본인 보증인을 요구하고 담보비율을 과도하게 설정했다. 심지어는 "귀화하면 융자해주겠다"고 종용하는 은행원을 만날 때도 있다. 일본 제국주의를 경험하고 일본에서 차별을 당한 재일동포에게 귀화는 있을 수 없는 굴욕으로 인식되던 시절이다.

이 회장은 막혀있는 금융장벽을 타개할 길은 자구책 뿐이라고 봤다. 그 길로 쓰루하시 재일동포 상인과 오사카 상공인들을 출자자로 모집했고, 1955년 신용조합 오사카흥은(大阪興銀)을 창립했다. 금융인으로서 인생을 걸기로 다짐한 그는 이듬해 흥은 이사장에 취임했다.

그러나 작은 후발주자 흥은은 초창기 고전을 면치 못했다. 오사카상은(朴漢植이사장)이 먼저 민족금융기관으로 자리잡고 있었고, 상은이 미치는 동포사회에서의 영향력은 흥은과 비교불가일 만큼 컸다.

창립 후 몇 년 동안은 이래저래 고비가 많았다. 가뜩이나 예금고도 적은 데 직원이 업무미숙으로 수표를 남발하는 바람에 자금난을 겪는 웃지 못할 사고도 일어났다. 이 회장은 자기재산을 전부 담보로 걸고, 매일같이 동포 상공인들을 찾아다니며 협조를 부탁했다. 고비를 수도 없이 넘기면서 흥은은 점차 궤도에 진입해 간다. 이희건의 사교력, 협상력, 경영능력이 뒷받침되지 않았다면 버텨내지 못했을 것이다.

오사카흥은은 1968년 신사옥을 완공했고, 그해 말 민족금융기관 가운데 제일 먼저 예금고 100억 엔을 달성했다. 우량 금융기관으로서의 기반을 굳히는 기점이었다. 흥은은 이후에도 발전을 거듭하여 1991년에는 예금고 1조 엔을 돌파했다.

1993년 7월 1일에는 관서지방에 있던 5개 재일동포 신용조합을 합병하여 '관서흥은(關西興銀)'으로 다시 태어났다. 이희건의 흥은은 일본내 신용조합 가운데 각종 지표에서 압도적인 1등이었으며, 규모와 실적 면에서 웬만한 일본 지방은행을 앞질렀다. 관서흥은 합병은 동포 신용조합의 역량을 규합해 '외국인에게는 은행 설립을 불허한다'는 일본 당국의 금융장벽을 허물고 싶은 뜻도 담겨 있었다. 일본에서 시중은행을 세우겠다는 숙원을 이루고 싶었던 것이다.

그러나 이 꿈은 90년대 말 일본의 버블경제 붕괴에 따른 과다한 불량채권 발생, 일본 당국의 석연치 못한 뒷처리로 인해 관서흥은이 파탄 나면서 무산되고 만다.

이희건(李熙健) 신한은행 회장   **25**

그나마 위안을 삼을 수 있는 건, 훗날 신한은행이 출자해 일본에 설립한 'SBJ은행'이 현지법인으로 설립인가를 받아낸 것이다. 일본 내 독자금융법인인 SBJ은행은 외국계 은행으로는 미국의 씨티은행에 이어 두 번째이며, 한국 시중은행 최초의 일본현지법인이다. 인가과정에 이희건 회장은 신한 측에 현지의 지인 네트워크를 연결해줬다.

대통령에 직언해 〈재일한국인본국투자협회〉 결성

그는 일본에서의 성공에 안주하지 않았다. 마음 한 구석에는 언제나 모국과 고향이 자리잡고 있었다. 조국을 위해 뭔가 돕고 싶다는 열정이 가득했다. 이희건 회장처럼 어린 나이에 고향을 떠나 타향살이를 해온 재일동포 1세들에게 일본은 잠시 머무는 곳으로 여겨졌다. 언젠가는 금의환향하겠리라는 생각이 강했던 세대이다.

"우리 동포들이 본국(=한국) 투자를 본격화하던 기점은 1965년 한일협정이 체결될 때입니다. 경제개발계획을 세워 국가를 혁신하고 경제발전을 위해 국민이 힘을 모으던 때입니다. 이제부터 재일동포들도 모국을 위해 뭔가 해야 한다는 기분이 강했습니다. 민족의식이랄까, 애국심의 정열이랄까. 그런 게 끓어오르고 있었습니다."

60년대 재일동포 모국투자는 활발했다. 일본과의 수교를 전후해 진출한 초기 투자가로는 서갑호(徐甲虎, 방림방적), 신격호(辛格浩, 롯데제과), 허필석(許弼奭, YC안테나), 김용태(金容太, 한국마벨), 안재호(安在祜, 대한합성화학), 강병준(姜炳浚, 삼화제관)등이 있었다.

재일동포들이 1963년 1월부터 1964년 8월까지 한국에 반입한 재산은 공식 2,569만 달러. 비공식 루트로 반입된 재산이 공식의 4~5배 임을 감안하면 최소 1억 달러 이상 국내로 반입되었다. 이는 당시 한국의 연간 수출액(1962년 5,400만 달러)의 곱절이 넘는 액수였다.

1967년 4월 1일 준공한 한국최초의 수출공단 '구로공단'(九老工團, 현재의 '가산디지털단지')도 재일동포 전용공단이었다. 입주기업 28개사 중 18개가 재일동포 소유업체로서, 당시 박정희 대통령은 준공식 축사에서 재일동포에 거는 기대감을 표명했다.

"재일교포들이 이곳에 조국의 산업건설에 이바지하겠다며 모든 악조건을 무릅쓰고 공장을 세웠습니다. 정부는 재일교포들의 새로운 공업기술 도입에 깊은 관심을 가지고 있습니다."

모국투자는 점점 늘어 1970년 초반에는 200개사를 훌쩍 넘었다. 이 무렵부터 동포 투자가 사이에서는 투자상담 및 수속, 세무, 분쟁조정, 대정부 청원 등을 종합적으로 지원하는 단체를 만들자는 논의가 시작되었다. 대정부 상담창구를 만들자는 목표도 있었다. 그러나 문제는 투자가 사이에서 리더를 맡겠다는 이가 나타나지 않았다.

이때 대두된 인물이 이희건 회장이었다. 암시장 쓰루하시를 정식시장으로 재건시킨 협상력과 두둑한 배포, 오사카흥은 창립과 1970년 오사카엑스포 모금활동으로 입증된 추진력과 리더십. 다방면에서 그만한 적임자는 없었다.

재일동포들은 5차례의 예비모임 끝에 1974년 2월 5일 오사카재일상공회 사무실에서 '재일한국인본국투자협회' 결성총회를 갖고, 초대 회장에 이희건 씨를 추대했다. 협회 부회장은 김용태, 강병준, 고문에는 신격호, 서갑호, 안재호, 허필석, 강택우 씨가 각각 추대됐다.

그러나 풀지 못한 과제가 있었다. 금융문제였다. 동포 투자가들은

〈재일한국인본국투자협회〉 현판식(1977)

국내 은행에서 융자를 받지 못해 일본에서 돈을 가져다 자금을 충당하고 있었다. 지금처럼 출입국이 자유롭지 못하던 시절, 자금줄이 막히면 막막한 지경에 빠지기 십상이다. 투자가들은 금융 문제로 골머리를 앓고 있었다. 이희건 회장은 재일동포의 대정부 교섭 담당으로서 박정희 대통령을 만난 자리를 이렇게 기억했다.

"우리는 투자협회를 만드는 전제로써 우리나라에서 금융지원과 자본 확보가 가능한 상태가 되어야 한다는 뜻을 밝혔습니다. 그랬더니 대통령은 '알겠다. 그건 지당한 말'이라 수긍하였습니다. 다만 '바로 은행 설립은 무리니까 당분간은 다른 형태로 해줬으면 한다. 통제된 금융기관은 허가할 용의가 있다'고 말씀하셨습니다."

만족스럽진 못해도 투자협회의 사업으로 금융업을 할 수 있는 길이 열린 것이다. 1977년 7월 19일 단자회사 '제일투자금융'은 재일동포 모국투자가의 전액 출자로 설립됐다. 앞서 투자협회는 그해 1월 15일부로 경제기획원 장관 제34호 사단법인으로 설립허가를 획득했다.

자본금 5억 원으로 출범한 제일투금의 성장세는 무서울 만큼 가팔랐다. 제2차 오일쇼크가 닥쳐 한국경제가 마이너스성장률을 기록한 1979~80년에도 성장세는 지속되었다. 이 기간 제일투금은 새서울과 부민 2개의 상호신용금고를 인수 합병했으며, 여신과 수신고는 각각 1,000억 원을 돌파했다. 한국 금융사적 건물인 서울 명동의 구 증권거래소를 매입해 자체사옥을 마련한 것도 이때였다. 또 제일투금은 한국 최초로 온라인 전산시스템을 도입해 세간을 놀라게 했다.

재일동포 금융보국의 꿈〈신한은행〉

이희건 회장을 비롯한 재일동포들은 거기서 만족하지 않았다. 은행 설립의 꿈을 포기하지 않고 있었던 것이다. 모국에서 제 손으로 은행을 세워보고 싶다는 강한 집념이 있었다.

투자협회는 박 대통령이 서거하던 1979년 정부에 시중은행 매수를 제안했으나 거절당했고, 정권이 바뀐 1980년 4월에도 민단이 나서 '교민은행 설립'에 관한 청원서를 냈지만 불가입장을 통보받았다. 근 10년간 끈질기게 은행설립 청원을 해봐도 정부는 요지부동이었다.

재일동포들은 1981년 4월 또다시 문을 두드렸다. 한신협(재일한국인신용협동조합, 在日韓國人信用協同組合)과 민단 공동으로 은행설립추진위원회를 결성하고, 재무부 장관 앞으로 청원서를 제출했다. 청원서에는 재일동포들이 모국 경제발전에 기여한 그간의 실적(1965~78년까지 재일동포의 모국투자액은 정부 집계 10억 달러를 넘었

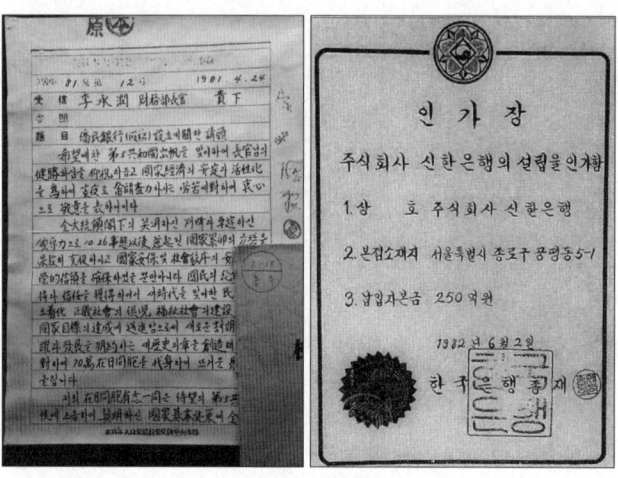

교포은행 설립 청원서(좌, 1981.04)와 신한은행 인가장(우, 1982.6)

다)과 투자의 애로점을 설명하면서, 교민은행 설립이 경제발전을 더욱 촉진하게 될 것이라 호소했다.

이희건 회장은 마지막 고비에서 다시 총대를 멨다. 전두환(全斗煥) 당시 대통령과 면담하고 재일동포의 소망을 대변하고 나선 것이다. 말이 면담이지 어떻게든 확답을 받아내겠다는 비장한 각오였다. 이 회장은 그 자리에서 권력자의 심기를 건드릴 법한 직언을 했다.

"각하, 외국에서 보면 우리나라는 민간은행 한 군데 없는 이상한 나라입니다. 금융을 통째로 정부가 통제하고 있는 모양새라서 독재국가로 보이는 이유가 되고 있습니다. 금융으로 애국하고 싶은 우리 재일동포들의 마음을 헤아려주십시오."

정중하면서도 서슴없는 발언이다. 전 대통령은 이 회장의 화통한 성격을 익히 알고 있었다. 바로 1년 전 1980년 국보위(국가보위비상대책위원회) 위원장 시절 만남에서 그의 배포를 확인한 바 있다.

이 회장이 국보위원장 면담을 신청한 건 당시 국보위가 시중은행, 단자회사에 대해 무조건 임원 2명씩 숙정하라는 통고를 내린 것에 대한 항의 방문이었다. 전두환 대통령은 이때 국보위원장 겸 중앙정보부장, 사실상 국가권력을 통째로 쥐고 있었다. 무소불위의 권력자 앞에서 이희건 회장은 이렇게 발언했다고 한다.

"정부가 우리 회사 임원도 2명 자르라고 했다던데, 정부 지시대로 그 사람들 목을 치면 말입니다. 저를 믿고 경영을 맡긴 재일동포들이 뭐라고 하겠습니까. 부정한 놈들을 임원에 앉혀놓고 회사를 망쳐놓았다고 몰아붙일 것 아닙니까."

전 위원장은 가만히 듣고 있더니 고개를 끄덕이며 "일리 있다"며 숙정을 재고하라는 지시를 내렸다 한다. 실제로 그 덕분에 제일투금 뿐 아니라 단자회사 전체가 임원숙정이라는 화를 면했다.

이희건 회장과 전두환 대통령의 면담일화에 대해 주일대사를 역임한 공노명(孔魯明) 전 외무부 장관은 2011년 4월 21일 신한금융그룹이 주최한 이희건 추모식에서 자기생각을 밝혔다.

"재일동포에 의한 민간은행 설립이 가능했던 커다란 이유 중 하나는 이희건 회장이 사심(私心)이 없는 분이란 사실을 전두환 대통령이 잘 알고 계셨기 때문일 겁니다. 박정희 대통령이 대구사범에 다니던 옛날 소시 적에 이 회장과 서로 알고 지낸 일이 있었다고는 하나, 그 후에 60년대 들어 재회한 다음 이 회장에 대한 신뢰가 생겼습니다. 그 신뢰가 전 대통령에게까지 이어졌고 그것이 바탕이 되었습니다."

마침내 재일동포들은 모국에서 은행을 설립하고 싶다는 염원을 풀게 된다. 재무부에 청원서를 넣은 지 1년 2개월 만인 1982년 6월 2일, 한국은행 총재 명의로 '신한은행' 인가장이 발부된 것이다.

그 직전 동포들은 은행 작명이라는 행복한 고민에 빠졌다. '새한'과 '신한(新韓)' 두 가지를 놓고 경합했고, 낙점한 은행 이름은 '신한'이었다. 한국 금융에 새로운 바람을 불어넣겠다는 뜻을 담았다. 신한이라는 이름은 재일동포들이 금융을 통해 국가경제 발전에 이바지하겠다는 '금융보국(金融報國)'의 창립 이념에 썩 어울리는 이름이었다.

341명의 신한 창립주주

1982년 7월 7일 오전 8시 반.

명동의 대문으로 불리는 코스모스백화점 1층 로비.

일본에서 건너온 동포들과 김세창(金世昌) 초대 은행장을 비롯한 신한은행 직원들이 도열해 있었다. 가랑비가 내리는 가운데 이희건 회장이 재일동포 창립 주주를 대표해 마이크를 잡았다.

"신한은행은 많은 동포 기업인들이 이룩한 피와 땀의 결정이며, 애국충정의 승화입니다. 동시에 조국개발에 대한 동포들의 참여 의지가 결집된 것입니다. 이제부터 신한은행을 조국 대한민국의 경제 번영과 더불어 성장시켜나가겠습니다."

한국 금융사상 최초의 순수민간은행 '신한은행' 창립일 풍경이다. 자본금 250억 원은 재일동포 341명이 일본 땅에서 갖은 수모를 겪으면서 마련한 고생자금이었다. 어렵사리 은행인가를 받았다고는 하나 자본금 모집이 쉽게 이뤄진 건 아니었다. 일본 전역을 돌면서 투자설명회를 열 때만 해도 반응이 호의적이지 못했다고 한다.

"오사카, 도쿄를 제외한 지방에서는 출자하겠다고 나서는 동포가

〈신한은행〉 창립일 풍경(1982.7.7, 서울 명동영업부)

적었습니다. 나고야에서 창립 주주로 참가한 사람이 저뿐이었으니까요."(정환기, 鄭煥麒 코하쿠그룹 회장)

오사카흥은 직원으로 투자설명회 업무를 담당했던 곽창곤(郭倉坤) 전 이사는 "모국투자에 실패한 사례가 워낙 많다보니 걱정하는 동포가 많았다"면서 "출자를 결심한 동포들은 많은 경우 이희건 회장 개인의 신용을 믿었다"고 회고했다.

1960년대부터 45년간 이 회장을 보필해 '이희건의 평생비서'로 통하는 이정림(李正林) 전 관서흥은 이사장은 "회장님은 은행 창립에 필요한 제반경비를 자기재산을 팔아 충당했을 만큼 열과 성을 다했다"며 "본인소유 파친코 3개점 중 제일 목 좋고 매출 좋은 점포를 부인도 모르게 팔아버려서 집안이 발칵 뒤집힌 적도 있다"고 말했다.

이 회장도 출자금 모으던 고충을 고백한 바 있다. 2007년 3월 신한의 재일동포 주주모임인 퍼스트구락부 회원의 밤 행사 때였다.

"(재일동포) 여러분을 태운 전세기가 이륙할 때는 참 조마조마했습니다. 그때 제가 말했지요. 이 비행기에는 여러분 목숨보다 소중한 것이 들어있다고, 그러니 비행기가 폭발하지 말고 제발 고국 땅에 무사히 도착하도록 기도하자고 했죠."

출자자를 모집하면서 전세기까지 동원했다는 이야기다. 신한은행 창립 때 341명의 재일동포 창립주주 저마다 이러저러한 사연을 갖고 있었다. 어떤 동포는 자기회사 직원 모두에게 1인당 소지한도액을 들려주고는 김포행 비행기를 태웠고, 또 다른 동포는 일부러 가족친지 여행을 기획해 돈을 갖고 들어왔다. 믿기 어려운 이야기이지만 외교행낭을 이용해 자금을 반입했다고 주장하는 동포도 있었다.

홀세일 타파한 〈신한은행 방식〉

신한은행의 출현은 기존 한국 금융계의 시각에서 보면 이단아의 등장이었다. 당시 시중은행들의 영업방식은 점포로 찾아오는 손님만 응대하는 '홀 세일' 경영이었다. 흡사 은행원이 상전이고 손님은 하인과 같다고 하여 '양반영업'이란 말까지 돌았다. 원체 은행 문턱이 높다보니 서민들은 우체국에서 금융거래를 하는 게 일반적이었다.

"신한은행 창립 당시 국내 금융환경은 '금융사는 존재하되 진정한 의미의 금융서비스는 존재하지 않았던 시대'였다. 은행은 일부 부유층의 전유물이며, 정부의 규제와 보호 속에서 독점적 지위를 누려온 일종의 관료조직으로서의 성격이 짙었다. 지금 은행처럼 고객자산을 관

리하기 보다는 국가 기간산업으로서 자금을 기업에 분배하는 기능을 담당했다."(도서 '신한은행 방식'中)

신한은행이 한국에 몰고 온 가장 강력한 새 바람은 '금융업은 서비스 산업'이란 사실의 각인이었다. 이희건 회장은 본인이 경영하는 오사카흥은의 시스템과 경영기법을 그대로 도입했다.

핵심은 고객우선주의였다. 그는 국내 은행계에 처음으로 '손님이 왕'이라는 개념을 이식함으로써 은행간 서비스경쟁시대를 열어젖힌 장본인이다. 은행 창립 때 명동영업부 행원이었던 박석조 전 안산반월 지점장은 서비스 마인드를 익히려고 애먹던 기억이 생생하다.

"가장 집중적으로 받은 훈련은 바로 인사였습니다. 고객에게 정중히 목례하고 박수치며 환영하는 걸 거듭 되풀이했습니다. 처음에는 부끄럽고 어색해서 잘 따라하지도 못했습니다. 두 달 동안 인사법, 고객을 친절하게 응대하는 방법을 배우다보니 나중엔 몸에 익어서 야전(점포현장)에서도 자연스럽게 인사할 수 있었습니다."

이희건 회장은 오사카흥은을 신한은행 직원의 연수장으로 내놓고, 짧게는 1주일 길게는 수개월씩 일본에 불러와 강도 높은 훈련을 시켰다. 연수는 주로 나라시(奈良市) 가쿠엔마에(學園前)에 있는 흥은 연수원에서였다. 융자, 섭외, 예금, 대고객 서비스 등 흥은의 분야별 담당자가 맨투맨식 실전 교육을 실시했다.

흥은에서는 신한은행 직원들에게 '어서 오세요', '안녕히 가십시오', '또 오세요' 등의 인사용어에서부터 고개를 숙이는 각도와 속도까지 적은 매뉴얼을 제공했다.

창립 초창기 신한은행 직원들의 서비스 마인드를 확인할 수 있는 두 가지 실화를 소개한다.

시장에 나타난 동전교환원

한약재 시장으로 유명한 청량리 경동시장. 나무궤짝에 동전과 지폐, 통장을 담아 동전을 바꿔주는 사람들이 나타났다. 하루도 빠짐없이 찾아오는 이들 덕분에 상인들은 은행으로 가 동전을 바꿔야 하는 불편함을 덜었다. 신한은행 직원들이었다. 나무궤짝은 리테일카트(동전을 교환해주고 즉석에서 예금을 처리하는 3륜 전동차)의 효시였다.

수해복구 나선 은행원

1990년 9월 11일 폭우로 서울 송파구 풍납동은 침수피해가 심각했다. 빗물이 건물 2층 바닥까지 차올랐을 정도였다. 신한은행 풍납동출장소 직원들은 현금과 문서, 단말기를 3층으로 올리고 뜬 눈으로 밤을 지샜다. 이튿날 S소장은 빵과 우유를 한 트럭분씩 주문하고, 군 부대 고무보트를 빌려 타고 수재민들을 찾아다녔다. 일손이 모자라 본점의 임원들까지 내려와 수해복구 활동을 펼쳤다.

해외에서 금융업적상 받은 최초의 한국인

한편 창립 당일 신한은행은 한국 금융사에 길이 남을 대기록을 세웠다. 이날 하루 본점 영업부에 내점한 고객은 1만 7,520명. 총 5,017계좌가 개설되고 총예금은 357억 4,800만 원에 달했다. 영업일 1일의 수신고가 은행의 설립 자본금보다 100억 원 많았던 셈이다.

신한은행은 일본지점 설립 때에는 일본 금융의 역사를 바꿨다. 1986년 3월 19일 오사카지점 개점일에 들어온 예금은 439억 엔, 일본 내 외국계 금융사 가운데 역대 최고실적이었다. 이어 1988년 6월 신한은행 도쿄지점 개점일에는 459억 엔의 예금을 유치했다. 신한이 세운 일본 신기록을 2년 만에 신한이 갱신해버린 것이다.

신한은행 창립을 성공리에 일궈낸 이희건 회장은 1990년 3월 신한생명보험, 1991년 신한리스 설립을 주도하고, 1985년 6월 이미 증권업에 진출해 있던 신한증권과 함께 '신한금융그룹'이 은행, 단자, 증권, 보험, 리스 등 금융 각 분야에 참여토록 하였다.

이희건 회장은 대한민국 최초의 금융그룹 신한금융의 탄생에 결정적인 기여를 담당하였다. 또한 리더로서 그룹으로의 탈바꿈을 재일동포 주주들이 이해하고 지지하도록 힘을 기울였다.

신한은 금융그룹으로 변모하면서 보다 체계적으로 다른 나라의 선진금융기법을 도입하고, 각자 흩어져 있던 계열사를 네트워크로 묶어내 시너지효과를 내게 하는 토대를 마련했다는 평가를 받았다.

신한은 창립 이래 셀 수 없이 많은 신기록을 써왔다. 특히 '신화(神話)'로까지 불리는 성장가도는 놀라울 정도이다. 자본금 250억 원, 지점 3개로 출발한 초미니뱅크는 창립 4년째인 1986년 수신고 1조 원을 달성했다. 기존 시중은행들이 1조 원의 분수령을 넘는 데 소요된 시간이 평균 50년이었다고 한다. 그리고 2년 뒤인 1988년 2조 원을 돌파한 데 이어, 1991년에는 5조 원 고지를 밟았다.

이 무렵 외국 금융계에서도 신한을 주목하기 시작했다. 1991년 12월 홍콩에서 발행되는 금융전문지 '아시아머니&파이낸스'는 이희건 당시 신한은행 회장을 '올해의 금융인 특별상' 수상자로 선정했다. 선정의 이유는 이 회장이 잠자고 있던 한국 금융기관의 경영자들을 깨어나게 만든 통찰력을 가진 리더이며, 전문경영가로서의 능력이 출중하다는 것이었다. 이희건 회장은 한국인 가운데 해외기관에서 금융관련 업적상을 수상한 최초의 금융가였다.

뒤이어 1992년 1월 영국의 경제전문지 '유러머니'는 세계 50대 최우수은행을 선정 발표하면서 그 안에 신한은행을 포함시켰다. 랭킹 26위, 국내 은행 가운데 유일하게 순위 안에 들어갔다. 유러머니지는 신한의 선정이유에 대해 은행을 평가할 때 가장 중요한 척도인 총자산 이익률에서 세계 10위, 수익경비 비율에서 세계 14위를 기록했기 때문이라고 설명했다.

IMF위기 때 흑자경영한 유일은행

신한 신화에서 특기할 만한 또 다른 증거는 신한이 위기때마다 강자의 면모를 여지없이 발휘해왔다는 사실이다. 저력은 건국 이래 최대 국난, 미증유의 경제위기로 불린 90년대 말 IMF외환위기 때도 입증했다. 국민들은 신한이 올린 실적에 놀랄 수 밖에 없었다. 정부가 IMF에 구제금융을 신청한 1997년, 신한은행의 당기순이익은 533억 원이었고 이듬해는 590억 원이었다. 이 시기 국내 시중은행 가운데 흑자경영을 한 곳은 신한이 유일했다.

반면 1998년 한국 은행권 전체가 거둔 당기순이익은 제로, 불량채권 급증으로 인한 적자규모만 12조5,000억 원이라는 최악의 성적표를 받아들었다. 결국 은행들은 도산을 면치 못했고, 국민혈세인 공적자금을 수혈받는 처지로 전락했다. 철밥통으로 불렸던 은행원들이 정리해고되어 길바닥에 나앉는 사태까지 벌어졌다.

서울 남대문에 있는 〈신한은행〉 본점

　IMF체제라는 한국 경제사상 최악의 위기상황에서 금융사 가운데 유일하게 빛난 데가 바로 신한이다. IMF를 계기로 신한은 국민들에게 '믿고 맡길 수 있는 은행'이라는 강한 신뢰감을 심어줬다.
　국가적 재난상황을 극복한 다음, 신한은 새로운 활로를 모색한다. 대표적인 혁신의 결과물은 2001년 9월 1일 금융지주회사로의 변모였다. 지주회사 체제의 도입은 국내 금융사로는 최초의 일로, 순수 민간이 주도했다는 점에서 의의를 찾을 수 있다. 겸업화와 대형화라는 세계 금융산업의 새로운 조류 변화에 선제적으로 대응하고, 지주사라는 컨트롤 타워를 통해 신한네트워크로 고객이 원하는 다양한 금융니즈를 종합서비스하겠다는 목표였다.

신한은 지주사 체제 전환을 성공리에 이룬 다음에 대형화의 길을 모색한다. 2002년 굿모닝증권을 인수해 증권사 역량을 대폭 강화시킨 것을 시작으로 2003년에는 백년은행 조흥은행, 2007년에는 업계 1위 LG카드를 인수 합병하는 데 성공했다.

이 가운데 계열사 맏형인 은행의 성공적 통합 여부는 주목대상이었다. 처음에는 대형 금융사간 M&A는 실패 확률이 높다는 부정론이 시장을 지배했다. 바로 합병절차를 밟지 않고 단계적으로 시간을 두고 화학적 융합을 하겠다는 신한의 시도 역시 모험으로 비쳤다.

그리고 꿋꿋하게 근 3년이란 시간과 공을 들였고, 마침내 2006년 4월 1일 통합 신한은행이 탄생의 결실을 맺었다. 훗날 신한-조흥의 통합모델은 하버드대 경영대학원(MBA) 과정에서 케이스스터디로 채택되어 "양행의 통합은 흔히 볼 수 없는 '선 통합, 후 합병' 방식의 성공사례"(하버드대 로자베스 모스켄터 교수)로 호평받았다.

이희건 회장도 통합 신한은행 출범식 당일, 남대문 대한상공회의소 행사 현장을 찾았다. 봄비가 세차게 내리던 토요일 오전, 직원이 끄는 휠체어에 몸을 의탁하고 있었지만 어느 때보다 그의 표정은 밝았다. 은행이 발전해가고 있다는 사실에 뿌듯해 하면서 은행 직원들을 일일이 찾아가 두 손을 맞잡고 연신 고맙다고 인사를 했다.

이 회장은 그 자리에서 구 신한-조흥 양행의 노조위원장을 일본으로 초청했다. 앞으로도 원만하게 조직을 통합하고 "서로 힘을 합쳐 신한은행을 더욱 발전시켜 주기를 바란다"는 심정에서였다.

신한은 2008년 가을 리먼쇼크로 시작된 글로벌 금융위기 때에도 한국 금융의 최강자임을 재확인시켰다. 당기순이익 기준으로 그해 2조186억 원을 거둔 데 이어, 위기가 현실 지표로 반영된 2009년에는 금융그룹 중 유일하게 1조 원(1조3,053억 원)을 초과 달성했다.

뒤이어 한동우(韓東禹)회장이 신한그룹의 지휘봉을 잡은 첫해인 2011년에는 3조1,000억 원이란 사상 최대 실적을 올렸다. 한국 금융사 가운데 순익 3조 원 클럽에 들어간 건 이때가 최초였다. 이 기록은 아직까지도 깨지지 않고 있다.

'88서울올림픽 100억 엔 성금

이희건 회장 이야기에서 빼놓을 수 없는 건, 그의 남다른 모국사랑 스토리이다. 해외 사는 동포는 모두가 애국자라는 말도 있지만 그를 비롯한 재일동포들의 모국사랑은 유별나다. 말을 앞세우기보다는 몸소 실천하는 애국이기 때문이다.

대표적인 사례로 들 수 있는 것이 88서울올림픽 때 후원금 모금운동이다. 이 회장은 신한은행 창립 1개월 전인 1982년 6월 11일 일본에서 결성된 '88서울올림픽 재일한국인후원회'의 후원회장을 맡았다. 그는 사람과 돈을 모으는 데는 대단한 수완을 갖고 있는 인물이었다.

일본 돈으로 자그마치 100억 엔(당시 한국 원화로 524억6,000만 원)을 모금하여 정부에 전달했는데, 그 돈이 얼마나 큰 금액인지는 성금으로 세운 건축물들이 증명한다. 재일동포의 올림픽성금은 서울 송파구 방이동 올림픽공원 내에 있는 체조, 수영, 테니스 3개의 올림픽 경기장과 대한체육회 본부, 하남 미사리조정경기장, 장충체육관을 모두 짓고도 돈이 남았다.

재일동포들은 쌈지돈을 낸 독거노인부터 수억 엔대의 성금을 낸 통

큰 회사 사장까지, 하나같이 모국의 경사에 동참하려 했다. 막대한 성금이 모아진 결정적인 동력은 커다란 현실적 장벽이 제거되었기에 가능했다. 이희건 회장이 일본 정부를 상대로 교섭하여 올림픽성금에 대한 면세조치를 받아낸 것이다. 공노명 전 장관의 설명이다.

"믿음이란 하루아침에 생기는 게 아니라 오랜 시간 축적되어야 생기는 법입니다. 거액의 올림픽성금을 모은 이면에는 일본 정부로부터 면세조치를 끌어낸 이희건 회장의 정치력이 있었습니다."

88올림픽후원회와 별도로 민단 부인회는 1일 10엔 모금운동으로 16억4,000만 원을 모아 전국 국립공원과 명승지 화장실을 현대식으로 바꿔주었다. 따라서 재일동포들이 88서울올림픽 성금으로 모은 돈은 후원회 성금과 부인회 성금을 합해 한국 원화로 총 541억 원에 달했다. 미국, 유럽 등 여타 해외동포들이 모은 올림픽 후원금의 총액은 6억 원 남짓이었다.

이 회장은 한국의 전통문화 및 체육 발전에 깊은 관심을 기울이기도 했다. 1985년 오사카흥은 설립 30주년 기념행사의 일환으로 '왕인 박사 릴레이'를 개최한 데 이어, 1990년부터는 '사천왕사 왔소'축제를 해마다 열고 있다. 이 회장은 왕인 박사 릴레이 초년에는 재일동포 청년 100명을 이끌고 장장 58일 동안 4세기 백제에서 일본으로 건너간 왕인 박사의 족적을 답사한 적도 있다. 매년 가을 개최되는 사천왕사 왔소 축제는 오사카시 3대 문화행사 중 하나로 뿌리내렸다.

또한 이희건 회장은 생전에 전국체전 개막식만큼은 꼭 참관하려 했다. "젊은이들의 패기 넘치는 모습을 보고 있자면, 약동하는 조국의 힘을 느끼게 된다"고 그 이유였다. 재일동포 차세대들이 출전하는 스포츠대회에는 어김없이 이희건 후원금이 들어 있었다.

일본을 감동시킨 〈한신대지진〉 구호활동

일생을 한국과 일본에서 금융인으로 살았던 이희건 회장은 양국의 우호증진을 위해서도 부단히 애를 썼던 인물이다. 1990년 일본 오사카에서 열린 만국꽃박람회 때 당초 불참하려던 우리정부를 설득시킨 일화, 1995년 1월 직원들을 총동원해 한신대지진 때 구호활동을 벌인 일화는 돌이켜봐도 잔잔한 감동을 선사하는 미담이다.

오사카 만국꽃박람회를 유치한 일본 정부는 한국을 비롯한 세계 각국에 참가를 종용하고 있었다. 그러나 한국으로선 서울올림픽을 치른 직후이고 개발도상국으로 아직은 경제적 여유가 부족한 상황이라 불참 쪽으로 기울고 있었다. 이때 일본 정부와 재계 인사들은 이 회장에게 한국정부가 재고하도록 도와달라고 청을 했다고 한다.

그 길로 이 회장은 서울로 날아와 노태우 대통령과 정부 관계자들을 면담하고, "재일동포들이 가장 많이 사는 간사이지방에서 교포들의 지위를 고려하고 한일 우호를 위해서라도 재고해 줄 것"을 건의했다.

정부 입장은 바뀌었다. 꽃박람회 참가를 결정한 것. 그러나 정부는 예산상의 어려움을 들어 경비를 되도록 줄이려는 방침을 세우고 있었다. 이에 재일동포들은 박람회장에 세울 '한국정원'의 건축비용을 온전히 부담하기로 하였다. 이 회장이 선두에 서서 성금 9억 엔을 모았고, 그 돈으로 창덕궁을 모델로 삼은 한국정원을 조성하였다.

후일 일본의 재계 인사들은 이에 대한 감사의 표시로 한국정원에 석탑을 기증하였고, 일본 정부는 이 회장에게 1991년 사회에 공헌한 민간인에게 주는 감수포장(紺綬褒章)을 수여한 데 이어, 1993년에는 훈장 서보장(勳3等 瑞宝章)까지 수여했다.

일본에서 한국의 고궁 분위기를 느낄 수 있는 공공시설은 한국정원이 거의 유일하다. 전통 단청을 입힌 청계정, 한국정 2개의 전통 정자가 있고, 산책로를 따라 걷다보면 창덕궁에서 보는 궁궐의 대문이 나타난다. 2015년 2월 리뉴얼 오픈할 때에도 보수비용은 이 회장이 출연하여 설립한 '이희건 한일교류재단'이 전액 부담했다.

한편 1995년 1월 17일 일본 한신대지진이 발생했을 때, 관서흥은(오사카흥은의 후신) 직원들의 발 빠른 구호활동은 일본인들의 마음을 울린 사건이다. 이희건 회장은 지진이 일어나자마자 회사에 비상령을 내려 젊은 직원들을 고베시와 한신 지역에 급파했다. 교통편이 두절돼 있던 상황이라 직원들은 자전거를 타고 현장에 나갔다고 한다.

이 회장은 "대재난 상황에서는 피해자 구호활동이 우선되어야 한다"면서 이런 지시를 내렸다.

1) 재해 주민들에게 가족 친지의 상호안부를 물을 수 있도록 무료로 공중전화를 쓸 수 있도록 해줄 것.

2) 생수, 담요 등 생필품을 무상 제공할 것.

3) 주소와 이름만 대면 무조건 5만 엔씩 신용대출을 할 것.

스스로 죽을 고비를 숱하게 넘으면서 위기에 처한 사람의 심정을 누구보다 잘 알고 있었기 때문이었다. 또한 난국에는 민족과 국적을 초월해서 합심하여 극복해야 한다는 신념이 있었다. 재난이 수습되어가면서 수많은 일본인들이 관서흥은을 찾아와 감사의 눈물을 흘리고 돌아갔다.

2011년 3.11동일본대지진 때 일본 시중은행들도 재해지역에서 현장대출을 실시했지만, 본인 신원이 증명되고 예금 잔고가 있어야만 한다는 조건이 충족될 때로 한정했다. 그게 일본식 매뉴얼로는 맞는 수순일지는 몰라도, 한신대지진 때 이희건 회장과 관서흥은이 행한 무조건적인 구호지원이 선사한 감동과는 온도차를 느끼게 한다.

이희건 회장은 지진발생 이틀 뒤 서울로 날아와서 정부 고관들을 만나서 "한국이 다른 어떤 나라보다도 빨리 구호활동에 참가해 달라"고 호소했다. 그는 한남동 외교장관 공관에서 "힘들 때 돕는 게 진짜 친구, 지금이야말로 가장 가까운 이웃나라인 한국이 일본을 도울 때"라고 목소리를 높였다고 한다. 그의 이러한 정성이 통한 결과, 한국 정부는 한신대지진 때 세계에서 가장 빨리 일본으로 구호요원과 물자를 보냈다. 대한항공 특별기편으로 공수된 한국 구호요원들을 보고 일본 국민들은 연신 고개를 조아리며 감사인사를 했다.

"용기를 잃으면 모든 걸 잃는 것이다"

다시 원점으로 돌아와 신한과 리더 이희건 이야기를 해보자.

신한이 초고속 성장가도를 밟아온 원동력에 대해선 여러 분석이 가능하다. 힘의 원천에 창립주체인 재일동포가 있었음은 흔들림 없는 사실이다. 그 덕분에 애초부터 타 금융사에 비해 외부 간섭을 적게 받고 자율경영이 가능한 태생적 환경이 갖춰져 있었다.

고객제일주의, 남다른 주인의식, 상업주의를 기초로 한 경영시스템, 파벌을 배제한 능력위주의 인사, 전문경영인 체제, 불굴의 도전정신 등... 신한은 창립 때부터 말단직원이 올린 기안이라도 채택될 수 있는 체제가 갖춰져 있었다.

재일동포 주주들은 신한이 본인이 세운 금융사라는 자부심을 가져왔다. 그래서 주가가 오르면 팔고 빠지는 투기가들과는 달랐다. 자기 회사이기 때문에 배당이 없던 시절도 묵묵히 주식을 보유했고, 심지어 90년대 말 IMF외환위기와 2008년 글로벌금융위기 때에는 '신한 주식사기 캠페인'까지 벌였다. 신한이 안정적으로 예측 가능한 경영을 하고, 신한 고유의 기업문화가 실현된 건 그 배경에 재일동포라는 든든한 응원군이 있었기에 가능했다.

이 지점에서 이희건 회장의 신한 창립에 임하는 각오를 엿볼 수 있는 일화를 소개한다. 이 회장은 창립을 준비하면서 일본인 부인 이츠카게(五影)씨를 한국인으로 귀화시켰다. 한국, 한국인을 위한 은행을 세우니까 부인도 한국인으로 동참시키고 싶었다. 이수미(李壽美)라는 한국 사람으로 변모한 부인은 창립식 때 치마저고리 차림으로 참석했다. 안타깝게도 부인은 신한의 성장을 지켜보지 못하고 그해 10월 별세했다. 훗날 이 회장은 부인의 성원 덕택에 은행 창립이란 대업에 용기를 낼 수 있었다고 고백했다.

이희건 회장을 오랜 세월 지켜봐온 측근들은 "사심이 없고 자기보다 주위사람, 나라와 민족을 위해 살았던 인물"로 기억한다. 그는 은행 회장 시절, 본인 지분을 늘릴 기회를 찾을 수 있었지만 사욕을 채우지 않았다. 되도록 많은 재일동포들에게 주식보유의 기회를 제공해 참여자를 늘리기 위해 부단히 애를 썼고, 대중의 이익을 추구하는 금융사를 만들기 위해 전력을 기울였다.

또한 자기역할은 경영의 큰 그림만 그릴 뿐이라며, 세부적인 경영의 전권은 은행장에게 맡겼다. 신한이 출범할 때부터 외부 전문경영인 체제로 간 건, 이같은 이 회장의 확고한 신념 때문이었다.

한참 시간이 흘러 81세 때인 2008년 10월 10일, 이 회장은 모국을

이희건 회장은 노년에도 왕성한 활동가였다.

위한 마지막 봉사를 결단한다. 사회공헌재단의 설립이었다. 한일 양국 간 교류증진, 경제적 형편이 여의치 못한 학생을 돕는 장학사업, 양국 교류에 공헌한 인물에 대한 시상 등 순수하게 봉사목적으로 세운 재단이었다. 이를 위해 그는 당시 현금 6억 원과 신한 주식 80만 주를 출연했다. 뒤에 재단 이름은 '이희건 한일교류재단'으로 개명했다.

젊을 때부터 입버릇처럼 말해온 대중이 모두 잘 살도록 하고 싶다는 신념을 행동으로 옮겼던 것이다. 이희건 회장을 비롯한 재일동포들의 신한 창립이념은 한동우 회장 체제에서 신한금융그룹의 모토가 된 '따뜻한 금융'으로 발현되고 있다. '금융의 힘으로 세상을 이롭게 하고 싶다'는 취지는 대중을 위한 금융을 하겠다는 창립 때 동포들의 목표의식과 부합된다.

이희건 리더십을 이야기할 때 빼놓을 수 없는 요인은 그의 뛰어난 업무 추진력과 동기 부여이다. 그가 직원들에게 자주했던 말이다.

"명심해요. 재물을 잃는 건 조금 잃는 것이고, 사람을 잃는 건 많이 잃는 것입니다. 그러나 용기를 잃는 건 모든 걸 잃는 것입니다."

"해보세요. 젊은 사람이 뭘 못하겠나. 책임은 내가 질 테니까 열심히 해보세요."

부하 직원에게 과제를 부여하되, 실패를 두려워말고 전력투구를 하도록 용기를 북돋운 것이다. 이는 직원에게는 '도전정신'의 힘이 되었고, 본인에게는 한번 시작한 일은 끝장을 보고 말겠다는 자기추진력이 되었다.

이희건 회장은 1982년 창립 주주총회 때 본인이 예언처럼 말했던 "우리 신한은행을 국내 최고의 은행으로 만들고야 말 것"이란 약속을 지키고 세상을 떠났다.

그를 비롯한 많은 창립 주주들이 별세했지만, 현재 신한의 재일동포 주주들은 신한을 향해 한결같은 애정을 보내고 있다. 그들에게 신한은 투자처도 일개회사도 아니다. 자기 아버지의 피와 땀, 애정이 깃든 고향 같은 곳이고, 재일동포 선배 한명 한명이 조국을 위해 벽돌을 한 장씩 맞들며 쌓아올린 공든 탑이다.

'신한은행의 영원한 왕회장'인 이희건 회장은 임종을 눈앞에 두고서도 신한에 대한 염려를 멈추지 않았다. 임종 수일 전인 2011년 3월, 그는 오사카의 한 병원병실에서 가까이 지내온 사람들에게 유언을 남겼다. 한마디 한마디 신한을 향한 애틋한 마음을 느낄 수 있고, 평생의 동지인 재일동포 주주를 향한 간절한 부탁이었다.

"신한은행은 저 혼자서 만든 것이 아닙니다.

여러분 모두, 한 사람 한 사람이 창립자입니다.

부디 창립자로서 신한은행을 지켜주십시오."

| 서갑호(徐甲虎) |
| 사카모토방적 사장 |

주일대한민국대사관 기증한 모국투자의 선구자

불운의 전조 〈윤성방적〉 대화재

1974년 1월 23일 설날 오후.

경상북도 구미 근방은 시커먼 연기와 잿가루가 번지면서 한치 앞을 분간할 수 없었다. 그 여파로 구미공업단지 옆을 지나는 경부고속도로는 종일 정체를 빚었다. 공단 내 최대 사업장인 윤성방적에 불이 난 것이다. 이날의 화재를 이튿날 매일경제신문은 이렇게 묘사했다.

"혹한 속의 구정에 윤성방적을 덮친 화마는 불어오는 강한 북서풍을 타고 마구 번져 치솟는 불꽃의 열기가 공업단지내의 쌓였던 눈을 모두 녹였고, 공장지붕이 내려앉는 폭음은 6km나 떨어진 구미읍까지 들렸다."

회사 대표는 오사카 '사카모토방적'의 창업자 재일동포 1세 서갑호 (徐甲虎, 1914~1976)사장이다. 경상남도 울주군 삼남면에서 가난한 농부의 아들로 태어난 그는 14세 때 단신 도일했다. 후쿠오카의 모지 코항에 허름한 삼베옷을 입고 일본땅을 밟은 경상도 소년은 훗날 입지전적 사업가로 성장한다.

소년은 폐품회수, 사탕팔이, 껌팔이 등 온갖 궂은일을 전전했다. 남들은 더럽다며 거들떠도 보지 않는 똥장군(요즘 용어로 바꾸면 정화조 청소부) 일도 마다하지 않았다. 심지어 똥지게를 짊어지고 수십 리 먼 길을 걸어가 소작농 일까지 했다고 한다. 혈혈단신 외국 땅에서 살아남으려면 남보다 부지런히 일해야만 했다.

하늘은 스스로 노력하는 자를 돕는다고 했던가, 그의 성실함을 눈여겨보던 한 일본인이 소개해 소년은 오사카 센슈지방에 있는 타월공장 '신토(新東)'에 취업하게 된다. 비록 자그마한 수건공장의 견습생이었지만 신토는 그가 방적업에 눈 뜨는 계기가 되었다. 그곳에서 베 짜는 기술을 터득하고 장사의 원리를 이해할 수 있었기 때문이다.

그는 빨리 독립했다. 산전수전 겪으며 긁어모은 고생자금을 털어 이즈미사노의 구마도오리에 석면 방직공장을 세웠다. 이즈미사노는 현재 간사이국제공항이 들어서 있는 임해지역으로, 근방에는 소규모 석면공장이 널려 있었다. 영세한 가내수공업이다보니, 손수 실을 뽑는 방적과 그걸 포로 만드는 직포 일을 했다고 한다. 석면은 전쟁 시 수요가 급증하는 군수물자로 매상은 괜찮았다.

1948년 3월 서갑호 사장은 마침내 어엿한 방적회사를 세웠다. 석면공장에서 알음알음 모은 종자돈으로 '사카모토방적(阪本紡績)'을 창업한 것이다. 그러나 이때까지는 자금이 모자라 새 방적기는 사고 싶어도 형편이 되지 못했다. 가격이 상당하다보니 구비할 엄두를 못 내고, 대신 다른 방적회사가 고물상에 쇠붙이로 팔아넘긴 폐방적기를 사모아 고쳐서 썼다고 한다.

궁여지책으로 뛰어든 방적업. 그러나 그의 도박 같은 배포는 대성공을 거둔다. 한국에서 일어난 6.25전쟁으로 군복 물자 수요가 급증하고 일본의 경기특수가 겹치면서, 방적업이 일본 제일의 산업으로 급부상한 것. 사업은 나날이 번창해 서 사장은 1955년에는 사카모토방적뿐 아니라 오사카방적과 히타치(常陸)방적까지 3개 회사를 거느린 방적그룹의 주인이 되었다.

그의 위세는 대단했다. 오사카에서 가장 소득세를 많이 내는 사업가가 되었고, 일본 전체로 봐도 다섯 손가락안에 드는 거부로 올라섰다. 당시 일본 언론도 '사카모토가 일본의 방적왕'이라 불렀다니 그 위세가 얼마나 등등했는지 알 수 있다.

서갑호란 인물은 재일교포 차별이 가장 극심했던 1950~70년대 일본사회의 풍토를 감안하면 매우 이례적인 교포의 모습에 속한다. 사회적 소수자이면서도 일본 주류에 진입한 인물, 한국인 경제인으로 일본에서 명성을 얻은 유일한 인물이었기 때문이다.

이 시기 일본에서 한국인으로 이름이 알려진 인물은 여가수 미소라 히바리(美空ひばり), 일본 프로레슬링계 최초로 세계챔피언에 오른 역도산(力道山), 가네다란 이름으로 일본프로야구의 유일한 400승 투수 김경홍(金慶弘) 등 예체능계 인물 일색이었다. 이마저도 일본식 예명이나 가명으로 일본 사회에서 활동하고 있었기 때문에, 이들이 한국사람이란 사실은 업계의 비밀처럼 회자될 따름이었다. 그 점에서 한국인임을 숨기지 않으며 대재벌의 반열까지 올라간 서갑호 사장의 행보는 시대적 환경을 감안하면 놀라운 일이 아닐 수 없다.

그는 대재벌의 위치에까지 오르고도 가난한 조국을 잊지 않았다.

이승만 정부 시대인 1950년대에 이미 국내에 사업장을 차리고 있었고, 인편으로 울산의 고향마을과 친지들에게 꾸준하게 생활자금을 전하고 있었다. 때는 한국과 일본이 정식으로 국교가 수립되어 있지 않던 시절이라, 재일동포는 모국투자를 하고 싶어도 대놓고 할 수 없

영등포 문래동 〈방림방적〉의 공장내부(1970년대 중반)

었다. 그래서 아무리 고향과 가족을 위한 일이라도 남의 명의로 사업장을 차려야 했고, 자금원조 등의 어떠한 경제 교류 행위도 표면화할 수는 없었다. 이러한 특수 사정으로 인해 서 사장이 1950년대 국내에서 어떤 사업을 했는지 알아낼 길은 막막하다.

재일동포 모국투자의 효시

다만 1956년 3월 이승만 대통령이 서갑호 개인에게 산업발전유공훈장을 수여했다는 기록이 남아있음을 감안하면, 그는 6.25동란 직후 이미 국내에서 사업체를 경영하고 있었던 것으로 보인다.

서갑호란 이름이 모국 한국에서 수면 위에 떠오른 건 1962년 8월이었다. 서 사장은 그해 8.15광복절 기념식전의 재일동포 참관단의 일원으로 서울에 왔는데, 이때 정부에 본인 소유의 도쿄 한국대표부의 부지와 건물을 헌납한 것.

이 일로 일약 화제의 인물로 떠올랐다. 도쿄의 노른자위 땅 미나미아자부의 3,086평 대지와 건물을 통째로 정부에 기증했으니 말이다. 당시 국가최고회의 의장인 박정희 전 대통령은 민단의 권일 중앙단장이 그의 헌납증서를 낭독하는 걸 들으며 감격해했다고 한다.

서 사장은 이듬해인 1963년 2월 다시 화제의 인물이 되었다. '태창방직(泰昌紡織)'을 인수하면서 한국산업은행으로 미화 100만 달러를 일시 송금한 것이다. 당시의 화폐가치를 정확히 환산해 내기는 어렵지만 물가상승률을 감안하면 요즘 시세로 최소 1억 달러를 단박에 송금한 것과 마찬가지다. 당시로선 상상하기 힘든 거액이었다.

1960년대 초반 한국정부의 가용외환은 액면상 2,000만 달러 남짓. 그러나 실제 집행할 수 있는 외환은 발표액의 10분의 1에 지나지 않았다. 100만 달러는 1인당 국민소득이 연간 80달러에 지나지 않는 최빈국 국민에게는 그야말로 환상 속의 숫자일 따름이었다.

서갑호 사장이 모국투자의 효시로 불리는 건 거액 송금이 낳은 파생이라 할 수 있다. 정부입장에서는 최초의 대규모 재일동포 재산반입이었고, 동시에 거대 국외자본을 국내로 투자시킨 외자유치의 성공사례가 되었다.

그가 송금한 돈은 태창방직의 매입자금이었다. 한국 최대 면방공장으로 이름을 날린 태창방직이지만, 이 무렵에는 생산자체가 중단되어 있었다고 전해진다. 이 회사 경영자는 백낙승(白樂承)씨와 그의 아들 백남일(白南一)씨, 박 정권은 두 사람을 부패기업인 명부에 올려놓았다. 이유는 백씨 부자가 이승만 정부 시절부터 정치로비를 벌여 특혜

융자를 받고, 그 융자금으로 로비하여 다시 융자를 타내는 등 비리의 쳇바퀴를 돌린다는 증거를 찾은 것이다. 이렇다보니 태창방직에는 공장과 기계만 덩그러니 있을 뿐 가동이 중단된 지 오래였다.

박정희 정권은 백씨 부자에게 12억 원의 벌금을 부과했다. 결국 백씨 일가는 재산을 포기하고 일본으로 도피하였고, 태창방직은 정부의 국유재산이 되었다. 그뒤 국책은행인 한국산업은행이 이 회사의 주채권은행으로 관리를 대리하고 있던 차에 서 사장이 인수에 뛰어들었고 그 결과가 산업은행 송금으로 나타난 것이다.

태창방직은 일본 기업역사에서도 의미를 부여할 수 있는 회사이다. 일제시대 때 가네보(カネボウ)의 수출 생산기지 역할을 담당했기 때문이다. 공교롭게도 일본이 창업한 국내 기반의 방적회사는 일본에서 경제인으로 입지전을 쌓은 한국인 서갑호에 의해 인수되었다.

공장부지는 서울 영등포구 문래동 일대 9만 평의 대지, 현재는 대규모 아파트단지가 들어서 있다. 서 사장은 이곳에 오사카 모기업인 '사카모토'의 한국 발음을 그대로 따서 '판본'이라 사명을 붙였다. 그러자 국내에서 회사이름에 왜색이 있다는 등 논란이 빚어져, 1967년 '방림(邦林)방적'으로 개명했다.

그는 모국에서도 일본에서처럼 차근차근 성장가도를 밟아갔다. 1950년대 초반 일본과 같은 폭발적인 성장세는 아니어도 방직면방사업은 견고한 성장세를 이어갔다. 한국경제가 계속 발전할 것이 틀림없기 때문에 충분히 더 큰 도약을 일궈낼 수 있다는 자신감이 있었다. 자본 뿐 아니라 기술도입에도 적극적이었다. 일본 사카모토그룹의 기술력과 인력관리 노하우를 그대로 적용했다.

정부로서도 내수보다는 수출주력기업으로서 일본 1위 사카모토 브

랜드가 붙은 제품이 한국에서 생산되어 해외로 나간다는 건, 외화획득은 물론 국위선양에도 도움이 되는 꿩 먹고 알 먹는 일이었다.

서갑호 사장은 70년대 접어들면서 모국에서 사업을 더욱 확장하겠다는 마음을 굳히게 된다. 글의 첫머리에 나오는 불타버린 공장 '윤성방적'이 그 산물이다. 서 사장의 셋째 아들 상운 씨는 부친이 지으려던 공장터는 당초 경북의 구미공업단지가 아니었다고 주장했다.

"원래는 부산에 제2공장을 세우려 하였습니다. 그리고 그게 어느 정도 자리를 잡으면 전남 순천에 제3공장 건립을 추진한다는 계획이었죠. 제가 알기로는 현재 부산대학교가 들어선 부지를 제법 많이 사놓고 있었습니다. 코스트를 절감하려면 물류비를 줄이는 게 관건이라 항구도시 부산에 땅을 산 겁니다."

결과적으로 서 사장은 부산이 아닌 구미에 공장을 세웠다. 윤성방적은 1973년 1월 정부로부터 정식 법인인가를 받았고, 그해 9월부터 공장을 가동하기 시작했다. 그가 공장 설립에 투자한 금액은 6,947만 달러에 달했다. 1974년 1월 화재 당시 정부가 남긴 기록에 의하면 불타버린 공장 시설은 방적기계 13만4,784추에 직포시설 3,000대이었으며, 피해 추산금액만 170억3,100만 원에 달했다.

공장의 실내 면적만 2만 평에 달하는 방대한 규모, 그 안에 쌓여있던 완제품과 원면 등 원자재가 전소되는 당대 최악의 화재였다. 생산시설은 전부 고물이 되었고, 화마가 쓸고 간 공장은 마치 원자폭탄을 맞은 듯 철골만 앙상하게 남고 말았다고 한다.

그러나 대재난에 임하는 서갑호 사장은 당당했다. 그는 화재 이튿날인 1월 24일 기자회견을 자청해 다음과 같이 결의를 다졌다.

"조만간 복구작업을 개시할 것입니다. 불타버린 기계는 고철로 폐기처분할 것입니다. 곧 새 기계를 발주해 대체하도록 하겠습니다. 늦어도 1975년 상반기 중에 복구를 완료할 계획입니다."

그의 표정에서 좌절의 기미는 전혀 읽히지 않았다. 일본에서도 밑바닥에서 출발했고 숱한 좌절 속에서 오뚝이처럼 다시 일어난 경험이 있었다. 그런 끈기라면 모국에서 충분히 재기하리라 자신했던 모양이다. 서 사장은 생산직공을 포함한 1,500명 종업원의 고용도 보장하겠다고 선언하는 등 자신감을 보였다.

일본 전후최대의 도산

그러나 안타깝게도 윤성방적의 화재는 불운의 전조였다. 당장 일본 당국이 문제점을 지적하고 나섰다. 국외로 일본 내 재산을 반출했다는 이유로 트집을 잡기 시작한 것이다.

윤성방적의 한국내 법인격은 재일동포 모국투자 회사가 아니라 외국인 투자법인의 자격이었다. 우리 정부와의 협의를 통해 투자 편의성을 높이기 위한 조처였다. 출자 형태는 서갑호 개인과 사카모토그룹의 재산으로 구성돼 있었다. 일본이 문제 삼은 건 바로 이 부분들이었다.

일본 내에서 사카모토 문제가 공론화가 되었고, 그러자 일본의 시중은행들은 사카모토방적에 대한 융자금을 회수하기 시작했다. 한두 군데가 아닌 주거래은행에서부터 모든 은행이 일제히 자금회수를 신청하였다. 마치 약속이나 한 듯 한꺼번에 몰려드는 자금회수 압박에 서 사장과 사카모토그룹은 정신 차릴 겨를도 없었다고 한다.

엎친 데 덮친 격으로 때마침 제1차 오일쇼크까지 터졌다. 세계 경기는 급격하게 불황에 빠지고 초긴축 국면으로 반전되었다. 면방류의 주원료인 원유가격이 폭등하면서 수익성은 악화되고, 경기가 얼어붙으니까 판매 부진으로 이어졌다.

거듭된 악재의 연속이었다. 서 사장은 궁지에 몰렸고 그해 9월 사카모토그룹은 어음 3억 엔을 막지 못해 도산하였다. 총 부채규모는 방계회사를 포함해 640억 엔. 도산액 기준으로 전후 일본최대 규모였다.

'일본의 방적왕'으로까지 불렸던 한국인이 세운 대기업이 한순간에 무너진 건이다. 다만 뒤끝은 개운치 못했다. 한국인이었기에 일본이 고의로 극단까지 몰고 간 것이라는 음모론이 파다하게 퍼졌다. 주변 인물들은 서 사장이 보유한 부동산 자산이 은행 담보를 감당할 정도로 충분했음에도 은행들이 동시다발적으로 독촉장을 보내 손쓸 틈이 없도록 만든 것이라 주장했다.

일본에서 쓴 잔을 마신 그는 모국에서 재기를 노렸다. 하지만 실패했다. 은행의 융자회수가 잇따르면서 보유자산을 대거 매각해야 했고, 부채를 갚아나가며 방림방적의 사업라인을 재조정해야만 했던 것.

그러던 중 서갑호 사장은 1976년 11월 21일 갑작스럽게 별세했다. 필리핀 출장을 다녀오던 날, 서울시내에서 외부인사와의 약속까지 소화했던 그였지만 그날밤 원인불명의 병상으로 돌연 세상을 뜨고 말았다. 가벼운 감기증상이 있었으나 생명을 위협할 정도의 중증은 아니었다고 한다. 귀국하던 날 서울 삼청동 집으로 돌아온 직후, 급격히 병세가 악화되면서 결국엔 운명하였다.

이로써 서갑호 사장이 한국에서 다시 방적왕이 되고자 했던 장대한 꿈은 결실을 맺지 못한 채 허물어지고 말았다. 드라마틱한 인생 역정을 보낸 서갑호 사장은 재일동포 역사상 가장 불운한 경제인의 한 사람으로 기억되고 있다.

하지만 그가 왕성하게 활동하던 시기 1세대 재일동포들에게는 그는 경제인 그 이상의 존재였다. 일본에서 살아가는 같은 한국인으로서 자부심을 느끼게 하는 희망봉 같은 인물이었기 때문이다.

재일동포들이 일본에서 넘을 수 없을 것 같은 장벽을 척척 넘어섰던 최초의 한국인. 일본의 주류사회에 진출해서도 한국인으로서의 당당함을 잃지 않는 모습은 동포로서 대리만족의 대상이었다. 차별받고 괄시당하는 게 일상이던 암울한 시대에 한국인의 등불역할을 했던 이가 바로 서갑호라는 인물이다.

1965년 한일수교의 숨은 고리

그럼 그는 어떻게 한국과 일본이 국교를 수립하기 전에 모국투자를 할 수 있었을까. 정식 수교 관계가 아닌 국가 간의 교역은 쉽지 않다. 통제가 심했던 50년 전이라면 더욱 힘든 일이다. 그렇기에 1963년 태창방직 인수자금으로 100만 달러를 송금한 건 일반절차를 밟은 게 아니라는 걸 알 수 있다. 당시는 일본도 외환사정이 썩 좋은 편이 아니어서 일본은 해외 송금이나 자금 반출을 엄격히 규제하고 있었다.

먼저 시대상황을 파악할 필요가 있다. 때는 한일양국이 국교정상화 교섭에 매달리고 있었다. 국내 여론은 반대였다. 계엄령이 내려질 만큼 시위는 맹렬했다. 일본 여론 역시 한국과의 국교수립을 달가워하지는 않았다. 켜켜이 쌓인 난관 가운데 급선무는 반대기류를 누그러뜨릴 수 있는 대안 마련이었다.

　상황을 부드럽게 바꿀 수 있는 윤활액 역할을 맡기기에는 서 사장처럼 일본에서 입지를 다진 재일동포 경제인이 제격이었다. 재일동포에게 한국은 모국이고 일본은 생활터전이니, 양국 사이의 딱딱한 부분을 양쪽에서 막아줄 쿠션이 될 수 있다.

　그리고 한국의 새 정권에게는 자본이 절실히 요구되는 상황이었다. 5.16에 성공한 박정희(朴正熙)정권은 국민들에게 경제근대화를 공약했지만, 개혁의 실탄이 되어줄 돈이 없었다. 지하자금을 양성화할 목적으로 화폐개혁까지 실시했지만 국민들 장롱에서 나온 돈은 전혀 기대에 미치지 못했다. 궁핍한 국민의 살림살이만 새삼 깨닫고 말았다고 한다.

　결국 밖에서 돈을 구해야 할 처지였다. 해법은 나와 있었다. 외국자본을 유치하면 됐다. 그러나 세계 최극빈국 대한민국을 믿고 차관을 내줄 나라는 없었다. 막막한 상황에 정부가 희망을 걸 수 있는 건 자금력 있는 재일동포 경제인의 재산 밖에 없었다. 그때 등장한 정부시책이 '재일동포 재산반입 및 자본유치 계획'이다. 재일동포 모국투자라는 미명이 걸렸지만 실상은 교포 돈을 끌어오고 싶은 정부의 계산이 깔려있었다.

　남은 장벽은 일본 정부였다. 한국이 아무리 재일동포 재산을 끌어오고 싶어도 일본이 협력하지 않으면 안되는 일이기 때문이다. 일본이 허용하는 연간 해외송금 한도는 미화 500달러였고, 재일동포의 경우 예외를 둬서 3,000달러까지 허용했다. 재일동포가 영주귀국을 선택할 경우에는 1만 달러 한도, 그러나 사회혼란이 극심한 한국으로 들어올 동포는 전무하다시피했다. 객관적인 여건을 감안하면 재일동포가 한국으로 대규모 투자를 하기란 불가능한 상황이었다.

그런데 한국에서 '재일동포 재산반입 및 자본유치 계획'을 내놓는 시점에 일본은 재일동포 경제인의 모국투자에 대해선 송금액에 제한을 두지 않겠다고 발표했다. 절묘한 타이밍이다. 한일양국의 조율 없이는 나올 수 없는 발표라고 할 수 있다. 이처럼 재일동포 모국투자는 자본을 원하는 한국과 수교를 원하는 일본 간의 이해관계가 맞아떨어지고 있었다.

발표가 나왔다고 바로 모국투자가 활성화된 건 아니다. 비즈니스적 관점에서 보면 한국 투자는 대단히 리스크가 큰 모험이다. 아무리 모국일지라도 자기재산을 잃을 각오가 요구되었다.

실제 한일수교 이전에 모국투자를 한 동포경제인은 그리 많은 편이 아니다. 오사카의 서갑호 사장을 비롯해 나고야 이천제강(利川製鋼)의 서상록(徐相錄)사장, 도쿄 한국나이론(코오롱그룹의 전신)의 이원만(李源萬) 사장 정도가 대규모 투자를 했을 따름이고, 나머지 동포의 투자는 그렇게 크다고 말하기는 힘들었다.

그러나 당시 우리나라 경제실정을 감안하면, 적어보여도 재일동포가 들여온 자금은 국내 기준으로 대입해보면 상당한 금액이었다. 재일동포 개개인이 1963년 1월부터 1964년 8월까지 반입했다고 신고한 재산은 2,569만 달러(정부 허가액 2,793만 달러).

비공식 루트로 들어온 재산이 공식의 3~4배라는 게 당시 관료들의 공통된 증언임을 감안하면, 이 시기 재일동포가 한국으로 들여온 돈은 적어도 1억 달러를 상회한다. 1962년도 한국의 연간수출액 5,400만 달러의 곱절에 달하는 규모인 것이다.

서갑호 사장(좌)이 박정희 의장(우)에게 주일대표부 건물과 부지를 국가재산으로 헌납하고 있다 (1962.08.15)

〈주일한국대사관〉 기증비화

　서갑호 사장에게 꼬리표처럼 따라붙는 미담은 주일한국대사관 부지를 대한민국 정부에 기증한 사람이란 것이다. 개인이 일본 속 대한민국의 상징을 모국에 기증한 사실은 그 자체로 대단한 공적이다.

　1962년 8월 15일 그의 사저기증은 재일동포들의 공관건설운동에 불을 붙였다. 일본 전국 각지에서 릴레이처럼 사저를 기증하거나 공관건설 모금운동이 들불처럼 번져나갔다. 그 결과는 놀라운 것이었다. 재일동포들은 일본 내 10개 공관 가운데 9개소를 자신들이 마련해 정부에 기증했다. 오사카, 요코하마, 나고야, 고베, 삿포로, 센다이, 후쿠오카, 히로시마, 시모노세키(뒤에 히로시마로 이전함)총영사관이다.

　도쿄도 미나토구 미나미아자부 1번지. 주일한국대사관 부지는 3,086평(현재는 3,091평)에 달하는 대지다. 이 일대는 예로부터 일본

서갑호(徐甲虎) 사카모토방적 사장　**63**

왕실의 친인척이나 일본의 권력실세들이 살던 집성촌이었다. 아자부는 도쿄의 일등지중 한 곳으로 꼽히는 지역이다.

이는 1번지에 살던 옛 주인의 신분이 증명해준다. 일본의 개화기인 메이지(明治)시대에는 마츠가타 마사요시(松方正義) 공작, 태평양전쟁 중에는 요나이 미츠마사(米內光政) 일본군 연합함대사령관이 각각 별장으로 이용했다. 두 사람 모두 일본의 총리대신(總理大臣)을 역임한 당대 최고 정치가들이다.

일본이 패망한 뒤 무주공산이 된 미나미아자부 1번지는 주일덴마크공사의 거처로 바뀐다. 국제연합(UN)국가들이 전승국의 자격으로 도쿄에 점령군사령부(GHQ)를 두고 일본을 통치하던 시절이다. 서갑호 사장이 이 땅의 주인이 된 건 일본의 독립을 인정한 샌프란시스코 강화조약이 발효되던 해인 1952년이었다. 그런데 이상하게도 그는 소유주가 됐을 뿐 거주하지는 않았다. 그는 집과 토지를 당시 한국정부의 주일공관인 주일한국대표부에 무상 임대한다.

그가 재일동포로서 일본 최고 권력자들의 거처를 인수하게 된 배경은 무엇일까. 오사카와 와카야마 등 관서지방을 무대로 한 사업가가 도쿄의 저택을 구입한 데는 어떤 이유가 있을까. 먼저 한국 정부가 수립되던 시기로 거슬러가면 일말의 단초를 찾을 수 있다.

정부의 공식기록에 의하면 우리정부가 도쿄에 주일본대한민국대표부를 설치한 건 정부 수립 이듬해인 1949년 1월이다. 이 시기의 공관원들은 본부에서의 예산지원을 받지 못했기 때문에 현지에서 운영자금을 스스로 조달해야 했다. 빈국인 대한민국이었지만 도쿄에 세운 주일한국대표부는 도쿄에서도 노른자위 땅으로 유명한 긴자(銀座)의 핫토리빌딩(服部ビル, 현재의 와코빌딩) 4층을 통째로 빌려 쓰고 있었

다. 자금원은 재일동포 경제인들이었다.

복수의 재일동포 1세에 의하면, 주일대표부는 여러 군데를 옮겨다녔다. 코오롱그룹 창업자인 코리아나이론의 이원만(李源萬) 씨가 도쿄 마루노우치 1번지의 벽돌건물을 빌려준 적도 있고, 주일미군 영내시설에 더부살이를 한 적도 있다. 세이코(Seiko)시계탑이 있는 핫토리빌딩에 입주할 때는 오사카 민족학교 '백두학원' 창립자 조규훈(曺圭訓) 씨가 당시 일화 1,300만 엔을 지원한 것으로 전해진다. 공관이 정상 운영될 수 있었던 건 이처럼 일본에서 입지를 다진 동포경제인들이 나라를 위해 자기 돈을 내놓았기 때문이다. 그 덕분에 주일대표부는 6.25동란 와중에도 대일교섭창구로서 명맥을 이어갈 수 있었다.

대사관 부지 구입의 수수께끼

서갑호 사장이 미나미아자부 대지를 구입하게 된 경위에 대해서는 몇 가지 설이 전해 내려오고 있다. 첫째는 조선왕조의 마지막 황세자로 일본에 볼모로 붙들려온 영친왕 이은(李垠)의 거처로 구입했다는 설이다. 당시 주일대표부의 수석대표 김용식(金溶植) 공사는 정부의 지침을 받아 영친왕과 그가 거주하던 도쿄의 아카사카(赤坂)저택에 대한 반환교섭을 벌였다. 명분은 '조선총독부의 재산'이니까 정부에 반환해야 한다는 것이었다. 국내에서 단행한 적산가옥(敵産家屋) 환수조치처럼 고압적이었던 것으로 전해진다.

이에 대해 영친왕은 "이 집은 일본 천황이 내게 준 것이니 한국 정부와 무관하다"고 일축해버렸다고 한다. 정부는 이에 앞서 전임 대표부 공사인 김용주(金龍周)시절에도 영친왕에게 자택 반환을 요구했으나 거절당한 바 있다.

  이 시기 서 사장은 정부와 영친왕 양쪽과 교류하고 있던 몇 안되는 인물이었다. 이런 배경으로 인해 그가 양쪽으로부터 영친왕의 아카사카저택을 정부로 양도하는 대신 영친왕이 살 수 있는 새 거처를 구해주라는 제안이 온 게 아니냐, 그래서 미나미아자부 1번지를 구입했다는 설이 내려온다. 아카사카저택은 일본 궁내성이 1930년 영친왕 부부를 위해 지은 지상 2층, 지하 1층짜리 저택으로 훗날 사기계약에 의해 일본인에서 헐값으로 넘어가고 말았다. 지금은 '그랜드 프린스호텔 아카사카'라는 고급호텔로 바뀌어 있다.

  두 번째 설은 연합군 최고사령부(GHQ) 점령을 받고 있던 일본의 사정과 관련된 설이다. 일본 정부가 부족한 달러를 조달하기 위해 한국인인 서갑호를 이용했고, 후에 그에 따른 보상의 방법으로서 아자부 땅을 헐값에 넘겼다는 설이다. 전후 일본은 긴자 길거리에서 미군을 상대로 매춘하는 여자들이 넘쳐날 정도로 경제상황이 밑바닥을 치고 있었다. 일본 정계의 실력자들이 설 자리를 잃으면서 자체적으로 자금을 마련할 방법이 마땅히 없던 때이다.

  하지만 서 사장은 연합군 최고사령부와 깊은 인연을 맺고 있었고 군수물자인 방적제품 메이커의 오너였다. 일본 실력자들의 눈에는 서 사장처럼 외국인이면서도 미국과 연결되어있는 사업가는 여러모로 쓸모가 있었다.

  자신들이 공개적으로 할 수 없는 달러융통 등의 중개를 받을 수 있다는 것으로, 그 대가로 유서 깊은 아자부 땅을 서 사장에 넘긴 것 아니냐는 이야기가 내려온다. 이승만 정부와 일본 정치인, 서갑호간 3각 딜의 결과로 아자부 땅이 넘어갔다는 설도 있다.

김용식 공사는 생전에 자서전에서 "주일대표부 건물을 물색하다가 아자부 부지를 찾았고, 오사카로 내려가 서갑호 사장을 만나 땅을 구입해 달라고 부탁했다"고 기록했다. 김 공사 말대로라면 아자부 부지는 주일대표부가 쓰는 걸 전제로 마련되었다. 또한 오사카를 중심으로 한 간사이지역 사업가 서 사장이 도쿄에 저택을 사게 된 경위가 설명이 된다. 그러나 워낙에 여러 가지 설이 분분하고 있어 어느 것이 진실인지는 알 길이 없어 보인다.

이후 서 사장은 1962년 8월 15일 미나미아자부 1번지의 부지와 건물을 정부에 기증한다. 광복절 기념식전의 재일동포 참관단 일원으로 서울을 방문한 자리였다. 1952년 9월 본인 명의로 미나미아자부 1번지(1丁目) 주인으로 등기한 지 꼭 10년 뒤의 일이었다. 그는 박정희(朴正熙) 당시 국가최고회의 의장에게 국유재산으로 써달라며 기증증서를 전달했다. 그는 동행한 민단 간부들에게 이렇게 말했다.

"저는 박정희 의장의 의욕적인 국가재건 의지에 믿음을 가졌습니다."(재일오사카100년사, 在阪100年史)

한국과 일본에서 숱한 화제를 뿌렸던 동포경제인 서갑호. 그를 두고 폄하하는 사람도 있다. 그러나 변할 수 없는 사실 앞에 그건 트집에 지나지 않는다. 자신이 아끼던 상당한 재산을 조국을 위해 바쳤고, 그곳은 일본에서 대한민국을 상징하는 대사관으로 면면히 이어져오고 있다. 그의 나라사랑하는 마음은 시비의 대상이 될 수 없다.

서갑호(徐甲虎) 사장의 일본식 이름은 사카모토 에이이치(阪本榮一)였다. 서갑호와 사카모토라는 '두 개의 이름을 가진 동일인물'. 사카모토란 이름은 모국에서, 서갑호란 이름은 일본에서 사업을 하는 동안 그를 따라다니는 족쇄와도 같았다.

식당은 공장 배꼽에 세워라

1960년대 한국 언론에 비친 서갑호는 어떤 때는 서 씨이고, 또 어떤 때는 일본인 사카모토로 표기되었다. 김치를 못 먹어서 끼니마다 일본식 사시미와 일본된장인 미소시루를 챙겨먹는다는 뜬소문이 퍼지기도 했다. 그는 된장찌개와 깻잎을 즐겨 먹고 특히 추어탕을 좋아하던 전형적인 한국인 식습관을 갖고 있었다.

사업가로서의 이미지 역시 나뉘었다. 모국 경제발전을 위해 헌신하는 기업인이란 이미지와 한국을 장악하려는 친일자본가란 이미지가 상충하였다. '아시아 최고의 방적회사'를 꿈꾸며 야심차게 추진했던 '윤성방적' 설립 때에는 터무니없는 모함을 당하기도 했다. 모회사인 '사카모토방적'이 더 이상 쓸 수 없게 되어 폐기처분하는 방적기를 국내로 들여오고 있다는 풍문이었다. 또한 폐품 반입을 빌미로 한국 정부로부터 대규모 특혜융자를 받아내려고 한다는 소문도 파다했다.

악성루머가 광범위하게 퍼지면서 정부가 진상조사까지 벌인 기록이 남아있다. 정부, 은행, 대한방적협회 관계자가 합동조사팀을 꾸려 오사카와 구미로 내려가 양쪽 시설을 비교하는 현장실사를 벌였다. 그 결과 소문과는 반대로 구미 윤성방적 시설은 자동화설비를 갖춘 최첨단 면방기계와 최신식 방적기로 확인되었다.

서갑호 사장이 모국에 투자한 서울 영등포의 방림방적(8만9,000평)과 구미공단에 있던 윤성방적(8만3,500평)은 1970년대까지 대농(大農)의 청주공장과 더불어 한국 3대 공장시설로 꼽혔다. 고용인력은 약 4,000명. 근로자 다수는 여공으로 불리던 상경한 젊은 여성들이었다. 세밀한 작업이 많은 방적업의 특성상 여성 직원이 많았다.

김포행 비행기에 오르기 전 하네다공항에 선 서갑호 부부(1960년대 초반)

그런데 서갑호가 경영하는 회사에는 이 시기 다른 회사에서는 찾아볼 수 없는 시설이 있었다. 학교와 기숙사였다. 일자리를 찾아 지방 곳곳에서 상경한 젊은이들을 위해 교육기관을 세우고 복지시설을 세운 것이다. 방림방적 공장내부에 '방림여고'를 세워 주간에는 일 하고, 야간에 학업을 이을 기회를 제공했다. 교육 기자재를 포함해 수업료 전액을 회사가 지원하는 시스템이었다.

이러한 방식은 1만 명 이상의 재일교포들의 일자리였던 오사카 사카모토그룹에서 하던 그대로 한국에 들여온 것이다. 방림방적의 본산인 사카모토방적 내부에는 상업중고교를 설립해 마찬가지로 학업에 필요한 비용 일체를 회사가 부담했다.

지금도 그렇지만 기업주가 근로자를 위해 학교를 세울 의무는 없다. 그럼에도 불구하고 서 사장은 공장안에 학교를 세우고 운영 지원을 고집했다. 그 자신이 가난으로 인해 보통학교(현재의 초등학교)만 겨우 졸업하고 일본으로 건너가 살면서 '배움의 한(恨)'을 절감했기 때문이었다.

서갑호 회사의 또 다른 특징은 구내식당에서 찾을 수 있다. 식당은 공장의 정중앙에 위치해야 한다는 게 그의 지론이었다.

"구내식당은 반드시 시설의 배꼽에 있어야 합니다. 그래야 언제라도 쉽게 식사할 수 있고, 직원들의 이동 동선도 짧아집니다."

구내식당은 그가 시설을 돌아보면서 한 끼 먹고 가는 단골집이었다. 어린 시절 가난 때문에 못 먹고 살았던 자기 경험에 비춰, 식당만큼은 편리하게 이용하도록 만들었다고 한다. 마음 놓고 먹을 수 없는 가난한 사람을 돌보고 싶은 배려가 녹아 있는 것이다. 그가 모국에서 만난 근로자들은 고용한 일꾼이기에 앞서 가난의 굴레에서 해방시켜주고 싶은 '불쌍한 우리동포(同胞)'였던 것이다.

좌절을 상쇄하는 모국사랑의 자취들

그는 재일동포사회에서 경제적으로 입지전을 일궈낸 사업가의 전설이다. 하지만 안타깝게도 말로는 좌절로 점철되고 말았다. 1974년도는 그야말로 악몽과도 같은 해였다. 1월 '윤성방적' 대화재, 9월 오사카 '사카모토방적'의 도산은 같은 해 일어났다.

거기다 전세계 경제를 마비시키다시피한 1차 오일쇼크가 발발하는 등 동시다발적으로 터진 악재로 인해 그는 끝내 재기에 실패하고 만다. 서울 〈방림방적〉, 구미 〈윤성방적〉에 이어 전남 순천에 제3의 수출 공장을 세우겠다던 사업 확장의 꿈도 끊겼다.

하지만 서 사장의 모회사 사카모토방적이 도산하는 과정은 여러모로 석연치 못한 점이 많았다. 위기의 순간, 주거래은행 센슈은행(현 池田泉州銀行)은 등을 돌렸다. 센슈은행은 그가 1951년 은행창립 때 출자자로 참여하는 등 23년간 거래를 이어온 특수관계 은행이었다. 다른 거래 은행 역시 융자금을 회수하는 데 여념이 없었다. 일제히 자금 회수에 나서니 어음 돌려막기마저도 불가능했고, 어느 한 은행 그의 손을 붙잡아주지 않으니 끝까지 궁지에 내몰렸다.

일본에서의 이런 기류는 한국에서도 재현되었다. 당시 모국투자액 기준 최대의 교포회사이자 외국투자가였지만, 주거래은행은 대출금 회수에 바빴다. 그의 토지와 건물 등 보유자산과 방대한 사업라인이라면 담보능력은 충분한 것으로 평가받고 있었음에도 불구하고…

서 사장과 오랜 세월 인연을 맺어온 정책 당국자들도 "모국에서 반드시 재기하고 싶다"는 그와의 만남을 피했다고 한다. 어쩌면 재기 가능성이 있는 사카모토, 방림방적에게 누구도 손을 붙들어주지 않았던 상황 자체가 미스터리인지 모른다.

일본에서 사업이 도산한 뒤에도 서 사장은 재기를 포기하지 않고 있었다. 한국과 일본, 홍콩, 필리핀 등을 오가며 난국을 해결하기 위해 동분서주했다고 한다. 당시 그의 사진을 보면 얼마나 마음고생이 심했던지 불과 한두 해 사이에 급격하게 노회해진 얼굴을 확인할 수 있다. 1976년 11월 별세하면서 끝내 재기의 꿈은 물거품이 되었다.

그러나 서갑호라는 인물을 비운의 사업가로만 기억할 필요는 없어 보인다. 그의 인생 발자취에서는 비즈니스 세계에서의 좌절을 상쇄하고도 남을 공적들이 도처에 널려있기 때문이다.

2013년 7월 18일 리모델링하여 새롭게 단장한 도쿄 미나미아자부

서갑호 사장의 자제들과 사위(2013.07.18.)

의 '주일대한민국대사관'은 그와 가족의 숨결이 넘치는 전당이다.

당일 개관식 행사 때 그의 아들과 딸, 사위는 한국 정부가 대사관 청사 1층에 조성한 동명실(東鳴은 서갑호의 아호)을 함께 둘러보며 아버지를 추억하였다. 서갑호기념관으로 불리는 동명실에는 고인의 모국사랑을 엿볼 수 있는 각종 기록, 훈포장, 정부가 세운 감사비 등이 전시되어 있다.

서 사장의 모국사랑 행보는 대사관 기증으로 그친 게 아니다. 재일동포의 민족교육에 관심이 깊어 일본 최초의 정규 한민족학교인 '금강학원' 설립을 주도했고, 연간 운영자금 대부분을 사재로 지원했다. 효고현 다카라즈카시(兵庫県宝塚市)에 있는 '다카라즈카한국학원'도 그가 설립을 주도하고 운영비를 보조했다. 오사카관내 일본인학교에 민족학급을 차리는데도 많은 지원을 했다고 한다.

그는 일본 내 재일동포 권익옹호활동을 지원하기 위해 오사카민단에 해마다 500만 엔씩 찬조금을 냈으며, 1970년 오사카만국박람회(EXPO), 오사카총영사관 건립 등에도 빠지지 않고 거액을 희사했다.

오사카의 한 재일동포 1세는 그에 관해 이렇게 말한다.

"해마다 연말이면 사카모토방적 트럭 십여 대가 쓰루하시시장에 들렀습니다. 쌀과 모포 등 생필품을 가득 싣고 와서 민단계, 조총련계 구분 않고 재일동포들이라면 모두에게 나눠주었습니다. 쌀을 받아들고 감격의 눈물을 흘리던 동포가 많았습니다."

서갑호 사장의 자취는 모국에도 진하게 남아있다. 인천수봉공원에 있는 6.25동란에 자원 출정한 재일학도의용군참전기념탑은 그가 3,000만 원을 기부해 세운 유작이다. 이 탑은 펜을 내려놓고 조국을 구하기 위해 전쟁참전을 결행한 642명 재일동포학도의용군들의 조국애를 기리기 위해 세워졌다.

그는 6.25동란이 발발하자 재일학도의용군 제2진이 있던 오사카지역에서 재정이 부족해 자원병 모집에 애를 먹고 있다는 소식을 접하고, 100만 엔을 기부하기도 했다.

고향인 울산 일대에는 그가 기부해 세운 건물이 다수이다. 울주군 새마을회관, 삼동초등학교, 밀양중고등학교 강당 등이다.

다방면에 걸친 기부행위를 재력이 크니까 당연한 일로 치부할 수는 없다. 제 아무리 돈이 많아도 자기보다 가난한 사람을 돕는 일을 주저하는 사람은 많다. 대사업가가 되어도 측은지심, 배려심을 잃지 않으며 살았던 서갑호 사장은 사후 양산의 영축산에서 영면에 들어갔다. 이후 경주의 한 사찰 묘역으로 이장하여 1996년 작고한 부인 박외득(朴外得)씨, 둘째딸 정남(丁南)씨와 함께 있다.

생전 한국인의 프라이드를 잃지 않고 모국 대한민국과 재일동포를 위해 자기자신을 바쳤던 자이니치리더 서갑호 사장. 그의 묵직했던 발자취가 이대로 잊혀지는 건 곤란하지 않겠는가.

일본 내 10개 대한민국공관 가운데 9개소는 재일동포 기증작

재일동포들의 공관기증 운동 약사
일본 각지에서 들불처럼 번진 모금캠페인

현재 일본에 있는 주일대한민국총영사관 10개 공관(주일한국대사관, 히로시마로 이전한 시모노세키총영사관 포함) 가운데 9개소는 재일한국인들이 모금운동을 통해 혹은 개인 기부에 의해 세워졌다.

재일동포의 한국공관 건설운동은 1962년 8월 15일 서갑호(徐甲虎) 사카모토방적 사장이 도쿄의 사저를 정부에 주일한국대사관 용도로 기증하면서 촉발되었다. 그로부터 1960년대~1970년대에 걸쳐서 오사카(大阪)와 가나가와(神奈川), 나고야(名古屋), 고베(神戸) 등 일본 전역에서 공관 건설을 위한 동포들의 모금운동이 전개되었다.

세계사에서도 해외 국민이 이렇게 대대적으로 자국의 공관을 기부와 모금운동으로 세운 일은 유례를 찾을 수 없다. 재일동포의 모국공헌은 공관 기증 스토리 한가지만으로도 더 이상의 설명이 필요치 않다 할 수 있다. 재일동포들이 정부에 기증한 9개의 공관을 현 시세로 환산하면 2조 원을 상회하는 자산 가치를 갖고 있다.

다음은 주일공관들이 어떻게 세워지게 됐는지, 경위와 활동사항을 정리 요약한 내용이다.

도쿄 東京

1949년 1월 주일본대한민국대표부 발족, 긴자 핫토리빌딩 4층에 입주. 당시 재일동포 경제인 조규훈(曺圭訓)씨가 1,300만 엔을 지원함. 그 이전 이원만(李源萬)씨가 마루노우치의 본인 소유 건물을 임차해주는 등 재일동포 경제인들이 대표부에 꾸준하게 재정지원을 해왔음

1951년 10월 주일본대한민국대표부를 현 대사관 소재지인 미나미아자부 1번지로 이전. 서갑호(徐甲虎) 사카모토방적 사장이 본인 사저를 정부에 무상대여

1962년 8월 서갑호 사장이 아자부의 토지와 건물을 대한민국 정부에 기증. 그해 11월 소유권을 대한민국 정부로 이전 등기

1965년 12월 주일본대한민국대사관으로 승격

이에 앞서 그해 6월 22일 한국과 일본이 정식 국교를 수립

1976년 12월 대사관 청사 및 관저 신축 착공(1차 재건축)

1978년 8월 신청사 완공

2010년 5월 대사관 청사 및 관저 신축 착공(2차 재건축)

2013년 7월 대사관 재건축 완성

(東京都港区南麻布1-2-5)

삿뽀로 札幌

1966년 4월 홋카이도 민단이 총영사관건설기성회 결성(田連寿 회장)

홋카이도 민단 단원으로부터 3,000만 엔 모금

1966년 6월 구 청사의 토지와 건물을 구입한 뒤 정부 기증

2006년 11월 신 청사 준공

(札幌市中央区北二条西１２―１―３)

센다이 仙台

1966년 4월 동북 6개현 민단지방협의후원회를 결성(咸昌淑 회장)

동북지방 179명의 동포가 2,261만 엔을 모금해 토지와 건물을 구입한 뒤 정부 기증

1966년 6월 주센다이영사관 개설

1980년 5월 주센다이총영사관으로 승격

2007년 3월 신 청사로 이전

(仙台市青葉区上杉1－4－3)

요코하마 横浜

1966년 6월 공관 창건후원회를 결성(李鍾大 회장)

가나가와(神奈川)현과 시즈오카(静岡)현에서 약 200명의 동포가 모금운동에 참가

모금액으로 목조가옥을 5,000만 엔에 구입한 뒤 정부 기증

(横浜市中区山手町118)

나고야 名古屋

1966년 5월 주나고야영사관 개설

1966년 12월 건설위원회 결성(대표 鄭煥麒씨 등 5명)

아이치현 동포 37명이 토지와 건물을 구입한 뒤 정부 기증

1974년 5월 주나고야총영사관으로 승격

1994년 3월 민단 간부 유지들이 모여서 현재의 청사 부지를 구입

1997년 2월 현 청사 준공

(名古屋市中村区名駅南1－19－12)

오사카 大阪

1971년 9월 주오사카총영사관 건설기성회 발족(韓禄春 회장)

오사카 중심거리인 「미도스지(御堂筋)에 태극기를 내걸자」는 슬로건을 내걸고 모금 운동을 펼쳐서 8억 엔을 모금

1972년 6월 토지와 건물 기증

1972년 11월 현 청사 착공

1974년 11월 현 청사 준공

(大阪市中央区西心斎橋 2—3—4)

고베 神戸

1967년 8월 고베한국영사관 회관설립후원회 결성(黄孔煥 회장)

고베 거주 동포들 모금으로 현 청사의 토지와 건물 구입 후 기증

2007년 현 청사 개축

(神戸市中央区中山手 2—21—5)

히로시마 広島(구 시모노세키)

1969년 5월 민단 야마구치현본부, 히로시마현본부, 시네마현본부 공동으로 모금운동 개시

모금액 4,000만 엔으로 시모노세키총영사관을 건설

1997년 민단 야마구치현본부가 시모노세키총영사관의 토지와 건물을 6,500만 엔에 한국 정부로부터 재구입한 다음, 정부에 재기증

1997년 시모노세키에서 히로시마(広島)로 청사 이전

2010년 3월~ 현 청사

(広島市南区東荒神町 4—22)

후쿠오카 福岡

1966년 후쿠오카총영사관건설위원회 발족(朴元詳 위원장)

후쿠오카 동포유지들 기부금으로 토지와 건물을 구입 후 정부 기증

1988년 10월 구 청사 매각

1989년 4월 신 청사 착공

1990년 3월 현 청사 준공

(福岡市中央区地行浜 1—1—3)

> 정환기(鄭煥麒)
> 코하쿠그룹 회장

「信用에는 國境이 없다」
아이치현 대통령

신망 받는 아이치현의 중진

일본 나고야(名古屋)에는 재일한국인의 목탁이라 불리는 사나이가 있다. 정환기(鄭煥麒, 1924~   ) 코하쿠(琥珀)그룹 회장이다. 정 회장은 재일동포사회에서 '아이치현 대통령'으로도 불린다. 이 한마디는 그의 말과 행동이 동포들에게 미치는 영향력이 얼마나 절대적인지 상징적으로 보여준다. 또한 동포들이 그가 사회의 리더로서 솔선하여 봉사의 삶을 살고 있음을 인정하고 있기 때문이다.

정 회장은 젊은 시절부터 아이치현 최대 재일동포 금융기관인 '아이치상은(愛知商銀)'을 설립하여 동포들의 금융활동을 지원했고, '주나고야한국총영사관' 건립과 '나고야 민단회관' 건립, 관내 유일의 민족교육기관인 '나고야한국학교'를 설립하는데 가장 큰 공헌을 했다.

나고야에는 일본에서 유일하게 지방 도민회가 존재하지 않는데, 그가 "한국출신이면 모두 똑같지, 굳이 구분할 필요는 없다"며 완강하게 반대해서이다. 정 회장의 이런 모습은 때로는 상식파괴로 비쳐지기도 하지만, 그가 추진한 결과물은 동포들이 모두 더불어 살아가는 선순

환의 구조를 만들어왔다.

그렇기 때문에 '정환기 리더십'은 동포사회에서 신망과 존경의 대상이 되고 있다. 숱한 에피소드가 있지만 그 가운데 31세 때 행한 미담은 그의 성품을 엿볼 수 있는 좋은 사례이다.

때는 1955년 8월 29일, 오사카 히가시구의 도카이은행(東海銀行) 지점에 강도가 들어 경찰관을 권총으로 사살하는 사건이 발생했다. 일본경찰은 범인이 조선인 권(權)이라고 발표했다. 정 회장은 뉴스를 접하고 익명으로 사망한 경찰관 위로금으로 100만 엔을 기탁했다.

후에 경찰의 추적조사가 이뤄지고 본인은 "저는 아닙니다"라고 몇 번이나 부인했지만, 일본 경찰은 "익명의 기탁자는 나고야에 살고 있는 정환기라는 한국인"이라 공표하기에 이른다. 이 소식을 아사히신문(朝日新聞)을 비롯한 일본의 주요 매스컴들이 앞 다퉈 보도했다.

당시 한일관계는 악화일로를 걷고 있었다. 이승만 대통령이 해상 평화선을 설정해 이 선을 침범하는 일본 어선을 무작위로 나포하면서 일본에서 한국인에 대한 감정은 악화되어 있었다.

정 회장의 기부는 악화된 양국관계를 완화시키는 훈풍 같은 소식이었다. 그해 9월 8일자 KPI통신은 "한일 양국간 공기가 악화되었을 때, 갸륵한 인물의 출현으로 재일교포사회는 물론 일본인 사회에서도 칭찬의 소리가 떠들썩하다"며 "한국인을 칭찬하는 투서가 간사이(關西) 일대 신문에 연일 쇄도하고 있으니, 한일 친선에도 크게 기여하였다"고 보도했다.

일본에서 한국인이라면 무조건 나쁜 사람 취급을 하던 풍토에서 그는 "한국인은 나쁜 사람이 아니다"는 사실을 일본인들에게 알리고 싶었다. 재일동포의 명예를 위해 할 수 있는 일이 무엇일까 고민하다가

아담한 집무실에서 컴퓨터로 글을 쓰는 정환기 회장(2010.10.01)

결정한 것이 순직경찰관에 대한 100만 엔 위로금 기탁이었다.

30대 초반의 청년, 이제 막 사업기반을 다져가는 경제인이 귀중한 자기재산을 생면부지의 남에게 기부하는 일은 쉬운 일이 아니다.

정환기 회장의 성품은 부친인 운강 정환주(雲崗 鄭桓柱) 선생으로부터 물려받은 가르침과 맞닿아있다. 그는 어릴 적 운강 선생에게서 "항산(恒産, 안정된 생업)이 없으면 항심(恒心, 도덕적인 마음)이 없는 법"이란 말을 익히 들어왔다고 한다. 제아무리 마음이 훌륭하여도 안정된 자산을 갖추지 못하면 도덕을 실천할 수 없는 게 세상의 이치란 이야기이다. 정 회장은 그러한 부친의 가르침을 잊지 않고 빈궁의 밑바닥에 처한 현실에 굴하지 않고 힘껏 일했다.

그 덕분에 도카이은행 강도사건 때 100만 엔이라는 거금을 위로금으로 낼 정도의 경제적 기반을 다지게 되었다고 돌아본다. 운강 선생은 그에게 '신용제일(信用第一)'이라는 무형의 가르침도 전수했다. 정 회장은 세 살 때 부모님을 따라 나고야에서 살기 시작했다고 한다.

"처음 왔을 때는 부친이 살고 있던 나고야 다운타운인 니시쿠 미나미오시키리초(西區南押切町)의 방 2개 짜리 자그마한 집이었지. 뒤에 부모님은 돈 벌려고 온 재일동포 젊은이들이 기거할 수 있는 하숙집을 시작하기 위해 22평 토지의 2층 짜리 건물을 임차했지. 1층은 다타미 4장 반, 2장, 8장 짜리. 2층은 다타미 10장, 2장, 8장 짜리로 각각 3칸씩 방이 있었다네. 6평 쯤 되는 뒤뜰도 있고, 당시 임차가옥으로는 중간크기의 신축 건물이었지.

임대료는 12엔으로 비쌌네. 당시 일용직 노동자 일당이 1엔 20전, 그마저도 사흘에 하루 정도밖에는 일이 없던 시절이야. 그러니까 임대료가 얼마나 비쌌는지 상상할 수 있을게야."

* 다타미(疊) 2장의 크기는 1평(3.3㎡)에 해당한다.

낡은 소파에서 듣는 信用第一論

운강 선생은 15년간 이 집을 임차해 살면서 단 한 차례도 임대료를 연체한 적이 없었다. 집주인 야마다(山田)씨가 탄복했을 정도이다. 양조간장을 만드는 장유업자였던 야마다 씨는 훗날 전전(戰前, 일제시대)에 그리 오랜 기간 동안 집세를 한 번도 밀리지 않은 세입자는 정씨네뿐이라며 감탄했다고 한다. 나중에 야마다 씨는 재산세 납부 문제로 보유주택들을 매각하기로 하면서, 운강 선생에게 그 집을 좋은 가격으로 양도했다. 오랫동안 신용을 쌓아왔기에 가능한 일이었다. 이 집은 지금도 건재하며, 정 회장 친척이 살고 있다고 한다.

정환기 회장이 경영하는 코하쿠(琥珀, 호박)그룹 본사는 나고야역 개찰구 정면으로부터 한 블록 거리에 있다. 2010년 가을 어느 날 방문했을 때이다. 6층 집무실에 당도하자, 짙은 남색 점퍼 차림의 정 회장이 "자네 왔나"라며 인사말을 건넸다. 한 눈에도 비품이 전부 들어오는 아담한 크기의 집무실 풍경은 평소 검약하는 그의 생활습관이 그대로 드러난다. 군데군데 생채기가 나서 족히 수십 년은 지나 보이는 가죽소파, 책상, 책장 등 낡은 물품들이 가지런히 정돈돼 있다.

그해 9월 발생한 이른바 '신한 사태'에 대해 재일동포 창립자의 한 사람으로서 '신한금융그룹'의 수습방안과 1세 동포의 생각을 듣기 위한 방문이었다. 정 회장은 '신한은행' 창립에 앞장선 341명의 주주 가운데 한 사람이다.

신한은행은 1982년 7월 오사카흥은(大阪興銀)의 이희건(李熙健) 이사장이 주도하여 재일동포들이 100% 출자하여 세운 한국 최초의 순수 민간 금융기관이다. 이때 정 회장은 일본 중부지방 6현 내에서는 유일한 재일동포 출자자이자, 나고야지역 유일의 신한은행 창립위원으로 참가했다. 이후 아이치상은 이사장을 맡아본 금융인의 경험을 살려 은행 감사역과 집행이사 등을 역임했으며, 2002년부터는 은행 창업 공로자들의 모임인 재일동포 공헌이사회와 '신한 간친회' 회장으로서 신한금융그룹 발전에 일익을 담당했다.

"자넨 와 이리 나를 귀찮게 하노?"

경상도 특유의 무뚝뚝한 억양으로 손사래 치면서도 대화를 마다하지는 않는다. 정 회장 생각은 확고부동했다. 회사나 개인이나 가장 소중히 해야 할 재산은 첫째도 둘째도 '신용'이며 "신용에는 국경이 없다"고 거듭 강조했다. 그러면서 본인의 경험담을 담담하게 들려준다.

정환기(鄭煥麒) 코하쿠그룹 회장　**85**

"내가 1960년대 초 아이치상은 이사장 시절엔 말이네. 창구로 찾아와서 예금하는 사람이 거의 없었어. 처음에 만든 점포는 30평 정도의 임대사무실이라 겉보기부터 좁고 초라했지. 손님들이 예금을 맡기려 왔다가도 발길을 돌리는 일이 허다했네."

정 회장은 이때 혹시 돈을 떼일까 불안해하는 손님을 붙잡고 개인적으로 예금지급 보증서를 써줬다. 예금에 가입하는 손님 다수가 정환기라는 개인에 대한 믿음으로 아이치상은과 인연을 맺었던 것이다. 신용은 사업을 번창하게 하는 강력한 무기이지만, 그걸 잃는 순간 사업은 곤란한 상태에 빠진다. 그가 "사정이 아무리 나빠도 신용만큼은 잃지 말아야 한다"고 강조하는 이유이다.

아이치현에 도민회가 없는 이유

정환기 리더십의 원천은 무엇일까? 이에 대해 그를 아는 재일동포들은 한 목소리로 공평무사(公平無私)함이라고 증언했다. 그와 관련해 아이치현 재일동포사회에는 타 지역에는 없는 몇 가지 특징적인 현상이 있다. 대표적인 것이 '도민회 조직이 없다'는 사실이다. 세계 어느 지역이라도 한국인들이 사는 곳이라면 다 있다는 도민회가 없다니, 정 회장에게 자초지종을 물었다.

"일가친척과 관내 친구, 지인끼리 모이는 향우회를 만드는 건 좋은 일이지. 하지만 경상도니 전라도니 구분 짓는 도민회는 없는 편이 낫다. 나고야만해도 경상도 출신이 60%이상을 차지하는 데 경남도민회가 생기면 다른 지방 출신자들이 기(氣) 펴고 살 수 있겠나. 파벌이니

지역 차별이니 부작용이 생길 수 있으니 심히 우려되는 기라. 미국의 1개주보다도 작은 나라에서 편 가르기가 말이 되노. 게다가 재일동포 2세 3세는 태어난 곳이 일본인데 한국의 지방도민회가 무슨 의미가 있겠노. 재일동포들은 고향이 어디냐는 질문을 받으면 '대한민국'이라 답하면 되는 기라."

아이치에서도 과거 도민회를 만들려는 시도가 수차례 있었다고 한다. 하지만 이런 시도는 번번이 정 회장의 반대에 부딪혀 수포가 되고 말았다. 한번은 경남도지사가 찾아와 "일본 대도시 어디를 가더라도 도민회가 있으니 참 편리합니다. 회장님도 경남 출신 아닙니까. 이제는 나고야에도 도민회를 만들면 어떻겠습니까"라고 제안했다가 정 회장으로부터 호되게 벼락을 맞았다고 한다.

나고야 출신의 김재숙(金在淑) 민단중앙 상임고문은 "그때 경남도지사는 도민회 깃발까지 만들어 나고야로 찾아올 정도로 강한 의욕을 보였다"고 회고한다.

정 회장은 일제시대 때 나라 잃은 식민지 출신자의 설움을 경험하면서 '재일동포사회는 차별 없이 단결해야 한다'고 다짐했다. 한때는 '재일동포 고향은 대한민국'이란 테마로 운동을 펼치려 한 적도 있다.

아이치현 재일동포사회의 또 다른 특징을 꼽자면 '경우회(經友會)'라는 조직의 활약이 두드러진다는 사실이다. 경우회 회원으로는 민단 단장, 상공회 회장, 아이치상은 이사장, 한일친선협회 회장이 들어갔으며, 회원의 2할은 민단이나 각 재일동포 조직의 간부들로 구성됐다.

경우회 이사회는 각 동포조직의 연간 예산부족분을 결정했는데, 예산을 경우회 회원의 연회비와 회원의 모금으로 꾸려가는 일도 있었다. 무엇보다 각 조직의 기관장들의 채결(採決)로 공평하게 분배되었

〈나고야한국학교〉는 정 회장이 주도해 설립한 민족교육의 전당이다.

기 때문에, 경우회 창립 50년 이래 불만의 목소리가 나온 적이 단 한 번도 없다.

이처럼 경우회는 회원들이 다양한 조직의 멤버들로 구성돼 있음에도 불구하고, 회원 서로 간에 이해와 협력, 단합하는 아름다운 전통을 이어오고 있다. 여기에 정 회장을 위시한 1세들이 파벌을 용납 않았으니, 애초부터 분쟁이 일어날 여지가 없었다. 또한 경우회는 민단이나 한일관계 행사 등의 재정적 지원을 결정하는 경우에도 주도적 역할을 하였다. 정 회장은 경우회의 중심인물로서 조직의 장(長)을 오랫동안 역임했다. 경우회 회장을 역임한 김건치(金建治) 전 재일한상 회장은 이렇게 증언했다.

"아이치에는 출신지역에 의한 파벌이나 차별이 전혀 없어요. 이에 대해 누구도 이견을 달 수 없다고 봐요. '아이치현 대통령'인 정환기 회장님이 파벌을 절대 용인하지 않아요. 모든 모임의 장은 일 열심히 하고 능력 있는 사람이 맡게 돼 있습니다. 그건 지금이나 옛날이나 변함없는 전통입니다. 경우회 회비가 무척 비싸지만 누구도 불평하지 않아요. 회비가 민단, 한국학교, 본국에서 유학 온 학생들의 장학금 등 좋은 일에 쓰이니까 보람을 느낍니다."

민족교육의 전당 〈나고야한국학교〉

1963년 8월 정 회장이 주도해서 창설한 경우회는 나고야한국총영사관 신축과 아이치한국학원(나고야한국학교) 건설 때 혁혁한 역할을 담당했다. 그중 재일동포 민족교육의 발신지가 된 아이치한국학원이 세워지는 스토리를 짚어보면 절절한 사연이 담겨 있다.

1945년 8월 15일 광복 이래 15년간 아이치현은 사실상 민족교육의 불모지대였다. 당시 한국어를 배울 수 있는 장소는 조선학교(朝鮮學校)라 불리는 조총련계 학교 밖에 없었다. 민단 단원은 자녀를 조선학교에 보낼 수 없었다. 자녀들에게 김일성 김정일 부자의 숭배를 주입하는 교육을 용납할 수 없었기 때문이다.

당시 민단의 민족교육이라 하면, 정해룡(丁海龍, 후일 민단중앙단장)이나 양완옥(梁完玉)같은 청년회 간부 몇 명이 민단 나카무라지부 2층에서 20명 정도의 어린이들에게 우리말을 가르치고 있는 정도였다.

그로부터 몇 년 뒤 박정희(朴正熙) 정권이 발족하고 마침내 1962년 9월, 한국 정부는 해방 이래 최초로 일본에 9명의 민족교사를 파견했다. 이때 아이치현에 파견된 교사는 훗날 나고야한국학교의 교장이 되는 김환(金渙)선생이었다. 정 회장은 당시 38세, 김 선생을 지성이 넘치는 동갑내기로 기억한다.

김 선생을 위시한 4,5명의 교사는 50명 정도 수용할 수 있는 민단 나카무라지부 2층에서 교포학생들을 가르쳤다. 1주일에 3회, 수업은 야간에 이뤄졌다. 과목은 한국어, 동요, 전통무용 등이었다. 인근에 한국어 교실에 대한 소문이 퍼지면서 수강생은 이내 400명에 달했다.

수용한계를 몇 배 넘는 과밀학급이지만 민족교육의 열의는 대단했다. 교사와 학생들은 당장 마룻바닥이 꺼질지도 모르는 아슬아슬한 상황에서도 수업을 멈추지 않았다. 1965년 1월 1일 설날, 정 회장 자택에 신년인사를 하러 온 김환 선생이 작심하고 말을 꺼냈다.

"회장님 설날은 1년 계획을 세우는 재수 좋은 길일이라 합니다. 그러니 내 신조를 말씀 드리고 싶습니다. 지금 교실로 쓰고 있는 지부 2층은 좁은데다 마룻바닥이 펑크 나기 일보직전입니다. 회장님 힘으로 학교 교사를 세워주시기 바랍니다. 오케이 사인을 받을 때까지 이틀이든 사흘이든 여기서 꼼짝 않고 기다리겠습니다."

김 선생의 열의와 강렬한 의기에 감탄한 정 회장은 독립된 학교건물을 짓기로 결심한다. 그로부터 며칠 뒤인 1월 7일 경우회(經友會) 신년회가 열렸다. 그 자리에는 예고에 없던 스무 명 가량의 진귀한 손님들이 나타났다.

치마저고리를 곱게 차려입은 어린이들이 장구와 꽹과리 같은 전통악기를 두드리고, 천진난만한 표정으로 동요를 부르며 전통무용을 춘 것이다. 깜짝이벤트는 정 회장과 김 선생이 사전에 준비했던 것이다. 경우회 신년회장은 어린이들의 공연으로 기쁨의 도가니가 됐다. 곳곳에서 "일본에서도 가르치니 할 수 있다"며 찬사를 터뜨렸다. 한껏 열기가 무르익자 정 회장이 마이크를 붙잡았다.

일본 최초의 '50시간 민족교육 의무제'

"여러분 한일 국교정상화가 임박하고 있습니다. 앞으로 한일교류가 활발해질 것입니다. 요즘에는 일본 매스컴 관계자나 상사맨, 공무원들이 한국어를 배우려고 열심입니다. 그런데 한국어를 배우려고 조선학교에 갔던 일본인들이 김일성 교육에 질겁해 민단에는 학교가 없는가라고 물어오곤 합니다. 재일동포 2, 3세에게는 한시 바삐 호적만 가진 페이퍼 한국인이 아닌 일본 사회에서 한국인으로서 자각하고 자긍심을 가지도록 해야 합니다. 또한 일본 지역 사회의 구성원으로서 우리들의 능력으로 지역에 공헌하고 사회로부터 존경받는 국제인을 육성해야 합니다. 자녀 교육과 한일문화 교류를 위해 우리 재일동포의 힘을 결집해 봅시다."

경우회 회원들은 열렬한 박수로 정 회장의 제안에 찬동했다.

그로부터 며칠 뒤 학원건설위원회가 발족했고, 정 회장이 위원장으로 추대됐다. 건설자금은 1억 엔. 상당한 거액이었다. 경우회가 전액 부담하기에도 많은 액수였다. 그래서 절반은 경우회 회원들이 부담하고, 나머지는 민단과 협의해 아이치현 관내 16개 지부의 재일동포를 대상으로 한 대중모금으로 충당하기로 했다. 이때도 정 회장은 모금 총책을 맡았다. 그는 기부를 받으러 가며 짧지만 호소력 강한 메시지를 던졌다.

"이렇게 좋은 일이 세상 어디에 있겠습니까? 국가와 민족, 우리 자녀를 위한 일이 아닙니까?"

정 회장은 매일 동포 가정 30호 방문을 목표로 왕성한 모금활동을 전개했다. 100만 엔을 내는 기부자에게도 1만 엔을 내는 동포들에게

〈나고야한국학교〉 문화제(2009.11.03)

도 민족교육의 취지를 정성을 들여 설명하고 이해를 구했다. 그 자리에서 바로 기부금을 내는 동포도 있고, 몇 번이나 헛걸음치는 경우도 많았다.

당시 아이치현 관내 재일한국인들은 7,000세대의 3만5,000여 명. 정 회장은 그 가운데 절반 정도를 돌았다니 "끈기를 갖고 열심히 한 일"이 아닐 수 없었다. 모금활동을 시작했을 무렵, 도심인 나고야역에서 1개역 떨어진 카메지마역(龜島驛) 근방에 학교 건물로 쓰기 적당한 토지를 찾아냈다. 바로 매입을 결정하고 건설에 돌입했다.

"단박에 기부를 받아내는 경우는 없다고 봐야지. 그건 친척이나 어지간히 친한 사이가 아니면 힘든 법이네. 모름지기 기부란 상대방이 그 취지를 납득해야 하는 기라."

정 회장이 민족학교 건립에 발 벗고 나선 건 본인이 어린 시절 겪었던 슬픈 경험과 연관이 있다. 초등학교 3학년 때 매일 저녁 7시, 집 근처 절에 개설된 한글교실을 다니던 어느 날이었다. 경찰관이 갑자기 교실로 들이닥치더니 "일본어라는 훌륭한 국어가 있음에도 일개 방언 따위인 조선어를 가르치다니. 이 비국민(非國民)아"라고 소리치며 선생님을 구둣발로 마구 걷어찼다. 선생님은 일언반구 항변도 못한 채 무방비로 얻어맞고 있었다. 스무 명 남짓 모여 있던 어린이들은 겁에 질린 나머지 숨소리도 못내고 얼어붙고 말았다.

정환기 회장은 그때 목격한 슬픈 장면이 지금도 뇌리에서 떠나지 않는다. 그는 일제시대 때 나라 잃은 민족의 설움, 민족교육의 기회마저 철저하게 박탈당했던 모진 역사의 시간을 살았던 당사자였다.

마침내 1965년 11월 3일, 아이치한국학원(나고야한국학교)의 준공식은 성대하게 치러졌다. 정환기 회장은 준공식 인사말로 민족학원의 필요성을 강조할 작정이었다.

"아이치동포의 숙원인 학원의 준공을 경하하여 마지않습니다. 이 학원이 토대가 되어 아이치동포 모두가 모국어를 마스터하고, 훌륭한 한국인으로서 신념과 자부심을 몸에 익히고, 재일동포사회는 물론 일본사회에 존경받는 국제인으로 태어나기를 바랍니다."

하지만 뜻은 넘치되 말이 모자란다고 하던가. 정 회장은 처음에 생각해둔 걸 10분의 1도 표현하지 못하고 말았다. 이날 멀리 본국 한국에서는 박정희 대통령이 특사까지 파견해주었다.

박 대통령은 비서관 주관중(朱冠中) 특사를 통해 "외국에서 작은 학교이지만 재일동포가 힘을 모아서 자력으로 건립하고 개강한 것에 감명했다. 학원의 준공식에 격려를 위하여"라는 축하메시지를 보내왔다. 민단 단원을 비롯한 아이치 동포들은 조국의 따뜻한 배려에 한결

더 감격해했다.

이역 땅 새로운 학교건물 교정에서 국기게양을 하던 순간이었다. 주 특사는 늦가을 푸른 하늘에 나부끼는 태극기를 바라보며 감동에 겨운 나머지 얼굴에 굵은 눈물을 흘리고 있었다.

다른 참가자들도 눈물, 눈물, 눈물... 준공식은 이내 눈물바다가 되었다. 주 특사는 축하 인사말에서 "태극기가 펄럭이는 교정에서 재일동포 자제들이 모국어를 배우게 되리라 생각하니, 감동하여 저절로 눈물이 솟구치고 말았다"고 고백했다.

한국학원의 초대 이사장으로 추대된 정환기 회장은 재임 중 많은 업적을 쌓았다. 그 가운데 특필할만한 것은 이사장 재임 중 김환 선생이 창안한「민족교육 50시간 이수 의무제」의 도입을 꼽을 수 있다. 이 제도는 재일동포 2~3세 민족교육의 모델이었다. 재일동포 젊은이 누구라도 최소한 의무적으로 50시간동안 민족교육 커리큘럼을 이수해 한글을 쓰고 읽을 수 있으며, 애국가 정도는 부를 수 있게 한다는 것.

아이치한국학원에서 시작한 50시간 의무교육제는 1975년 민단 중앙본부의 교육지도 방침으로 채택돼, 일본 전역에서 민족정체성 고양 운동으로 확산되었다.

"민족학교를 세운 목적은 재일동포들이 자신의 뿌리인 한민족의 글과 역사, 문화를 배우도록 하는 것. 적어도 1주일에 사흘 정도는 우리말 공부를 해야 하지 않겠나. 그렇게 몇 년만 공부하면 한국의 말과 역사 문화를 잘할 수 있게 되지. '50시간 의무 교육제'는 그런 생각에서 탄생한 것이네."

아이치한국학원이 나고야에 터를 잡은 지 어언 반백년, 세계적으로도 모범적인 민족학교로 인정받고 있다.

국내외로 퍼진 민족교육의 열정

나고야에서 취재하던 중 한국학교 졸업생인 윤대진(尹大辰)씨를 만났다. 윤 씨는 1968년 한국학원 입학생으로 후일 이 학교에서 교장선생님을 역임했다. 지금은 아이치현내 각 대학과 문화센터 등에서 일본인 대상으로 한국어를 가르치고 있다. 윤 씨가 일생을 민족교육의 전도사로 살게 된 계기는 한국학원과의 인연에서 비롯됐다.

"거의 강제 입학이었지요. 정환기 회장이 아버지와 친구사이라 도망칠 수 없었어요. 제대로 된 한국인이 되려면 철저하게 민족교육을 받아야 한다고 질책 받았습니다. 솔직히 그땐 한국인이란 사실이 부끄럽고 숨고만 싶었거든요."

윤 씨는 한국어를 읽을 수 있는 정도가 됐을 때 하계학교 연수프로그램으로 모국을 방문했다. 고쿠라(小倉)항에서 아리랑호를 타고 부산항에 도착했는데, 처음 마주한 모국의 풍경을 보면서 흐르는 눈물을 멈출 수 없었다고 한다.

"스스로도 영문을 모르겠더군요. 처음 마주한 조국의 사람들, 시장 상인들을 만나니까 재일동포 아저씨 아줌마들과 눈빛이 똑 닮은 거에요. '나도 한국사람이구나'를 실감하는 순간이었지요. 그토록 싫었던 김치가 맛있는 음식이란 사실을 깨달았으니까요. 일본에 돌아와서 통명이 아닌 본명을 쓰기 시작했습니다."

이를 계기로 윤 씨는 민족교육가로 변모했다. 아이치한국학원은 '수업료가 필요 없는 민족학교'로도 유명했다. 재일동포 학생들에겐 건학 이래 약 25년간 수업료와 입학금을 면제했다. 이후에도 동포들에게는 수업료를 감면해줬다. 이런 결정에는 정 회장을 비롯한 1세들의 민족교육 육성에 대한 뜨거운 의지가 반영됐던 것이다. 민족교육을 받겠다고 찾아온 후배에게 "수업료를 받을 수 없다"는 생각이었다.

35년간 학원 이사장을 역임한 정 회장의 민족교육을 향한 열정은 아이치동포사회에만 국한되지 않는다. 한국교육재단과 조선장학회 등의 임원으로 수십 년 겸임하면서, 재일동포 자녀들에게 장학금 지원을 실천하고 있다.

이와 별개로 개인적으로 경제형편이 어려운 고학생이나 유학생들이 있다는 소식을 접하면 그냥 지나치는 법이 없었다. 한국으로 귀국한 유학생들 모임이 정 회장에게 감사 표창을 내기도 했다.

실제 취재 과정에서 정 회장에게 개인적으로 장학금을 지원받았다는 재일동포와 한국인들을 다수 만날 수 있었다. 백영기(白泳基) 전북대 수의과대학 명예교수도 그 중 한 사람이다.

"정 회장님은 제가 1967년 나고야대학 유학시절 일부러 개인교사를 맡겨서 장학금을 주셨습니다. 한국학원 강사 일도 맡겨주셨죠. 회장님의 배려가 없었다면 오늘날의 제가 있을 수 없다고 생각합니다."

백 교수는 유학을 마치고 귀국한 다음에도 정 회장 도움을 수차례 받았다. 백 교수가 들려준 에피소드 가운데 전북대에 버스를 기증받은 사연이 재미있다.

"대학에 있는 버스라곤 달랑 한 대뿐인데 툭하면 멈춰서는 고물차였습니다. 아이치한국학원에 들렀더니 멀쩡한 버스가 있기에, 그 자리에서 회장님께 버스를 전북대에 기증해달라 부탁하니까 대학에서 쓰는 거라면 오케이라고 하셨습니다."

경부고속도로가 대구-부산 구간만 개통됐을 때였다. 백 교수는 부산항에서 버스를 인수해서 고속도로를 타고 올라오며 기쁜 나머지 콧

경상남도 진주교육대학교에 있는 〈정환기 동산〉

노래를 불렀다. 버스가 전북대에 도착하자, 마중 나온 교수들이 일제 (日製)버스라며 환호성을 지르던 장면이 지금도 생생하다고 한다.

고향육영의 결실 〈가정 정환기 장학재단〉

한편 정 회장의 민족교육을 향한 열정은 일본을 넘어 한국에까지 뻗어가고 있다. 증표는 경상남도 진주교육대학에 있는 '가정 정환기 장학재단(佳亭 鄭煥麒 獎學財團)'의 존재이다. 정 회장이 자산을 기부해 설립한 이 장학재단은 기본재산이 200억 원(시가로는 약 250억 원)을 넘어선다. 이는 재산 규모면에서 국내 교육대학 재단 중 최대이다.

재단 설립의 단초가 된 것은 1996년 진주교대가 나고야의 아이치교대와 자매결연을 추진하면서부터다. 당시 진주교대의 김성준(金成俊) 총장은 아이치교대와 자매결연 교섭을 위해 나고야에 들렀다가, 동향유지인 정 회장에게 자문을 구하러왔다.

"고향의 대학 총장이 협조를 구하는 데 어찌 거절할 수 있겠노. 뒤에 두 대학간 자매결연도 순조롭게 이뤄지고 해서 축하의 의미를 겸해 진주교대에 다소나마 교육발전 기금을 냈지. 그것으로 끝이라 여기고 있었는데, 나중에 대학에서 그걸 기본자산으로 장학재단을 만들겠다는 거야. 수억 원 갖고 어찌 재단을 만들겠노. 남 부끄러워서 참말. 그 다음부터 1년에 10억 원 정도씩 기부금 내다보니 그게 쪼매 커지게 됐네."

진주교대와 아이치교대의 자매결연, 가정 정환기 장학재단 설립 과정에는 진주교대의 김성준 총장과 강종표(姜鍾杓) 교수, 박정수(朴貞秀) 교수, 이광형(李光衡) 주일대사관 수석교육관 등이 일익을 담당했다. 박정수 교수는 정 회장의 기금출연 동기를 이렇게 설명했다.

"회장님은 부존자원이 없는 조국이 오늘날 비약적으로 국력을 신장시킨 비결을 교육의 힘이라 강조하셨습니다. 한국은 국토가 좁고 인구는 많은 데 부존자원이 없죠. 있는 건 유능한 인재뿐이니 장차 한국이 살려면 기술선진국으로 발전해 국가경제를 발전시켜야 한다고, 그러려면 기초가 되는 초등교육이 중요하다고 하셨습니다. 조국과 고향의 후배들을 위해 '베풂의 정신'을 몸소 실천하셨던 겁니다."

정환기 회장 역시 1997년 5월 1일 진주교육대학 강연에서 교육기금 출연을 "평소 조국의 후배들이 학문활동을 하는데 보탬이 되고자 소망하고 있었다"고 고백했다.

본인 이름을 내건 장학재단 설립을 거듭 사양하던 정 회장은 진주교대의 뜻을 수락하기로 했다. 대신 대학 측에 신신당부했다. 자신이 기부금을 냈다는 사실을 외부에 알리지 말라고 한 것. 그래서인지 '가정 정환기 장학재단'은 한국 교육대학에 설치된 장학재단 가운데 최대 규모임에도 널리 알려져 있지는 않은 편이다.

1998년 12월 발족한 정환기 장학재단은 재단운영이 순조롭게 이뤄지면서, 2009년 기본재산 100억 원을 넘어선데 이어 2014년 7월에는 200억 원을 넘어섰다. 정 회장이 사재를 출연해 형성된 재단의 기금은 성적이 우수하지만 경제적 형편이 여의치 못한 학생들에게 장학금으로 요긴하게 쓰이고 있다.

또한 진주교대 학생 뿐 아니라 이 대학으로 유학 온 아이치교대의 일본인 학생에게도 지급되고 있다. 정 회장의 장학재단은 조국의 후학육영 뿐 아니라 한일 대학생 교류에도 이바지하고 있는 것이다.

부친의 가르침과 「3분 3% 모토」

정환기 회장이 구순을 넘긴 연령이 되어서도 이처럼 통 큰 기부활동을 펼치는 데는 분명한 이유가 있다. 정 회장은 30대 시절 스스로 다짐한 원칙을 실천에 옮기고 있을 따름이라고 말한다. 계기는 아이치현한국인경우회(愛知縣韓國人經友會)와 깊은 연관이 있다.

"내가 1960년 민단 아이치현본부 단장을 맡을 때는 말이네. 조직의 운영자금을 모으는 일에 쫓기는 바람에 본연의 조직활동이나 사업에는 좀처럼 몰두하기 어려웠네. 단장직을 맡으면서 조직에 재정적 뒷받침이 없다면 그 조직은 유명무실하다는 걸 절감했지. 그래서 앞으로 누가 민단 단장에 취임하더라도 업무에 전념할 수 있도록 기본재정을 확립하기로 다짐했지."

정 회장은 민단 단장에서 물러나자마자 사회봉사단체인 경우회를 결성했다. 아이치현에서 기업을 경영하는 유력자 50명 이상을 회원으로 모집해 1963년 8월 경우회를 결성한 것. 정 회장은 경우회 초대회장을 맡아서 모임의 모토를 조직지원, 국제친선, 본국과의 교류, 육영사업으로 설정했다.

슬로건으로는「3분, 3%」를 제창했다. 매일 3분만이라도 개인적인 욕심을 버리고 가족과 친구, 지인, 사회, 국가를 위해 자신이 뭘 할 수 있는가 고민해보자는 것, 기업 경영자는 사회의 불특정다수로부터 소득을 얻고 있으니까 매년 자기재산의 3% 정도는 사회에 환원하고 봉사하자고 호소했다. 경우회 회원들은 적극 찬동했다. 경우회가 주도한 아이치한국학원 건설, 주나고야대한민국총영사관 설립 등의 성공비결은「3분, 3%」라는 자주적인 봉사정신의 원칙이 있었기 때문이다.

"「3분, 3%」원칙을 실천하면서 그게 나의 지론(모토)이 됐다네. 그것만큼은 반세기 넘게 흔들림 없이 실천해왔다고 자부하고 있제."

타인에 대한 배려와 사회봉사의 실천은 정 회장 가문의 전통이다. 부친인 운강 정환주(雲崗 鄭桓柱) 선생은 혹독했던 일제식민시대 때도 베품을 실천한 인물이었다. 1925년에 현해탄을 건너온 운강 선생은 본인도 넉넉하지 못한 형편으로 굶주리면서도 금지옥엽처럼 모아온 자신의 재산을 묵묵히 고향의 친지들에게 보냈다.

또한 궁핍한 생활과 참을 수 없는 멸시를 받으면서도 신조인「신용중시」와 타인에 대한「베품의 마음」을 기회 닿는 대로 실천에 옮겼다.

모두에 기술한 것처럼 운강 선생은 일제 때 15년간 임차로 살던 집에서 한 번도 임대료를 연체한 적이 없다. 집주인 야마다(山田)씨마저 집세를 밀리지 않은 유일한 집이라 탄복했다니, 얼마나 신용(信用)을 소중히 여기는 성품인 지 충분히 가늠할 수 있다.

아무리 힘들어도 약속을 지키고, 정직하며, 부지런히 일하던 부모의 모습은 훗날 정환기 회장의 처세가 되었다. 그는 "부친은 입버릇처럼 '다른 사람을 위하는 사람이 되라'고 말씀하셨다"고 기억한다.

현재 경상남도 진주시 사곡리 마을 입구에는 운강 선생 기적비(奇績碑)가 서 있다. 이 비는 마을 사람들이 뜻을 모아 1982년 5월 16일 자발적으로 세운 것으로 비문은 그의 공적을 이렇게 기술하고 있다.

"수만 리 멀리 떨어진 이국 땅에서 고인은 힘든 생활환경 속에서도 근검 노력했다. 폐교 직전에 놓인 초등학교 건물을 대폭 보수해주고 책걸상을 넣어주었다. 마을에 전기를 부설하고 마을회관을 건립했으며, 장학금을 지급하는 등…(중략) 마을 주민들의 숙원을 풀어줬다."

때는 1960년대로 정 회장은 부친과 동행해 초등학교의 비참한 상황을 목격했다. 정 회장은 "초등학생들이 흙바닥에서 주저앉아 수업을 받고 있었다"면서 "그때 교장 선생이 6학년만이라도 책걸상을 놓고 졸업시키고 싶다 하소연하는데 얼마나 가슴이 아팠는지 모른다"고 돌아봤다.

그 길로 정씨 부자(父子)는 책걸상을 기부하고 낡은 학교 건물을 보수해주었다. 그리고 호롱불 생활을 하고 있던 고향마을에 사재를 들여 전기를 부설해주고 마을회관도 지어줬다. 회관에는 상당한 고가의 물품인 텔레비전을 들여놓고, 나아가 인근 마을에 감나무 5,000그루를 기증했다. 마을 주민들이 운강 선생 기적비를 건립해 선생에 감사를 표하고 그 위업을 후세에 전하게 된 경위이다.

정환기 가문의 한국인 프라이드

정환기 회장 가문의 전통으로는 한국인임을 자랑스럽게 여기는 「코리안 프라이드」도 빼놓을 수 없다. 필자는 집무실 벽면에 걸려 있던 두 장의 브로셔가 인상 깊은 기억으로 남아있다.

한 장은 정 회장의 부인 구일회(具日會)여사의 저작인 '손쉽게 만들 수 있는 한국가정요리'라는 책자의 선전 포스터였고, 다른 한 장은 손주 사위인 프로야구 한신(阪神)타이거즈의 4번 타자 황진환(黃進煥, 일본명 '히야마 신지로')선수가 타격하는 모습이 실린 달력이었다.

구 여사는 민단 부인회에서 민족운동과 사회봉사 활동에 헌신적인 인물로 유명하다. 워낙 일처리가 깔끔하고 성격이 시원시원해 여장부(女丈夫)라는 애칭으로 불리는 구 여사에게는 출중한 장기가 있다. 한국 음식을 만드는 솜씨에 일가견이 있는 것이다. 구 여사는 장기를 살려 아이치현 부인회 회장에 재임할 때, 현내(縣內) 지역 방송과 각 시(市)의 문화센터, 일한친선협회 등에 초청받아 한국요리를 실제로 만드는 과정을 소개했다. 나고야한국학교에는 요리교실을 개설하는 등 일본에서 한국요리를 알리는 선구자적인 역할을 했다. 구 여사의 한국요리 홍보활동은 88서울올림픽을 2년 앞둔 시점부터 본격적으로 시작해 일본에서 상당한 호응을 불러일으켰다.

이러한 정 회장 가문의 전통은 자녀들을 넘어 손자 대(代)까지 이어지고 있다. 정 회장의 자녀들은 부친과 모친의 유지를 받들어 민단아이치현본부(鄭博 단장, 정 회장의 차남)와 경우회, 청년경제회 등에서 활약하면서 재일동포 및 일본 지역사회에 기여하고 있다.

여기서 잠깐 화제를 야구이야기로 돌려보자. 히야마로 불리는 황진환 선수는 교토(京都) 태생의 재일한국인 3세이다. 그는 2004년 통일일보 인터뷰에서 본인이 한국인이란 사실을 처음으로 공개했다.

당시 "어릴 적부터 줄곧 한국음식을 먹어왔다"는 커밍아웃은 일본사회에서 큰 화제를 불러일으켰다. 일본에서 외국인 차별이 상당부분 사라졌다 해도 편견을 버리지 않는 일본인이 엄연히 존재하는 가운데, 인기를 먹고 사는 유명 스포츠스타가 국적을 공표하는 일은 대단한 용기가 필요한 일이다.

황 선수는 1987년 고교 시절 한국 최대의 고교야구대회인 봉황대기에 출전하는 등 애써 한국인임을 숨기려 하지 않았다. 한신타이거즈의 현역 최고참이자 최연장자. 다년간 한신의 선수회 회장을 지낼 만큼 팀 선수들로부터 두터운 신망을 받고 있다. 지금도 그가 그라운드로 걸어나오면 한신의 홈구장 고시엔(甲子園)은 온통 "히~양(ひ-やん)"이라는 응원의 함성이 울려 퍼진다.

이처럼 재일한국인의 프라이드는 정씨 가문 대대로 계승되고 있다. 정 회장은 재일동포 후배들에게 "세계 어느 나라에서나 차별은 존재하기 마련이지만 실력이 있으면 국적과 관계없이 인정받을 수 있다"며 "그게 바로 오늘날의 국제화인 것"이라 역설한다.

재일동포 각자 맡은 분야에서 실력을 발휘하면 뿌리인 한국에 대한 평가가 높아지고, 나아가 한국인과 재일동포의 장점이 인정받을 것이란 취지이다.

2000년대 들어 재일동포사회는 위기감이 고조되고 있다. 연간 8,000명의 동포가 일본국적을 취득하고 있고, 젊은이 90%이상이 일본인과 국제결혼을 한다. 이 현상은 재일동포사회가 전환기를 맞고 있으며, 상태가 지속되면 재일동포조직도 약체화를 면키 어려워진다.

재일한국인의 장래를 걱정하며

이러한 사회현상에 대해 정환기 회장은 시류를 거스르는 일은 누구라도 하기 힘든 일이라며 담담한 어조로 말했다. 재일동포사회가 나아가야 할 미래를 염려하는 그의 고민은 현재진행형이었다.

"재일동포 3,4세는 초등학교 때부터 일본 교육을 받고 일본인으로서의 소양을 배우며 자라지. 반면 한국의 역사나 풍속, 관습, 전통은 모른다네. 일본 태생인 그들에게 부모나 조부모의 조국과 고향에 대해 애국심과 애향심을 요구하는 건 무리가 있는 법이지."

재일동포 차세대들이 한민족이란 뿌리를 잊지 않도록 도울 방법은 없을까? 정 회장은 구체적인 행동방법을 제시했다. 「부모 효행」, 「형제간의 우애」, 「예의 바름」, 「노인 공경」 등 실천적 도덕론이 바로 그것이다. 도덕과 의리를 중시하는 사람은 존경의 대상이 된다는 게 그의 지론이다.

"평소 생활에서 실천하는 작은 도덕은 재일동포 스스로는 물론 한국인 전체의 품격을 높게 만드는 일이네. 돈 드는 일도 아니지. 이것이야말로 애국이지 않겠는가. 재일동포로서 존재감을 유지하는 일이지. 설령 개인사정으로 귀화해 한국계 일본인이 되었을지언정 뿌리를 자랑스럽게 여기면 된다네."

인생은 희로애락(喜怒哀樂)의 순간들이 반복되는 노정이라고 한다. 정 회장은 인생에서 가장 기뻤던 순간을 88서울올림픽이라고 꼽았다. 올림픽 역사상 최고의 대회로 평가받는 88서울올림픽은 국내뿐 아니라 재일동포들에게도 전에 경험하지 못한 감격스런 경사였다.

"지금도 1981년 9월 서독(현 독일) 바덴바덴에서 서울이 88올림픽 개최지로 선정되던 때를 잊지 못한다네. 하필이면 그때 서울과 경합하던 도시가 내가 거주하는 나고야였지. 당초 서울이 불리할 것이란 비판이 많았던 걸로 기억하네. 결과는 서울이 52대 27이란 압도적인 차이로 극적인 승리를 거뒀지. 그 순간이 새벽 0시 무렵이었는데 한밤중임에도 전국의 재일동포들이 삼삼오오 모여 감격의 축배를 몇 번이나 들었는지 모르네."

재일동포들은 서울이 올림픽 개최지로 확정되자 '조국의 축전에 손 놓고 구경할 수만은 없다'며 자발적인 모금 활동을 전개했다. 정 회장 역시 재일한국인올림픽후원회 부회장의 역할을 맡아 열성적으로 움직였다.

올림픽 때 재일동포들은 100억 엔의 성금을 모아 한국 정부를 후원했다. 재일동포 성금은 올림픽체조경기장과 수영경기장, 테니스경기장, 대한체육회회관, 올림픽파크텔 등을 짓는 데 사용되었다.

한편 정환기 회장 개인으로 제일 기쁜 순간은 61세 되던 1985년 자서전 〈재일을 산다 在日を生きる〉의 출판기념회 날이다. 이날 출판기념회 식장에는 민단, 상은, 학교, 상공회 등의 선후배, 일한친선협회 임원, 국회의원, 경제인 등 약 1,600명이 참가했다. 출판기념회를 위한 발기인도 구성됐는데 그 수가 160명에 달해 화제가 되기도 했다.

이날 정 회장은 수많은 축하객들 앞에서 "평생 있을 수 없는 감격과 기쁨"이라고 인사말을 했다. 이날은 본인 생애에서 두 번 다시 맛볼 수 없는 감격의 순간으로 추억의 페이지로 남았다.

거의 평생을 일본 땅에서 살고 있는 정 회장이지만, 매일같이 한반도 상황을 주시한다. "조국의 경사는 내 행복이요, 조국의 슬픔은 내 아픔"이라 여기며 사는 게 습관이 됐다.

정 회장은 일제시대와 해방을 거치며 숱한 차별과 굴욕을 당하면서도, 한민족의 프라이드를 잃지 않고 조국과의 일체감을 유지했다.

재일동포의 목탁 "신용에는 국경이 없다"

일본이 태평양전쟁을 한창 벌이던 때인 청년시절에는 폭격을 당해 자기 목숨처럼 애지중지 아끼는 가족들을 잃는 아픔을 겪었고, 필사적으로 일해 마련했던 조그만 집마저 불에 타 없어졌다. 그야말로 무일푼 신세로 전락한 그였지만 좌절하지 않았다.

해방되고 2년간은 침식(寢食)을 잊은 채 악착같이 일만 했다. 그렇게 한푼 두푼 모은 자금 9만 엔으로 나고야역 서쪽 거리에 점포 한 채를 마련했다. 현재는 나고야 중심 거리에서 약간 떨어진 곳이지만, 당시에는 암시장이 자리하고 있던 시내 최고의 번화가였다.

그러나 번듯한 사업가로서 새 출발을 꿈꾸던 그에게 다시 시련의 파도가 들이닥쳤다.

"연말에 양복 기성품점을 개점하기 위하여 히로시마역(廣島驛) 앞 암시장에 갔었다네. 그런데 한순간 부주의로 그만 구입자금이 들어있던 손가방을 도둑 맞았지. 양복점 가게는 있되 판매할 물건이 하나도 없는 난처한 상황을 맞았다네."

마치 그의 처지를 비웃기라도 하듯 히로시마 암시장 상점가에서는 징글벨 캐롤송이 경쾌하게 흘러나오고 있었다고 한다. 반면 20평 남짓한 그의 가게는 을씨년스럽기 짝이 없었다.

그렇다고 마냥 넋 놓고 있을 수만은 없었다. 팔리거나 말거나 진열대에 자기가 평소 입고 다니던 양복을 내다걸었다. 열두서너 벌의 낡은 자기 옷이 유일한 상품이었다. 차가운 겨울바람에 흐늘거리는 자기 옷을 보면서 눈물이 왈칵 쏟아졌다.

장래에 대한 불안감과 갈 곳 없는 암담함에 몸서리가 쳐졌다. 1947년 연말, 정환기 청년은 본인의 첫 사업장인 기성양복점 '마츠야'의 개업을 그렇게 시작했다.

세월은 날아가는 화살과 같다고 했던가. 어느새 검은 머리보다 흰 머리가 훨씬 많아진 정환기(鄭煥麒) 회장. 구순을 넘어가는 인생사에서 사업가로서만이 아니라 민족운동가, 금융가, 교육가, 작가로서 다양한 분야에서 입지전을 두루 썼다.

하지만 이러한 화려한 이력만으로 정환기라는 인물을 재단할 수 없다. 그는 남들이 주저할 때 행동으로 솔선수범(率先垂範)했고, 어떻게든 말을 행동으로 옮기는 유언실행(有言實行)의 원칙을 고수하려 노력했다. 이런 것들이 「신용제일(信用第一)」이란 철칙으로 구현되었다.

그렇기 때문에 한일 양국에서 그와 인연을 맺은 사람들은 "정환기 씨라면 100% 믿을 수 있다"고 고개를 끄덕인다. 그는 실천으로 '신용에는 국경이 없다', '신용은 국경을 초월한다'를 입증해왔다.

나고야 역전 코하쿠그룹 6층에 있는 정환기 회장의 집무실 풍경이 선명하다. 5평 남짓한 공간에 놓여있던 하얀 생채기가 뚜렷이 나있는 갈색 응접소파, 껍질이 벗겨진 가죽허리띠…

오랜 세월 정 회장의 손때 묻은 사물들을 마주하면서 검약이 몸에 배 있음을 확인할 수 있다. 정 회장은 일생동안 자기자신에게는 엄격한 잣대를 들이대면서도, 가난하고 불우한 이웃을 향해서는 소리를 내지 않고 따뜻한 관심을 기울여왔다.

정환기 회장과 한국의 지인들(2010.08.06)

그는 구순을 훌쩍 넘긴 요즘에도, 누가 연락을 해오든 다정하게 인사를 건넨다.

"전화줘서 고맙데이. 잘 지내고 있제. 또 보세."

수화기 너머로 들려오는 그의 경상도 사투리는 정겹게 느껴진다.

정환기 회장의 취재파일을 하나씩 정리하고 있자니, 왜 재일동포들이 그를 가리켜 '재일동포의 목탁(在日の木鐸)'이라고 부르는지 새삼 실감하게 된다.

> 한창우(韓昌祐)
> 마루한그룹 회장

「눈은 세계로 가슴은 조국으로」 봉사하는 파친코 황제

한창우(韓昌祐, 1930~) 회장은 한국과 일본 양국에 익히 알려진 재일동포 기업인이다. 일본 최대 파친코 체인인 〈주식회사 마루한〉의 창업자이자 현역 대표이사회장이다. '마루한'은 피겨여왕 김연아 경기 때마다 등장하는 후원사이다. 국제 피겨경기가 열리는 아이스링크에는 어김없이 한글로 쓰여 있는 마루한의 로고가 내걸린다. 세계 굴지의 기업들이 소리 없이 펼치는 광고 전쟁터인 국제빙상경기연맹(ISU) 주최 세계대회에 등장하는 유일한 한글광고가 바로 마루한이다.

마루한은 연 매상고만 2조 엔을 넘는 대기업으로, 한 회장은 일본에서도 손꼽히는 재력가의 반열에 올라있다. 그러나 세계적인 갑부가 됐다고 해서 그는 한국인임을 숨기려들지 않는다. 한민족으로서의 프라이드를 당당히 밝히며 왕성하게 활동하는 기업가이다.

국적변경하여도 민족성은 그대로

한창우 회장 이야기를 본격적으로 하기에 앞서 재일동포사회에서 그를 둘러싼 귀화논쟁의 시시비비를 가려보고자 한다. 그는 2000년대 초반 일본 국적으로 변경, 귀화한 사람이니까 민족배반자 아니냐 는 식의 논쟁의 중심에 서 있는 인물이다. 왜 일본 국적을 취득해야 했 을까. 한 회장은 자기 생각을 이렇게 피력했다.

"민족성은 국적이 바뀐다고 해서 바꿀 수 있는게 아닙니다. 솔직히 일본국적을 취득한다고 생각하니 기분이 유쾌하지는 않았습니다. 가난한 집 아들이 부잣집 양자로 마지못해 들어가는 것 같은 묘한 느낌이었습니다."

그는 국적변경을 하면서 '한창우'라는 본명(한국이름)을 관철했다. 하지만 과정은 순탄치 못했다. 본명을 허가할지 여부를 놓고 일본 외무성과 법무성간에 다툼이 벌어졌다. 법무성은 법적으로 하자가 없다면 수순대로 진행하자는 입장인 반면, 외무성은 '한(韓)'은 일본에 없는 성이니 일본식 발음인 '칸'이나 그의 일본식 이름인 '니시하라(西原)'로 하자고 반대한 것이다. 한 회장은 본명이 아니면 안된다며 고집을 꺾지 않았다. 한 회장의 거부로 인해 국적변경 수속은 중도에서 멈춰지고 말았다.

"일본 국적을 취득하는 게 그렇게 어려운 일인지 몰랐습니다. 2년이나 걸렸으니까요. 당시 제가 일본 정부에 내는 연간 세금만 150억 엔인데도 간단치 못하더군요. 국적 변경을 하면서 원한 건 단지 본명을 유지하고 싶다는 것 뿐이었는 데 말이죠."

귀화조건에 일본 이름이 필수라는 조항은 헌법을 위시한 일본 법제도상 존재치 않는다. 일본 관리들은 일본 이름으로 하는 것이 행정관행이고 지도사항이라고만 밝힐 뿐, 겉으로 대놓고 그걸 강요하지는 않는다. 그러나 오랜 세월 일본에서 살고 있는 재일동포 입장에서는 그것이 묵시적인 압박으로 느껴지기 마련이다.

한창우 회장은 교포정책포럼에서 국적변경에 대한 소회를 밝혔다.(2005.11.25)

한창우 회장은 말을 이어갔다.

"일제 때 우리민족이 일본에게서 창씨개명(創氏改名)을 강요받은 적이 있지요. 저는 자기 원래이름인 본명을 바꾸면서까지 일본국적을 얻는 게 창씨개명의 치욕을 다시 겪는 것과 비슷하다고 생각합니다. 그리고 국적은 바꿀 수 있어도 자기정체성, 민족적 자긍심까지 버리는 일본 동화(同化)는 결단코 반대입니다."

기어코 본명으로 국적을 바꾼 한창우 회장. 하지만 이후 그는 그 일로 인해 시달림을 당한다. 재일동포사회에서는 '귀화자'라며 민족성을 유지하고자 하는 그의 진의를 가시눈으로 보려는 경향이 생겼고, 평범한 동포에게는 '국적변경=귀화'의 등식이 불가피한 현실이란 지적도 받았다. 일본인으로부터는 은근하게 비꼬는 질문을 종종 받는다.

대표적인 것이 "한국에서 당신의 일본국적 보유를 항의하지 않느냐"는 것이다. 이럴 때면 한 회장은 점잖게 대꾸한다.

"한국 정부, 한국인은 그리 편협하지 않습니다."

그는 한국국적을 갖고 있으면 '애국자'이고 외국국적으로 바꾸면 '비애국자'로 단정 짓는 이분법적 재단은 옳지 않다고 생각한다. 교포들이 한국인 관련모임에 나와서 본명을 쓰다가, 일상에서는 일본이름을 애용하고 양복 안주머니에까지 일본이름 새겨 넣는 건 이중적 행동이라 지적한다. 그 중에서도 그가 가장 분개하는 경우는 일본국적을 취득한 뒤에 일본인보다 더 일본인처럼 되려고 애를 쓰거나, 일본 편에 서서 한국 헐뜯기에 앞장서는 귀화자들이다.

따지고 보면 국적변경 논란은 750만 해외동포사회에서 유독 재일동포에게만 빚어지는 특이현상이다. 미국, 캐나다, 유럽 등지에 사는 동포들이 현지국적을 취득했다고 해서 지인으로부터 '민족배신자'라 손가락질 받는 경우는 없다. 예를 들어 미국 시민권을 취득하면 가까운 사람들을 초대해 잔치 벌이고 다른 사람에게 자랑을 한다.

그러나 재일동포의 경우는 정반대이다. 국적변경을 대놓고 밝히는 이는 드물다. 십중팔구 숨기려고만 든다. 그 이유에 대해 다양한 원인 분석이 나오지만, 한국인 스스로 재일동포를 일본인과 동일한 사람으로 보려하기 때문인 탓이 크다. 한국인에게 일본은 침략국, 일본인은 민족을 괴롭혀온 악당 이미지가 있다. 한국인들은 재일동포를 일본에 산다는 이유만으로 자기도 모르게 일본인의 아류로 취급하려는 경향을 보인다. 그 때문에 재일동포의 일본국적 취득은 준일본인의 진짜 일본인화의 과정으로 매도당하기 십상이다.

사정이 이렇다보니 재일동포 가운데 한창우 회장과 같이 공개적으로 "민족성 그대로 국적변경"을 부르짖는 이는 지극히 드문 사례에 속한다. IT기업 소프트뱅크의 손정의(孫正義)회장이 부인의 성(姓)을 손

씨로 바꿔 일본국적 신청을 해서 통과한 이야기 정도가 있을 뿐이다.

분명한 건 필자가 십수년간 한창우 회장을 공사석에서 숱하게 만나 봤지만, 그에게서 한국을 부끄러워하거나 일본풍을 드러내는 모습을 본 적이 없다. 그저 경상도 사투리 진하게 쓰는 전형적인 한국인으로 밖에 보이지 않는다. 어쩌면 한창우 회장의 일본 국적변경을 둘러싼 논란은 애초부터 무의미한 논쟁인지 모른다. 그가 어떤 가치관을 갖고 사는 지 캐치프레이즈에 응축되어 있어 보이기 때문이다.

〈눈은 세계로, 가슴은 조국으로〉

문구를 풀이하면 한국과 일본이란 국경을 넘어서 세계 무대에서 통 크게 사업하자, 한민족의 후예임을 당당히 여기고 살아보자는 자기다짐이다. 한 회장은 본인이 일본 국적을 취득한 다음, 부인인 나가코(祥子)여사를 한씨 성으로 바꾸도록 하였다.

칠천포(?)가 될뻔한 사천시

한창우 회장은 재일동포사회의 리더로서, 일본 사회의 일원으로서 많은 사회공헌을 실천하고 있다. 그 가운데 고향인 경상남도 사천시(泗川市, 구 삼천포와 사천의 통합시)에서 펼치는 봉사활동은 사심 없이 행하는 애향심의 발로이자 귀감이다. 그의 진심을 2013년 11월 17일 사천 정명(定名) 600주년 기념행사에서 확인할 수 있었다. 이날 사천시청 앞 광장에서 열린 행사는 조선 태종이 '사천'이라는 지명을 붙인 지 600년을 기념하기 위해 마련된 것이었다.

다채로운 축하이벤트의 백미는 '사천시민대종(泗川市民大鐘)' 제막식이었다. 한민족사에서 대종의 기원은 흔히 에밀레종이라 부르는 성덕대왕신종(聖德大王神鐘)이다. 삼국을 통일한 신라가 고구려, 백제 유민과의 해묵은 갈등을 풀고 삼국의 백성이 화합하며 만세 번창하자는 염원을 종으로 녹여낸 것이다. 사천시가 시민대종을 제작한 동기도 1,200년 전 통일신라시대 에밀레종의 염원과 같았다.

1995년 5월 사천시는 사천군과 삼천포시를 통합한 도시로 새롭게 출발했으나, 거의 20년이 지난 이때까지도 두 지역주민 간 앙금이 말끔히 풀리지 않고 있었다. 통합논의가 진행되고 있던 어느 날 한 회장은 "삼천포 이름이 없어진답니다. 찾아갈 고향이 없어지는 건 아닌지"라고 하소연한 적도 있다. 지명선정을 둘러싼 갈등은 수년전 인기리에 방영된 TV드라마 '응답하라 1994'에서도 다뤄진 바 있는데, 실제와 크게 다르지 않았다고 한다. 삼천포냐 사천이냐를 두고 주민끼리 서로를 헐뜯는 시위를 하며 옥신각신했다.

드라마에서 주인공인 대학생은 나름 절묘한 제안을 내놓았다.

"양쪽 주민 주장 모두 설득력이 있습니다. 이렇게 정하면 어떻겠습니까. 사천과 삼천포, 둘을 합해 '칠천포'좋지 않습니까."

웃음이 나오는 과거추억이지만 당시 통합의 다난함을 묘사한 장면이다. 그러므로 사천정명 600주년을 맞아 대종을 건립해 주민화합을 꾀하자는 아이디어는 그 자체로 훌륭한 기획이었다.

"종을 세워 화합을 이루자. 뜻이 얼마나 좋습니까. 지명이 사천이니까 우리고향이 이름대로 앞으로 사천년 번영한다면 좋을 테지요."

쇳덩이 무게만 6천관(22.5t)에 달하는 사천시민대종과 이를 감싸는 종각건립에 소요되는 예산은 30억 원. 한 회장은 고향발전과 화합을 위해 전액 기부를 결심했다.

애향의 상징 〈사천시민대종〉

　에밀레종은 억겁의 세월을 견뎌내고도 건재하다. 6.25전쟁 직후에는 방치되어서 동네아이들이 두드려대는 장난감으로 전락한 적도 있지만, 에밀레종의 음색은 지금도 '세상에서 가장 아름다운 소리'라 절찬 받는다. 그가 농담처럼 내뱉는 '사천시의 사천년 번영'속에는 대종이 오랜 세월 고향의 상징이 되기를 바라는 마음이 들어 있다.
　사천시는 대종 종각 옆에 한창우 흉상을 세우고 다음과 같이 감사의 뜻을 표했다.
　"한창우 회장은 돈은 버는 것보다 가치 있게 쓰는 것이 더 중요하다는 소신을 가진 분으로, 〈눈은 세계로 가슴은 조국으로〉라는 신념으로 '한창우 나가코 교육문화재단'을 설립하여 고향의 인재육성에 기여하고 있다. (중략) 이번에는 2013년 사천정명 600주년에 즈음하여 시민화합과 번영의 상징물인 사천시민대종과 종각을 기부하였다. 천년의 소리가 시민의 가슴마다 은은히 퍼져나가기를 기원하면서. 사천시민 일동."
　그의 고향사랑은 일본에서 경제적 기반을 다지기 시작한 1970년대 초로 거슬러 올라간다. 삼천포로터리클럽 내에 개인장학회를 만들어 생활형편이 어려운 학생에게 학비를 지원했으며, 모교인 삼천포초등학교 개교 100주년 때에는 학교 운동장 정비와 나무심기 용도로 2억 원을 쾌척했다. 해외한민족 인재육성에도 관심을 기울여 재중동포 교육기관인 연변대학교에 3억 원을 기탁한 일도 있다.
　그가 고향에서 펼치는 인재육성 지원은 흉상 감사비에도 새겨져 있는 '한창우 나가코(祥子) 교육문화재단'이 살아있는 증거체이다.

〈한창우 나가코 교육문화재단〉 발족식(2010.05.02)

2010년 5월 2일 한창우 본인과 부인 나가코 여사의 이름을 조합해 발족한 재단은 모범적인 운영으로 명성이 자자하다. 한 회장이 기부한 사재는 60억 원을 넘고 꾸준히 추가 출연을 하고 있다. 2014년도 1년 기준, 사천관내 초중고생들에게 지급한 장학금 및 교육문화지원금 규모는 1억4,700만원에 달한다.

　한 회장은 사천정명행사 때에도 어린이들에게 선물을 나눠줬다. 재단 후원으로 사남(泗南)초등학교에서 열린 사천가족독서경진대회에서 입상한 어린이들에게 3박4일 코스의 일본 문화체험연수권을 선사한 것. 이런 식으로 일본 연수기회를 얻은 사천관내 초중생은 모두 11명이었다. 사천시에서 열리는 청소년 꿈키움 음악회를 매년 개최하고, 시내 음악 문화단체를 지원하고 있다. 문화예술을 접하기 힘든 고향주민들에게 가끔이라도 향유의 기회를 제공하고 싶다는 배려가 깃들어있다.

청주 한씨 집안의 후예인 그는 부모님 기일이면 만사를 제쳐놓고 고향을 방문한다. 세계한인상공인총연합회 사무총장으로서 그와 수십 년간 인연을 맺어오고 있는 양창영(楊昶榮) 새누리당 의원은 본인의 목격담을 이렇게 전했다.

"한 회장 집안 제사에 같이 갔다가 깜짝 놀랐습니다. 요즘에는 구경도 하기 힘든 전통 유교식으로 치르더군요. 옛 복식을 차려입고 홍동백서(紅東白西)대로 차려진 제사상에 절도 전통 그대로 합디다. 누구 한 사람 흐트러진 모습을 볼 수 없을 만큼 경건했습니다. 기일에 맞춰 언제나 고향을 찾아오고, 자식들까지 데려와 예법을 익히게 하는 건 국내 가정에서도 좀처럼 찾기 힘든 일입니다. 한 회장이 얼마나 부모와 조상을 극진히 여기는 지 실감했습니다."

한편 한창우 회장은 사천정명 600주년 행사 현장에 부인 나가코 여사와 함께 한복을 곱게 차려입고 나타났다. 연신 손바닥에 입김을 불어넣게 만드는 싸늘한 날씨였다. 그러나 아랑곳 않고 행사가 열리는 내내 시민과 함께 현장을 지키는 모습이었다. 그는 핫팩과 모포로도 한기를 달래기 힘든 추위에도 당당했다. 고향이 대체 어떤 존재이기에 이렇게까지 애틋한 성의를 보이는 것일까?

"열여섯 살 때 현해탄을 건넜으니, 일본에서 생활한 지도 어언 70년입니다. 신기한게 말이에요. 꼬마시절 삼천포에서 친구들과 뛰놀던 장면이 또렷하답니다. 남의 집 담장을 뛰어넘고, 숨바꼭질하고, 과일 서리하던 그런 장면이 마치 엊그제 일만 같아요. 고향이 제 마음의 근거지이긴 한가 봐요. 일본에서 남부끄럽지 않게 열심히 살았던 동력도 고향, 부모님 덕택입니다. 나이가 들어갈수록 고향을 위해 뭔가 봉사하고 싶다는 마음이 강해집니다."

클래식, 패션, 마르크시즘

그는 젊은 시절 3가지에 심취했다.
〈클래식 음악, 패션 디자인, 마르크시즘〉
일본에서의 고단한 젊은 시절을 견뎌내기 위한 위안거리였다. 호세이(法政)대학에 다닐 적에는 라디오의 클래식채널을 틀어놓고 차이코프스키와 멘델스존, 헨델, 베토벤, 브람스의 연주곡에 빠져들곤 했다. 대학 졸업 뒤 26세 때 처음 차린 본인의 사업장도 클래식 음악다방 루체였다. 라틴어로 등불 또는 빛이란 뜻의 루체를 통해 앞으로의 인생이 희망에 가득 차기를 소망했다.

루체는 1957년 5월 교토 북부의 소도시 미네야마시에서 개업했다. 인구 1만5,000명에 재일동포도 800명 남짓 밖에 안되는 시골 마을. 인구는 적어도 주민의 문화교양 수준은 높았다. 미네야마는 교토의 3대 게이샤마을 중 한 곳으로 일본의 전통연극인 '노(能)'의 전용극장까지 갖추고 있는 일본프라이드가 강한 마을이다.

청년사업가 한창우는 문화적 자존심이 강하고 격조 있는 미네야마 주민들이니까, 클래식 다방이 충분히 통할 것이라 믿었다.

"루체는 참 아담했어요. 테이블 6개에 만석 24명인 다방이었죠. 아침 일찍 나와서 레코드 틀어놓고 청소하며, 커피 달이고 있다보면 절로 기분이 좋아집니다. 음악은 시간대별로 테마를 바꿔 각기 다른 장르를 틀었습니다. 오전에는 샹송, 오후에는 루이암스트롱으로 대표되는 재즈와 보컬, 밤에는 잔잔한 클래식이었습니다. 종일 음악과 함께 하던 행복한 나날이었습니다."

미네야마 제1호 클래식다방 루체는 그의 예상대로 큰 인기를 끌었다. 대학시절 밥을 굶고서라도 연주회를 찾아다닌 열성 클래식애호가의 첫 직장으로 루체만큼 어울리는 곳도 없었다. 음악과 함께 한 루체는 한 회장의 인생에 소중한 추억의 한 페이지이다.

미네야마가 좋은 나머지 그곳에서만 24년을 살았다. 미네야마에는 그가 1억 엔을 후원해 세운 야구장도 있다. 일찍이 세상을 등진 장남 철(哲)이가 초등학생 때 "나중에 크면 내가 사는 마을에 야구장을 만들고 싶다"고 작문했던 걸, 아버지는 세월이 지나서도 기억하고 아들의 꿈을 현실로 바꿨던 것이다.

청년시절 그는 패션에도 조예가 깊었다. 유행하는 여성의 옷을 보면 '나라면 더 멋지고 세련되게 만들 수 있다'는 생각에 사로잡히곤 했다. 색상, 메이크업에도 눈길이 갔다. 의상분야 도서를 수집하고, 패션 잡지나 신문의 패션 코너를 오려내 스크랩북을 만들고, 패션디자이너의 꿈을 안고 프랑스 유학 계획을 세우기까지 했다. 비록 유학을 갈 수는 없었지만 패션 조예가 남달랐음을 보여준다 할 것이다.

한창우 회장이 청년시절 마지막으로 탐닉한 것은 마르크시즘이었다. 마르크스, 엥겔스, 레닌, 마오쩌둥 이름이 붙은 도서는 찾아다니며 읽었다. 사회주의 도서는 당시대 일본 지식인의 필독서, 남보다 교양이 뒤질 수 없다는 생각에 부지런히 읽었다.

"제가 대학생일 땐 마르크스, 레닌을 모르면 인텔리라 할 수 없었습니다. 마르크스 번역서가 나오면 읽기경쟁이 벌어지곤 했습니다. 빨리 읽으면 다른 학생보다 교양 수준이 높아지는 것이라 믿었지요. 많은 책이 있었지만 그중 경제학자 가와카미 하지메(河上肇)의 '빈곤이야기(貧乏物語)'는 몇 번이고 반복해서 읽었던 기억이 납니다."

대학교육은 그의 인생에 소중한 자양분이었다. 인간으로서 프라이드를 갖는 방법을 체득했고, 다양한 분야의 교양을 두루 쌓을 수 있어 행복했다. 이 때만해도 일본사회는 한국사람이라면 이유불문하고 냉소적으로 보는 경향이 강했으니, 그런 불이익과 차별을 극복하려면 특정취미에 탐닉하는 것도 삶의 처방전이 되었다. 한 회장은 클래식음악, 패션디자인, 마르크시즘이 청년시절의 청량제였다고 돌아본다.

빚더미에서 떠올린 〈노인과 바다〉

루체는 미네야마 최초의 클래식다방이었다. 주민 호응이 아주 좋았다고 한다. 시간대별로 장르를 바꿔서 틀어주는 클래식음악에 손수 정성껏 다려내는 커피 맛도 좋기로 유명했다. 여기에 주인 한창우의 기분 좋게 만드는 유머가 곁들여지니 손님이 끊일 일이 없었다. 워낙 인기가 높다보니 매상이 올랐고 수년만에 건물을 확장할 수 있을 만큼 자산을 모았다.

신축 건물은 1층에는 루체를 그대로 두고, 2층은 중국음식점과 양식레스토랑, 3층은 일식 연회장과 한창우 부부와 그의 일곱 자식의 보금자리가 들어섰다. 시골에서 온 가족이 오순도순 모여 살던 이때가 인생에서 가장 행복했던 시절 중 하나라고 그는 고백한다.

이후에도 사업은 탄탄대로였다. 그는 보다 큰 시장에 진출해 자기능력이 어떤지 가늠해보고 싶었다. 그길로 1972년 12월 미네야마에 니시하라산교(西原産業)라는 이름의 주식회사를 설립했다. 니시하라는 그의 일본식 이름으로 일본에서는 통명(通名)으로 불린다. 비즈니스 세계에서 성공할 자신이 있던 그는 사업장을 확장해 파친코점 3개점

(교토 미네야마, 효고(兵庫)현 도요오카(豊岡)와 카시와라(柏原)), 볼링장 2개점, 레스토랑 1개점, 골프연습장 1개점 등으로 날로 늘려갔다. 실적도 건실했다. 이보다 더 늘려도 성공하리라는 자신감이 넘쳐났다.

그러나 그게 패착이었다. 다른 사업은 괜찮았지만 볼링장이 발목을 붙들었다. 특히 금융기관에서 거액의 융자를 받아 시즈오카시에 세운 볼링장은 그야말로 골칫덩이였다. 레인 수가 120개에 달하고 널찍한 레스토랑이 들어있는 초대형 볼링장. 볼링장 창업시 일본은 고도경제성장기에 접어들어 한창 레저 붐이 일고 있었다. 파친코, 골프, 볼링 등 이른바 공(마루, 丸)을 때리는 레저스포츠는 죄다 열풍이었다. 그 나름대로 시대상황을 보고 볼링 사업에도 뛰어들었던 것이다.

"결과적으로 쫄딱 망하고 말았습니다. 나중에 보니까 제가 볼링에 뛰어든 시점이 제 생각과는 달리 흥행의 끝물이었습니다. 물 지나간 사업에 손을 댔으니 잘 될 리 만무한 거지요."

설상가상으로 1973년 10월 1차 오일쇼크가 발발. 볼링장 사업은 급전직하하게 된다. 상승기에 있던 일본경제가 급격하게 불황기조로 바뀌더니, 소비자들이 지갑을 닫으면서 전국 볼링장들은 줄도산하는 사태에 직면한다. 한 회장의 시즈오카볼링장도 직격탄을 빗겨갈 수는 없었다. 손님은 뚝 끊겼고, 매상은 줄고, 은행이자조차 감당할 수 없는 지경에 다다르고 말았다. 빚은 나날이 계속 늘어만 갔다.

"당시 제가 빌린 돈이 원금, 이자 합해 모두 60억 엔입니다. 그 정도면 일본 유수의 사업가도 손을 들 법한 막대한 부채였습니다. 난생 처음 진지하게 자살을 고민했던 때입니다. 아무리 궁리해보아도 도저히 방법이 보이지 않았으니까요."

그러나 이내 마음을 고쳐먹었다. 본인만 의지하고 사는 아내와 어린 자식들을 떠올리면 이대로 생을 마칠 수는 없었다. 구사일생으로 일본까지 와서 낙오자임을 자인하는 건 스스로 용납할 수 없는 일이었다. 돌파구가 절실한 상황에서 한 회장은 어니스트 헤밍웨이의 소설 '노인과 바다'를 떠올렸다.

"가상의 이야기지만 저는 현실에서 일어나는 일이라고 봅니다. 84일 동안 고기잡이에 실패한 어부의 뚝심. 다시 바다로 나가서 고기를 기다리는 인내심, 자기 배보다도 큰 물고기가 미끼를 물었을 때 삼일 밤낮으로 사투를 벌이고 결국에는 잡아내는 승부근성, 대어를 끌고 귀향하는 길에 맞닥뜨린 상어와 다시 싸워서 이겨내는 괴력. 이 엄청난 일들을 살 날이 얼마 남지 않은 노인이 해냈잖아요. 제 인생의 자세가 바로 이런 사람이어야 한다고 각오를 새로 하였습니다."

헝그리정신으로 再起

그의 고백대로 그는 아직 젊었고 신용도 있었다. 간단치는 않았지만 다시 금융기관을 돌며 자금을 구하러 다녔다. 호랑이 굴에서도 정신만 똑바로 차리면 살 길을 찾는다고, 어렵게어렵게 융자를 받아냄으로써 재기의 발판을 마련했다.

그는 볼링사업의 대실패를 경험하면서 비즈니스세계의 냉혹함을 뼈저리게 느꼈다. 비즈니스는 본인이 잘하는 분야에 승부를 걸어야 한다는 교훈도 배웠다. 곰곰이 본인이 가장 잘할 수 있는 비즈니스가 무엇일까 고민해보니 해답은 파친코 뿐이었다.

"솔직한 심정으로 파친코는 다시 하고 싶지 않았습니다. 하지만 막

다른 길에서 엄청난 빚을 갚기 위해서는 그 길밖에는 없었습니다. 파친코만이 나를 살릴 유일한 비즈니스였던 겁니다."

초심으로 돌아가보니 처음에 그저 먹고 살 요량으로 취업한 자형(姉兄)의 파친코점 센바(千波)에서 일하던 시절이 떠올랐다. 20대 중반의 젊은 나이일 때도 그는 그저 급료를 받아가는 직원이고 싶지는 않았다. 어떻게 하면 점포 운영을 더 잘 해낼 수 있는가, 업계의 생리와 흐름은 어떤지 쉼 없이 분석하고 고민했다.

종업원이 아닌 주인의 마인드로 일했다. 그러다보니 아이디어가 샘솟듯 떠올랐고 실전에 바로 적용할 수 있었다.

"무슨 일이든 잘하려면 자세를 어떻게 가지느냐가 관건입니다. 발상을 바꾸면 됩니다. 주위가 전혀 다르게 보이거든요. 만약 종업원이라면 무심결에 지나칠 일도 주인의 마인드로는 소소한 일에서도 개선점을 찾아냅니다. 주인이 아니어도 주인처럼 일하니까 의욕과 재미가 생깁니다. 주인의 마인드 갖는 건 돈 드는 일도 아니니까 얼마나 좋습니까."

한창우 회장이 마루한(マルハン, Maruhan)이란 상호를 쓰기 시작한 것은 1975년 9월부터이다. 둥글다는 의미의 마루(丸)와 본인의 성 한(韓)을 조합한 것이다. 일본에서 마루한 이름을 붙인 첫 점포는 효고현 카시와라점과 시즈오카시 볼링장을 개조한 파친코점이었다.

'마루한 한창우'의 신화는 빚더미에 주저앉아 재기를 꿈꾸며 서막을 올린다. 그는 당시로선 실험적인 시도를 감행했다. 히트작은 '교외형 파친코'였다.

파친코점은 시내 요지에 있어야 한다는 통념이 강했던 시절, 파친코점은 으레 도심의 전철역 앞 번화가, 상점거리에 위치해 있었다. 궁지

〈마루한〉 도쿄 본사

에 내몰려 있던 그는 남들과 똑같은 방식으로는 큰 성공을 일궈낼 수 없다고 봤다. 고정관념에서 벗어난 보다 획기적인 기획, 손님의 니즈를 충족시킬 새로운 시도가 필요했다.

먼저 입지에 대한 고정관념에서 탈피했다. 일부러 도심에서 떨어진 시 외곽지역의 부지를 택했다. 대신 넉넉한 서비스 공간을 마련하기 위해 되도록 넓은 부지를 구했다. 덩그러니 파친코만 있는 게 아닌 '원스톱 쇼핑몰이자 게임센터'였기 때문이다. 한 군데에 슈퍼마켓, 쇼핑센터, 전용주차장 등 편의시설을 가득 채웠던 것이다.

쇼핑하러 온 김에 파친코점에 들러 기분전환 하고, 도심에서 겪던 주차걱정도 덜어주었다. 입지의 불리함을 각종 편의시설과 부대지원 체제로 커버했던 것이다.

한창우 회장은 부지를 고르는 자기만의 기준을 갖고 있었다. 반복해서 현장답사를 하면서 유동인구 추이, 중앙분리대 유무와 같은 도로의 접근성, 인구성장률 전망 등 철저하게 주변 상권을 분석했다.

"노다지라고 그러죠? 교외형 파친코가 딱 그랬습니다. 열심히 분석했고 꾸준하게 인내했습니다. 그 덕택에 재기할 수 있었습니다."

기존 상식을 과감하게 깨뜨린 역발상, 이것이야말로 '마루한 한창우'만의 차별성이었고 고객으로부터 환호 받은 비결이었다. 교외형 파친코가 세칭 대박을 치면서 그는 총 부채규모 60억 엔에 달했던 막대한 빚을 재기 10년 만에 깔끔하게 청산했다. 그야말로 '기적의 재기'였다. 그는 비결을 담담하게 밝힌다.

"궁지에서 제가 할 수 있는 일이 뭐겠습니까. 오로지 한 생각 뿐입니다. 악착같이 돈을 벌어 갚겠다는 겁니다. 저는 그때 위기극복의 동력을 '노인과 바다'의 어부에게서 찾았습니다. 또 하나는 '헝그리정신'이었습니다. 살기 위해서는 이게 마지막이라는 죽음의 각오로 발버둥쳐야 합니다. 악착같이 1원이라도 더 벌겠다는 돈을 향한 집념을 가졌습니다. 바로 헝그리정신입니다. 그게 파산에서 스스로를 일으켜 세운 힘이었다고 봅니다."

시모노세키로 밀항하던 그날밤

한창우 회장은 재일동포들끼리 흔히 말하는 '밀선 타고 바다 건너온 사람'의 1세대이다. 1947년 늦가을 밀항선을 타고 고향을 떠난 16세의 소년은 오랜 항해 끝에, 그해 10월 22일밤 일본 시모노세키에 당도

했다.

도일 동기는 두 가지였다. 배 곯는 게 일상인 지독한 가난에서 벗어나고 싶었고, 일본에 가서 학업을 더 잇고 싶다는 향학열이 발동하였다. 삼천포에서 소작농의 아들로 태어난 그는 혹독한 궁핍을 경험했다. 주식은 질긴 풀떼기와 수수알갱이 한 움큼을 물에 잔뜩 넣고 끓인 멀건 죽이었다. 지금은 소여물로도 쓰지 않을 쓰디쓴 풀떼죽이 어린 시절의 먹을거리였다. 흰 쌀밥은 설날 같은 명절에나 맛볼 수 있는 귀한 음식이었다.

배편을 마련하고 일본으로 건너가던 날, 그의 어머니는 아들에게 쌀 두 되를 챙겨줬다. 지금도 그는 어머니가 얼마나 필사적으로 쌀을 마련했을까를 떠올리면 눈물을 주체할 수 없다. 표류소년이 되어 고향을 떠나며 챙긴 물품은 국방색 천가방에 담은 어머니의 쌀 두되박과 콘사이스 영어사전 한 권 뿐이었다. 한창우 회장은 시모노세키로 당도하던 그날 밤을 이렇게 기억한다.

"그날 밤은 꽤나 서늘했습니다. 막 도착했을 때인데 어디선가 따각따각 소리가 들리는 겁니다. 일본 여성이 기모노차림에 게다(일본식 나막신)를 신고 목욕통을 들고 걸어가고 있더군요. 반달이 빛나는 밤하늘은 고향하늘과 별반 다르지 않은데, 따각거리는 소리가 내가 서 있는 곳이 일본이구나 실감나더군요."

초창기 일본 생활은 고단했다. 형을 따라다니며 막노동판을 전전하고, 생감자를 갈은 전분으로 엿을 만들어서 엿장수 노릇도 했다. 하루 벌어 하루를 살아가는 일용직 노동자의 인생이었다.

그 와중에도 먹을 걸 아껴가며 차근히 돈을 모았다. 그걸 밑천 삼아 호세이대학(法政大學) 입학금을 마련했다. 고향에 있었다면 불가능한 꿈이었던 학업을 이을 수 있다는 사실에 스스로 대견했다.

하지만 대학시절도 궁핍의 구렁텅이에서 벗어날 수는 없었다. 식비를 아낄 요량으로 삼시세끼를 양배추로 때웠다. 양배추는 저렴하고 양이 푸짐한 식재료였다. 삶은 양배추를 된장에 찍어 먹는 게 다반사였지만, 싸게 끼니를 때울 수 있는 것에 만족했다.

대학시절 관심이 많았던 클래식음악, 패션미용, 영화감상 등은 식대를 아껴야만 가능했다. 하지만 아무리 혈기왕성한 젊은이라 하더라도 양배추만으로 먹고 사는 건 가혹한 일이었다. 하루는 너무 기운이 없는 나머지 병원을 찾았다가 날벼락 같은 진단을 받았다.

"의사가 영양실조가 오래되어 몸이 쇠약해지면서 결핵에 걸렸다는 겁니다. 더 무리하면 생명이 위험할 정도라고 해서 하는 수 없이 병원에 입원하였습니다."

20대 초반의 젊은 나이에 병원신세를 지는 것도 서러운데, 장기요양이 필요한 정도의 중증 병으로 진단을 받았다. 하늘이 무너지는 것만 같은 암담한 기분이었다. 이제야 젊은 시절의 추억으로 클래식을 말하곤 하지만, 그의 학창시절 전반은 밑바닥 같은 현실에서 오로지 살아남으려는 투쟁으로 점철되어 있었다.

한 회장은 누구보다 배고픔의 설움을 잘 안다. 그걸 극복하는 방법, 오기가 무엇인지도 잘 안다. 그래서인지 몰라도 그는 지금도 기회 닿는 대로 후배, 지인들에게 헝그리정신을 강조한다.

재일동포 1세대들은 가난에서 벗어나려고 도일을 감행했고, 밑바닥에서부터 일본에서 일어나기 위해 치열하게 투쟁하며 살았다. 그 면에서 한창우 회장이 말하는 헝그리정신은 한국인 특유의 유전자로서, 면면히 내려오고 있는 자기발전의 숨은 동력일 수도 있다.

3.11동일본대지진 때 7억 엔 기부

한창우 회장은 2011년 11월, 부산 세계한상대회 때 남은 인생을 사회를 위해 봉사하며 살고 싶다는 뜻을 피력한 바 있다. 이를 두고 한국 언론은 그가 전 재산을 사회에 기부하기로 했다며 대서특필했다. '마루한 한창우 회장, 전 재산 기부 선언' 등의 타이틀로 보도가 나갔다.

그러나 당시 필자는 다소 의아하다는 생각을 지우지 못했다. 보도 이틀전 필자와 해운대 파라다이스호텔 객실에서 2시간 동안 인터뷰할 때와는 다소 뉘앙스가 달랐기 때문이다.

고향, 사회봉사, 기부활동 등에 관한 본인의 생각을 피력했지만, "혼자 힘으로 일군 성공이 아니므로 사회에 환원하는 건 당연하다", "나이가 들수록 고향, 남에 대한 봉사에 관심이 커진다"고 밝혔을 따름이었다. 그러면서 돈을 버는 일은 기술적으로 하더라도 쓸 때에는 예술적으로 많은 분들에게 온기가 갈 수 있게 해야 한다고 강조했다.

한 회장은 본인이 본받고 싶은 사회봉사의 모델로 부산대학교 평생교육원 산하 노인대학인 '경헌실버아카데미'를 예로 들기도 했다.

"제가 사는 도시인 교토의 김경헌 회장님이 기부금을 내서 설립한 '경헌실버아카데미'는 재일교포 모국 기부의 모범 사례라고 생각합니다. 사심 없고, 자기자랑도 없고, 오로지 조국의 노인복지 증진을 바라는 순수한 마음의 발로입니다. 친구의 한 사람으로서 김 회장을 돕고 싶습니다. 100% 봉사 일이니까요. 저도 사심 없이 어떤 대가도 바라지 않고 사회에 봉사하고 환원하는 일에 힘을 기울이고 싶습니다."

당시 '한창우 전 재산 기부' 뉴스는 지나가는 해프닝으로 마무리되었다. 그러나 그는 좋은 사회를 만드는 일이라면 자기 전 재산을 바쳐서라도 도울 의향이 있고, 타인을 위해 봉사하고 싶다고 밝혀왔다. 한 회장은 자기가 가장 싫어하는 말이 '수전노(守錢奴)'라며, 아무리 돈이 많아도 그걸 엉뚱하게 쓰면 소용 없는 일이라고도 밝혔다.

한창우 회장은 그해 부산한상대회를 마치고 바로 세계한인상공인총연합회(세총)의 19차 대회 참가차 캄보디아로 발길을 옮겼다. 그는 세총 회장으로서 회원부부 동반으로 세계 유적 앙코르와트를 탐방하면서, 만찬회장에서 재미있는 이야기를 화제로 올렸다.

"여러분은 레스토랑에서 물을 마실 때 파리가 빠져있다면 어떻게 하시겠습니까? 프랑스인, 미국인, 중국인, 유태인이 각기 대처법이 다르다고 하더이다. 프랑스인은 점잖게 웨이터를 불러서 물을 바꿔달라고 했고, 미국인은 파리를 집어내고 물을 그냥 마셨다고 해요. 중국인은 파리도 단백질이니까 그냥 마셨다고 합니다. 유태인은 어떻게 했을까요? 컵에서 파리를 꺼내더니 중국인에게 팔았답니다."

식장은 일순 웃음바다가 되었다. 농담으로 청중을 유쾌하게 하는 한창우 특유의 유머이다. 경쾌함 속에 진지함이 녹아있다. 한 회장은 치열하게 비즈니스를 해서 돈을 벌더라도, 쓰는 것만큼은 예술처럼 하자고 이야기를 마무리했다. 그는 평소 어색할 법한 자리에 가서도 '와이단(わいだん)'이라 칭하는 익살스런 유머를 즐겨한다.

그렇다고 그가 말만 앞세우는 사람은 아니다. 누구 못지 않게 기부 실천을 꾸준하게 행하고 있다. 그 가운데 2011년 3월 11일 동일본대지진 때의 기부는 일본 국민들에게 감동을 선사했다. 지진 피해자 구호를 위해 본인과 마루한이 7억 엔을 기부하겠다고 선언한 것.

이는 일본 기업가 중에서 가장 발 빠른 움직임이었다. 그는 사회의 리더가 '노블리스 오블리제(noblesse oblige)'를 실천하는 건 당연한 의무라 강조한다.

"돈을 벌면 사회에 환원하는 건 당연한 일입니다. 그게 도리입니다. 본인이 모두 가지려 해서는 안됩니다. 수전노(守錢奴)라고 그러죠. 돈의 노예가 되면 스스로가 불행해집니다. 3.11동일본대지진 때 기부를 한 건 마루한을 키워준 일본사회에 대한 보답이며, 응당 해야 하는 일이었습니다."

한 회장은 모국과 재일동포사회의 발전에도 각별한 관심을 갖고 있다. 교토의 한국학원 건립 때 거액의 사재를 출연한 데 이어, 88서울올림픽 때는 후원금으로 수억 엔을 내는 등 동포 관련 애경사를 자기 일과 같이 챙겨왔다.

"교토한국학원에 기부금 내던 70년대 초 일본에서 커피 한 잔 값이 얼만지 아시오. 60엔이었지. 몇 잔이나 팔아야하는지 계산하기도 힘들지만 당시 5,000만 엔을 기부했습니다. 1세 동포 가운데 2억 5,000만 엔 내신 분도 계셨지요. 당시 저로선 참 쉽지 않은 결정이었습니다."

해방 전후 일본으로 건너온 재일동포들은 구직의 길이 사실상 막혀 있었다. 외국인이란 이유 하나로 아무리 좋은 대학을 나와도 일자리를 구하기는 쉽지 않았다. 이러다보니 길거리를 헤매며 폐지, 병, 캔 등을 주워서 고물상을 창업하는 동포가 많았다. 동포들은 그야말로 피땀 흘려 일하면서도 민족을 위한 일이라면 군소리 한마디 않고 억척스레 모은 자기재산을 내놓았다.

한창우 회장은 모국에서의 봉사에 관심이 높다. 2005년 진주국제드라마축제 창립 때는 "부산국제영화제처럼 키워보자"는 김태호(金台鎬) 당시 경남도지사의 권유로 3억 원을 기부한 바 있다. 전세계 드라

사천시민대종 동상 옆에 선 한창우 나가코 부부(2013.11.17)

마와 영상문화산업을 망라하는 세계 유일의 종합축제로 만들자는 제안에 흔쾌히 응했다.

그는 상시적인 사회 환원채널도 가동하고 있다. 앞서 소개한 고향 사천에서 운영중인 '한창우 나가코 교육문화재단'과 일본에서 운영하는 '공익재단법인 한창우·철 문화재단'이 그렇다. 전자는 모국의 차세대 육성을 돕는 교육문화지원 봉사채널이며, 후자는 한일간 교류를 촉진하고 양국 역사와 문화, 연구를 진흥하는 데 공헌하고 있다.

'한창우·철 문화재단'은 장남 한철 씨를 향한 아버지의 사랑으로 탄생했다는 점에서 각별하게 다가온다. 그의 장남 철은 고교 재학하던 1978년 8월, 미국 요세미티국립공원에 수학여행을 갔다가 불의의 사고로 세상을 등지고 말았다. 한 회장은 16세의 어린 나이에 생을 마친 아들을 생각하면서 '한국문화연구진흥재단'을 설립했고, 뒤에 재단 이름을 바꾸면서 아들의 이름을 붙였다.

이 재단에 그는 1990년 3억 엔의 출연금을 내는 등 지속적인 관심
을 기울이고 있다. 한반도 및 한일관계 연구논문집인 '청구학술논집'
을 발간하는 등 연구지원 사업도 활발하게 전개하고 있다. 지금도 재
단 일에 관심을 기울이는 건 언제나 아들과 함께 하고픈 한창우의 부
정(父情)이 담겨있다 할 것이다.

눈은 세계로, 가슴은 조국으로

 한창우 회장이 대표이사 회장을 맡고 있는 주식회사 마루한은
2014년 3월 말 현재 연간 매상고 2조1,116억 엔을 올리는 대기업이
다. 파친코 영업점 수만 299개에 달하고, 별도로 서비스와 레저 관련
점포 13개를 운영 중이다. 직원의 수는 1만2,000명을 상회하고, 한
창우 개인으로는 일본의 부호랭킹에서 열손가락 안(포브스지 발표,
2015년 일본 7위)에 꼽히고 있다.
 객관적인 시선에서 한 회장은 세상 사람이 놀랄 정도의 자산을 축적
한 부호이다. 그럼에도 불구하고 그는 갑부답지 않은 소탈함을 갖고
있다. 심지어 출장을 다니면서도 수행비서 없이 혼자일 때가 있다. 가
끔은 서류가방을 직접 들고 다니며 업무를 본다. 심지어 인터뷰할 때
도 단독이다. 그는 "업무를 비서에게 맡기다보면 기력이 쇠약해질까
봐"라고 이유를 말한다.
 한 회장은 해외출장을 위해 간사이국제공항으로 이동할 때도 특별
한 경우가 아닌 한, 교토역발 간사이공항착 급행열차인 JR하루카를 타
고 간다. 도쿄 마루한 본사로 올라갈 때도 자가용보다는 고속열차인

신칸센(新幹線)을 이용한다. 이에 대한 그의 증언이다.

"(교토) 집에서 도쿄 올라갈 때는 아침 일찍 신칸센을 탑니다. 가끔씩 교토역에서 (도기 메이커인) 교세라 창업자 이나모리 가즈오(稲盛和夫) 회장을 만날 때가 있습니다. 그분도 저랑 연배가 비슷하지만(한 회장은 1930년생, 이나모리 회장은 1932년생이다.) 비서는 딱 열차 타는 데까지만 에스코트하고 돌아갑니다. 일본에서 보면 제가 별난 케이스는 아닌 거지요."

그는 최고경영자(CEO)가 움직일 때 여러 명의 수행원이 따라다니는 한국의 기업문화가 낯설어 보이는 모양이었다. 그러고 보니 한국인 일반의 시각에서 비서 없이 출장 다니는 회장님의 모습은 상상이 가지 않는 장면이다.

필자가 어느 날 한국대기업의 비서실 임원에게 "한창우 회장은 혼자서도 잘 다니는 사람"이라 하자, 절대 그럴 리 없다고 반박당한 적이 있다. 이에 대해 한 회장은 사회의 리더는 남에게 비춰지는 외양보다는 솔선수범하는 것이 덕목이 되어야 한다고 강조한다.

"인간이 성숙해지면 행동도 성품도 둥글어진다고 합니다. 벼가 익을수록 고개를 숙이는 것과 비슷한 이치 아닐까요. 많이 가질수록, 사회적 지위가 높아질수록, 더욱 겸손해져야 합니다. 남의 시선 생각할 시간에 남을 어떻게 배려할지 고민해야지요."

그는 언제 만나도 당당하다. 그러면서도 부드럽고 유머가 있다. 하고 싶은 이야기는 다하면서 항상 미소 띤 얼굴이 인상적이다.

한창우 회장은 황혼기에 접어든 지금도 예전과 별로 달라진 게 없다. 여전히 젊은 시절 즐기던 클래식 음악을 감상하고, 공연을 보다가 감동하면 그 자리에서 기립해 박수 갈채를 보낸다.

한 번은 도쿠시마(德島)현 전통무용가 김묘선(金昴先)씨가 추는 한국 전통 무용을 보고선 "사람의 춤이 아니라 백조가 물위를 걷는 것처럼 보인다"고 탄복했다. 한민족 고유의 춤을 감상하면서 젊은 시절 즐겨 듣던 차이코프스키의 '백조의 호수'를 오버랩시키다니 감성이 풍부한 사람이란 생각이 들었다.

그는 흥이 나면 숨기려들지 않는다. 농담을 주거니 받거니 술잔이 몇 순배씩 돌고나면 자청해서 노래를 부른다. 한 회장이 칸초네 나폴레타나의 '오 솔레미오(O Sole Mio, 나의 태양)'를 선창하면 동석자들이 일어나 서로 어깨동무하면서 합창을 한다.

풀떼기죽으로 끼니를 때우며 살던 유년시절, 16세 때 쪽배 타고 현해탄을 건너며 바라보던 한밤중 시모노세키의 불빛, 대학시절 영양실조와 결핵에 걸려 힘없이 누워있던 컴컴한 병상, 미네야마의 클래식 다방 루체에서 레코드음반을 틀며 콧노래를 부르던 아침나절, 거액의 빚더미에 주저앉아 '노인과 바다' 이야기를 읽으며 재기를 다짐하던 순간, 다시 뛰어든 파친코업과 기적 같은 마루한의 성장신화, 도쿄 한복판 시부야에 마루한 파친코타워를 건립하던 그날...... 한창우라는 인물이 85년 인생에서 겪어온 숱한 희로애락의 장면들이다.

그가 누구인지 어떻게 살아가는 인물인지는 한창우 캐치프레이즈에 오롯이 녹아 있다. 비록 고향을 떠나 이역 땅에서 살고 있지만, 마음은 언제나 조국을 향해있고 싶은 한 재일동포의 진심이 함축되어 있기 때문이다.

〈 눈은 세계로, 가슴은 조국으로 〉

| 강인수(姜仁秀) |
| 야치요병원 이사장 |

일본 최고의
노인 요양병원 세운
히로시마 리더

무더위가 한창 기승을 부리던 2005년 7월 어느 일요일.

강인수(姜仁秀, 1944~) 이사장은 아침나절부터 푹푹 찌는 더위에 속옷까지 흠뻑 젖은 채로 야치요(八千代)병원 일대를 둘러보고 있었다. 그때 노인을 태운 휠체어 한 대가 그의 앞에 멈춰 섰다.

"저 실례합니다만 이 병원의 오너(owner)입니까?"

- 네 그렇습니다만……

"그동안 당신을 꼭 만나 뵙고 싶었습니다. 제가 고백해야 할 말이 있습니다."

노인과는 진작부터 알던 사이다. 그가 야치요병원에서 수년째 치료와 요양을 받고 있던 환자를 모를 리 만무했다. 휠체어를 밀던 이는 노인의 장남이었다.

이 사람은 대체 무슨 사연이 있기에 그를 붙잡았던 것일까.

"어머니를 야치요로 모시기 전에 히로시마 인근 요양원 8곳을 돌아봤는데 야치요의 시설이 가장 좋았습니다. 가족회의로 결정하던 날 저는 반대를 했습니다. '오너가 한국사람이라 불안한 곳'이라 그랬죠. 다른 형제들이 일단 믿어보고 좋지 않으면 즉시 다른 곳으로 옮기자고 해서 마지못해 야치요로 오게 됐습니다. 벌써 3년이나 지난 일이

강인수 이사장의 취미는 국경을 자유롭게 넘나들며 대화하는 햄 통신이다.

군요. 어머니가 여기 생활을 그렇게 편안해할 수가 없습니다. 여태 한 번도 불평하신 적이 없어요. 제가 아무런 이유도 없이 한국인을 차별하고 있었던 것이 아직까지도 부끄럽습니다. 그래서 이사장님을 뵙고 꼭 사과드리고 싶었습니다. 정말 죄송합니다. 그리고 어머니를 가족처럼 보살펴주셔서 너무나 고맙습니다."

'鐵의 장막'같던 일본도 민주국가

일본인 환자 가족에게 감사 인사를 받던 그 순간, 강인수 이사장은 야치요를 세울 때 고생했던 기억들이 한꺼번에 떠올랐다. 얼마나 가혹하고 까다로웠던 일본사회였던가. 그에게 병원 설립은 불가능을 향한 도전이나 다름없는 일이었다. 다가가면 갈수록 온갖 구실들이 따라붙었다. 어렵사리 한 가지 문제를 해결하면 상식적으로 이해할 수 없는 다른 조건이 생겨났다.

그가 병원 설립허가 신청을 내자 당장 일본의사협회부터 반대하고 나섰다. 약사단체도 반대했다. 이에 가세해 일부 주민들은 '한국인의 병원 설립을 돕지 마라'는 전단까지 뿌리고 다녔다. 관청의 불가 입장은 확고했다. 서류를 완비해 찾아가도 뚜렷한 이유 없이 '허가 대상이 아니다'고 앵무새 소리를 할 따름이었다. 재차 관청에 설립 허가 신청서를 제출하면서 '일본 정부의 보조금은 한 푼도 받지 않겠다'는 조건까지 내걸었지만, 돌아온 답은 또 다시 불가였다.

강인수 이사장은 1988년 5월 히로시마에 병원 개설 준비위원회를 차리고 3년이 넘는 기간을 인가 받는 일에만 매달렸다. 이리 뛰고 저리 뛰었지만 허송세월이었다. 그 사이 사업으로 모아놓은 자금은 바닥을 드러내고 있었다. 아내는 군소리 한번 하지 않고 묵묵히 그를 도왔다. 그 때 아내는 남편 몰래 처녀 시절부터 애지중지 모아왔던 다기(茶器)를 내다 팔아 생활비를 마련했다고 한다. 아내 역시 같은 재일동포로서 누구보다 그의 사정을 잘 이해하고 있었다.

강 이사장은 궁지에 내몰릴수록 '반드시 병원을 세우고야 말겠다'고 다짐했다. 아무런 근거도 없이 막무가내로 불가를 고집하는 일본사회의 부조리에 무릎 꿇기 싫었다. 일본에서 가장 훌륭한 노인 병원을 세울 자신감도 있었다. 무엇보다 '자기 길이 옳다'고 확신하며 이대로 물러서는 자기를 용납할 수 없었다. 그러나 주변의 모두가 반대하는 상황 속에서 병원을 세운다는 건 불가능한 일이었다. 고약한 현실이었지만 어떻게든 스스로 타개하지 않으면 안되었다.

"거의 모든 이들로부터 이단아(異端兒) 취급을 받았지만, 저는 제 생각에 확신을 갖고 있었습니다. 시간이 갈수록 지치고 일본사회가 넘을 수 없는 '철의 장막' 같아 보였습니다. 그러던 어느 날 문득 '일본도 민주주의국가인데!'라는 생각이 드는 겁니다. 민주국가는 국민이 주인이고 그래서 국회의원도 표로 뽑잖아요. '마을 주민들이 야치요병원 설립에 찬성표를 준다면?' 갑자기 희망이 보이는 겁니다."

주민 76% 지지로 병원 설립

강인수 이사장은 병원 건립예정지 인근 주민들을 설득하기로 작정했다. 아침에 일어나면 이 집 저 집 찾아다니며 주민들을 붙들고 자신이 세울 병원의 설립 취지를 설명했다.

"야치요마을에 가족 이상의 따뜻함을 느낄 수 있는 병원의 이상향을 세우겠습니다. 몸이 아픈 환자들과 환자 가족을 병원의 주인공으로 모시겠습니다. 믿어주십시오."

그렇게 하기를 수차례 동감하는 주민들이 늘어나기 시작했다. 무작정 반대 진영에 섰던 주민들 중에도 강인수의 진정성을 알아주는 이들이 하나 둘 생겨났다.

지성(至誠)이면 감천(感天)이라 했던가. 마을 주민 1만여 명 가운데 76%가 병원 설립에 지지 서명을 해 줬다. 주민들은 '우리 마을에 그런 병원이 세워진다면 환영한다'고 호응해줬던 것이다.

그의 판단은 적중했다. 다시 구청에 주민들의 서명을 첨부한 설립신청서를 제출하자, 얼마 지나지 않아 설립 허가가 나왔다. 그동안 꿈쩍

히로시마 〈야치요병원〉의 위문공연

도 않던 완강함은 온 데 간 데 없어졌고, 담당 공무원이 규정에도 없는 서비스까지 지원해주겠다고 나서는 것이다. 오해를 푼 주민들은 마치 자기 일처럼 야치요 건립에 발 벗고 도와주는 것이다.

모두가 적(敵)으로 둘러싸인 고립무원(孤立無援)의 형국이었던 강 이사장의 처지가 하루아침에 천군만마(千軍萬馬)를 얻은 것처럼 역전되어 버렸다. 그것도 적들을 모두 아군으로 돌려놨으니 말이다.

병원 설립은 일사천리(一瀉千里)로 진행됐다. 1992년 5월 마침내 히로시마현 아키다카다시(廣島縣 安藝高田市)에 그가 그토록 간절히 염원해온 노인복지병원 야치요가 세워졌다. 강 이사장은 병원의 캐치프레이즈로「정성을 다해 손님을 대접하는 마음(持て成しの心, 모테나시노 코코로)」을 내걸었다. 이 문구 속에 몸은 물론이거니와 마음까지 세심하게 보살펴주는 병원을 만들겠다는 스스로와의 다짐, 그리고 서명으로 그를 지지해준 히로시마 주민들과의 약속을 담았던 것이다.

탄광막사에서 태어난 재일동포 2세

강인수 이사장은 1944년 양친이 강제징용을 당하고 있던 야마구치(山口)현 우베(宇部)의 탄광 막사에서 태어났다. 지금은 일본에서도 경관이 아름다운 도시로 손꼽히는 우베이지만, 일제 때 그곳은 한국인들에게 '공포의 땅'이었다. 하루에도 수십 명씩 동포들의 목숨을 앗아간 생지옥이었다.

일본인들은 한 사람이 겨우 들어갈 정도의 좁은 갱도로 한국인들을 밀어 넣고 탄을 캐라고 강요했다. 당장 갱도가 무너져도 전혀 이상한 일이 아니었다. 우베 외곽의 해저탄광 조세이(長生)에서는 갱 속으로 바닷물이 밀려 들어와 200여 명의 한국인 청년들이 떼죽음을 당하기도 했다. 그는 어릴 적 아버지로부터 죽음의 경계선에 서 있던 한국인 징용자들의 비참한 이야기를 귀에 못이 박히게 들었다.

"아버지는 해방이 1년만 늦었더라도 본인이 이 세상 사람이 아니었을 것이라고 자주 말씀하셨어요. 일본인들은 한국인을 개처럼 부려먹고선 급료는커녕 좋은 말 한마디 듣지 못했다고 원통해 하셨죠."

소년 강인수에게는 아버지의 분노가 그저 푸념으로만 느껴졌다. 한국사람이란 사실이 부끄러워 학교에서는 일본인인 척하며 살았다. 그는 지금까지도 초등학교 3학년 때 가을운동회 날을 잊을 수 없다. 치마저고리를 입고 교정에 나타난 어머니를 보자 그 자리에서 그만 얼어붙고 말았다. 어머니가 친구와 선생님들 앞에서 '내 아들 강인수는 한국인'이라고 만천하에 광고한 꼴이었다. 머리 속은 친구들이 조센진(朝鮮人)이라 놀리는 모습으로 가득 찼다.

그는 학창시절 내내 '일본 속의 이방인'이란 관념을 떨쳐내지 못했다. 마침 고등학교를 다니고 있던 1959년 12월 재일동포 북송선이 떴다. 그 이듬해 시집 간 큰 누이도 금의환향(錦衣還鄉)의 부푼 꿈을 안고 북송선을 탔다. '차별 없는 공평한 세상'으로 갈 수 있는 좋은 기회라 여겼던 그도 하교 길에 구청에 들러 귀국신청서를 썼다.

그로부터 1주일 쯤 지났을까 집에 오니 초저녁부터 아버지가 거나하게 술에 취해 있었다. 아버지는 아들을 보자마자 뛰쳐나와 그의 양 뺨을 세차게 후려쳤다. 억울한 표정을 짓고 있는 아들을 향해 아버지는 잘라 말했다.

"하나 있는 아들놈까지 떠나면 우리는 무슨 樂으로 살란 말이냐? 아무리 힘들어도 가족은 떨어져서는 안된다."

그렇게 심하게 성을 내는 아버지의 모습은 난생 처음이었다. 알고 보니 그날 구청 직원이 아버지에게 미성년자 강인수의 보호자로서 '승낙 사인'을 받으러 다녀간 참이었다. 아버지의 강경한 반대로 귀국에의 뜻을 이루지 못했으나 그는 훗날 두고두고 아버지의 애정에 감사하면서 살아오고 있다.

1959년부터 북송된 재일동포의 수는 9만3,000명. 동포들은 그저 '조국으로 돌아가고 싶다'는 단순한 마음으로 배에 올랐다. 당시 재일동포들 사이에서는 북한이 남한보다 잘 산다는 사실이 익히 알려져 있어 차별 받느니 돌아가서 잘 살자는 분위기가 팽배했다. 일본의 사회적 여론도 남한보다 북한에 우호적이던 시절이었다. 서점에서는 공산주의 관련 책들이 인기를 끌고 매스컴은 김일성 정권이 주장하는 '지상낙원' 선전물을 있는 그대로 보도했다.

이런 배경 때문에 재일동포 북송은 일북 적십자사 간 '인도적 조치'란 가면을 쓰고 있었지만, 일본이 북한과 야합해 자국 내 한국인들을 내쫓으려는 공작이었다는 비판을 받고 있는 것이다. 스스로의 이념에 따라 북한으로 간 동포는 소수에 지나지 않았다.

32년 만에 평양에서 만난 누이
"목구멍이 막혀 스시를 삼킬 수 없구나"

강인수 이사장은 북송선을 타고 건너간 누이와 만난 적이 있다. 야치요병원을 건립하던 1992년 5월 그달 히로시마일본상공회의소 방북단의 일원으로 갔다. 다른 이들은 해산물이나 농산물 수입과 같은 비즈니스가 목적이었지만, 그의 관심사는 오로지 누이와 만나는 일 뿐이었다. 돌아오기 이틀 전 드디어 상봉의 기회가 찾아왔다.

평양 옥류관에서 냉면을 먹던 중 장내방송으로 "히로시마에서 온 강인수 씨, 누님을 만나는 시간이 왔습니다"라고 하는 것이다. 헤어진 지 32년 만에 만난 누이와 부둥켜안고 얼마나 울었는지 모른다.

그는 평양 고려호텔 근방의 일식집에서 누이와 함께 한 식사를 떠올리며 눈시울을 붉혔다. 그 때 누이는 스시를 바라보며 하염없이 물만 들이켰다. "많이 들라"는 그에게 누이는 귀엣말로 이렇게 말했다.

"일본을 떠나온 이래 스시를 맛보는 건 오늘이 처음이구나. 먹으려고 하니 목구멍이 막히는 느낌이 들어 삼킬 수가 없구나."

스시가 먹고 싶어도 먹지 못하는 누이를 바라보며 어찌나 가슴이 저리던지... 그 뒤로 누이와는 몇 차례 편지는 주고받았지만 만남은 그게 마지막이 되고 말았다.

강인수의 민족성은 집안에서 길러졌다. 그의 집은 전형적인 재일동포 가정이었다. 온 가족이 새벽부터 저녁까지 넝마주이가 되어 사방팔방에 고물을 주으러 다니고, 밤이면 야미주(=밀주)를 빚어서 몰래 내다팔았다. 재일동포들은 마땅한 직업을 가질 수 없으니 생계를 꾸리려면 힘들고 위험한 일을 하는 수 밖에 없었다. 그 와중에도 부모님의 고집으로 집에서만큼은 경상도 사투리를 전용어로 썼다. 그의 아버지는 경상남도 진주, 어머니는 바로 옆 도시인 통영이 고향이다.

어머니는 고등학교를 마친 강인수가 취업을 하자, 어느날 조용히 그를 불러냈다.

"인수야 운동회 일로 어미를 원망 많이 했지? 네가 한국인이란 사실을 잊고 사는 것 같아서 내가 그날 일부러 치마저고리를 입고 학교에 갔단다."

어머니의 고백을 듣자 10년 전과는 또 다른 부끄러움에 쥐구멍을 찾고 싶었다고 한다. 그토록 지독하게 차별 받고 궁핍했던 시절이었지만, 아들의 민족성만은 지키고 싶었던 어머니의 진심을 알았기 때문이다. 어머니는 스스로 굴욕을 감수하면서까지 아들에게 한국인이란 사실을 각성시키고자 했던 것이다. 그 자리에서 어머니의 양손을 붙들고 굵은 눈물을 쏟았다.

원래 그의 꿈은 의사였다. 일본의 슈바이처로 불리는 노구치 히데요(野口英世)의 전기를 읽고서 두근거리는 마음을 주체할 수 없었다고 한다. 아프리카 오지의 빈민들을 찾아다니며 병을 고쳐주던 노구치처럼 불쌍하고 힘든 이들을 돕고 싶었다. 의사가 되고 싶은 꿈은 이루지 못했지만 그의 집념은 여전했다. 그는 의사들을 통솔하는 병원 이사장이 되어 의료인의 길에 다가서기로 마음을 고쳐먹었다.

노인복지 병원을 세우게 된 계기가 있었다. 절친한 친구의 어머니가 오랜 병환을 앓다 사망했는데, 병간호를 하던 친구가 지치고 힘들어하는 모습을 곁에서 생생하게 지켜봤다. 더욱이 노인문제는 세계 최고령 국가인 일본에서 사회적 문제로 부각되고 있었다. 독거노인의 사체(死體)가 사망 수개월이 지난 뒤 발견되는 일은 흔한 뉴스로 다뤄진다.

마음까지 치료하는 〈야치요병원〉

강인수 이사장은 스스로와 주민들에게 약속한 대로 야치요병원을 '가장 훌륭한 노인복지 시설'로 만들어냈다. 시설을 보면 풍광부터가 압권이다. 히로시마 시내에서 북쪽으로 40분 거리로 구불구불 동해로 흘러가는 강과 완만한 산들이 병원 일대를 병풍처럼 둘러싸고 있다. 마을을 두르며 강이 흐르는 안동의 하회마을처럼 강줄기가 병원을 휘감아 돌고있다. 봄이 되면 산 능선에는 진달래가 가득 피니 한국의 산골에 와 있는 듯한 착각에 빠져들기도 한다.

야치요는 병원이지만 병원스럽지 않다. 건물 안에 들어서면 특급호텔에 와 있는 듯 하다. 특유의 소독약 냄새도 나지 않고, 바닥은 반들반들 윤기가 흐르지만 전혀 미끄럽지 않다. 일류 주방장이 만드는 요리에 수영장과 온천장까지 구비돼 있으니 호텔보다 오히려 낫다.

동행한 당시 임일규(林一奎) 히로시마한국교육원장으로부터 "하루에 청소만 7번 한다"는 귀 뜸을 듣고 왔는데 막상 와서 보니 저절로 고개가 끄덕여졌다.

그렇다고 야치요가 이런 외형적인 시설로서만 일본 최고 노인복지

병원이라 인정받는 건 아니다. 눈에 보이지 않는 마음까지 보듬어주는 곳이기 때문이다. 필자가 찾은 그날 오후에는 음악 공연이 있는 날로, 노인들이 아코디언 연주자의 반주에 맞춰 동요와 옛 가요를 따라 부르며 흥이 나 있었다.

이 프로그램은 10여 년 전 강인수 이사장이 실어증(失語症)에 걸린 환자가 병실에서 동요를 흥얼거리는 모습을 목격하고는 도입한 프로그램이라고 한다. 거동이 불편해 공연장에 나오지 못하는 환자들을 위해서는 직접 병실을 찾아다니며 맨투맨 공연 서비스를 제공한다.

음악을 치료보조용으로 도입한 이래 놀라운 일들이 벌어졌다고 한다. 노래를 듣고 전신마비였던 환자가 거동하게 되는가 하면, 치매에 걸려 가족마저 못 알아보던 환자가 손뼉을 치며 노래를 부르다 기억을 되찾기도 했다. 이밖에 야치요병원은 매일 오후 마술쇼와 포크댄스, 노래경연 등 다양한 프로그램들을 꾸리고 있다.

병원 곳곳을 돌아보는 강인수 이사장은 누구하고도 격의 없이 이야기하기를 좋아하는 친근한 품성의 사람이었다. 주변을 배회하는 환자를 보면 먼저 다가가 인사하고 대화를 나눴다. 환자들이 그에게 먼저 다가와 말을 거는 모습도 자주 목격할 수 있었다.

"웃고 있어도 진심이 담긴 행동이 아니라면 남들도 가짜라는 걸 알게 되는 법입니다. 언제나 가슴 속에서 우러난 정성을 다하려고 애를 쓰며 살아왔습니다. 환자와 직원들은 제 피붙이 같은 분들이랍니다."

이 같은 강인수 이사장의 진정성에 처음에는 가시눈으로 그를 흘겨봤던 일본인 직원들의 인식도 180도 달라졌다고 한다. 현장에서는 모두 서로 가족처럼 여기는 분위기가 곳곳에서 감지됐다.

야치요병원에는 의사와 간호사, 간병인 등 1,000여 명의 직원들이 있는 데 마주치는 이들마다 서로 인사하고 안부를 물었다. 이사장이 정성을 다해 사람들을 대하는 걸 지켜보면서 어쩌면 직원들이 따뜻한 애정의 손길로 환자를 돌보는 건 당연하다는 생각이 들었다.

'인생의 피날레' 한국인에게 맡기세요

'어려운 이웃과 함께 살겠다'는 그의 신조는 중국 땅에도 손길이 닿아 있다. 2006년부터 길림성 연변에 탈북 고아 보육시설인 신성관(新星館)을 건립해 20여 명의 아이들을 뒷바라지하고 있다. 꽃제비가 되어 구걸로 연명하는 동족의 어린아이들을 마냥 지켜보고만 있을 수는 없었다고 한다.

"한창 뛰어놀고 공부할 시기에 보호자도 없이 외국 땅에서 거리를 헤매는 건 너무나 가혹합니다. 부모 잃은 아이들에게 용기를 넣어주고 싶은 마음뿐입니다."

그는 얼마전 탈북어린이들로부터 '태어나 처음으로 인간대우를 받았다' '죽으려 했는 데 희망을 찾았다'는 편지를 받고서 신성관을 확대하기로 결심을 굳혔다.

수년간 지켜보면 볼수록 강인수 이사장은 노래 부르고 춤 추기 좋아하는 영락없는 한국사람이다. 흥에 겨워 한껏 기분을 내며 애창곡인 '찔레꽃'을 목 놓아 부르는 사람이다. 그의 취미는 병원 13층에 있는 접객실에서 KBS가요무대 녹화테이프를 들으며 병풍처럼 나 있는 창가를 바라보는 것이다.

"보름날 밤 여기 앉아서 창밖을 보면 둥그런 달이 산 고개를 넘어갑

〈경남대학교〉 명예박사 학위수여식(2009.02.19)

니다. 그 장면을 바라보면서 찔레꽃을 부르면 우리 어머니 아버지가 뛰어 놀던 고향으로 간 것 같아 마음이 푸근해진답니다."

강인수 이사장은 지난 2009년 2월 '경남대학교'에서 명예경제학 박사학위를 수여받은 적이 있다. 그가 학위 수여식에서 발언한 스피치는 10분 남짓. 그 순간을 위해 강 이사장은 한 달 넘게 우리말 연습을 하고 왔다고 했다.

그러나 차오르는 감격에 목이 메이는 바람에 그날 그의 우리말 실력은 평소보다 못했다. 녹음기를 틀어 스피치를 재구성해보니 그가 목표로 하는 인생의 가치관을 엿볼 수 있었다.

"흰머리가 늘어갈수록 '뿌리가 소중하다'는 사실을 절감하고 있습니다. 제가 열살 때 운동회 날 학교에 치마저고리를 입고 나타나 한국인임을 보여준 어머니의 모습을 잊을 수 없는 까닭은요. 그때 각인된 선명한 기억이 제가 살아가는 인생의 가치가 되었기 때문입니다."

강인수 이사장은 북받친 듯 잠시 숨을 고르더니 하고 싶은 말을 마저했다.

"야치요병원을 친절과 배려로 가득한 완벽한 병원으로 만들겠다고 다짐한 것도 바로 운동회날 어머니의 치마저고리 사건이 있었기 때문입니다. 저는 출발점을 소중하게 간직하며 일본인들로부터 한국인이 하는 병원에 가면 '인생의 피날레'를 행복하게 보낼 수 있다는 이야기를 들을 겁니다. 그게 제 프라이드를 지키는 길이고, 부모님과 우리 조국 대한민국에 대한 효(孝)라고 생각합니다."

> 이영근(李永根)
> 통일일보 창립자

「조국 통일로의 이 한길」
진보지식인의 표상

도쿄에 본사를 둔〈통일일보〉는 1959년 1월 1일 '조국의 평화통일 실현'을 사시로 창간한 민족지이다. 순간으로 출발해 월간, 주간을 거쳐 1973년 9월부터 일간체제로 발전한 통일일보는 일반신문과는 차별화되는 독특한 역정을 걸어왔다.

창간 시에는 조국통일을 위한 선전계몽 운동지로서 첫 발을 내디뎠다. 이후 끊임없이 조국 대한민국의 남북문제를 비롯한 각종 정책에 대해 가감 없이 잘잘못을 지적했고, 북한의 김일성 정권을 향해선 1인 수령독재를 가장 먼저 비판하는 등 날카로운 매스를 가했다. 시류에 타협하지 않는 통일일보의 공익지향성은 이 신문의 특수성이자, 국내외에서 많은 애독자를 가질 수 있었던 매력이다.

지금도 일본에서 민간이 발행하는 제1의 민족종합지로서 반세기 넘게 명맥을 잇고 있는 통일일보. 신문사에서 '동지(同志)'로 활동했던 수많은 동포들이 신명을 바쳐 일했던 덕택이다.

그 가운데 누구보다 기틀을 다진 일등공신을 꼽자면, 창립자인 초대 이영근(李榮根, 1919~90) 사장이라 할 수 있다.〈조국 통일로의 이 한 길〉을 살았던 통일운동가이자 언론인 이영근 사장의 치열하고도 투쟁적인 인생사를 살펴본다.

한반도 신탁통치 결사반대

이영근이란 인물은 오늘날 한국의 청장층 세대에게는 생소한 이름으로 다가온다. 그러나 전전(戰前)세대 식자층 사이에서는 그를 민족과 조국을 진심으로 걱정한 통일운동가로 기억한다.

한 때 그를 빨갱이니 간첩으로 재단했던 대한민국 정부도 오래전 이미 그가 애국지사임을 알고 있었다. 이 사장이 1990년 5월 14일 타계했을 때의 발 빠른 예우가 이를 입증한다. 당시 노태우 대통령은 그의 사망소식이 전해진 뒤 열린 첫 번째 국무회의에서 이영근 서훈 문제를 안건으로 올려 그에게 국민이 받을 수 있는 최고등급의 훈장인 국민훈장 무궁화장을 추서했다. 민족인재의 별세를 정부도 안타까워했던 것이다.

그럼 이영근은 어떤 인물인가? 인생사를 요약하면 이랬다. 청년시절에는 독립운동에 가담했고, 해방 직후에는 초대 대한민국 정부에서 관리를 지내며 초창기 야당인 진보당에서 정치활동을 했다.

그러나 조국에서의 삶은 30대 후반까지로 한정되고 말았다. 1958년 1월 이른바 '진보당 사건'이 발발하며 상관인 죽산 조봉암(曺奉岩)이 형장의 이슬로 사라지면서 더 이상 조국에서 살 길을 잃었기 때문이다. 그래서 인생 후반기는 일본에서 통일운동가이자 통일일보의 사주로 살아야 했다.

인생 초년기를 살펴보면, 이 사장은 어릴 적부터 담대한 성품의 소유자였던 것으로 보인다. 3.1독립만세운동이 펼쳐지던 해인 1919년 충북 청원군에서 태어난 그는 청주중학교 3학년 때인 1933년 일본물품불매운동을 주도했다.

이 일로 퇴학당한 그는 서울로 올라와 사업가로 변신한다. 종로2가에 광산기계를 판매하는 이보합명회사(以保合名會社)를 창업하고, 건물 2층은 통째로 독립운동가의 연락장소로 빌려주었다.

1944년에는 여운형(呂運亨)이 주도한 건국동맹(建國同盟)결성에 참여했다. 1945년 8월 15~17일까지 발족된 건국준비위원회(建國準備委員會, 건준)의 하부조직인 보안대를 이끄는 리더를 맡았다. 그가 생전 남긴 '해방 전후의 서울-창정회고록'에 의하면, 보안대를 조직한 건 서울시내 주요지구에 있던 일제의 조선총독부 치안업무를 인수하기 위해서였다. 그의 글에는 통솔을 위해 실제 나이인 26세보다 높여 31세 행세를 했다는 고백도 나온다.

건준의 실세는 공산당 계열인 박헌영(朴憲永)계였다. 곧이어 박헌영은 남조선노동당(남로당)을 조직했으니, 이 사장은 건준에서 활동한 이력으로 말미암아 남로당원이라는 꼬리표가 달렸다. 하지만 이 시기 그는 공산주의자들과 반대입장인 반탁을 지지하고 있었다. 모스크바 3상회의에서 한반도 신탁통치 결정소식이 전해지자, 건준내 소수였던 반탁론자들과 함께 "약소민족의 주체성을 무시하는 일로서 결사 반대한다"고 즉각 반대를 표명했다. 1946년 결성된 사회주의 계열의 '사회민주당'선전국장으로 들어갔을 때에는 당론으로 남한 단독선거 반대가 채택되자 곧바로 탈당을 결행했다.

이에 대해 복수의 인물들은 "남로당원이 반탁한다는 건 있을 수 없는 일", "흑백의 이분법이 지배하던 세상에서 찬탁으로 일원화한 공산주의진영에 있으며 반탁을 표하는 건 불가능하다"고 입을 모았다.

1960~70년대 일본에서 주재한 한국 정보기관 요원들의 인물조사에서도 '이영근의 남로당 당원설은 사실무근'으로 본부 보고가 이뤄

졌다고 한다. 그가 공산당원이라는 주장은 좌우파를 넘나드는 폭 넓은 교제로부터 비롯된 인신모략일 가능성이 다분하다.

공산화 막은 농지개혁 추진자

그의 인생에서 뗄 수 없는 꼬리표 같은 이력이 있다. 죽산 조봉암(曺奉岩) 진보당 당수의 참모였다는 사실이다. 죽산은 대한민국 정부수립 때 최연소의 나이로 초대 농림부 장관에 기용된 인물이다. 뒤에는 건국대통령 이승만의 정치라이벌로 급부상했던 인물이다.

실제로 이 사장과 죽산은 결코 떼려야 뗄 수 없는 사이였다. 죽산은 이영근을 개인 비서실장으로부터 농림부장관 비서관, 진보당 창당시 초대 사무국장 등 요직에 기용했다. 죽산은 정치가 중 탁월한 달변가이자 풍부한 식견가로 유명했는데, 훗날 많은 식자들이 "죽산의 명연설 배후에는 브레인 이영근이 있었다"고 증언했다.

두 사람이 초대 대한민국 정부에서 해낸 합작품이 있다. 이승만 대통령의 대표 업적중 하나로 꼽히는 '농지개혁'이었다. 이 사장은 개혁 작업을 입안하고 추진한 실무자였다. 아무런 제도적 기반이 없던 농업정비에 깊이 간여하고 있었다. 농지개혁의 핵심은 일제 때 일본인 소유 농지를 실제 경작중인 농민들에게 분배하는 일.

1948년 제헌헌법상 '농지는 농민에게 분배한다'는 조항이 남아있는 것으로 미뤄볼 때, 농지개혁은 정부수립 이전에 미리 준비된 정책이었다. 정부의 농지개혁은 농부에게 농지소유권을 완전히 할양하는 혁신조치였다.

비슷한 시기 북한 영토를 접수한 김일성 역시 남한의 농지개혁과 흡사한 '토지개혁'을 실시했지만, 농민에게는 소작이나 경작권만을 인정했을 뿐이었다. 요컨대 남한의 농지는 개인에 넘어간 반면, 북한의 농지는 정권이 갖고 농민은 소작농 신세에서 벗어나지 못했다.

이 사장은 곡물가격 안정을 위한 '자유수매제도' 도입, 농민 연합체인 '농협(농민협동조합)' 조직화, '농민신문' 창간에도 깊이 개입했다.

만약 농지개혁이 조금이라도 늦게 시행되었다면 대한민국은 현재 지구상에 존재하지 않는 나라가 됐을지 모른다. 이승만 정부가 "농지를 신속히 분배함으로써 곧이어 터진 6.25전쟁에서 대다수 농민이 대한민국에 충성을 바치는 국민으로 남았으며, 이것이 대한민국을 방어함에 크게 공헌"(이영훈 서울대 교수의 '대한민국 역사')했기 때문이다.

남한에도 좌익계가 득세하던 시절, 농민이 정부 지지자가 됨으로써 그들이 공산주의자의 침략을 막아내는 보루가 되었다.

〈진보당사건〉과 일본망명

그러나 그가 한국에 머무를 수 있는 시간은 그로부터 얼마 남지 않았다. 1958년 1월 발생한 '진보당 사건'이 그의 인생을 송두리째 뒤바꿔버린 것. 직속상관인 죽산을 포함해 진보당 간부들이 사형을 당하거나 구속되는 비극이 빚어지면서, 한국에 더 이상 머물 수 없었다.

'진보당 사건'은 이승만 대통령이 정치라이벌인 죽산의 목숨을 노린 정치사건으로 일반화되고 있다. 당시 수사본부인 치안국은 '진보당 사건'을 이렇게 정리했다. 진보당이 북한 주장과 유사한 국제연합(UN)

감시하에서의 남북한 총선거를 주장했고, 당 간부 14명이 북한 간첩과 접선하여 공작금을 받았으며, 북한 지령에 따라 간첩행위를 하고, 공산당 동조자들을 국회의원에 당선시켜 대한민국을 음해하려 했다는 것.

이런 당국의 판단이라면 칼날이 죽산의 심복인 이영근 사장에게 겨눠지는 건 당연한 수순이었다. 치안국은 병원에 입원중인 그에게 임상심문을 강행하려했다. 꼼짝없이 연루자가 되어 끌려가기 직전. 1월 19일 그는 감시망을 뚫고 병원에서 빠져나오는데 성공했다.

하지만 한국에서 살아갈 방법은 없었다. 두 달 가량 도피생활을 하다가 그해 봄 부산항에서 시모노세키행 선박에 오르며 일본으로의 망명을 택했다. 이때 그는 신원을 감추려고 천주교 성직자인 신부복 차림으로 변장했다고 한다.

망명은 죽산과 바늘과 실 같은 관계였던 그로서는 하나뿐인 목숨을 건질 유일한 선택지였다. '진보당 사건'은 재판도 열리기 전 당국에 의해 간첩사건으로 단정되었고, 죽산은 체포 이듬해 1959년 7월 31일 간첩혐의로 사형이 집행되었다. (2011년 1월 20일, 한국 대법원은 간첩죄와 국가보안법 위반 등 주요혐의에 대해 무죄선고했다.)

'진보당 사건'의 지진을 피해 도일한 이 사장이 1958년 봄에 도쿄에 도착했다. 수중에 갖고 있던 전 재산이 500엔이었던 것으로 전해진다. 도쿄로 올라오자 이내 일본 출입국관리국을 찾아가 무단입국에 대해 자수했다. 동향 충청도 출신 지인이 변호사를 구하고 재정적 지원을 했으며, 그 덕분에 그해 8월 10일 자유의 몸이 되었다. 이날부로 도쿄지방재판소는 그에게 징역 4개월, 집행유예 2년 가석방 판결을 내렸다.

1959.1.1. 〈통일일보〉 창간

　이영근 사장은 실행력 있는 인물이었다. 가석방 되자마자 바로 움직였다. 1958년 9월 도쿄 니시간다(東京 西神田)에 작은 사무실을 임차해 '조선통일문제연구소'를 설립했다. 이어 그해 12월 통일일보의 전신인 '조선신문사'를 설립했으며 그로부터 한 달도 지나지 않은 1959년 1월 1일 창간호를 발행했다. 그는 공동창업주인 아나키스트 독립운동가 원심창(元心昌)선생과 만든 '창간에 즈음하여 동포에게 고함'이란 글을 통해 통일일보 창간의 취지를 밝혔다.

　"오늘의 현실, 작금의 현상은 어떠한가? 국토는 남북으로 분단되고 민족은 좌우로 분열되어 있다. 단순히 이분(二分)되어 있을 뿐 아니라 강대진영의 첨병이 되어 격렬하게 대립하고 있다. ((중략))

　우리는 우선 조국의 평화통일에 대한 민족적 의지를 통일하고 그 소리를 하나로 만들어야만 한다. 그럼으로써 비로소 민족내부가 결속될 것이며 세계의 여론이 고조되어 진정한 통일을 쟁취할 수 있게 될 것이다. 우리는 국내외 모든 애국동포에 대해 우리조국의 평화통일을 위해 다시 한 번 결의를 새로이 하고 우리국민의 올바른 소리를 하나로 결집할 것을 호소한다. 이 호소를 위해 우리 신문 조선신문은 태어났다. ((중략))

　평화통일의 길! 그건 민족이 살 수 있는 단 하나의 길이다. 사랑하는 동포여, 괴로울망정 떳떳한 이 길을 함께 손을 맞잡고 나아가지 않겠는가. 1959년 1월 1일 일본에서 조선신문사 동인 일동"

　통일운동 계몽지로서 통일일보가 첫 걸음을 내딛는 순간이다. 그가 적지였던 일본 땅에서 신문을 창간했다는 사실은 아이러니하나 시대

여건상 불가피한 일이었다. 국내에서는 '진보당 사건'을 계기로 평화통일론을 비롯한 통일정책에 대한 공론화가 설 자리를 잃었기 때문이다. 그래서 한국에서 가장 가까운 일본에서 통일문제의 담론화를 시도한 것이다. 그에게는 통일일보를 기초로 통일문제를 이론화하고, 나아가 대중운동으로 전개하겠다는 목표의식이 있었다.

이영근 사장은 통일일보 창간 2년 뒤인 1961년 2월에는 한국에서 통일운동을 확산시키는 기관지 '민족일보' 창간을 주도했다. 이 시기 한국은 격변이 휘몰아치고 있었다. 이승만 초대 대통령이 4.19학생혁명으로 하야하고 하와이로 망명길에 오른데 이어, 그로부터 13개월 만에 5.16정변이 일어났다.

민족일보는 신생 매체였지만 혁신계의 여론을 대변하면서 주류매체인 동아일보, 조선일보, 경향신문을 누르고 가판판매 1위의 인기신문으로 급부상했다. 그러나 일장춘몽이었다. 민족일보는 용공의 혐의를 쓰고 폐간되었고 신문의 조용수(趙鏞壽)사장은 구속되었다.

지금도 이 사장과 관련해 종종 회자되는 이야기는 민족일보와 5.16직후 사형에 처한 조 사장의 배후인물로 거론되어 왔다는 점이다. 치안국은 조용수 사장을 체포한 뒤 그가 '간첩 이영근'에게서 지령을 받고 공작금을 받아 민족일보 발간에 열중했다는 취지로 간첩혐의를 적용했다. 2008년 1월 16일 서울중앙지법은 이를 뒤집고 조 사장에게 무죄를 선고했다.

통일일보는 해마다 조용수 기일인 12월 21일 사내 추도회를 개최했다. 1970년대 기일에 민족일보 사건을 총괄하는 자리가 있었다고 한다. 당시 통일일보 직원 겸 청년운동가로 활동했고, 훗날 신문의 제3대 사장직에 오른 강창만(姜昌萬) 사장은 다음과 같이 기억한다.

도쿄 아카사카의 〈통일일보〉 사옥 앞에서 (1977.09)

"5.16발발 직후 조용수 사장이 이영근 선생(재일동포사회와 통일일보 안에서는 사장보다는 선생으로 통한다)에게 다급한 목소리로 국제전화를 걸어왔다고 합니다. 상황이 긴박하니 빨리 일본으로 가고 싶다는 메시지였는데, 이때 선생이 통일운동가라면 현장을 지켜야지 그 정도도 못 버티면 되느냐고 꾸지람했다고 해요. 그 통화가 마지막이었답니다. 이 선생은 자기 때문에 굉장히 아까운 인재를 잃었다고 자책했습니다. 통일운동에 대한 자성도 했습니다. 그때 통일일보와 민족일보가 내걸었던 슬로건 '북으로 가자, 남으로 오라'는 슬로건이 현실성이 결여된 감성론이니 시정해야 한다고 정리하였습니다."

1930년 경남 진주 태생의 조용수 사장은 김일성 정권이 자행한 재일동포 북송사업 때 반대 대열에서 활동했던 인물이다. 민단 도치키현의 북송반대위원장을 맡아 니이가타항으로 향하는 북송열차 철로 위에 드러누워 피켓시위까지 했다. 그가 일본에서 보여준 행적은 반공주의자의 전형이었다. 이 사장 개인으로는 연희전문(연세대학교의 전신)의 후배였다. 여하튼 민족일보는 몇 개월 만에 끝난 미완의 시도였다. 다만 조국에서 통일운동을 촉진하고 싶다는 뜻은 평가받을 일이었다.

한국 정국이 극도로 어수선하던 1961년, 그해 2월과 3월에는 재일동포사회에선 빅뉴스가 터졌다. 민단(한국)의 조영주 단장과 조총련(북한)의 한덕수 의장간 연석회의가 잇따라 열린 것이다. 남북한이 서로 무력침공을 노골적으로 부르짖던 때였다.

남북의 재일동포단체 대표가 한 달 동안 두 차례 만났으니 그 자체만으로 빅뉴스였다. 양쪽 인물의 회담 주선자는 '민족단합을 위해'란 명목을 내건 이 사장이었다. 6.25동란 휴전 8년 되던 시점이라 분단상태는 오래지 않아서 타개되리라는 희망이 있던 시기였다. 그러나 양쪽의 회담은 김일성이 조총련에게 접으라는 지령을 내리면서 중단되고 만다.

이영근 사장은 그 해 3월 조선신문을 주간화하고 제호를 '통일조선신문'으로 바꿔달았다. 그리고 한반도통일에 대한 국제여론화를 꾀할 목적으로 월간 영자지 '원코리아(ONE KOREA)'를 창간하여 세계 각국으로 발송했다. 통일운동을 한국, 일본을 넘어 세계를 대상으로 여론화하려한 최초의 시도였다.

지금 봐도 보폭 넓은 행보가 아닐 수 없다. 신문 발간도 모자라서 재일동포 남북단체장의 회담을 주선하고, 세계인을 대상으로 남북통일의 당위성을 설파한 월간영자지까지 발간했으니 말이다.

"김일성 평화통일론은 민족기만극"

진보당이 해체되고 죽산이 제거되는 과정을 겪은 당사자였던 그는 1960년대 후반까지도 한국정부와 대척점에 서 있었다. 북한의 김일성 정권이 더 나은 체제라 믿었던 것으로 보인다. 특히 1961년 9월 김일성이 조선노동당 제4차 대회 때 언급한 '조국의 평화적 통일'에 대한 기대감이 컸다고 한다.

친북조직인 조총련과의 연계 파이프도 두터웠다. 조총련에서 교분이 있는 인물로는 이심철이 꼽힌다. 조총련 창단의 주도자로 부의장을 맡고 있던 이심철은 이 사장(충북 청원군)과 같은 충청도 출신이었다. 이 사장과 연결되었던 또 한명의 파이프는 조선노동당 비서 이효순(李孝淳)이었다. 마찬가지로 남쪽 출신인 이효순은 김일성과 항일빨치산 활동을 함께 한 사이로 북한 초기권력의 한 축인 갑산파(甲山派)의 우두머리이자 대남담당 책임자였다.

1960년대 중반 한 때 이 사장이 병원에 입원한 적이 있는데, 조총련에서 돈다발을 들고 위문 왔다는 이야기까지 전해지는 걸 볼 때 양쪽의 연결고리는 탄탄했던 게 사실이다.

그러나 이 사장은 1968년 1월 21일 청와대 무장공비 습격사건을 계기로 북한정권과 결별했다고 한다. 북한 고리를 끊기까지의 사정을 이해하려면 1960년대 그가 벌인 활동을 살펴볼 필요가 있다.

이 사장은 1962년 8월 '재일한국정치난민대책위원회'를 결성했다. 일본 최초로 정치난민 문제를 이슈화시킴으로써 자국의 보호는 고사하고 목숨을 위협받는 정치망명자들을 구명하는 운동을 전개했다. 이어 1964년 10월에는 '통일조선연감'을 발간했다. 통일문제의 경과와

〈한민자통〉 행사에서 강연하는 이영근 사장(1967.04.23)

통일운동사, 통일의 실현방법, 통일후의 국가상 등 다방면에서 이론과 실전을 망라한 통일백과사전이다. 통일의 필요성과 의의, 원칙, 방법까지 체계적으로 정리한 최초의 출판물이란 의의도 있다.

실천적 통일운동을 부르짖은 이 사장은 1965년 7월 범 재일동포 통일운동조직체인 '한국민족자립통일동맹일본본부(한민자통)'를 창설한데 이어, 1966년 8월 재일동포 청년학생조직인 '한국민족자주통일청년동맹(한민자청)'과 통일운동가 간부양성기관 '통일학원'을 연이어 세웠다. 한민자청의 주요멤버로는 황영만(통일일보 편집국장, 민단 의장 역임), 강창만(제3대 통일일보 사장), 김청의, 윤융도 등이었다.

이들은 그로부터 10년 뒤 결성되는 민단의 청년회 조직 때도 주도적 인물로 등장한다. 강 사장에 의하면 한민자청의 경우 매일 1~4조까지 조별 토의를 했으며, 이 사장은 1개월에 몇 번씩 본인이 주창하는 통일의 3대 원칙인 '평화, 자주, 민주' 이론을 강연했다.

이들은 서로를 동지라 부르며 단단한 결속력을 자랑했다. 그러나 북한에 의한 1.21 청와대습격사건은 조직내부에서 논쟁 대상이 되었다.

이영근 사장은 1.21사건에 대해 통일일보에서 '실천적 통일운동의 과제'라는 25부작 연재물을 발표하고, 김일성 정권이 저지른 명백한 잘못이라며 공개비판을 가했다. 이어 북의 게릴라 파병은 무력침공 행위로서 김일성이 주창한 '조국의 평화적 통일론'과 배치되는 자기모순, 민족분열을 자초하는 극단적인 모험주의라 비판했다.

"(북에서 말하는)남한에서 내부혁명이 일어나려면 북한의 인적, 물적 지원이 뒷받침되지 않고서는 불가능한 법이다. 이렇게 되면 6.25동란과 같은 비극을 피할 도리가 없다. 필연적으로 전쟁이 동반되는 민족분열극이 일어나기 마련이다. 이것이야말로 평화를 위장한 민족기만극이 아니고 무엇이겠는가."

그러나 조직내에서 김중태, 박덕만 등은 "김일성의 선의를 보지 않는다"며 반기를 들었다. 이들 사회주의 노선 추종자들은 조직을 탈퇴해 독자적인 매체인 '민족통일신문(민통신)'을 만들었다. 이로써 한민자통은 이영근 사장을 중심으로 한 세력과 북한 정권 지지세력으로 쪼개지고 말았다.

이 사장은 조총련을 향해서도 날선 충고를 주저치 않았다. "지도부가 평양의 잘못에 대해 시정을 주문하라"는 그의 제안은 단칼에 거절당했다. 통일일보는 조총련이 지도부 몇 명에 의해 권력화 독선화되고 있다고 비판을 가했다.

같은 시기 북한에서는 김일성 후계를 둘러싼 내부권력 다툼이 벌어졌다. 김정일이 후계를 장악하면서 이 사장의 파이프였던 이효순을 필두로 한 갑산파는 숙청되고 말았다.

박정희 대통령과 원심창 선생의 밀담

이영근 사장과 더불어 통일일보 창간을 주도한 이로 빼놓을 수 없는 인물이 있다. 독립운동가 원심창(元心昌, 1906~1971)선생이다.

원 선생은 초년기에는 고향 경기도 평택에서 3.1독립만세운동에 참여해 민족의식에 눈을 떴고, 일본으로 건너가서는 흑우회 등에서 무정부주의자로서 아나키스트운동을 전개했다. 1933년에는 중국 상하이로 건너가 백정기, 이강훈 등과 함께 주중일본공사 암살을 시도한 이른바 '상해 육삼정 의거'를 주도했다. 육삼정 의거는 일제 때 해외 3대 독립운동의 실적으로 꼽힌다.

함께 활동한 독립운동가로는 민단의 초대단장 박열, 신채호, 이해영 등이 있다. 해방 후에 선생은 민단 초대 사무총장과 중앙단장을 지냈고, 6.25휴전 직후에는 일본에서 '남북통일촉진협의회' 결성을 주도했다. 재일동포사회에서 먼저 통일을 달성하자는 취지였다.

이어 1959년 1월 이영근 사장과 쌍두마차가 되어 통일일보 창간을 주도했다. 원 선생은 이 사장보다 10년 이상의 연배지만 통일운동에 의기투합한 막역지우였다. 아나키스트였기에 개인의 영역이 특정 권력에 의해 침해되는 걸 극도로 경계했다. 그러니 수령제, 일당독재로 가는 김일성 정권은 타도대상일 수 밖에 없었다.

한편 원 선생은 1968년 말 내지 1969년 연초 갑작스레 서울을 다녀왔다고 한다. 강창만 사장의 증언이다.

"비밀리에 가셨지만 동지들은 모두 알고 있었습니다. 원 선생이 도쿄 요코타공군기지(横田空軍基地, Yokota Air Base)에서 미군 헬기를 타고 서울에 다녀왔다는데, 본인은 가타부타 말하지 않았습니다. 우리

〈조국통일촉진회의〉멤버. 하단 맨왼쪽이 원심창 선생, 그뒤가 이영근 사장이다.

는 박정희 대통령을 만나고 왔다고 알고 있었습니다."

당사자가 부인 않는다는 건 시인으로 해석되었다. 박 대통령과 원 선생은 무슨 대화를 나눴을까. 한민자통 핵심멤버 사이에 돌던 말은 양자 간 대화에서 통일일보와 재일동포활동가들은 앞으로 한국적인 입장에서 통일운동을 전개하며, 대신 한국정부는 무력사용을 전제로 한 승공통일 정책을 접기로 의견교환이 이뤄졌다는 것이다.

1960년대 말까지 통일일보는 남북한 정권 누구로부터도 환영받지 못하는 신문이었다. 통일일보는 남북 양쪽 정권에게는 아픈 데를 콕콕 찔러대는 눈엣가시 같은 존재였다.

평양 정권과 그들의 앞잡이인 조총련은 걸핏하면 '반통일 신문'이라 비난을 일삼았고, 대한민국 정부는 외국까지 나가서 정부 비판이나 일삼는 반정부성향 매체로 일갈하고 있었다.

7.4남북공동성명 "민주원칙 누락은 모순"

그런데 1970년 전기가 일어났다. 그해 8월 15일 박정희 대통령이 제25주년 광복절 기념사를 통해 "남북이 평화공존 하에서 선의의 체제 대결을 하자"고 선언한 것이다.

이 사장은 이를 정부와 박 대통령이 승공통일 정책을 접은 것으로 인식했다. 이 사장이 일관되게 견지해온 방향은 남북간 무력사용 배격, 상호 평화 확보였다. 통일일보 입장에서는 원심창 선생이 박 대통령과 밀담을 가진 이후 정부로부터 나온 호응이었다. 8.15선언에 대해 통일일보의 전 현직 원로들은 정부와 통일일보 간 정책적 화해의 시그널로 이해했다. 당시 이 사장의 평가이다.

"박정희 대통령이 (8.15선언에서) 한국의 역대정권 당국자로는 처음으로 동족의 유혈을 부르는 전쟁만은 피해야만 한다고 밝혔다. 또한 조국통일 과정을 인내와 양식을 발휘해 평화적으로 해결해야 한다는 점을 공식화했다. 평가할 일이다."

통일일보는 뒤이어 남북화해의 실천방안을 제안했다. 1단계는 남북한이 한반도 평화구축을 위한 사전적 조치로서 ▲상호 '괴뢰 호칭' 및 비방 지양 ▲간첩, 무장 게릴라 파견금지를 약속해야 한다고 주문했다. 2단계는 융화적 실천방안으로서 ▲이산가족 상봉 ▲인도적 차원의 서신교환 ▲정치성을 배제한 인적 왕래를 행하자고 주문했다.

같은 해 한민자청은 남북주민끼리 자유로운 서신교환을 촉구하는 서명운동을 전개했다. 1970년 12월까지 재일동포 서명자 수는 5만 명을 넘었다. 동포청년들은 의욕이 넘쳤다. 자기들끼리 서명부를 들고 남과 북에 각 5명씩 대표단을 파견하자고 뜻을 모았다. 그러나 현실을 냉정히 보자는 이 사장의 만류로 계획은 실현되지 못했다.

1972년 7.4남북공동성명이 발표되자, 전국은 당장이라도 통일될 것 같은 기대감으로 넘실댔다. 이 순간 찬물을 끼얹는 지적이 나왔다. 이영근 사장이었다. 그는 성명내용이 "지극히 모순적"이라며 비판하고 나섰다. 일리 있는 주장이었다. 그가 문제 삼은 대목은 남북한이 합의한 통일의 3대 원칙이었다. 남북합의에서 '민주'라는 핵심을 빠뜨린 건 결격이라며, 그 이유를 다음과 같이 설명했다.

"자주, 평화, 민족적 대단결. 이 3가지는 '민주원칙'이 전제되어야 성립할 수 있다. 민주원칙을 빼놓고서는 결코 조국통일은 실현될 수 없다. ('민족 대단결'에서) 사상, 이념, 제도를 초월한다는 데 민주를 내걸지 않고 무엇을 목표로 삼을 건지, 어떻게 대단결을 하겠다는 건지 알 길이 없다. 단결의 목적도, 통일의 수단도, 궁극적으로는 특정제도를 가진 통일국가를 수립하기 위해 존재하는 것이다. ((중략))

민주원칙 없이는 통일정부의 성격을 규정지을 수 없으며 기본정책도 세울 수 없다. 그렇게 무원칙해서는 곤란하다. 야합적인 정권통합에 의한 통일은 허용될 수 없는 일이다. 따라서 평화통일을 실현할 때 가장 타당한 방법은 남북 양 지역의 민족성원이 자유로이 의사표시를 할 수 있는 여건이 조성된 하에서, 그들이 통일국가의 기본정책을 채택 결정할 수 있도록 하는 것이다. 바꿔 말해 통일은 남북 주민의 대의를 얻어 민주적 총선거를 치러서 실현시켜야 한다."

말마따나 통일원칙에서 민주원칙을 빼버린다면, 남북당국자 몇 명이 야합해서 임의통일을 하는 것도 가능하며, 극단적으로는 북한이 한국내부를 교란 봉기시켜 정권을 접수하는 남조선혁명도 용인된다.

이와 관련해 이 사장의 동향 후배인 남재희(南載熙) 전 노동부 장관은 '월간중앙' 2013년 6월호에서 7.4공동성명의 후일담을 공개했다.

"(7.4공동성명 후) 서울까지 흘러들어온 에피소드가 이영근 비판의 타당성을 잘 입증해준다. 그것은 평양을 찾아간 이후락 밀사가 통일 3원칙을 수락했다는 보고를 들은 김일성이 "그 사람 술에 취한 것 아니냐"고 했다는 것이다. 이 에피소드는 북의 대남총책 김중린이 제3국인에게 한 말로 전해진다. 북이 7.4공동성명의 3원칙을 성전 모시듯 되뇌는 까닭을 알 만하다."

이영근 사장은 그 무렵 남북한에서 제기된 연방제론(북한), 복합국가론(남한)도 결격이라 비판했다.

이러한 그의 지론에 대입하면, 1990년대 중반부터 북핵 폐기를 빌미로 만들어진 중국 주도의 6자 회담도 비판대상에 속한다. 민주적 대의가 누락된 통일논의는 과도적 조처가 될지는 몰라도 통일의 직접적인 조치는 될 수 없다는 게 그의 결론이었다.

제1차 민단파괴공작 진압

7.4남북공동성명이 발표되기 3개월 전 재일동포사회에서는 큰 변란이 일어난다. 친한국계 조직인 민단이 와해될 뻔한 사건이 발생한 것. 제1차 민단사태로 일명 '베트콩계'로 불리는 친북한파가 민단을 장악하려든 사건이다.

당시 친북한파는 도쿄 분교쿠 가스가(東京 文京區 春日)에 있던 민단 중앙본부 건물을 장악하고, 단장과 간부를 구타 구금하는 난동을 피웠다. 민단은 친북한파의 난동으로 쑥대밭이 되었고 속수무책으로 밀리는 형국이었다. 이때 행동으로 대항한 세력이 있었으니 이 사장이 이끌던 한민자청의 청년행동가들이었다. 이들은 무단 점거되던 민단 중앙본부를 돌파해 친북한파를 몰아내고 본부건물을 탈환했다. 이 사장이 사태를 진압한 것은 이 일이 평양지령으로 이뤄졌다는 확신이 있었기 때문이다. 강 사장의 증언이다.

"이 선생은 당시 조총련 제1부의장 김병식(金炳植)이 김일성에게 보내는 편지를 도중에 입수했습니다. 편지의 요지는 민단은 접수됐으며 더 이상은 걱정할 게 없다는 것이었습니다."

이 사장은 조총련 내부정보원을 통해 김일성에게 가는 편지를 가로챘다. 이 사건에 대해선 민단내 친북한 세력인 '베트콩파'에 의해 일어난 망동이나 김병식의 독단으로 알려지기도 한다. 그러나 이 사장은 평양의 공작으로 확신했다.

돌이켜보면 아이러니한 상황이었다. 민단을 구원한 한민자청, 한민자통은 민단에게서 적성단체로 규정돼 있었다. 권일(權逸) 단장 시절 두 단체가 한국정부 비판이 심하다며 적성단체로 지명한 것이다.

이후의 민단개편은 한민자청 활동가들에 의해 이뤄지기 시작한다. 제35회 임시중앙대회를 열고 김정주(金正柱)씨를 조직을 수습할 신단장으로 선출하는 등 조직 혁신작업인 '새 민단 운동'을 벌인다.

민단내에 재일동포 청년을 규합하는 조직도 신설했다. 민단의 초대 청년회 간부진은 위원장 황영만, 사무국장 강창만 등이었다. 결론적으로 평양에 의한 제1차 민단 파괴공작을 수습하고 민단을 다시 일으킨 이들은 한민자통, 한민자청의 리더 이영근과 그의 동지들이었다.

제2차 민단파괴공작은 그로부터 30여년이 지난 2006년 5월 17일 일어났다. 깜짝 발표된 민단 조총련간 화해 선언이 바로 그것이다. 이

일의 주동세력 속에는 대법원이 이적단체로 규정한 '한통련'(韓統聯, 구 한민통)과 북한 공작원 의심자들이 있었다.

5.17화해소동이 민단을 조총련에게 흡수시키려는 모략극, 화해를 빙자해 친한국 동포조직 민단을 와해하려 한 공작으로 불리는 배경이다. 이때도 가장 먼저 이적 문제를 제기하고 그들의 동향을 추적보도한 매체는 통일일보였다.

통일의 궁극은 南北等質化

위기상황에서의 빠른 실행력, 결단력은 책상머리에서 일하는 사람에게는 기대하기 어려운 일이다. 이 사장이 단지 언론인이기만 했다면 앞의 일들을 벌일 수 없었다. 운동가로서 필두에 서 있었기에 신속하게 대응할 수 있었다 할 것이다. 그렇다고 논리가 부족하지도 않았다. 상황을 냉철하게 판단하는 정세분석가였고, 통일에 관한한 경쟁자를 찾을 수 없는 탁월한 이론가였다.

이영근 사장의 측근들은 생전 그가 가장 열정을 쏟았던 일이 통일이론의 정립과 선전계몽이었다고 증언한다. 이승목 2대 통일일보 사장은 "이 선생은 일을 전체로 봤을 때 선전 계몽활동이 90%를 차지한다고 강조했다"면서 "그러려면 이를 뒷받침하는 이론이 정립되고 논리가 개발되어있어야 한다는 소신을 피력해왔다"고 증언했다.

강창만 3대 통일일보 사장도 "이 선생은 통일운동을 역사의 사물(事物)로 봐야 한다는 지론의 소유자"라며 "통일운동은 감성을 억제하고 과학적 이론적으로 접근해야하며, 대중이 함께 하는 국민운동이어야 한다고 강조했다"고 말했다.

이영근 사장이 후배들에게 입버릇처럼 했던 표현도 '통일운동의 과학화'였다. 그가 정리한 통일이론의 성과를 살펴보면, 1964년과 1967년 두 차례 발간한 '통일연감', 한민자통 한민자청 활동가 교육용 자료인 '통일이론집', 1968년 1월부터 10월까지 통일일보에 연재한 '실천적 통일운동의 과제', 1972년 3월부터 1973년 1월까지 발간한 한국어판 월간지 '통일' 등이 있다. 이 가운데 이영근 통일이론의 결정판은 통일일보 연재물을 취합 정리한 '통일 개념의 정립과 통일 후 국가상의 범주'(1972년)와 '민주조국 통일론'(1973년)을 들 수 있다.

그가 그리던 통일의 3단계 청사진은 다음과 같은 수순이었다.

▶분단(현상) 타개와 이를 통한 국토의 통합 ▶통치권력 일원화를 통한 통일정부 수립 ▶남북 등질화를 통한 민족동질성 회복이었다. 그리고 통일헌법을 제정할 때는 다음의 5가지 항목이 포함되어야 한다고 제언했다.

1) 통일 전후 행위에 대한 일체의 보복 불허
2) 국민에게 민주주의 권리 보장 및 정부 비판 허용
3) 경제를 최우선 정책목표로 한 자립경제, 생산성 향상
4) 자주외교 추진과 연동한 세계 모든 국가와의 친선 정책
5) 남북 양 사회의 등질화 지향.

그가 통일을 말할 때 즐겨썼다는 '등질화(等質化)'라는 용어는 일반적인 표현은 아니다. 비슷한 뜻의 '동질화'가 아닌 '등질화'여야 하는 이유는 등질화에는 발전해 가면서 질이 같아진다는 의미가 내포되어 있기 때문이다. 즉 통일의 궁극이자 완성은 남북한이 등질화될 때 비로소 이뤄진다는 것이다. 이 사장은 용어선택에 엄격해 표현을 잘못

재일동포 북송, 일본책임 무겁다

쓰는 후배들을 질책하였다. 가령 '중도'와 같은 애매한 스탠스는 되레 통일의 방해요인이 될 뿐이라 여겼다.

한편 통일일보는 1973년 9월부터 순간과 주간을 넘어서 일간체제로 새 출발을 했다. 일간으로 전환하며 신문은 활기를 띠게 된다. 독특한 연재물도 다수 생산해내기 시작했다. 가장 센세이션을 불러일으킨 연재물은 탈북자 수기였다. 1959년 시작된 만경봉호 타고 북한으로 들어간 재일동포 이야기, '북송동포'의 북한에서의 참혹상을 탈출자의 구술을 받아 정리한 체험 리포트였다.

그런데 연재물은 일본사회에서 진위논쟁의 대상이 되었다. 중앙정보부(KCIA)의 어용리포트란 식의 모함도 제기됐다. 통일일보는 북송 재일동포가 북한에서 '째포', '똥포', '귀국자'등의 차별용어로 불리며, 김일성 정권에서 요주의 관찰대상이 되고 있음을 폭로하는 등 북한사회의 실상과 주민의 인권문제를 여과 없이 노정했다.

통일일보의 기사가 거짓리포트로 모함 받은 배경에는 일본의 오피니언리더들이 북한 쪽으로 치우쳐 있던 상황과 무관치 않다. 당시 일본 여론은 남한은 군사독재정권으로 폄하하고 북한은 사회주의 발전모델로 떠받드는 기류가 팽배했다.

통일일보는 진위논쟁이 들끓는 와중에도 연재물을 꾸준히 게재했다. 보도는 사실로 입증되었다. 북한 정권의 북송동포에 대한 재산 몰수, 세뇌 교육, 강제노역, 일본체류 친인척을 대상으로 한 은근한 상납 요구 등은 결코 가공된 이야기가 아니었다. 이후 통일일보는 지면에서 연재한 탈북수기를 묶어 '동토의 공화국', '어둠의 공화국'등 단행본으로 출간했다.

통상 재일동포 북송사업은 동포들이 김일성의 '지상낙원' 선전에 속아 넘어간 일로 말한다. 그러나 그건 절반만 맞다 할 수 있다. 재일동포 북송문제 책임은 북한정권과 일본 정부 양쪽에게 있다고 말할 수 있다. 북송사업은 당시 제56, 57대(1957년2월~1959년6월) 총리로 일본 내각의 총책인 기시 노부스케(岸信介) 정권이 협력하지 않았다면 시작 자체가 불가능했다.

물론 일본 정부도 북한 정권도 전면에선 빠졌다. 일본적십자사와 북한적십자사가 인도주의 명목으로 정권 대리로 나섰다. 재일동포 북송사업은 광의의 납치극으로 불리고, 수만 명이 타고 간 북송선 만경봉호는 '21세기 노예선'으로까지 비유된다. 지금도 재일동포들을 만나면 북송사업을 두고 "일본이 조센진과 함께 살기 싫어 우리를 추방한 작당"이라 울분을 토해낸다.

북송동포는 1959년 12월 238가구 975명이 니이가타항에서 만경봉호에 승선한 이래 1984년까지 모두 9만3,300명에 달했다. 더 놀라운 사실은 일본은 한국과 수교한 1965년 이래 20년간 북송을 허용해 왔다는 것이며, 북한의 인권유린 참상이 알려진 뒤에도 이를 막지 않았다는 것이다. 북한의 자국민 납치 문제로 들끓는 일본 사회에서 9만 명이 넘는 무고한 사람을 참혹의 땅으로 보낸 것에 대한 반성은 들리지 않는다. 상식적으로 납득 가기 힘든 일이며, 북송사업에 관한한 일본에게는 책임이 무겁다고 할 수 있다.

한편 1970년대 중반 이영근 사장이 행한 활동 가운데 수수께끼 사건이 있다. 그가 약칭 '성묘단 사업'으로 불리는 '조총련 동포 모국방문 사업'의 발상자이냐 아니냐를 둘러싼 논쟁이다.

10만 동포 구원한 성묘단사업

혹자는 발상자가 당시 오사카총영사 조일제(趙一濟) 전 의원이라고 말한다. 조 의원 본인도 공개석상에서 수차례 자기가 발상자라 밝혀 왔다. 이에 대한 강 사장의 생각은 이랬다.

"처음에 성묘단 사업 이야기가 나왔을 때, 중정 내부에서 반대가 완강했습니다. 당시 사업에 관여한 중정요원들이 하는 이야기도 그랬고, 무슨 빨갱이 초청하는 일 따위를 하느냐 노발대발했다는 겁니다. 다만 조 공사 혼자의 힘으로 추진하기는 어려운 사업이었다고 봅니다. 들은 바로는 사업개시 직전 이 선생이 박정희 대통령을 만나러 서울로 건너가 대담했고, 그 자리에서 조총련 모국방문을 대중운동으로 공개전환하자고 제안했다고 알고 있습니다. 박 대통령이 면담 뒤에 '이영근이는 우째 내 마음을 그리 잘 알아주노'라고 경상도 사투리로 기분 좋게 말했다는 이야기를 들었습니다."

정부는 성묘단 사업 이전에도 조총련계 인사를 개별적으로 한국에 초청하는 일을 했다. 비밀리에 행해졌을 뿐이다. 주로 기업가들로 남한의 고향을 둘러보고 산업시찰을 주선했다. 대중운동, 공개전환 이야기는 정부 차원에서 조총련계를 집단으로 불러들이자는 의미였다.

성묘단 사업은 발상자가 누군지를 놓고도 진위논쟁이 벌어졌을 만큼 대박 난 프로젝트였다. 이 사업으로 근 10만 명의 조총련 동포가 한국 국적을 취득하고, 재일동포사회 판도가 단숨에 역전되었으니 그럴 만도 했다.

그 전까지 우리정부는 휴전 이래 30년 동안 일본에서의 남북 대리전에서 열세를 면치 못해왔다. 김일성의 북송사업으로 북한으로 9만

명 넘는 동포가 넘어갔음에도 북한(조총련)의 조직력은 한국(민단)보다 강했고, 경제력을 갖춘 기업가 수도 북한계가 우위였다. 성묘단 사업은 피 한방울 흘리지 않고 대승을 거둔 지략이었다. 사업의 성공 원동력에 관해선 당시 관계자 증언이 대동소이하다.

"재일동포의 9할 이상은 경상, 전라, 제주의 삼남지방 출신자들이다. 이는 민단, 조총련 관계없이 마찬가지이다. 조총련 동포는 남한이 고향이면서도 조상성묘도 못하고 부모형제도 만날 수 없다. 성묘단 사업은 사상과 이념을 초월해 서로 갈라져 살고 있는 이산가족의 한(恨)을 풀어주는 인도적인 조치였다."

* 조총련에 속한 동포 대부분은 남한 출신, 북한 출신은 5%미만이다.

1975년 4월 14일 오전 10시 20분 가와사키(川崎)를 중심으로 한 가나가와현(神奈川縣) 조총련 간부 33명이 출발한 것을 시작으로, 그 해 6월 오사카에서 제2진이 수십 년 만에 그리운 고향 땅을 밟았다. 제1진의 출발에는 중정 출신으로 요코하마총영사관 참사관이던 이만하 씨가 일본 출국수속을 담당했다. 출발 전날인 일요일(4월13일)에 일본 출입국사무소의 담당 차장을 출근시켜 도항증명서를 발급받았다고 한다. 보안이 깨질까봐 휴일을 택한 것이다. 그리고 이튿날 아침 김포행 대한항공(KAL)편 비행기에 탑승시켰다.

통일일보는 이날의 사건을 이튿날자 신문에서 하네다공항에서 대기 중인 총련 간부의 사진을 함께 실으며 이렇게 보도했다.

"가와사키를 중심으로 한 가나가와현은 한덕수(韓德銖) 총련 의장의 출신지로 알려져 있다. 한 의장은 총련 내부에서 '가나가와 전통'이란 말까지 쓰면서 자기 출신지이자 강력한 정치적 기반인 가나가와총련조직을 부각해왔다. 가나가와총련의 핵심은 가와사키지부. 따라서 이번 총련계 동포의 한국방문은 총련의 일각(한 축)이 무너진 걸 의미한다. 총련에 미칠 영향이 클 것이며, 내부에서 한 의장에 대한 책임추궁 목소리가 높아지고 북한 당국도 책임을 물을 것으로 보인다."

이날 사건이 역사적 의미를 갖는 건 한국 정부가 자신감을 갖고 대북, 대조총련 정책을 펴기 시작했다는 점에 있다. 개별적인 비밀공작에 머물러왔던 조총련 인사의 방한을 집단 공개사업으로 전환한 건 한국의 맨 얼굴이 드러나도 상관없다는 자신감의 발로였다. 통일일보 보도는 조총련동포의 한국행에 대한 첫 대외공표였다.

당시 국제정세는 한국에 불리한 형국이었다. 베트남전쟁에서 미국이 철수하고 월남이 패망하던 시점과 맞물리고 있었다. 조총련은 사이공이 함락됐으니 "다음 차례는 서울"이라며 총공세를 폈다. 한국이 망하기 전에 조총련에 입단하라는 회유가 횡행하고 있었다.

이처럼 베트남에서의 자유진영 퇴진은 한국에게 이래저래 악재였다. 한국 국내에서는 1년전 8.15경축식 행사에서 영부인 육영수(陸英修) 여사가 조총련계 문세광(文世光)의 총탄에 맞아 서거하는 사건이 발생한 직후이다. 육 여사 피격사건의 여파가 채 가라앉지도 않은 시점, 수세국면 속에서 정부가 빼내든 카드가 바로 성묘단 사업이었던 것이다. 때문에 당시 정부 관계자들은 박 대통령이 개인적 감정을 초월해 용단을 내렸기에 사업이 진행되었다고 말한다.

성묘단 사업 때 중정의 김영광(金永光) 판단기획국장은 1992년 8월 14일자 중앙일보와의 인터뷰에서 다음과 같이 증언했다.

"정세보고회 석상에서 조총련계 성묘단 사업을 건의했을 때 박 대통령은 표정이 굳어지면서 주먹을 부르르 떨었습니다. 분위기가 갑자기 싸늘해졌지요. 아이고, 저 어른의 상처(육 여사의 서거)에 소금을 뿌렸구나 하는 생각이 순간적으로 들었으나 후회막급이었습니다. 신직수(申稙秀) 부장에 된통 혼났고, 나는 사표를 준비했지요. 그런데 사흘 뒤 뜻밖에 '사업계획서를 제출하라'는 대통령 지시가 떨어졌습니다."

김영광 국장과 함께 중정에 있다가 오사카총영사 임명장을 받은 조일제 전 의원은 1975년 3월 18일 오사카 부임 첫날 환영회에서 폭탄선언을 했다. 관련해 조 전 의원은 그날의 장면을 2011년 7월 필자에게 이렇게 밝힌 바 있다.

"부임 당일 아침에는 도쿄에 있었습니다. 오사카로 가는 신칸센을 타려고 도쿄역에 나갔을 때 마중 나온 인사 가운데 통일일보 이영근 사장이 있었습니다. 이 사장에게 조총련 성묘단 사업의 취지를 담은 부임성명서를 넘겨주고 열차에 올랐습니다."

조 총영사가 당일 오후 오사카환영회에서 발표한 대 조총련 메시지는 파격이었다.

"직책을 걸고 조총련계 조국방문을 반드시 실현시키겠습니다. 신변안전 등 왕래할 때 필요한 제반편의를 제공할 것이며, 지위 고하도 과거 경력도 불문에 부치겠습니다."

현직 외교관의 공식발표인데다, 중정 출신의 힘이 있는 총영사의 발언이란 점에서 동포사회의 반향은 컸다. 이때 통일일보는 사설에서 성묘단 사업에 대해 3가지 의미를 부여했다.

첫째, 많은 총련계 동포에게 조국의 모습을 있는 그대로 보여줌으로써 한국의 발전상을 인식시킨다. 그럼으로써 북한과 총련의 선전이 얼마나 허위에 차 있는지 깨닫는 계기가 될 것이다.

둘째, 장기적으로 재일동포사회의 융화를 촉진하게 될 것이다.

셋째, 성묘단 사업은 실현되지 못하고 있는 남북 1,000만 이산가족

재회와 재결합을 촉구하는 계기로 작용할 것이다.

통일일보는 '백문이불여일견(百聞不如一見)'이란 표현을 쓰면서 성묘단 사업은 남북쌍방을 비교하여 보는 게 상호 오해와 불신을 해소하는 최선책이라 결론지었다. 이영근 사장은 "김일성이 진짜 겁내는 일은 남한의 군대가 아니라 남한이 북한보다 더 잘산다는 사실이 북한주민과 조총련에게 알려지는 일"이라고 당위성을 설파했다.

못 다한 통일의 꿈

판세 읽기는 적중했다. 성묘단 사업을 계기로 북한의 대외공작거점인 조총련은 침체일로에 빠져들었다. 동포사회의 주도권은 우리 쪽으로 넘어왔다. 조총련 동포들이 고향을 다녀온 다음 제 발로 한국영사관을 찾아와 한국국적 발부신청을 했으니 말이다.

이 사장과 이런 저런 인연으로 오랜 세월 교류한 인사들이 보는 이영근 평판은 비슷하다. 조선일보 논설위원을 역임한 언론인 조덕송(趙德松)씨는 이 사장 별세 직후 주간조선에 기고한 글에서 "고인은 지도적 레벨의 진보적 지식인"이라며 "이론과 실천을 두루 갖추었고, 신조를 굽히지 않은 초지일관의 생애를 산 인물"이라 회고했다.

60년대 초 병상에서 만난 인연으로 통일일보에 입사해 업무국장까지 지낸 김봉신(金奉信)씨는 "이영근 선생은 통일운동가가 지켜야 할 규범으로서 솔선취난(率先就難), 일관분투(一貫奮鬪), 책임완수(責任完遂) 세 가지를 강조했다"면서 "이 세 가지는 선생의 생애를 관통하는 본인의 생활 신조였으며, 아끼는 후배들이 익혔으면 하는 바람이기도

도쿄 아카사카 〈통일일보〉 본사 개소식 때(1975.11)

했다"고 회고했다.

한국 정부에게 통일일보는 재일동포사회, 북한 동향을 파악하는 길 잡이였다. 박정희 대통령도 각별한 관심으로 이 사장의 역할과 지면을 일일이 살폈던 것으로 전해진다.

이영근 사장이 1990년 5월 14일 새벽 도쿄 국립암센터에서 간암 투병 끝에 71세를 일기로 별세하자, 당시 노태우 대통령은 그로부터 열흘 뒤 도쿄 방문길에 이 사장에게 추서할 국민훈장 무궁화장을 갖고 방일했다.

같은 해 6월 16일 도쿄 아오야마(青山)장의소에서 회사장으로 치러진 그의 영결식에는 생전 교류했던 국내외 인사들이 참석했다. 한국에서 비행기를 타고 도쿄로 찾아온 참석자는 약 20명이었다.

주요 인사로는 송남헌(宋南憲, 김규식 박사 비서실장), 이건호(李健鎬, 이화여대 대학원장), 박병배(朴炳培, 국회의원), 최호진(崔虎鎭, 경제학

이영근(李永根) 통일일보 창립자 **183**

자), 윤길중(尹吉重, 국회의원, 전 진보당 간사), 박진목(朴進穆, 통일일보 이사), 안춘생(安春生, 독립기념관장), 남재희(南載熙, 노동부 장관), 허문도(許文道, 문공부 장관), 조일제(趙一濟, 국회의원), 이영일(李榮一, 국회의원) 등이었다.

이영근 사장은 생전에 신문사 후배, 통일운동 동지들에게 '통일을 왜 해야 하는가'를 역설했다. 강창만 사장은 1969년 12월 31일 송년회합을 마친 뒤 도쿄 요츠야(四谷) 1번가 사거리 신호등 앞에서 나눴던 그와의 짧은 대화를 잊을 수 없다고 했다.

강-"선생님, 통일조국이 사회주의체제로 가는 건 어떻습니까?"

이-"그건 곤란하네. 통일의 목적, 통일의 필수요건은 모두 민족사회의 발전을 전제로 해야 하네. 현상을 냉정하게 봐야해. 사회주의체제로는 발전을 실현하기 힘들지."

강-"그럼 선생님이 꿈꾸는 통일조국의 미래상은 무엇입니까?"

이-"개인의 자유가 보장되는 나라. 정부 비판까지도 허용되는 나라. 그러려면 먼저 국민생산과 국민 1인당소득이 높아져야 한다네. 기간산업은 민간보다는 국유화로 가는 게 낫다고 봐. 경제적으로 풍요롭고, 개성과 평화가 조화를 이루는 사회. 그것이 통일조국의 모습이여야 하지 않겠는가."

이영근 영결식장. 그를 떠나보내는 자리에는 이런 문구의 플래카드가 걸려 있었다.

〈 한 겨레 한 뜻으로 한 길로 가
　한 마음 한 동산의 한 조국을 〉

> 오기문(吳基文)
> 재일본대한부인회 창립자

재일한국민단을 창단한
유일무이 여걸

백세여걸(百歲女傑)

여걸(女傑)!

백수를 넘기고도 여전히 이 말이 어울리는 분이다. 남다른 의협심과 열정, 굳은 의지…… 혈기왕성한 젊은이에게나 어울릴법한 표현을 100세 할머니에게 써도 괜찮을까.

오기문(吳基文, 1910~2014) 여사를 만나자, 이내 그건 기우에 불과함을 깨달았다. 재일동포를 대표하는 민족단체 민단 창립의 주역이자, 재일본대한부인회 초대 회장, 밀항자들의 구세주. 필자가 여사를 만나러 가겠다고 하자 주변에서는 인터뷰가 힘들 것이라 걱정부터 했다. 백수를 지난 고령인데다 대외활동을 중단한지 꽤 오래되어 대화가 힘들 것이란 이야기를 들었다. 뵙기라도 하겠다는 심정으로 연락을 넣었다. 사전에 며느리 분에게 오 여사 컨디션이 나은 시간대를 물었다. 마침내 2011년 6월 11일 오전에 만나기로 약속을 잡았다.

오 여사 자택은 도쿄 도심에서 전철로 1시간쯤 떨어진 조후시(調布市). 전철역까지 마중 나온 며느리의 차를 타고 도착하자, 여사는 환자용 침대에 반쯤 누운 채 기다리고 있었다. 처음에는 '뵌 것만으로도 만족'이다 싶은 마음이었다. 그런데 이야기를 시작한지 10분도 채 지나지 않아 여사는 침대철봉을 붙들고 일어나더니 쩌렁쩌렁 울릴 정도로 목소리 높여 이야기하기 시작했다.

  책에서 읽은 것, 주변인물로부터 들은 이야기를 밑천 삼아 오 여사의 젊은 시절 이야기를 꺼내니, 바로 엊그제 일처럼 생생한 경험담을 쏟아냈다. 활력 앞에 젊은 필자가 압도당하는 기분마저 들었다. 노령이라 인터뷰가 불가능하다는 생각은 섣부른 예단일 따름이었다.

  오기문 여사의 인생은 재일한국인의 역사 그 자체다. 어느덧 6세대까지 태어난 자이니치(在日)100년사, 민단 창단 70년사의 초창기를 증언할 수 있는 몇 남지 않은 1세였다. 여사는 우리나라가 일본에 합병되던 1910년 5월 4일 경북 고령에서 태어났다.

  파란만장한 젊은 시절이었다. 18세 때 일본에서 배강이(裵康伊)씨와 결혼, 7년만인 25세 때 사별. 그걸로 끝이 아니었다. 남겨진 부양가족은 무려 아홉 명, 슬하에 본인이 낳은 딸 둘과 남편의 작은 부인, 그 사이에서 낳은 자식 둘, 시부모, 시동생 둘까지…

  그 많고 많은 식구 중에 밥벌이하는 이는 한 명도 없었다고 한다. 내일 당장 굶어죽어도 이상하지 않았다. 설상가상으로 저승 간 남편이 남긴 외상값이 도처에 널려 있으니, 털어봐야 먼지밖에 안나올 궁한 집에 빚쟁이들이 하루를 멀다 않고 찾아왔다.

  오 여사는 결혼예물로 받았던 금반지 팔고 날품 팔아서 외상값을 갚았다고 한다. 하루는 남편 유골을 안고 인근 절을 찾아가니까 주지 스님이 하도 딱해보였던지 자기가 일본 정부에 이야기해 생활보호를 받도록 도와주겠다고 제안했다. 그 이야기를 하면서 여사는 주지스님 이름이 야마다 나오키(山田直樹)라고 콕 집어 말했다.

이명박 대통령 부부와 청와대에서(2008.08.15)

"야마다 스님이 앞장서서 도쿄 세타가야구청(世田谷區廳)으로부터 생활보조금을 받아주겠다고 하는 겁니다. 스님이 알아봐준 금액은 월 35엔이었습니다. 그때 고등학교 정교사 월급이 36원이었으니 적지 않은 금액이지요. 솔직히 귀가 솔깃해졌습니다. 그 정도 돈이면 식구들이 밥은 먹고 살 수 있을 테니까요."

그러나 오 여사는 수급을 단념했다. 도저히 자존심이 허락하지 않았다. 구청 직원들이 몇 차례 집을 찾아왔지만 눈물을 머금고 싫다고 거절했다. 형편이야 절박하지만 조선인으로서 일본 정부로부터 원조 받는 게 내키지 않았다. 현해탄을 건너며 '사회운동가'가 되고 싶다는 자기 다짐을 어기는 일이기도 했다. 여사는 일본인 공무원에게 거듭하여 거절의 뜻을 밝혔다.

"저는 장래에 많은 사람을 도우면서 살아가고 싶습니다. 비록 지금

오기문(吳基文) 재일본대한부인회 창립자　**189**

은 남편 없는 젊은 과부의 몸입니다만, 기력이 충분합니다. 저희보다 더 어려운 분들, 장애인에게 민생보호를 바랍니다."

강하게 말은 했지만 막막한 지경이었다. 오 여사가 할 줄 아는 거라곤 시집오기 전 친정 엄마에게서 배운 삯바느질 뿐, 여사는 남편의 작은 부인과 함께 옷을 지어 파는 일을 시작했다.

"저는 직녀(織女)였습니다."

여사는 밤에는 재봉틀 돌려 옷을 짓고, 낮에는 완성품을 들고 나가 이곳저곳을 돌아다니며 팔았다. 그러던 어느 날 아사히신문(朝日新聞) 기자가 불쑥 집으로 찾아왔다. 일본으로 건너온 후의 생활상을 몇 마디 묻더니 사진을 찍자고 해서 시키는 대로 했다고 한다.

며칠 뒤에 발행된 신문에는 '일본 부인들이 본받아야 할 조선의 모범부인'이란 제하의 기사가 실려 있었다. 기사의 요지는 이랬다.

"남편을 잃고 경제적으로 궁핍한 상황 속에서도 노부모를 모시고 작은 부인과 함께 꿋꿋하게 살아가는 조선인 부인. 생활보호를 받아야 하는 상황에서도 자신보다 더 어려운 사람들을 보살펴달라고 부탁했다고 한다. 일본 부인들에게 귀감이 되는 훌륭한 부인이 아니던가."

오 여사와 여러 차례 만난 일본 공무원이 신문사에 제보했던 것이다. 아사히신문 보도가 나가고 며칠 안되어 이번에는 마이니치신문(每日新聞), 도쿄신문(東京新聞) 기자도 찾아왔다. 마이니치의 경우에는 오 여사 기사를 1면에 대서특필했고, 그때의 신문 보도를 계기로 오 여사는 궁핍에서 벗어날 수 있었다. 일감 주문이 늘어나면서 경제적으로 완전히 자립할 수 있었다고 한다.

"어디서 신문을 읽었는지 저를 돕겠다는 우리동포들이 사방팔방에서 찾아오는 겁니다. 그 중에서도 강희종이란 분은 잊을 수 없는 은인이었습니다. 제주도 사람이었는데 리어카 한 가득 옷감을 싣고 찾아 왔습디다. 아는 사람들 옷까지 전부 구해다가 가져왔다고 해요. 그분이 말하기를 신문기사를 읽고 조선인으로서의 자부심을 느꼈다면서 자기가 큰 부자가 아니라 옷감을 공짜로 주지는 못하지만 어떻게든 돕고 싶었다고 했습니다. 물건을 팔면 원금은 돌려달라는 부탁하는데, 얼마나 고마운지 그분 붙들고 펑펑 울고 말았습니다."

바느질쟁이에서 사회운동가로

동포애는 참으로 대단했다. 오 여사에게 일감을 주겠다고, 또 오기문표 옷을 사겠다고 도쿄 뿐 아니라 사이타마(埼玉), 가와사키(川崎)에서도 찾아왔다. 오 여사를 만나려고 사는 근방의 포목점을 두고서 먼 길을 마다않고 찾아오는 정성은 그야말로 갸륵했다. 여사는 거주지인 조후지역 동포들 도움도 받았다고 한다.

"우리 동네에는 제법 규모 있는 화약공장이 있었습니다. 위험한 일 터라 조선인 징용자가 아주 많았습니다. 특히 전라도 나주(羅州)사람이 많았습니다. 군수시설이라 통제도 심하고 일도 고되었는데 우리식 인정이 넘치던 동포들이었습니다. 하루는 일끝나고 '배가(裵家)네 며느리' 물건을 사자고 결의했답디다."

멀리서 찾아오는 동포들과 인근 징용자들이 가져다주는 일감으로 넘쳐났다. 덕분에 오 여사의 재봉틀은 쉴 새 없이 돌아갔다. 비록 일본에 살지만 같은 한국사람으로서 서로 돕고 콩 한쪽이라도 나눠먹으려는 동포애가 있었다.

옷을 짓는 작업은 식구들이 모두 잠든 다음에 했다. 손으로 힘을 줘서 돌리는 '손재봉틀'이라 처음에는 밤새 돌리고 나면 팔이 후들거려 수저도 제대로 들지 못했다고 한다. 꽤나 고된 노동이지만 재봉틀은 그의 생명줄이자 남편과의 추억이 깃든 유품이었다.

"재봉틀은 남편이 남겨준 유일한 재산이었습니다. 시집 올 때 예물로 받은 가락지는 남편 외상 빚 갚으려고 처분하고, 22엔을 주고 사온 중고 손재봉틀 하나 남았지요. 그걸로 시부모께 한복을 지어 드렸더니 손재주 있다고 칭찬을 다 받았습니다. 시부모께 칭찬 받은 건 그때뿐이었던 것 같아요. 낮엔 시끄럽다고 야단하셔서 한밤중에나 되어야 작업을 할 수 있었습니다."

남편 여의고 입에 풀칠이라도 할 요량으로 시작한 바느질일, 제법 솜씨가 좋았다고 한다. 그때 잘 만들던 것이 있었느냐고 물으니 빙긋이 미소를 지으며 대답한다.

"여자 빤스(여성용 팬티)."

당시만 해도 일본여성들은 팬티 입는 게 일상화되지 않았다고 한다. 그래서 오 여사는 일본에 건너와서 손수 팬티를 만들어 입었는데, 봉제장사를 하면서 그걸 재미삼아 팔아본 것이다. 처음에는 우리 동포들에게 팔려는 생각으로 시작했던 것이 일본 여성들 사이에서 입소문을 타면서 나중에는 동포보다 일본인 고객이 더 많아졌다고 한다. 낡은 이불채나 옷감을 뜯어서 재단한 '오기문표 팬티'는 만드는 족족 불티나게 팔려 나가는 인기제품이었다.

남성용으로는 '오기문표 셔츠'가 인기제품이었다. 동포가 주문하면 품을 좀 더 넉넉하게 잡아서 한복풍으로 만드는 센스를 발휘했다. 오 여사는 근방에서 한복을 잘 짓는다고 하여 '조선복 쟁이'로 명성이 자자했다. 그리고 평상시에 늘 치마저고리를 입고 다녀 인근에서는 한국사람이란 걸 모두가 알았다.

그러나 일제 때 한복은 금기복장이었다. 어디에도 규정은 없었지만 한복 입고 외출하는 건 '난 한국인이오'라고 스스로 민족색을 드러내는 일. 이 엄혹한 시기에 오 여사는 한복을 만들고, 평상복으로 입고 다니는 것도 모자라서, 심지어 일본 경찰청이 주최한 집회에 나홀로 한복을 입고 나타나기까지 했다. 일본 매스컴을 통해 여사가 조선인이란 사실이야 널리 알려졌다고 하나, 일본인의 시선에서는 사회체제를 향한 이등국민의 반항으로 비춰질 일이었다.

"미친 여자라는 소리를 수도 없이 먹었습니다. 한복 입고 거리를 활보하고 대중집회에까지 참석했으니까요. 어이가 없어서 그랬는지 모르겠는데 그날 경찰이 보고도 단속하지 않더이다. 자기들 행사에 참석한 사람을 복장 때문에 체포하는 게 부담스러웠는지도 모르죠."

이런 행동은 세상 사람의 눈, 시류를 인식했다면 엄두도 못낼 일이다. 단지 '내가 조선인인데 뭐가 문제냐'는 마음가짐으로 한복 입기를 고집했다는 오 여사. 제재나 불이익을 당하기보다는 도리어 그게 의류사업 홍보가 되어 사업 번창에 도움이 되었다고 돌아본다.

경제적인 여유가 생기자 오 여사는 도일(渡日)할 때의 꿈인 사회운동가의 길을 모색하기 시작한다. 형편 어려운 동포들을 찾아내 도움의 손길을 내민 것이다. '조선인 의류소매상 조합'을 결성할 때는 전면에 나서지 않고 묵묵히 후원역할만 하였다.

오 여사는 동포가 고충을 겪고 있다는 소식을 접하면 한달음에 달려갔다. 그중에서도 가장 열의를 갖고 임한 운동은 경찰서에 붙들려있는 동포들을 석방시키는 일이었다.

오기문(吳基文) 재일본대한부인회 창립자

1945년 해방 뒤에는 밀항선을 타고 도일하다가 일본 관헌에게 적발되어 수용소에 갇힌 동포를 구제하는데 전력을 기울였다.

"동포가 곤경에 처했다는데 구경만 할 수는 없는 노릇이지요. 어디 경찰서, 어느 수용소에 한국사람이 붙들려있다고 하면 무작정 찾아갔습니다. 준비다 뭐다 가리다보면 갈 수 없어요. 일단 가야 합니다. 그리고 그 자리에 며칠이고 눌러앉을 각오를 해야 합니다."

석방할 때까지 꼼짝 않겠다고 관헌을 상대로 으름장을 놓고, 한국사람 있다고 하면 하루가 멀다 않고 찾아가 농성을 했다. 하도 자주 가니까 "저 여자 또 왔다(あの女また來た)"라고 혀를 내두르면서도, 마지못해 몇 명씩 석방해줬다고 한다.

"석방시키는 게 비법이 있을 리 만무하지만 계속 말하면 통합디다. 경찰이든 간수든 우리랑 같은 사람 아니오. 제발 불쌍한 사람 괴롭히지 마라. 풀어주면 당신이 복 받을테니라고 덕담하고. 자꾸 보다보니 미운 정이라고 정이 들어선지 풀리는 일이 있습디다."

그렇다고 막무가내로 풀어달라고 매달리기만 한 건 아니다. 현장에서 수용자 한 사람 한 사람을 만나서 사정을 사전청취하고 석방해야 할 이유를 댔다. 저마다의 절박한 사연을 일본경찰에게 대리 설명하였던 것이다.

대개의 밀항자는 경제적인 어려움으로 일자리를 구하기 위해 현해탄을 건넌 사람들. 부양해야할 처자식을 한국에 두고온 가장이 밥벌이를 못하게 생겼으니, 남은 가족은 굶어죽는다고 하소연했다. 부드러운 말로 통하지 않으면 고함도 치고 지인들을 데려와 함께 농성도 벌였다. 오 여사의 집착이 담긴 호소는 경찰과 간수의 마음을 움직였다. 관헌들은 "이번만"이란 단서를 달면서 오 여사에게 백기를 들었다.

"일본 관헌 중에 기억에 남는 분들이 많아요. 저 여자 또 왔다면서도 못이기는 척 우리동포를 풀어줬으니까요. 그분들도 거의 돌아가셨겠지만. 백수가 넘어서도 종종 간수들생각이 납니다. 정말 인정 있고 고마운 사람들이었습니다."

동포가 석방되면 바빠졌다. 가장 먼저 하는 일은 관청에 데리고가 생활보호를 받도록 도와준다. 과거 일본에 체류하면서 벌금이 체납된 경우에는 오 여사가 대납해준다. 이렇게 저렇게 도와줘도 도저히 능력이 부족하면 자기 집에서 몇 개월간 숙식을 도와주기도 했고, 학생일 경우에는 학비를 보조해주었다.

동포 일이라면 물불 가리지 않고 뛰어다니다 보니, 어느새 별명이 '한국인 여변호사'가 되어 있었다. 현해탄을 건너며 불우이웃을 돕고 살겠다는 사회운동가로서의 꿈이 점점 현실로 바뀌고 있었다.

신탁통치 반대, 민단 창단의 일역

1945년 8월 15일. 재일동포사회도 해방의 기쁨을 만끽했다. 동포들은 장롱 깊숙이 숨겨뒀던 태극기를 들고 거리로 뛰쳐나와 만세를 불렀다. 오 여사는 "꿈이거든 깨지 말고, 생시거든 변치 말고…"라고 외쳤던 기억이 또렷하다.

해방 한 달 뒤인 9월 15일 재일동포들은 이념을 초월한 범민족동포단체 '재일조선인연맹'을 결성했다. 그로부터 두 달 뒤에는 24년간 투옥돼 있던 독립운동가 박열(朴烈, 이후 민단 초대단장)씨가 아키다(秋田)형무소에서 석방되었다.

박열 열사 출옥환영회는 성대하게 치러졌다. 1946년 1월 14일 도쿄 타치가와(立川)비행장에서 열린 환영회, 여류인사로 초청받은 오기문 여사는 현장에서 분노를 금할 수 없었다. 행사장 곳곳에 '조선의 신탁통치를 지지한다'는 플래카드가 걸려 있었기 때문이다. 주최자인 재일조선인연맹의 지도층이 공산주의 지지자들로 채워지면서 빚어진 일이었다. 모스크바 3상 회의에서 2차 세계대전 승전국인 미국, 영국, 소련 외무장관들이 결의한 한반도 신탁통치안을 두고, 공산진영은 찬탁을 자유민주진영은 반탁을 주창하고 있었다.

이날의 주인공인 박열 열사는 무덤덤한 표정으로 단상에 올라가 감사인사를 했다.

"제가 여태 살아있는 건 동포 여러분들의 덕택입니다. 남은 제 인생은 여러분이 밭을 가는 소가 되라 하면 소가 될 것이고, 말이 되라 하면 말로서 살겠습니다."

연설이 끝나자마자 오 여사가 손을 번쩍 들더니 강단으로 뛰어올라갔다. 그리고 울부짖듯 소리쳤다.

"동포 여러분. 사람이 동물과 다른 건, 한 가지 일을 겪고 나면 교훈을 얻는다는 점입니다. 우리가 일제치하에서 얼마나 시련을 겪었습니까. 그런데 신탁통치가 웬 말입니까. 어째서 외국이 우리나라를 통치하도록 보고 있어야 합니까. 저는 신탁통치 절대반대입니다. 힘이 좀 모자라더라도 우리 힘으로 나라를 일으켜야 합니다. 보잘 것 없는 초가집이라도 우리나라 독립의 집을 지읍시다."

행사장은 삽시간에 난장판으로 바뀌었다. 사방에서 고함이 빗발치고 욕설이 난무했다. 강제로 붙들려 내려오다시피한 오 여사는 분기를 누르지 못했다고 한다.

"그러고보니 그때도 미친 여자 소리 들었네요. 저 미친 여자, 입 막아라. 당장 끌어내라. 고함이 터져나오고. 힘센 장정들에게 끌려 내려오는데 억울해서 소리소리 질렀습니다."

이날 오 여사가 벌인 소동은 민단의 태동과 직결되는 역사적인 사건이었다. 그로부터 사흘 뒤인 1월 17일 조후 집으로 김정주(金正柱)씨가 찾아왔다고 한다. 김 씨는 박열 열사의 초대비서로 1970년대 중반 민단중앙 단장에 오르는 인물이다. 김 씨를 따라갔더니 박 열사, 독립운동가 이강훈(李康勳)씨가 기다리고 있었다. 박 열사가 먼저 말문을 열었다.

"힘들게 해드려 죄송합니다. 감시의 눈길이 많아서 부득이 여기까지 모시었소. 저는 오 여사가 강단에 올라 울분을 토해내는 걸 보면서 감동했습니다. 민족을 헤아리는 불타는 애족심을 느꼈습니다. 우리 힘을 모아 신탁통치를 반대하는 모임을 결성하지 않으렵니까?"

이날 함께한 사람들은 의기투합했다. 뒤에 '건국촉진동맹'의 홍현기(洪賢基) 초대 위원장 등이 합류하면서 재일동포사회에 신탁통치 반대운동조직이 탄생한 것이다. 바로 1946년 1월 23일 출범한 '신조선건설동맹'이다. 오 여사는 주변에서 빚까지 얻어 활동자금을 마련하였다. 그해 가을 이 조직을 모체로 하여 친(親)대한민국 재일동포단체 '재일본대한민국민단'(민단)이 결성되니 이날의 만남은 역사의 전조였다고 할 수 있다. 시대상황에 대해 오 여사는 이렇게 설명했다.

"그땐 좌익들 천지였습니다. 신탁통치 반대라 그러면 이상한 사람 취급받았습니다. 그게 말이나 되는 소리입니까. 일본 놈 착취 받으면서 36년을 살고선 다시 다른 나라 통치를 받겠다는 게 제 정신 가진 사람의 생각입니까. 제가 100년을 살며 깨달은 건데요. 정의(正義)와 정도(正道)는 종국에는 승리합니다."

민단 창단식은 도쿄에서 1946년 10월 3일 개천절(開天節)에 열렸다. 창단식 날짜는 일부러 한민족 역사가 시작된 날에 맞췄다. 민단은 공산좌익에 반대하고 자유민주주의를 신봉하는 동포들을 규합한 조직이다. 초대 단장은 오 여사와 함께 신조선건설동맹을 창설한 독립운동가 박열 씨가 추대되었다.

오 여사는 여성으로는 유일하게 민단 창단멤버로 참가, 초대 부녀부장 겸 무임소부장(無任所部長)으로 취임했다. 민단중앙본부 사무실은 처음에는 신조선건설동맹이 쓰던 도쿄 아오야마(東京 靑山)의 구 육군본부 건물에 있었고, 창단하고 얼마 지나지 않아 현재 도쿄한국학교가 들어서 있는 신주쿠(新宿) 와카마스로 이전했다.

윤봉길 의사 유골봉환과 〈재일대한부인회〉 창설

일본에서 신탁통치 반대운동을 벌인 데 이어 민단 창립에도 앞장선 것에서 입증되듯 오 여사는 정의감이 넘치는 여장부이다. 민단을 세운 다음 특히 열정을 기울인 일은 일제식민지하에서 독립운동을 했던 애국 3열사 유골을 찾아내는 것이었다. 민단 창립 멤버들과 일본 각지를 돌며 독립운동가 유골을 수소문하고 다녔다.

그 결과 윤봉길(尹奉吉), 백정기(白貞基), 이봉창(李奉昌) 지사의 유골을 수습할 수 있었다. 1947년 가을 오기문 여사는 이강훈(李康勳), 박근세(朴根世), 김정주(金正柱) 등 14명과 함께 재일동포 대표단으로서 독립지사 유골을 들고 한국으로 봉환했다. 배편을 비롯한 서울 가는 여비는 한복 팔아 모은 돈으로 충당하였다고 한다. 본인도 풍족한 경제형편이라 할 수는 없지만 성의껏 동포 일마다 사재를 기부했다.

초창기 민단은 전기, 수도요금마저 제때 못낼 만큼 재정이 열악했다. 단수되고 나서야 재일동포 독지가가 대납을 해줘서 다시 사무실을 돌리는 일이 비일비재했다. 조직이 이런 상태니까 민단 단원들의 살림살이는 보기 딱할 만큼 궁핍에 쩌들었다. 실업자가 넘쳐나 일본인들도 밥 먹기 힘든 종전 직후, 교포가 굶는 건 당연한 일이었다.

이러다보니 민단은 내일 해산되어도 이상하지 않은 불안정한 조직이고, 단원 가정은 파탄 직전의 지경이었다. 가장이 한 푼이라도 벌어와야 입에 풀칠이라도 할 터인데, 민족운동한답시고 밖으로만 돌아다니니 부인들의 불만이 하늘을 치솟았다.

"부인 입장에서 남편의 민단 활동은 마뜩한 일이 될 수 없었습니다. 식구는 온종일 굶고 있는데, 가장이란 사람이 민족타령이나 하고 다니니 좋아할 리 만무지요. 하루 자고 나면 오늘 누가 민단에서 나갔다는 이야기가 들려왔습니다. 제가 보니까 부인의 지지를 받지 못하면 민단은 곧 문을 닫아야겠더군요."

오기문 여사가 민단 단원 부인을 규합하는 단체를 만들기로 결심한 동기이다. 여사는 근거지부터 공략하기로 했다. 도쿄 관내의 아라카와, 오타, 메구로, 시나가와, 고토, 에도가와 등 시내 곳곳을 누비고 다녔다. 부인회 결성 작업을 하다가 "귀인을 만났다"고 한다. 도쿄 아라카와에 살던 허정숙(許貞淑)여사였다.

"그이가 없었으면 부인회 만들기 힘들었을 겁니다. 독실한 기독교 신자였는데, 만나자마자 대뜸 하는 말이 인간에게는 자유가 소중하고 그걸 지켜주는 세상을 만들어야한다고 그래요. 저는 사람이 사람답게 살려면 자기 집을 튼튼하게 지어야한다고 했어요. 아무리 외국서 살고 있어도 조국, 우리동포가 잘 살 수 있게 하는 게 기본이라니까 그이가 당신 말이 옳다며 맞장구를 칩디다."

오, 김 여사의 의기투합은 1947년 8월 재일본대한부인회 도쿄본부 결성으로 이어졌다. 두 사람이 상의해 확정한 부인회 결성취지문은 다음과 같았다.

"한 나라의 생활단위는 오로지 가정이다. 차세대 국민을 꽃피게 하는 건 주부의 힘이다. 민주정치를 지표로 하는 오늘날, 부녀자의 역할은 자못 크다 하겠다. ((중략)) 남성들은 부녀자들을 가정에만 얽어매 놓고 조국재건에 여성들도 큰 공헌을 할 수 있다는 걸 등한시하고 있다. 이에 대해 우리 여성들은 심히 유감으로 생각하며, 남성 이상의 굳은 의지와 애국심을 발휘해 조국 재건과 남북통일에 기여하자."

그리고 1949년 6월 15일 마침내 오 여사가 그리던 부인회 전국조직화에 성공한다. 2년전 민단의 붕괴를 막기 위해 단원 부인들을 규합해보자는 생각에서 출발한 부인회가 일본 전국 조직으로 탈바꿈한 것이다. 부인회 창립총회는 이날 도쿄 신주쿠의 민단중앙본부 강당에서 행해졌다. 일본 전국 10개현에서 올라온 재일동포 부인들은 오 여사의 구령에 맞춰 "조국을 위한 위대한 어머니와 착한 아내가 되자"고 복창했다. 화기애애한 분위기 가운데 강령, 취지, 활동방침도 정했다.

초대회장에는 오기문 여사가 만장일치로 선출되었다. 부회장에는 오 여사의 쌍두마차인 허정숙 여사, 오사카의 한옥순(韓玉順)씨, 감사 주정숙(朱貞淑)씨, 총무 정화순(鄭和順)씨 등 임원진 구성도 마쳤다. 오 여사는 부인회 창립 이야기를 하면서 "부인들과 만세삼창하던 그 때가 엊그제 같다"며 눈물을 글썽였다.

6.25동란 당시 이승만 대통령 부부와 전쟁위문품 앞에서(1951.07)

목숨 걸고 뛴 6.25동란 난민구호

그러나 순항할 일만 남은 듯 했던 민단과 부인회의 장래는 그로부터 1년 만에 다시 혼돈으로 빠져든다. 1950년 6.25동란이 발발하면서 동포사회에 대혼란이 야기된 것이다. 민단은 후원금이 끊어지면서 문을 닫아야할 지경에 다다랐다. 간부들이 백방으로 뛰어다니며 재정문제를 해결하려 애썼지만 돈줄은 막혀버렸다. 오 여사는 "남자들이 돈도 제대로 못 구해왔다"면서 말을 이어갔다.

"하는 수 없이 의류사업으로 알게 된 사채업자를 찾아가 돈 빌리고, 긴자(銀座) 암 달러상에게도 돈을 빌렸습니다. 그 돈으로 밀린 세금 내고, 그해 8.15광복절 기념식 치렀습니다."

초창기 민단은 8.15때면 도쿄 히비야공회당에서 경축식을 가졌다.

전국에서 3,000명 동포들이 참석하는 성대한 행사. 6.25동란이 일어난 1950년 8.15행사는 신주쿠 민단회관 2층 회의실에서 간부 수십 명만이 식사회를 겸해 조촐하게 치렀다.

이 무렵 오 여사는 동포사회에 일대파란을 일으켰다. 민단에서 모집하는 의용군에 여성을 포함시키라고 주장하고 데모단을 결성한 것이다. 주일한국대표부를 찾아가 대표부 공사에게 청원을 넣는 것도 모자라 아줌마 부대를 이끌고 연합군 최고사령부(GHQ)를 찾아가 시위까지 벌였다.

"여자는 국민이 아니란 말입니까. 나라가 풍전등화인데 남자 여자를 어찌 나눌 수 있단 말이오. 의용군에 남자만 뽑는 건 명백한 남녀차별입니다."

결과적으로 여성의 참전은 허락되지 않았다. 하지만 여성들의 궐기는 재일동포사회의 여론을 환기시켰고 GHQ 맥아더사령부에서 재일학도의용군을 모집 결정하는데에도 긍정적인 영향을 미쳤다.

집념의 오 여사였다. 참전의 뜻은 받아들여지지 않았지만 총을 못드니까 위문활동이라도 하게 해달라고 새로운 제안을 하기 시작한 것. 그리고 전장으로 위문갈 준비에 들어갔다. 민단 부인회원들을 소집해 도쿄에서 사람이 모이는 거점지역마다 모금통을 들고 나갔다.

부인들은 도쿄역, 신주쿠역, 시나가와역, 우에노역 등으로 아침부터 밤까지 종일 목이 쉬도록 동전 한 닢이라도 도와달라고 부탁하고 또 부탁했다. 오 여사는 통솔자로서 자리를 함께 했다. 게이오선(京應線) 종점인 타마가와라(多摩川原)행 마지막 전차를 타고 조후 집에 당도하면 기진맥진해서 그 자리에서 쓰러지고 말았다.

"여자라는 이유로 참전을 거절당하고 분한 기분이 들었지만, 시위까지 벌인 덕분에 그나마 위문의 길이라도 열렸던 겁니다. 다들 너무 못사니까 위문품 마련하는 일이 난감했습니다. 오죽했으면 길거리에 모금통 들고 나갔겠소. 저는 부인들이 거리모금하는 동안 일본 후생성을 찾아가 구호물품 내라고 부탁하였습니다."

오기문 여사는 후생성에 출근하다시피했다. 부상병 치료에 쓰이는 페니실린을 비롯한 의약품을 내달라고 관헌을 붙들고 통사정을 했다고 한다. 거리에서 한 푼 한 푼 모금한 돈으로는 붕대와 약품, 헌 옷, 담요, 알루미늄 그릇, 냄비 등의 구호품을 샀다. 어렵사리 구호품들을 마련하고 전장으로 출발하기 직전, 문제가 발생했다. 다수의 부인들이 무서워서 못가겠다고 뒷걸음을 친 것이다.

"이 세상에 전쟁터에 나가고 싶은 사람이 어디 있겠소. 나도 막상 간다 생각하니 겁이 나던걸요. 부인회장이니까 큰 소리 쳤습니다. 전장에 위문가다 죽으면 남자들처럼 조국위해 목숨 바친 전사자가 되니까 가문의 영광이라고 목청 높였죠."

그래서였는지 재일대한부인회가 파견한 제1진 6.25동란 위문단은 단출했다. 오기문 여사와 나고야 이성실(李誠實)씨, 군마현 고계련(高季連)씨 3명이 전장으로 달려갔다. 무사히 위문품을 전달하고 돌아오면서 얼마나 기뻤는지 모른다고 했다.

이후로도 부인회의 전쟁 위문단 파견은 계속되었고, 동참자도 늘어나 나중에는 26명이 위문단으로 간 적도 있다. 오 여사는 전장으로 가다가 한번은 목숨을 잃을 뻔한 사고를 당했다고 한다. 임진강 전투현장으로 향하던 중 일행을 태운 군용트럭이 전복된 것이다.

"밤중에 이동한 게 화근이었습니다. 낮에는 북한 인민군에게 발각될 우려가 있기 때문에 야간에 이동하였습니다. 그날 밤은 보름달이

떠서 제법 잘 보이는데 운전병이 달빛에 비친 강물을 길로 착각한 모양입니다. 트럭이 갑자기 물속으로 향해 가다가 급브레이크를 밟으면서 전복되고 말았습니다."

불행 중 다행히도 중상자는 발생하지 않았다. 군인 몇 명과 부인들이 트럭을 다시 일으켜서 이동할 수 있었다. 전복된 트럭을 세우는 그 짧은 시간, 오 여사는 "그렇게 시간이 늦게 가는 건 줄 미처 몰랐다"고 당시의 다급함을 표현했다. 여사는 부인회원을 이끌고 6.25동란 최대 격전지로 꼽히는 철원의 금화지구로도 위문한 적이 있다.

"그땐 이승만 대통령이 반대를 했습니다. 여자의 몸으로 최전방까지 가는 건 말도 안된다는 것이라며. 그때 들으니까 금화지구로 가려면 길가에 포진한 적(敵) 진지만 7개에 달했다고 합디다."

현재 시점에서 보면 여사의 이야기는 '믿거나 말거나'식의 허무맹랑한 허구처럼 들린다. 그러나 필자는 오 여사 집에서 위문품을 갖고 가고 이승만 대통령과 함께 찍은 사진 여러 장을 확인하면서 '진짜 였구나' 실감하였다.

대통령의 만류까지 무릅쓰며 접전지를 찾아간 부인회원들은 위문품 외에 소고기, 쌀, 떡 등도 준비해서 갔다. 며칠 밤낮을 새가며 울퉁불퉁한 도로를 달려서 찾아가면 군인들이 아연실색했다고 한다.

"전장에 여자들이 떼로 나타나니 놀랄 수 밖에요. 생각으로는 무섭지만 무조건 가야만 한다고 여기면 무서운 줄도 모르겠더군요. 소고기 떡국을 끓여서 내놨더니 군인들이 어찌나 맛나게 먹던지 생생합니다. 불을 피우면 연기가 나니까 토굴 속에서 요리했던 기억이 납니다."

재일동포 부인들은 후방에 내려와서는 전쟁고아와 노인을 돕는 일을 했다. 오 여사는 서울수복(1950.9.28.) 직후 서울 성동구에서 만난

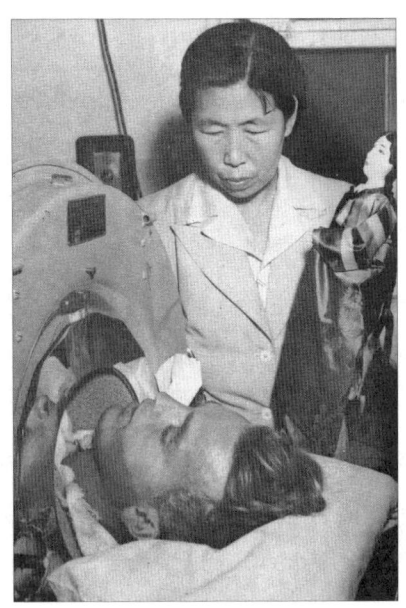

6.25동란 때 참전 UN군 위문(1951.08)

노인의 말을 기억하고 있었다.

"위문하러 갔다가 어르신 말씀에 한바탕 웃음바다가 됐습니다. 열 아들 무슨 소용이냐. 앞으로 아들 낳지 말고 딸을 낳자. 타국에 사는 딸들이 우리를 살리러 왔다. 이러면서 덩실덩실 춤을 춰서 오랜만에 실컷 웃었습니다."

부인회는 전쟁난민 봉사활동을 국내에서만 행하지 않았다. 일본에 돌아가서는 6.25전쟁에서 부상을 당해 일본 병원에 후송되어온 국제연합(UN)군 병사 위문활동을 벌였다. 도쿄에만 성누가병원, 구로다 육군병원, 아내구스 해군병원 등에 후송 온 연합군 부상병이 줄잡아 3,000명을 헤아렸다. 오기문 여사는 1953년 7월 27일 휴전 무렵, 부인회 중앙회의를 소집해 다음과 같은 제안을 했다.

"한국을 돕겠다고 참전을 결행한 나라가 16개국이나 됩니다. 우리 부인회가 조국을 대신해 일본에 있는 참전국 대사관, 맥아더사령부, 외국인 부상병에게 감사표시를 하는 게 어떻겠습니까. 그들이 본국으로 돌아가더라도 한국을 잊지 않도록 하고 싶으니, 우리나라를 기억할 기념품을 만들어 전달하도록 합시다."

부인회원들은 지혜를 모은 끝에 한복을 곱게 차려입은 인형을 제작했다. 봉제전문가인 오 여사도 인형을 한 땀 한 땀 만들었다. 그리고 군 병원을 순회하면서 외국인 병사들에게 한국 인형을 선물했다. 목숨이 위태로울 수도 있는 전장을 위문방문하고, 전쟁고아와 노인을 찾아가고, 일본에 돌아와서는 UN군 부상병 위문까지... 6.25때 펼친 오 여사를 위시한 재일대한부인회의 활동은 멈춤이 없었다.

사할린동포 요양시설 〈대창양로원〉

경상북도 고령에는 오 여사가 고향에 남긴 사회봉사의 결정체가 있다. 고령군 쌍림면에 있는 '대창양로원'이다. 사할린에서 영주귀국한 어르신들이 여생을 보내는 요양시설이다.

오 여사가 양로원을 건립한 건 사할린동포가 재일동포와 한 뿌리라는 동료의식이 있었기 때문이다. 사할린동포는 재일동포와 마찬가지로 일제 때 강제노역으로 이역 땅으로 떠났다는 공통점을 갖고 있다.

한 가지 차이라면 한쪽은 일제 때 일본 땅에서 소련, 러시아 영토로 바뀐 곳에 살고 있고, 다른 한쪽은 변함없이 일본 땅에서 쭉 살고 있다는 것이다. 사할린동포들은 일제 패망 때 동토에 내팽겨진 사람들이다. 1946년 미국과 소련 간 귀환협정으로 일본인 26만 명은 일본으로 귀환하였으나, 사할린동포는 '(일본의) 비국민'으로 간주되어 송환대상에서 제외되었다.

그로 인해 사할린동포들은 일본에 이어 소련의 압제까지 시달려야 하는 처참한 운명을 맞이해야 했다. 한민족 수난사에서도 기구한 인생노정을 겪어야만 했던 사할린 동포들은 "뼈라도 조국에 묻히고 싶다"는 소원으로 살아갔다.

오 여사가 대창양로원을 세운 건 이러한 사할린동포의 사무친 한(恨)을 덜어주고 싶은 마음에서였다. 계기가 있었다. 1980년대 중반 대구시의 이산가족상봉 알선업체를 찾았을 때 우연히 사할린이산가족을 만나며 자기 일처럼 가슴 아팠다고 한다.

"저보다 열 살 쯤 어린 처자였는데, 남편이 혼인식 올리고 사흘 만에 사할린으로 징용갔다는 거에요. 또 한 이는 한밤중에 연행되어 가서 행방을 알 수 없었는데, 뒤에 사할린으로 끌려간 걸 알게 되었다는 겁니다. 사생아로 자라는 아이 이야기 등 한 인간의 삶이 너무 가련하고 불쌍해서 눈물을 참을 수 없었습니다."

오 여사는 사할린동포 요양원을 세우기 위해 일본 내 자산, 고향에 사뒀던 전답을 처분해 자금을 마련했다. 그러나 양로원 개설과정은 순탄치 못했다. 좋은 일 하는 거니까 어려운 일이 아니라 여겼지만 절차가 복잡했다고 한다. 인가받으려고 한국행 비행기에 오른 것만 40회 가까이 되었다. 당시 정치 외교적 환경이 '사할린동포 전용시설'을 세우기 쉽지 않았다. 우리정부 입장에서는 소련이 적성국가인데다 자칫 외교문제로 비화할 수도 있었기에 부담스러워했던 모양이다.

끝내 오 여사는 뜻을 관철시켰다. 1987년에 개원한 대창양로원은 지하 1층, 지상 3층 건물이다. 사재를 팔아 부지를 마련하고 시설도 지

경북 고령에 있는 사할린동포 요양시설 〈대창양로원〉

었다. 하지만 운영이 어려웠다. 직원 월급부터 식자재비를 비롯한 모든 경비를 오 여사 개인이 감당했으나, 말년에 남은 재산이 넉넉지 못한 상황에서 경비를 꾸준히 대는 건 힘에 부쳤다고 한다.

재정 문제가 있음에도 양로원을 세운 배짱이 무엇이냐고 물으니 이런 답이 돌아왔다.

"옛말이 틀리지 않아요. 호랑이에게 잡혀가도 머리를 쓰면 살 길을 찾을 수 있는 법이오. 그리고 정도(正道)와 정의(正義)를 걷는 사람에게는 어떻게든 길이 생기더이다. 아까도 말했다시피 100년 인생의 경험입니다."

실제 운영에 곤란을 겪을 무렵 후원자들이 나타났다. 일본 경단련(경제단체연합회, 한국의 전경련에 해당하는 기업가 단체)이 대창양로원의 후원단체로 나선 것.

오 여사는 경단련을 찾아가 사할린동포의 탄생과 그들의 시련에는 일본 책임이 크다며 역사적 경위를 설명하며 후원을 이끌어냈다. 1993년까지 경단련이 보내온 후원금은 1억1,000만 엔에 달했다.

일본의 수용소에 갇혀 있다가 오 여사 도움으로 풀려난 재일동포와 개인장학생들도 후원금을 보내왔다. 서울, 부산, 대구, 고령 등지의 지인들도 후원자를 자처했고, 의사들은 양로원으로 내방해 진료봉사를 해주었다.

1997년에는 '롯데그룹' 창립자인 신격호(辛格浩) 회장이 대창양로원을 후원해주기도 했다. 자금난에 처할 때마다 도움의 손길이 이어졌다고 한다.

현재 대창양로원에는 사할린에서 영주귀국한 무의탁 노인 30여명이 거주하고 있다. 10년 전만 해도 100명 이상 되었지만 고령으로 인해 노인들이 세상을 등지는 일이 늘어나고 있다.

신월식(申月湜) 원장은 "작년 가을 한 어르신이 단풍구경을 가고 싶다고 했는데 들어주지 못했다"고 안타까워했다. 오 여사가 별세한 후에는 기부가 눈에 띄게 줄어들었다고 한다. 기부가 적은 건 재일동포가 세운 양로원이니 돈 걱정은 없겠다는 선입견도 한 몫 하고 있다.

대창양로원 2층에는 손 때 묻은 재봉틀 한 대가 놓여있다. 여사가 백세가 되어서도 양로원에 들르면 헤진 커튼이나 이불보, 소파 레이스를 가져다 손수 바느질을 했다는 그 재봉틀이다.

여사는 지독한 검약가의 삶을 살았다. 낡은 옷은 다시 꿰매 입고, 아까워서 다 쓴 통장을 가져다 메모지로 썼다. 담배 한 개피, 술 한 잔 입에 안대며 단돈 100엔이라도 모으려 애썼다. 그렇게 모은 자기재산을 불우이웃에게 나누어주었다.

2011년 9월 '경로의 날'을 맞이해 민단중앙본부의 김소부(金昭夫) 부단장과 여옥선(余玉善) 재일한국부인회 회장 등과 함께 조후 자택을 찾았을 때이다.

"힘이 닿는 한 양로원만큼은 도와주고 싶습니다. 하고자 하는 마음이 있으면 아무리 힘들어도 해낼 수 있습니다."

이때도 오기문 여사는 여전히 당당했다. 기백에 있어서만큼은 젊은이 못지 않아 보였다.

그러나 안타깝게도 지난 2014년 6월 29일, 오 여사는 도쿄의 한 병원에서 노환으로 104세를 일기로 타계하였다. 일생을 남을 위해서 살다간 오기문 여사는 재일동포사회가 낳은 희대의 여걸이다.

한록춘(韓綠春)
후지관광호텔 회장

오사카 심장부에 영사관 세운 전설의 주먹

살아있는 재일동포의 전설

지난 2012년 9월 13일 주오사카대한민국총영사관은 '감사회'라고 이름붙인 행사를 주최했다. 총영사관이 재일동포에게 감사를 표하고자 개최한 이날 행사에는 특별한 손님 30여 명이 참가했다.

1971년 오사카총영사관을 건립할 때 자기 호주머니를 털어 기부금을 냈던 생존자들이다. 정부를 대리한 이현주(李賢主) 당시 총영사는 한 사람씩 단상에 올려 소개하고 일일이 찾아가 감사인사를 했다.

재일동포들은 정부로부터 인사 받을 자격이 충분하다. 오사카총영사관은 오로지 재일동포의 힘으로 세워진 건물이기 때문이다. 재일동포들의 모금운동 당시 민단의 오사카본부 단장이었던 황칠복(黃七福) 민단 고문은 이날 동포를 대표해 이렇게 답사했다.

"오사카총영사관은 한록춘 회장을 중심으로 '미도스지에 태극기를(御堂筋に太極旗を)'이란 슬로건 아래 세운 우리 재일동포의 역사입니다. 오늘 이 자리에 서 있자니 한 회장과 함께 기부자 여러분들을 찾아다니며 협력을 당부하던 때가 떠오릅니다."

한록춘(韓祿春, 1922~   ).

〈오사카총영사관 건설기성회〉 발족식(1971.9.6)

그의 직함은 세 가지다. 후지관광(富士觀光)주식회사 회장, 재일본대한민국민단중앙본부 상임고문, 민단오사카본부 상임고문이다.

미도스지는 남오사카에서 가장 사람이 많이 모이는 번화가이자 땅값 비싸기로 유명한 일등지. 그는 오사카의 메인스트리트 미도스지에 태극기를 꽂겠다며 총영사관 건립의 선두에 섰던 주도자이다.

한록춘이란 이름은 재일동포사회에서 살아있는 전설로 통한다. 우리 나이로 올해 94세에 달하는 고령자. 건국 초기부터 지금까지 대한민국 및 재일동포를 위한 일에 다양한 형태로 공헌해왔다. 재일동포와 모국의 유대관계를 입증하는 몇 남지 않은 생존 1세이다.

또한 그가 전설로 불리는 이유 가운데 한 가지는 젊었을 때 일본 최대 야쿠자조직인 야마구치구미의 오야붕 가운데 한 명이었기 때문이다. 일본 정착 초창기 재일동포들은 맨몸뚱이로 외국 땅에서 살아남기 위해 어둠의 세계에 투신해 '주먹'이 된 경우가 적지 않다.

한록춘 회장은 재일동포 흑역사의 당사자이자, 그때 그 시절 주먹을 증언할 수 있는 최연장자이다.

주일대표부 보증금 부담

한록춘 이야기를 본격적으로 하기에 앞서 오사카라는 도시의 특성을 알아둘 필요가 있다. 재일동포에게 오사카는 수도 같은 도시이다. 일본의 행정수도는 도쿄지만, 오사카는 일제때부터 재일동포 열중 여덟이 터전으로 삼았을 만큼 재일동포가 많이 사는 곳이다.

1941년생인 이명박(李明博) 전 대통령도 오사카에서 태어났다. 해방 전해인 1944년 오사카동포 수가 150만 명에 달했다고 하니, 오사카가 재일동포의 수도라는 건 과장된 표현은 아니다.

우리정부도 오사카를 최거점 해외지역으로 인식했다. 정부수립 직후인 1948년 9월 해외 제1호 한국공관이 설치된 곳도 오사카였다. 도쿄에 '주일대표부 사무소'가 설치된 건 그로부터 4개월 뒤인 1949년 1월이다.

그러나 정부는 나라의 얼굴인 주일대표부를 설치만 했을 뿐 운영비 지원은 아예 손 놓고 있었다. 궁핍한 정부 살림살이에서는 어쩔 수 없는 일이겠지만, 본부에서 동포부담을 당연시하고 공관원들이 노골적으로 동포들을 찾아다니며 기부금을 요구하였다고 한다.

사례는 부지기수 전해 내려온다. 그 가운데 한록춘 회장과 관련된 기록도 남아있다. 1963년 4월 오사카의 주일대표부를 이전할 때의 일이다. 민단이 발행한 '재오사카100년사(在阪100年史)'에 의하면, 이때 재일동포들은 대표부의 입주건물 보증금 2,700만 엔을 전액 부담했다. 부담자는 한록춘 회장과 서갑호(徐甲虎) 사카모토방적 사장, 안재호(安在祜) 일본유기화학공업 사장 등 모두 5명이었다. 누가 얼마씩 분담했는지 명시하진 않았으나 각자 상당액의 자기재산을 국가를 위해 내놓은 건 틀림없다.

한 회장을 위시한 재일동포들은 1965년 6월 한일 국교정상화 이후에도 모국의 경제사절단 등 이런저런 명목으로 찾아온 방일단에게 체제비를 대납하고 활동자금을 지원했다. 기록은 거의 남아있지 않다. 재일동포가 정치인, 공무원에게 자금을 보조한 사례는 헤아릴 수 없이 많은 건 틀림 없다.

이처럼 나라를 위해 헌신했음에도 국내에서 한록춘이란 이름은 생소하다. 인터넷 검색으로도 찾기 힘들다. 누구보다 대한민국과 재일동포를 위해 물불 가리지 않고 솔선한 애국자임에도 인지도는 미미하다. 그 이유는 앞서 언급했듯 평생을 어둠의 세계에서 조심스레 활동한 그의 이력과 무관치 않다.

재일동포들은 주먹 한록춘을 한 번 물면 절대 놓지 않는 불독 같은 인물로 기억한다. 십대 초반의 어린 나이에 고향을 떠나 물설고 낯선 일본의 암흑가에서 살아남은 건, 맞으면 배로 갚아주는 악바리 근성이 있었기 때문이었다.

한록춘 회장과의 인터뷰는 쉽지 않다. 장시간 이야기할 기회를 얻기도 어려울뿐더러, 어렵사리 차 마실 시간을 얻어도 단답형 문답이다. 사진 찍는 걸 허락받고 악수한 걸 다행이라 여기고 싶은 인터뷰 일색이다. 그가 고문직을 맡고 있는 민단의 원로나 지인 중에도 그와 깊이 있게 이야기해봤다는 이는 드물다.

강원도 출신 재일동포

다행히 그의 활약상을 기억하는 이들은 많다. 필자는 영사관 건립 때 한 회장과 함께 모금운동을 벌였던 당시 오사카민단 단장 황칠복(黃七福) 고문, 수십 년 지근거리에서 그를 보좌한 홍성인(洪性仁) 전 오사카 민단 단장, 그와 동시대를 살았던 익명의 한 재일동포 야쿠자 오야붕, 김진홍(金鎭弘) 초대 오사카총영사 등으로부터 한록춘 회장의 무용담을 청취할 수 있었다. 더불어 오사카총영사관 건립 때 재일동포들이 발족한 기성회 취지문을 입수하고 당시 신문보도 기록을 찾아냈다. 당사자의 육성으로 확인 못한 건 탐문취재로 보강하며 리포트를 시작한다.

젊은 시절 그는 오사카 암흑가를 호령한 보스였다. 그러나 영화 속에서 나오는 덩치 크고 억세 보이는 보스의 풍채와는 거리가 멀다. 신장 160cm의 단구에 깡마른 체구이다. 일반인 평균보다도 왜소하다.

그러니 풍채만으로는 도저히 싸움꾼이라 믿겨지지 않는다. 다만 보통사람과 다른 기운을 풍기는 건 '눈빛'이다. 사람을 꿰뚫어보는 듯한 날카로움과 세상을 향한 냉소적 시선이 느껴진다.

이제는 눈빛만으로 오야붕이었음을 짐작할 따름이지만, 나이 60대 때까지도 그는 작지만 탄탄한 몸집의 소유자였다. 1980년대 초반 88서울올림픽대회 재일한국인후원회 활동을 하던 시기에 찍은 그의 사진을 보면 사람을 압도하는 다부진 인상이다.

한록춘 회장은 본인이 몇 살 때 일본 땅을 밟았는지, 자기 고향이 어딘지조차 정확히 기억하지 못한다. 우리말은 더듬더듬하고, 심지어 일본말도 서툴다. 툭툭 내뱉는 말은 귀 기울여도 알아듣기 쉽지 않다. 스스로도 "난 고향도 기억 못하는 사람"이라 말한다. 이러다보니 혹자는 "정부가 그의 고향을 강원도로 만들어줬다"고까지 주장한다.

그러나 한록춘 회장의 고향은 여러 기록을 종합해볼 때 강원도 고성일 확률이 가장 높다. 내무부가 정리한 '새마을운동 우수사례집'(재일한국인본국투자협회 회보 1980~82년 수록)에 의하면, 그의 고향은 강원도 고성군 현내면으로 나온다. 실제 한 회장의 아버지 묘소는 고성군의 비무장지대 안에 있고, 한 회장의 누이동생은 고성 바로 아래 도시인 속초에 살고 있다.

사실 여하를 떠나 그는 강원도 출신 재일동포의 대명사로 돼 있다. 강원도 명예도민이자 고성군 명예군민이다. 강원도에서는 출향자의 한 명으로 공식화되어 있다. 그가 고향에 어떤 기여를 했는지는 새마을운동 사례집에 소개된 일부 기록만으로도 충분히 확인된다.

"한록춘 씨는 지난 1973년 7월 17일 고성군을 방문했을 때, 고향 주민들이 잘 살아보겠다는 의지로 새마을사업에 땀 흘리는 현장을 목격하고 감동했다. 그 자리에서 고성군 봉호리에 성금 464만 원을 희사하여 한우 38마리를 구입하도록 했다. 같은 해 7월에는 양양군 양양읍 화일리에 446만 원을 지원하여 사슴 3마리와 초지 10ha, 축사 70평을 신축했다. 주민들은 1979년 사슴사육 수익금으로 마을회관을 건립하고 한우 10마리를 더 샀다.

한 씨는 고성군 공설운동장 건설비로 3,500만 원을 기탁했고, 이어 거진공고에 1,900만 원을 기부해 과학관 신축과 교실 증축을 도왔다. 1979년 대진고등학교 신설 때에는 교재구입 및 신축부지 명목으로 800만원을 지원했다. 1980년 10월 18일 고성군 청사 신축 때도 200만 원을 희사했다. 고성군민 가운데 한록춘 씨 도움을 받지 않은 사람은 없다 해도 무방하다."

한 회장은 그로부터 20년이 지난 1999년 강원국제관광박람회 때에도 고향을 위해 기부금을 냈고, 2002년 강원도가 태풍피해를 입었을 때도 수재의연금을 보냈다.

싸우고 내린 배가 침몰

한록춘 회장의 도일시점은 1937년경이다. 열네 살이나 열다섯 살 때이다. 둘째 형이 일하던 함경도 흥남의 군수공장을 찾아가 잠시 머물다가 거기서 일본행 화물선에 올랐다고 한다. 단신 도일이었다.

처음 밟은 일본 땅은 규슈(九州)의 가고시마(鹿兒島), 일본에서의 첫 직장은 작은 고깃배 선원 일이었다. 체구가 작고 어렸던 탓에 그물질은 할 수 없었고, 선원들의 식사를 담당했다고 한다. 하지만 어부생활은 잠시였다.

"일본에 오자마자 일본음식을 어떻게 만들겠어요? 제가 만든 음식에 불만을 품은 일본 선원 한 명이 저를 때렸습니다. 그래서 대들었더니, 다른 선원들이 가세해서 죽을 때까지 때리더군요. 끝까지 대들었더니, 욕을 하면서 배에서 쫓아내더군요. 아마 '저놈, 아주 악질, 독종'이라고 말했겠죠. 하하하. 그런데 그때 배에서 얌전히 있었으면, 지금의 저는 없었을 겁니다. 저를 내려놓고 간 그 배가 난파돼서 선원들이 모두 죽었거든요."(월간조선 2010년 2월호)

그야말로 천운(天運)이었다. 실컷 얻어맞고 쫓겨났기에 망정이지 배 타던 사람들과 함께 물귀신이 될 뻔 한 것이다. 그때 가고시마에 정나미가 떨어진 그는 그길로 재일동포의 수도인 오사카로 향했다. 처음에는 술집 보이도 하고 접시닦이도 했다.

주먹쟁이로 노선을 바꾼 경위는 본인이 함구하고 있어 명확히 알려진 바 없다. 다만 전해 내려오는 이야기는 다시 뱃일을 하겠다고 오사카항만 근처를 배회하다 패거리를 만들었다는 것. 그때 주먹이 되었고 한번 싸움이 나면 죽기 살기로 싸웠으며, 패하기라도 하면 무조건 복수한다는 신조로 반드시 보복했다고 한다.

한록춘 회장과 함께 한 시대를 풍미했던 오사카의 재일동포 1세 야쿠자 오야붕은 그를 이렇게 기억했다.

"덩치는 작지만 빨랐습니다. 그보다 힘센 주먹은 많았지요. 그러나 곤조(根性)로 치면 그를 당해낼 자가 없었습니다. 그때야 동포들이 변변히 직업을 가질 수 없으니까 구미(組, 야쿠자조직의 줄임말)에 많이 들어갔습니다. 한록춘 씨와 제가 젊은 시절의 일본은 조센진 조센진 하며 차별이 심하던 때라서 동포들이 화가 나는 일이 시도때도 없이 일어났습니다. 맞으면 찾아가고 또 맞으면 또 찾아가는 식의 근성이 있었습니다. 그런 일을 몇 번 당하면 상대방이 제발 그만하자고 포기를 합니다. 싸움은 힘으로 하는 게 아닙니다. 곤조가 있어야지요."

오사카 출신의 재일동포 2세 주먹이 기억하는 한 회장도 독종 이미지였다.

"그의 머리스타일이 언제나 곱슬인데, 제가 알기로는 원래 그렇지 않습니다. 젊을 때 하도 많이 맞다보니 머릿속이 상처투성이여서 그걸 가리려고 파마를 하고 다니는 겁니다. 그래야 없는 머리숱도 늘어날테고. 한록춘 씨는 동료가 당하는 걸 못참는 성미였습니다. 의리가 있다 보니 가까이 하려는 사람이 많았습니다."

후지카바레와 야쿠자 전쟁

그는 해방직후 사업가로 변신한다. 1948년에 도톤보리 근방에서 작은 요리점 '신주쿠'를 개업한 데 이어, 북오사카의 중심거리인 우메다에 카바레 '비너스'를 오픈했다. 때는 일본이 패전하고 연합군사령부 GHQ의 통치를 받고 있어 일본사회가 뒤숭숭하던 시절이다. 사방에 임자 없는 무주공산이 널려 있었다고 한다.

막대기 몇 개 박아놓고 "여기가 내 땅"이라 우기면 통하기도 했던 시절. 한 회장은 오사카 곳곳을 돌면서 싸게 나온 땅을 사모았다고 한다. 그때 사들인 땅 중 하나가 도톤보리 근방이다. 목 좋은 요지에 4,700m^2(1,500평)에 달하는 제법 큰 땅, 그 위에 카바레 '후지(富士)'를 세웠다. 6.25동란 휴전협정이 체결되던 1953년이다.

"전후에는 카바레가 가장 돈을 많이 벌 수 있는 사업이었습니다. 문제는 패전 직후니까 물자가 귀해서 건물을 지으려 해도 철근이니 콘크리트 등 건자재 구하는 일이 쉽지 않았습니다. 그래서 항만에서 함께 움직였던 패거리들을 규합해 '후지카이(富士會)'를 만들었습니다. 무슨 거래를 하든지 힘이 있어야 할 수 있지요."

한 회장의 후지카바레는 지상 4층 규모로 광대한 부지에 최신식 시설을 자랑했다. 선풍적인 인기를 모으며 매출은 쑥쑥 올랐다. 앞의 1세 오야붕의 말이다.

"후지카바레는 대단했습니다. 오사카에 그의 수하에 있던 종업원 수만 3,000명 쯤 되었으니까요. 지금은 그런 시설 찾을 수 없지요. 그는 땅도 많았어요. 돈키호테(도톤보리의 유명상점) 건너편 대부분, 북오사카 요지인 우메다까지 한록춘 땅이 사방에 널려 있었죠."

호황이었다. 그러나 경쟁도 치열했다. 이권이 걸린 사업이다보니 야쿠자가 꼬였다. 구렌타이(愚連隊)로 불리는 불량 야쿠자들이 보호비를 요구하며 싸움을 걸어왔다. 군소 불량배들이지만 그 수가 원체 많다보니, 한 회장은 싸우다 도망가기를 반복해야했다. 당시를 그는 이렇게 회상했다.

"싸움은 전쟁이었고 저희는 불리했습니다. 야쿠자들이 저를 죽이겠다고 해서 일단 줄행랑을 놓았어요. 중재가 됐다고 해서 돌아왔더니, 저더러 사죄의 의미로 손가락을 자르라고 하더군요. 그래서 가족을 피신시키고 100일 동안 다시 도망을 다녔어요. 제가 계속 일본 야쿠자들과 싸우니까, 다른 한국 출신 조직들이 도와줬습니다. 호남 출신이 만든 난도카이(南道會), 간다히치로(강신옥)파 등이 저희 조직과 뜻을 같이했죠. 네 번째 전쟁부터는 고베의 다카야마가 합세를 했습니다. 다카야마도 한국사람이죠."(월간조선 2010년 2월호)

그는 끝내 항복하지 않았다. 4차례 전투를 치르면서 지칠 법도 한데 건재했다. 야쿠자들이 요구한 손가락도 자르지 않았고 사죄도 하지 않았다. 이때 급부상하던 조직 야마구치구미에 자진해서 들어간다.

일본 언론의 사회부 기자들이 쓴 '야마구치구미 다큐멘터리 피와 항쟁(山口組ドキュメント 血と抗争)', '야나가와구미의 전투(柳川組の戦鬪)' 등에 의하면, 한 회장은 1957년 10월 고베 야마구치구미(山口組) 3대 조장(회장)인 다오카 가즈오(田岡一雄)에게 스스로 지참금을 들고 찾아갔다고 한다. 둘은 의형제를 맺었고 이 일은 '한록춘=야마구치구미 오야붕'으로 공식화되는 사건이었다.

"살기 위해서는 어쩔 수 없는 일이었습니다. 사람들이 나를 야쿠자라 부르지만 난 야쿠자가 아닙니다. 한국사람이 일본인 틈바구니에서 장사하며 살아갈 방법이 뭐겠습니까. 더욱이 카바레하면서요. 살려면 그 방법밖에는 없었습니다."

明友會 사건과 야나가와구미의 해산

그로부터 오래지 않아 한록춘이란 이름은 일본 전역에 알려지게 된다. 사건은 그가 1960년 여름 또 다른 대형카바레 '킹구(キング)'를 개점할 때 벌어졌다. 오픈 며칠 뒤인 8월 9일 조장인 다오카 오야붕은 한록춘 카바레 개점을 축하하기 위해 조직원들을 데리고 업장을 찾았다. 다오카 일행은 인기가수 타바타 요시오(田端義夫)를 게스트로 출연시켜 분위기를 띄운 다음, 카바레를 나와 다른 장소로 이동했다.

미나미(남오사카)에 있는 '푸른 성(青い城)'이라는 클럽으로, 한 회장도 동행자 중 한 명이었다. 그런데 하필이면 그때 푸른 성에 메이유카이(明友會, 명우회) 조직원들이 파티를 벌이고 있었다. 조직원 2명이 보석 석방된 걸 축하하는 모임을 갖고 있었던 것. 그 자리에서 메이유카이 조직원들은 타바타에게 노래를 부르라고 했고, 이 일이 발단이 되어 두 조직원끼리 싸움이 붙었다. 싸움은 메이유카이의 완승이었다. 야마구치구미 간부들이 피투성이가 되는 모습을 본 다오카 오야붕은 모욕감을 느끼고, 다음날 메이유카이와의 전면전을 선포하였다.

야쿠자 조직간 전쟁이 발발한 것이다. 공방전은 그로부터 보름간 치열하게 전개되었다. 그리고 승자는 조직의 세가 더 큰 야마구치구미였다. 야마구치구미는 메이유카이사건을 계기로 오사카에 진출할 수 있었다. 이후 전국으로 확산하여 일본내 최대 야쿠자 조직으로 발전한다.

이때의 사건은 고베의 일개 부두노동자 조직에 지나지 않았던 야마구치구미가 전국 조직으로 발전하는 계기가 되었다.

이 전쟁은 재일동포 야쿠자계에도 일대 지형변화를 가져왔다. 전쟁에서 패배한 메이유카이는 조직이 해체되는 비운을 맞이해야 했다. 오사카경찰이 검거한 84명의 야쿠자 가운데 24명은 한국인이 주축인 야나가와구미(柳川組) 소속 조직원이었다. 야나가와는 조장 양원석(梁元錫, 일본명 야나가와 지로) 오야붕의 일본이름으로, 야마구치 계열조직 가운데 최강의 전투력을 가진 조직이었다.

그래서 일명 '죽음의 군단'으로까지 불렸던 야나가와구미는 제주도 출신 동포들이 주축인 메이유카이를 해체하는 데 가장 큰 공을 세우게 된다. 야쿠자조직의 세력 확장 싸움에 한인계가 다른 한인계를 쳐야했던 비정한 상황이었다. 앞서 인터뷰에 응한 1세 오야붕 역시 당시 전쟁에 뛰었던 한 사람이다. 당시 상황을 그는 이렇게 말한다.

"메이유카이는 해체되고 말았습니다. 조직원들은 같은 교포인 한록춘 회장이 이끄는 후지카이에 들어갔습니다. 물론 조직에서 손을 씻은 이도 나왔지만. 야나가와 오야붕도 메이유카이의 마지막 숨통만은 끊지 말자고 생각했다고 합니다. 그래서 치명적인 공격은 자제했던 것으로 압니다. 우리는 같은 한국사람이었으니까요. 그래서 야마구치와의 화해식이 열릴 수 있었던 거지요."

그가 말한 화해식이란 말로만 그럴 뿐이지, 사실상 메이유카이의 항복 조인식이었다. 행사에 참가하는 메이유카이 간부 15명이 단지한 손가락을 지참하고 참석했기 때문이다. 그 길로 메이유카이는 와해의 수순을 밟고 말았다.

한편 야나가와구미는 최전성기 때 조직원의 수만 3,000명에 달할 만큼 거대한 야쿠자 조직으로 발돋움했다. 야마구치구미를 위협할 정도로 강해진 것이다. 하지만 일본 경시청이 전국 5대 폭력단으로 지정하고 대대적인 소탕작전을 벌였고, 양원석 오야붕은 수감된다.

그런데 어찌된 영문인지 그는 감옥에 있으면서 조직을 해산하기로 결정했다. 조직력이 멀쩡히 살아있는 상태에서 이뤄진 전격적인 해산이었다. 지금도 그가 조직을 해산해버린 이유는 수수께끼로 남아있다. 일각에서는 '일본정부가 야마구치를 못치니까 대신 재일동포계인 야나가와를 희생양 삼았다'는 석연치 못한 이야기가 내려온다.

경북 예천 출신으로 알려진 양원석 오야붕은 조직에서 손을 씻은 뒤 '아시아민족동맹'을 창립해 한일친선을 위한 일을 하는 등 사회활동에 전념했다. 그리고 1991년 12월 오사카에서 향년 69세로 생애를 마쳤다. 그의 사망으로 야나가와구미는 '죽음의 군단'이란 전설만 남기고 역사 속으로 사라졌다.

오사카심장부에 영사관 건립

다시 한록춘 회장 이야기로 돌아가자. 생존을 위한 부득이한 선택으로 야마구치구미에 가입한 후, 그를 건드릴 사람은 없었다. 카바레 주변에는 구렌타이, 친삐라로 불리는 불량배들도 얼씬 거리지 않았다.

사업은 번성했다. 한창 때 카바레가 4개소에 달했고, 그가 소유하는 빌딩만 4개 그 이상이었다고 한다. 여기까지만 이야기하면 그는 그저 주먹으로밖에 기억되지 않았을 것이다.

그랬던 그가 표면에 등장한 건 1971년 9월이었다. '오사카한국총영사관 건설기성회' 회장으로서 재일동포사회의 공식석상에 이름을 내걸고 나타난 것이다. 기성회 회장 대행에는 강택우(姜宅祐) 오사카한상회장이 이름을 올렸다. 오사카민족금융의 양대 산맥중 하나인 오사카흥은의 이희건(李熙健)이사장도 전폭지원을 하기로 했다.

기성회 발족 당일 발표한 '주오사카대한민국총영사관건설 취지문'을 보면, 재일동포들이 보는 당시 오사카영사관의 실정과 심정을 동시에 이해할 수 있다. 취지문을 일부 원문대로 옮겨본다.

"재일교포의 대다수가 거주하고 있는 긴키(近畿, 오사카 교토 고베 일대)지방을 관할하는 주오사카총영사관의 청사는 주지하는 바와 같이 '주일대표부 오사카사무소'시대로부터 오늘날에 이르기까지 청사(廳舍) 해결을 보지 못하고, 지금껏 협소하고 빌린 청사인 까닭으로, 혼란 불편 등의 지장은 이루 말할 수 없는 실정입니다.

경애(敬愛)하는 유지재현(有志諸賢) 여러분!

지난해 만박(萬博, '70오사카엑스포)에서 솔선하여 조국정부의 부름에 호응하여 국위선양의 마당에서 적극 참가 노력한 우리들의 성심을 이번에는 '건설기성회'의 발족으로서 총영사관 건설에 발휘하여 우리들의 손으로 건설하게 된 것을 무한한 영광으로 생각하는 바입니다."

재일동포들은 공관 자리를 오사카 일등지인 미도스지거리의 신사이바시(心齋橋)로 택했는데, 이와 관련해 초대 김진홍 오사카총영사는 필자에게 이렇게 밝힌 바 있다.

"본부(외무부 또는 청와대를 지칭하는 표현)에서는 영사관을 굳이 비싼 땅에 세울 이유는 없다는 생각이었습니다. 짓는 것만으로도 다행이라는게 방침이라면 방침이었지요. 공관 입장에서도 전년도에 오사카엑스포 한국관 건립 때 동포들이 많은 돈을 냈기 때문에 또다시 부

오사카 미도스지에 있는 대한민국총영사관

담을 주기에는 염치가 없는 일이었습니다. 그래서 오사카에 영사관을 새로 짓겠다면 도심보다는 땅값 저렴한 외곽지대로 알아봐달라고 제안하였습니다."

그러나 정부의 제안에 재일동포들은 "말도 안되는 일"이라며 완강하게 반대했다. 동포들사이에서는 대한민국의 얼굴이라 할 수 있는 영사관이 외곽에 가선 안되며 반드시 오사카 중심부에 세워야 된다는 목소리가 비등했다. 그리고 물어물어 제일 목 좋은 미도스지 그 중에서도 중심에 있는 지금의 신사이바시 영사관 부지를 매입했다.

부지매입비는 3억2,000만 엔에 달했다. 3.3m^2(평)당 금액이 200만 엔이면 이때 오사카에서 가장 비싼 땅 가격이었다. 한록춘 회장은 자기돈 5,000만 엔을 기부했다. 그러나 땅을 사는 과정은 순탄치 못했다. 땅주인인 일본인이 조센진에게는 못팔겠다고 버틴 것이다. 영사관 부지 매입과 관련한 홍성인 단장의 증언이다.

"오사카심장부에 조센진(한국인)이 들어오는 게 싫다는 게 땅주인이 매각을 거부한 진짜 이유였죠. 이때 우리영감이 해결사를 자처하고 나섰습니다. 한국인에게는 못팔겠다니까 일본국적을 갖고 있는 영감의 일본부인 이름을 내세워 땅을 매입하였던 겁니다. 나중에 건물을 완공하면서 등기를 대한민국으로 바꿨습니다."

착공은 1972년 11월이었다. 그런데 이때 이상한 점을 발견할 수 있다. 토지대금은 한 회장을 비롯해 사업가들의 기부로 마련했다지만, 공사비는 한 푼도 없었다. 그럼에도 착공은 이뤄졌다. 재원(財源)도 없이 삽부터 뜬 무모함, 그 뒤에는 든든한 응원군이 있었다. 오사카를 위시한 간사이 일대에 사는 동포들이 두 팔 걷어붙이고 영사관 건축기금을 내기 시작한 것이다.

이때 민단의 역할이 컸다. 간사이지방의 5개 지방본부인 오사카(大阪), 교토(京都), 시가(滋賀), 나라(奈良), 와카야마(和歌山)민단과 산하의 수백 개 지부 단원들이 모금활동을 전개했다. 한록춘 기성회장과 황칠복 오사카민단단장은 동포기업가, 민단 가정을 가가호호 찾아다니느라 눈코 뜰 새 없이 바빴다. 그렇게 모은 기성회비는 총 8억 엔에 달했다.

1974년 9월 15일 마침내 동포들이 염원해온 주일오사카한국총영사관(駐日大阪韓國總領事館)이 완공됐다. 오사카 심장부, 미도스지선 신사이바시에 태극기가 휘날리기 시작한 것이다. 오사카영사관은 연건평 5,699㎡에 지상 9층, 지하 2층의 현대식 건물. 재일동포의 정성으로 지어진 오사카의 대한민국 상징, 꼭대기에 올라가면 오사카 도심이 한 눈에 내려다보이는 풍광이 펼쳐진다.

"우리들의 손으로 건설하자"는 재일동포들의 의지를 모아 건립한 오사카총영사관, 일등공신은 누가 뭐라 해도 한록춘 회장이었다.

지금도 총영사관에 가보면 그의 흔적을 확인할 수 있다. 정문 앞에 새겨져 있는 동판에는 건축주가 '대한민국'이 아니라 '주대판대한민국 총영사관 건설기성회 회장 한록춘'으로 돼 있다. 일본인 부인의 이름을 차용해 조센진에게는 못 판다는 토지를 매입한 그의 꾀와 능력이 없었다면, 현재 그 자리에 총영사관이 서기는 어려웠다는 게 오사카 사정을 잘 아는 동포들의 한결같이 이야기이다.

일등지에 우뚝 선 유일한 외국공관, 서울로 치면 광화문사거리에 태극기가 휘날리는 모양새이니 생각만 해도 가슴 먹먹해지는 감동을 선사한다.

陰地의 10만 엔 아저씨

한록춘이란 인물의 일생은 관점에 따라 다르게 정의할 수 있겠지만, 필자의 눈에 보이는 그의 삶은 '음지인생(陰地人生)'이다. 재일동포, 모국 관계 일에 매번 동참은 하되 본인은 늘 뒤에 서 있다. 인생에서 장(長)을 맡은 건 오사카총영사관 건립 기성회장을 맡은 것 정도뿐이다. 이러다보니 그가 누구인지도 모르고 지나쳐버리는 경우가 다반사이다. 그러나 티가 나든 안나든 그가 선행에 동참하고, 모국을 위한 다양한 공헌을 한 건 움직일 수 없는 사실이다.

복수의 1세 증언에 의하면, 그는 1960년 대한체육회 창립에 재정지원을 하면서 체육회 사무실로 서울 무교동 광일빌딩 매입에 힘을 보

한국 정부로부터 공로패를 받은 한록춘 회장

됐다. 이희건(李熙健) 오사카흥은 이사장과 강계중 오사카 민단단장도 동참해 이 빌딩에는 당시에는 이름조차 생소했던 엘리베이터에 전화 회선 수십 대를 갖추도록 하였다.

한록춘 회장은 1971년 김종필(金鍾泌) 국무총리 시절에는 "한국 경찰에 사이드카가 없다"는 이야기를 전해 듣고 일본에서 사이드카를 구입해 치안본부에 80대, 강원도 치안국에 20대를 기증했다. 서울 남산의 어린이회관을 세울 때에도 "건축비가 부족하다"는 한마디 말에 1억 엔을 기꺼이 내놓았다.

그의 오랜 지기 가운데 한 사람으로는 고 이희건 회장을 들 수 있다. 두 사람이 가까워진 때는 1960년대 초반, 오사카흥은이 신생 금융기관으로서 고객유치에 곤란을 겪고 있을 때였다. 사정이 꽤나 나빴던 모양이다. 한록춘 회장은 이 회장으로부터 도와달라는 부탁을 받고나서, 카바레를 비롯한 자기 업장에서 벌어들이는 수입금 전부를 매일 흥은에 입금하였다.

"교포은행이 망하게 놔둘 수는 없다"는 생각에서였다. 어려운 시기를 버텨낸 덕분에 흥은은 훗날 웬만한 일본 지방은행보다 큰 은행으로 성장할 수 있었다. 홍 전 단장은 "만약 그때 오사카흥은이 망했더라면 1982년 신한은행 설립은 시작도 못했을 일"이라 단언했다.

한록춘, 이희건 두 사람은 오사카총영사관 건립, 신한은행 설립, 88서울올림픽모금운동 등 모국과 재일동포를 돕는 일마다 의기투합했다. 얼마나 각별했으면 기관행사에서 나오는 외빈 거마비(車馬費)까지 나눠쓰던 사이였다.

한 회장은 열혈 반공주의자이기도 하다. 1960~70년대 민단과 조총련이 일본에서 무력이 오고가는 남북대리전을 벌일 때도, 티 내지 않고 민단 쪽에 재정지원을 했다. 청년시절 민단에서 반공활동을 했던 홍 전 단장은 "우리 영감은 조총련과 싸우는 민단 청년들에게 절대 칼은 쓰지 말고 주먹으로만 때리라고 신신당부했다"고 말했다. 같은 동포끼리 싸우더라도 중상은 입히지 말라는 이야기다.

취재 중 한 재일동포로부터 흥미로운 이야기를 접했다. 그의 별명이 '10만 엔 아저씨'라는 것이다.

"한 회장은 아끼는 후배를 만나면 용돈을 줍니다. 10만 엔. 70년대부터 지금까지 변함이 없어요. 수재의연금은 500만 엔, 오사카영사관 건립이나 올림픽후원금 등 국가경사에는 5,000만 엔. 이런 식으로 자기만의 기부 룰을 갖고 있는 아저씨입니다."

현재 오사카에 살고 있는 한 재일동포 2세는 국내 동포들에게 한록춘 회장을 비롯한 주먹세계의 재일동포에 대한 인식을 바꿀 필요가 있다며 이런 이야기를 했다.

"야쿠자니 깡패니 하잖아요. 일본사람에게서 그런 말 듣는 건 어느 정도 이해가 갑니다. 하지만 본국(本國)에 있는 한국사람으로부터 그 말 듣는 건 대단히 불편합니다. 야쿠자라서 우리나라에 피해준 일 있나요. 눈 씻고 찾아보세요. 일본에서 변변한 일자리 못구하니 시작한 일이 야쿠자 짓이지, 작정하고 그 일 했던 동포는 거의 없었습니다. 그들도 우리 핏줄이기에 모국이 잘되기를 바래왔고, 조국을 위해 재일동포를 위해 제 돈 냈던 동포 중 한 명입니다. 한록춘 회장은 주먹이 되어야 살아남을 수 있던 재일동포 1세의 시절을 말해주는 산 증인입니다. 흑역사의 아이콘으로만 보지 말고 그의 순수한 애국활동을 평가해주었으면 좋겠습니다."

백수에 가까워진 근간, 한록춘 회장은 가급적 대외활동은 삼가고 있다. 한국에는 1년에 한번 나올까 말까이고, 동포 관련 행사가 잦은 도쿄로도 거의 올라가지 않는다.

어느덧 오사카생활 80년이다. 그럼에도 습관처럼 한국 이야기에 귀 기울이며 살아간다. 작년 9월 서울의 한 호텔에서 만났을 때도 그는 특유의 날카로운 눈빛을 반짝이며 조국의 일에 관심을 보였다.

지금까지 한록춘 회장이 각계로부터 수여받은 감사패와 공로패는 줄잡아 250개에 달한다. 결코 적지 않은 기록물이다. 그것만 정리해도 재일동포의 족적이 될 것이다. 만약 그걸 한 자리에 모은다면 재일동포 1세를 이해할 수 있는 역사기념관이 될 것이다.

박병헌(朴炳憲)
민단중앙본부단장

애국활동에 온몸 바친 민단의 상징

모두들 '민단쟁이'라 불렀다. 민단에 청춘을 바쳤고 민단과 일생을 함께 했다. 말단 사무원으로 시작해 국장, 사무총장, 감찰위원, 부단장을 거쳐 민단의 제38대, 39대 중앙단장직을 역임했다. 그 뒤 20년간은 상임고문으로써 대외교섭의 막후역할을 담당했다.
　일생을 애국 활동에 온몸을 바친 민단의 상징인물 박병헌(朴炳憲, 1928~2011) 단장 이야기이다.

함양의 자랑

　"평생의 동지, 이보게 청송(靑松). 찬바람이 잦아들면 자네가 고향에 심은 벚나무가 성대한 꽃의 향연을 펼칠 걸세. 자네도 하늘나라에서 기뻐할 것이라 믿네."
　2011년 3월 10일 김수한(金守漢) 전 국회의장은 조사를 읽으며 슬픔을 가누지 못했다. 박 단장과는 청년시절부터 교분을 다져온 동갑내기 막역지우로서 함께 한 세월만큼 많은 추억을 나눈 사이였다.
　김 의장이 언급한 벚나무 군락은 박 단장이 태어나고 유년시절을 보낸 경상남도 함양군에 있다. 수동면에서 백전면에 이르기까지 백운산

자락 도로변에 심어져 있는 1만2,000그루의 벚나무를 일컫는 말이다. 1987년 당시 민단 중앙단장이었던 그가 사재를 털어 심은 것으로 해마다 4월 초순이면 순백색 벚꽃이 화려한 자태를 뽐낸다.

함양에서 박병헌이란 이름은 '고장의 자랑'으로 칭송되고 있다. 그곳에서 박 단장이 훌륭한 인물로 명성이 자자하다는 사실은 그의 모교인 백전초등학교 초입 언덕에 세워져 있는 '박병헌 공적비'에서 확인할 수 있다. 고향사람들이 고마운 나머지 그를 기념하는 비를 세운 것. 예전에는 마을 세 곳에 있었던 걸 그가 거듭 사양하면서 이제는 백전면 한군데에만 남았다. 공적비는 그가 살아온 행적을 이렇게 묘사하고 있다.

"박병헌 회장은 백운산 정기를 받아 1928년 7월 26일 백전면 평촌 마을의 운암 봉수(俸秀)의 9남매 중 6남으로 태어났다. 본관은 삼척, 호는 청송. 백전초등학교를 다니다 12살 때 도일했다. 이후 60여년간 타국생활을 하고 있다. 일본 명치대(明治大) 재학중인 1950년 6.25한국전쟁이 발발하자 고국에 귀환, 학도의용군으로 인천상륙작전에 참전했다. 1981년 운암장학회를 설립해 해마다 고향 후배들 중 장학생을 선발 지원하고 있다. 1987년 일본 동경 대한민족협의회를 창설 회장을 역임했다. 같은 해 함양군 수동면, 함양읍에서 백전면에 이르는 도로변에 벚나무 1만2천 그루를 식재했다. 또한 같은 해 전 군민의 이름으로 제10회 '함양 군민상'을 수상했다. 1988년 올림픽 개최 당시 재일대한민국민단 단장으로 525억 원의 성금을 주도적으로 모금, 한국 올림픽조직위원회에 기탁했다. 1988년 망월정 주변 소공원 조성 사업을 위한 부지매입비를 기탁했다. 국민훈장 무궁화장과 체육훈장 청룡장을 수상했다. 1996년 11월 백전면민 일동"

이승에서의 마지막 길은 외롭지 않았다. 영결식 날 이른 아침 찾아온 외빈의 면면만 봐도 알 수 있다. 김수한 의장을 비롯한 박관용(朴寬用) 전 국회의장, 영화배우 신영균(申榮均)씨, 신한금융 신화를 이끈 리더 라응찬(羅應燦) 전 회장과 한동우(韓東禹) 회장 내정자, 이백순(李伯淳) 전 은행장 등 국내 인사들, 일본 민단에서 정진(鄭進) 단장과 김창식(金昌植) 감찰위원장, 신용상(辛容祥), 정해룡(丁海龍), 김재숙(金宰淑) 고문 등이 먼 길을 마다않고 찾아왔다.

상당수의 문상객들은 함양의 장지까지 영구차를 따라 그의 마지막 길을 함께 했다. 이명박(李明博)대통령과 전직 김영삼(金泳三), 전두환(全斗煥)대통령도 조화를 보내 애도를 표했다.

민단 간부들 사이에서는 "출장 가신 것 같아", "곧 돌아오실테야"라며 타계를 안타까워하는 목소리가 가득했다.

도쿄대공습 때 전 재산 잃어

박병헌 단장은 보통학교 6학년, 겨우 12살의 나이에 일본으로 건너갔다. 이때 그의 집안 형제들은 도쿄와 나가사키에서 먼저 자리를 잡고 있었다. 그는 2년 만에 귀향한 둘째형을 따라 도일. 처음에는 현재 주일한국대사관 위쪽에 있는 혼무라소학교(本村小學校) 야간부를 다니면서 낮에는 아자부 근방의 철강파이프 제작소에서 일했다. 열두살배기로는 감당하기 힘든 중노동, 그곳에서 종일 일해서 버는 일당은 우동 한 그릇 값도 채 되지 않았다.

노동 착취를 견디다 못해 이번에는 메구로의 나사 만드는 후카자와

(深澤)제작소에 취직했지만, 일이 너무 고되다보니 그만 병을 얻고 말았다. 형들은 귀향을 권했고, 결국 여름방학 때 그는 고향에 돌아가야만 했다. 어린 나이 부모님 품에 계속 머물고 싶었을 터이다. 어느 날 아버지 박봉수(朴俸秀)씨는 아들을 크게 나무랐다.

"병헌아. 남자가 작심하고 일본에 간 이상 병이 났다고 중도에 하차하면 안된다. 그건 남자답지 못한 거다. 마음이 약해지니까 병이 생기는 거다."

아직은 열네 살 어린 나이, 아버지는 아들이 강하게 크기를 바라며 독하게 말했다. 아버지의 꾸지람이 원망스럽기도 했지만 훗날 깊은 뜻을 알았고 아버지의 '성실신조'는 일생의 가르침이 되었다고 한다.

어느 정도 몸을 추스르고 난 다음 다시 도쿄로 돌아간 그는 형들과 함께 고생해서 번 돈을 긁어모아 녹로공장(원반형 선반 제조공장)을 세웠다. 가정집에 차린 작은 공장이었지만 직원도 대여섯 명 두고 의욕이 넘쳤다.

그러나 불운했다. 1945년 미군의 도쿄대공습 때 폭격을 당해 보금자리부터 공장, 기계까지 몽땅 타버리고 만 것. 불타버린 공장을 보면서 땅이 꺼지는 좌절감을 맛봤지만, 목숨을 건사한 걸 위안 삼았다.

도쿄대공습은 민간인을 포함해 15만 명이 사망하고 가옥 100만 채가 불타버린 대참사였다. B-29폭격기가 쏟아 부은 백만 발의 네이팜탄은 도쿄 전체를 초토화시켰고, 그때 박병헌 형제의 전 재산도 한 방의 폭탄에 몽땅 날아갔다. 처음으로 전쟁이 얼마나 끔찍한지 공포를 실감했다고 한다.

졸지에 알거지 신세가 된 형제는 한동안 방공호에 피신해 고구마나 밀가루 수제비를 얻어먹으며 삶을 연명할 수 밖에 없었다. 그러나 그대로 있다가는 꼼짝없이 굶어죽을 지경이었다. 알고 지내던 일본인 친구의 소개로 군마현의 토목공사 현장 일자리를 구했다.

"굶기를 밥 먹듯 하다보면 뱃가죽이 등짝에 붙는다는 말을 알게 됩니다. 먹고 살려면 별 수 없었지만 다섯째 형 친구 스기하라 상의 소개로 군마현 오마마에서 일자리를 구했습니다."

〈한학동〉 창설과 6.25동란 발발

그는 이때부터 도쿄와 군마현을 오가며 일과 학업을 병행하였다. 또한 '조선건국촉진청년동맹(건청)'에 들어가 재일동포 청년 학생운동에 눈을 뜨기 시작했다. 1949년 메이지대(明治大) 법과에 입학할 때에는 '재일한국학생동맹' 창설멤버가 되었다.

당시 일본 대학에서는 좌우 이데올로기 대립이 극심했다. 한국학생동맹 내부에서도 한국정부 지지자와 북한정권 지지자로 나뉘어서 하루가 멀다 않고 전쟁을 방불케 하는 난투극을 벌였다. 우파 진영에 서서 좌익 투쟁에 앞장서던 그는 1950년 5월 21일 막역한 동지 한 명을 잃는 가슴 아픈 일을 겪었다.

"그날 좌파 학생동맹이 호세대(法政大)에서 우파진영을 모두 제명하는 비밀회의를 벌이고 있었습니다. 사전에 그 행사를 탐지한 우리는 50여 명이 현장에 가서 무효를 주장했습니다. 상대편인 좌파는 300명이 넘었으니 수적으로는 비교도 안되었지만 두려움이 없었습니다. 급기야 싸움이 벌어졌고 마산출신으로 우리 메이지대 재학생인 이상석(李相錫)이 좌파가 휘두른 각목을 머리에 맞는 일이 빚어집니다. 결국 하루만에 상석은 세상을 떴고 그의 시신을 치바의 납골당에 안치하러 가면서 어찌나 죄스러운 마음이 들었는지 모릅니다."

호세대사건으로 한국학생동맹은 둘로 쪼개졌다. 한국 정부를 지지하는 '한학동'과 북한 정권을 지지하는 '조학동', 피를 나눈 동포들끼리였지만 이데올로기는 그마저도 갈라놓는 괴물이었다.

그로부터 1개월 뒤 6.25전쟁이 발발했다. 건청과 한학동의 청년 학생들은 수시로 조국의 전세를 확인하며 속을 끓이고 있었다.

"전황이 불리하다는 소식만이 들려왔습니다. 이러다가 한국이 점령당하면 우리 부모 형제는 어떻게 되나 하는 걱정으로 하루도 잠을 편히 잘 수 없었습니다."

전쟁 발발 이틀 뒤인 6월 27일 한학동은 긴급회의를 소집했다. 100명 정도 참석했는데 모든 청년학도가 참전을 부르짖었다.

"풍전등화의 조국을 놔두고 펜이 무슨 소용인가. 일본에서 공부하는 것도 조국건설을 위한 일, 우리가 아무 것도 않는다는 건 있을 수 없다. 분기탱천하였습니다. 조국을 위해 출병하자며 양태근이 갑자기 검지를 깨물어 혈서를 쓰는 겁니다."

모두 '총궐기해 참전하자'고 각자의 이름을 쓰고 그 자리에서 조국전선 참전운동을 펼치기로 결의했다. 추진위원은 박 단장을 비롯해 안기백(安基伯), 양태근(楊泰根), 조영진(趙英振), 정동화(鄭炯和), 박운욱(朴運旭), 이활남(李活男), 최성원(崔成源), 이상태(李相台), 이봉남(李奉男), 권동국(權東國)등이었다. 서울이 인민군에 함락당한 6월 28일에는 민단이 재일동포의 궐기를 촉구하는 담화문을 발표하고, 조국구원운동에 돌입했다.

민단이 결의한 내용은 다음과 같았다.

6.25동란 참전 중 어머니와의 상봉(1951)

1. 전국 청년 학도의 자원병을 조국전선에 파견한다.
2. 조국에 구호물자 및 위문품을 보낸다.
3. 민단 조직의 견고화에 매진한다.

재일학도의용군으로 참전

그러나 자원병이 되기로 결의했다고 실제 성사되는 것과는 별개의 일이었다. 박 단장을 비롯한 한학동 간부들은 주일한국대표부 김용주 공사를 찾아가 연합군총사령부(GHQ)의 맥아더 사령관에게 '재일동포 청년학생의 출병지원을 승인하라'고 진정을 부탁했다. 민단도 진정 대열에 합류했다. 드디어 GHQ가 참전을 받아들였고, 자원병들은 미군 부대로 입영할 수 있는 길이 열렸다.

그리고 1950년 9월 7일. 도쿄 간다(神田) 메이지대학 근처의 스루가다이호텔은 이른 아침부터 흰 색 와이셔츠와 검은 색 양복바지 차림에 사각의 대학모를 눌러 쓴 젊은이들로 북적이고 있었다. 친구들끼리 삼삼오오 모여 서로 어깨를 다독이며 기합을 넣어주기도 하고, 한 쪽에서는 가족끼리 모여 앉아 흐느끼는가 하면, 아들의 두 뺨을 부둥켜 잡고 소리 없이 눈물 흘리는 어머니도 있었다.

재일학도의용군의 출정식이었다. 식장 주변에는 '축 입영', '반드시 살아서 돌아오라'는 플래카드가 내걸렸다. 출정행사가 끝나고 미군 트럭에 올라타자 도쿄 한복판 연도에서 '대한민국 만세'를 부르는 재일동포들이 태극기를 흔들며 환송하였다. 의용군들은 하염없이 쏟아지는 눈물을 흘리며 정 든 가족을 떠나갔다.

제1진 78명에 포함된 박병헌 단장은 요코하마항구에서 미 수송선에 올랐다. 계급장도 소속도 없는 무명의 용사들, 군번이 없으니 정식 군인은 아니었다. 다만 미군들은 학도병들이 조국을 돕기 위해 참전을 자원했다는 사연을 접하고 전우로서 호의를 보였다고 한다.

하지만 그것으로 끝이 아니었다. 자원은 했지만 그는 군인이 될 만큼의 건강상태가 되지 못했기 때문이다.

"배위에서 신체검사를 하던 미 군의관이 나더러 건강에 문제가 있으니 하선하라고 하는 겁니다. 그럴 수 없다고 버티니까 근방 미군 병원에 보내 엑스레이 찍고 정밀 검사를 하게 하였습니다. 아 이러다 못 갈 수도 있겠구나 싶던 차에 군의관이 배를 탈지 말지는 당신이 정하라고 하더이다. 비로소 안도의 한숨을 내쉴 수 있었습니다."

당연히 승선이었다. 순간 마음이 그렇게 편할 수가 없었다. 몸이 아픈 건 둘째였고, 동지들과 함께 재일학도의용군의 일원이 되어 구국 대열에 동참한 것이 너무나 기뻤다. 무엇보다 난생 처음 인생의 기로에서 스스로 내린 결단이란 점에서 스스로 대견했다.

박 단장처럼 6.25동란 때 재일동포로서 자원참전한 학도의용군은 모두 642명이었다. 대부분 대학을 다니던 유학생이라 학력수준이 높은 엘리트들이지만, 과감하게 펜을 내던지고 총을 붙들었다. 조국을 구하고 싶다는 일념으로 전선에 뛰어드는 용기를 발휘했던 것이다.

유일조국은 대한민국

당시 재일동포들이 6.25동란 참전을 결행한 이유는 일제시대의 아픈 경험에서도 찾을 수 있다. 일본에 다시 돌아온다는 보장도 없고 돌아오더라도 복학이 힘들 수 있다는 현실 난관은 일제시대 망국의 아픔과는 견줄 수 없는 일이라 여겼다. 참전병의 일원인 송동원(宋東源)씨는 생전에 이렇게 증언한 바 있다.

"일제 때 일본인들은 한국사람을 인간 취급도 하지 않았습니다. 우리는 조국이 얼마나 소중한 존재인지 피부로 느끼며 살아왔습니다. 유학생들 사이에서는 나라가 없어질 판국에 속 편하게 무슨 공부냐 하루빨리 전장으로 가자는 분위기가 압도하고 있었습니다."

박 단장은 건국한지 2년밖에 안되었어도 유일한 우리의 조국은 대한민국, 그러니까 참전 결행은 당연하다고 목소리를 높였다.

한편 박 단장이 처음으로 투입된 전투는 인천상륙작전이었다. 미 제1해병단과 제7보병사단이 속한 제10군단에 배속되었다. 미군은 일본에서 출항할 때까지도 행선지도 알려주지 않았지만 첫 전투가 6.25동란에서 가장 드라마틱한 반격작전이 될 줄은 꿈에도 몰랐다. 재일학도의용군의 신분을 알려주는 유일한 증표는 영어로 적힌 '일본출신(FromJAPAN)' 견장 뿐이었다.

"우리는 끈질기게 미군 측에 전선배치를 요구했습니다. 미군이 부대 편제에도 없는 '3.1독립보병부대'를 만들어 우리를 수용했지만 그것도 실전에 나서기 직전에 해체되면서 유령부대가 되고 말았지요."

3.1부대란 이름은 학도의용군들이 일제에 항거한 3.1독립만세운동을 떠올리며 작명한 부대이다. 1950년 11월 27일 중공군이 참전하자 연합군이 후방철수로 작전을 바꾸면서 3.1부대원의 출전을 막았던 것이다.

3.1부대의 해산은 곧 일본 철수를 의미했다. 그러나 이때 학도의용군 200여명은 철수를 거부하고 미군 부대에서 나와 한국군에 재입대하기로 했다. 박 단장 역시 서울남산국민학교에 있던 육군 제1보충대대에 입소해 미군 배속에서 한국군 소속으로 바꿨다고 한다.

"대대에서 지내기 1주일쯤 되던 때 뜻밖의 제안을 받았습니다. 간부후보생 선발시험에 응모하라는 겁니다. 졸병들은 넘치는데 장교가 너무 적으니까, 학력 높은 재일의용군이라면 좋겠다고 생각했던 모양입니다. 전장에서 돌던 말이 뭔지 아세요. '쏘위, 쏘위'. 총알이 이런 소리를 내면서 날아드니까 소위는 총알받이로 불렸던 거지요."

흔쾌하게 간부후보생 선발시험에 응모했다. 합격자는 모두 26명. 그러나 학도의용군 동지들의 운명은 엇갈렸다. 참전한 642명 가운데 생사불명이나 전사자 135명이란 희생이 발생했고, 생존자 가운데 242명은 일본으로 다시 돌아가지 못했다.

박 단장은 생전에 종종 서울 동작구 국립현충원 제16묘역에 들러 먼저 간 동지들의 명목을 비는 한편, 도쿄 아자부의 민단중앙본부 건물 앞에 조국을 위해 청춘을 바친 자이니치전사를 추모하는 비석을 건립했다.

1970 오사카엑스포 한국관의 기적

6.25참전 뒤 일본으로 돌아온 박병헌 단장은 메이지대학에 복학해 법과를 졸업한 뒤, 다시 경제학부 경제과에 편입해 학업을 이어갔다.

한편으로는 재일재향군인회 일본지회 회장 등 참전용사 관련 일을 보면서 민단 활동도 함께 했다. 30대 때 민단의 총무국, 재정국, 경제국 등 각국을 두루 돌면서 국장직을 맡았고, 40대 접어들어서는 더욱 비중 있는 역할을 담당하게 되었다.

그중에서도 가장 기억에 남는 일은 1970년 오사카에서 개최된 엑스포(70오사카만국박람회)때였다고 한다. 당시 엑스포는 아시아에서는 처음으로 열린 메머드 행사였다. 이때는 엑스포가 올림픽이나 월드컵축구대회보다 더 큰 국제이벤트로 통했다고 한다. 세계 각국이 자랑하는 문명이 한 군데 모이는 자리이면서, 동시에 한 나라의 위상을 알리는 국가홍보의 기회였다.

그러나 한국정부는 이에 대한 인식이 부족했다. 민단과 재일동포들은 오사카엑스포를 전세계에 대한민국의 존재를 알리는 절호의 기회로 보고 정부에 참가할 것을 종용했다.

문제는 예산, 외국에서 열리는 이벤트에 국가예산을 투입하는 건 부담스러운 일이란 기류가 역력했다.

세칭 총대를 메고 앞장선 이는 오사카흥은의 이희건 이사장이었다. '재일한국인만국박람회후원회'를 주도적으로 결성하고 '한국관'을 짓자는 모금운동을 벌이기로 한 것이다. 당시 민단도 이희원(李禧元) 중앙단장을 위시한 단원 모두가 동참하기로 협력체제를 구축했다. 이때 박 단장은 민단 총무국장 겸 엑스포 사무국장을 맡았다.

"그야말로 혼신의 힘을 다해 모금운동을 벌였습니다. 우리교포가 가장 많이 거주하는 오사카에서 열리는 만큼 동포들이 제 손으로 한국관을 짓겠다는 의욕이 넘쳤습니다."

김진홍(金鎭弘) 초대 오사카총영사에 의하면, 이때 모금 목표액은 미화 50만 달러였는데 실제로 모은 성금은 70만 달러(당시 일본엔화로 2억4,000만 엔)를 넘었다. 김 총영사가 제공한 자료를 보면 한국관은 엑스포 광장 정중앙에 위치해 있고 규모도 몇 손가락에 꼽힐 만큼 웅장했다. 한국관은 기대를 넘어서는 대성황을 이뤘다.

대회기간 (3월 15일~9월 15일)동안 한국관에는 625만 명의 관람객이 다녀가 엑스포 관람객 총수의 10%에 달했다. 이는 외국 국가관 가운데 미국에 이어 흥행 2위의 기록이었다. 외국인들이 세계지도에서 한국이 어디 있는 나라인지 찾지도 못하던 시절, 한국의 낮은 지명도와 국제적 위상을 감안하면 대박 난 일이었다.

"한국관을 짓고도 돈이 남았습니다. 민단에서는 이왕이면 이 기회에 본국가족 초청사업을 하자고 제안하였습니다. 우리나라 시골에 있는 부모형제를 일본에 초청해 위로해주고 싶었던 것이죠."

대회 기간 동안 총 6회 모두 9,710명의 가족이 엑스포를 다녀갔다. 박 단장을 비롯한 민단 단원들은 한 사람당 20만 엔 씩 초청 적금까지

들며 가족들의 방일 경비를 충당했다. 재일동포들은 힘들게 사는 국내 동포들에게 자기가 사는 모습도 보여주고 '우리도 잘 살아보자'는 의욕을 다지게 해주고 싶었다.

당초 정부가 허가한 초청인원은 5,000명. 그 인원을 늘리기 위해 박 단장은 이희원 단장과 함께 서울로 와 공노명(孔魯明) 당시 외무부 교민과장을 만났다.

"5,000명으로는 어림도 없습니다. 1만 명은 넘어야 합니다."

공 과장은 난색을 표했다. 박정희 대통령의 결재가 난 사안이라 돌이키기 힘들다는 이유에서였다. 어지간하면 이쯤에서 포기할 법도 싶지만, 그는 최규하(崔圭夏) 외무부 장관은 물론 정일권(丁一權) 국무총리까지 찾아갔다. 박 단장은 정 총리 만날 때를 잊을 수 없는 일이라고 백했다.

"마침 일요일이라 총리가 출근하지 않는 날이었습니다. 여기저기 수소문해보니 서울시청 앞 이발소에 계시단 겁니다. 앞뒤 재지 않고 바로 달려갔죠. 하얀 천 뒤집어쓰고 이발중인 총리를 붙잡고 사정을 설명했습니다."

88서울올림픽, 박병헌 전성시대

지성이면 감천이라고 얼마 뒤 반가운 소식이 들려왔다. 박정희 대통령이 초청인원을 배로 늘리기로 승인했다는 것이다. 그는 70오사카엑스포 때의 일이 손에 꼽히는 통쾌하고 기분 좋은 추억이라고 말했다.

한편 1980년대는 민단 단장 박병헌의 전성시대였다. 이 시기 그는 민단 중앙단장에 연달아 당선되었고, 88서울올림픽을 지원하는 성금 캠페인으로 100억 엔을 모으는 등 생애에서 애국활동의 정점을 찍은 시절이었다.

창립 초창기부터 민단 업무에 매진해온 그는 1985년 2월 제38대 중앙단장 경선에서 당선되어 마침내 민단의 톱 자리에 올랐다. 3년 뒤 치러진 제39대 단장 선거에서는 무투표로 당선되는 영예를 누렸다.

재임하면서 그는 소감으로 "만사는 순리대로. 모난 돌은 채이게 마련"이라고 밝혔는데, 이 말은 본인의 신조였다. 오랜 조직생활에서 터득한 인생의 지혜로 30년 넘게 여러 자리를 전전하면서도 그는 타인에게 짜증을 내거나 불편한 감정을 드러낸 적이 없다.

예로부터 민단 단장선거는 한국의 국회의원 선거 못지않은 열기로 유명하다. 40만 민단 단원을 대표하는 대의원 450여명이 치르는 간선제 시스템이라 득표 경쟁이 치열하다. 이러다보니 뒤에서 금전거래와 인신공격이 오갈 만큼 과열되는 일도 벌어진다. 이런 구조의 민단 단장 선거에서 잡음을 내지 않고 무투표로 당선됐다는 사실은 그의 실력이라 할 수 있다. 또한 부드러운 인품을 갖춘 인물임을 입증하고 있는 셈이다.

박 단장은 단장 재임 중 많은 업적을 일궈냈다. 1987년 민단이 주도해 도쿄에서 개최한 세계한민족대회는 전세계에 흩어져 있는 동포단체 대표들을 규합하자는 취지로 창설했다. 현재 재외동포재단이 주최하고 있는 세계한인회장대회의 원조를 민단과 박 단장이 주도한 것이다. 또한 글로벌 한인네트워크 구축을 정부가 아닌 민간이 주도했다는 점은 의의 깊은 일이다.

박 단장이 임기 중 남긴 제일 큰 업적은 88서울올림픽대회의 재일

일본 외무성 관리와 협상하는 박병헌 단장(1987)

동포 후원사업을 성공리에 마무리했다는 사실이다. 재일동포들은 후원회를 결성해 일본 돈으로 100억 엔, 한국 원화로 525억 원(민단 부인회 16억 원 별도)의 성금을 모아 4개소 올림픽경기장 및 대한체육회 본부 건립비로 기탁했다.

이렇게 큰 돈을 모은 데는 여러 동인이 있지만 풍부한 조직경험에서 오는 그의 번뜩이는 아이디어가 발휘된 덕분임을 부인하기 어렵다. 경제인 기부금을 받을 때 그는 상호 경쟁심을 유발했다. 후원회 회장인 이희건 오사카흥은 이사장에게는 이런 제안으로 거액을 내도록 유도했다.

"이희건 회장과 허필석(許弼奭) 이사장의 기부액이 모금액의 모델이 될 겁니다."

이때 재일동포 금융가의 양대 산맥은 오사카의 이희건, 도쿄의 허필석 도쿄상은 이사장이었다. 두 사람 간 경쟁심리가 강한 걸 알고 일부러 자극적인 멘트를 날린 것이다. 의도는 적중해 두 사람은 각각 2억 엔의 기부금을 냈다. 그 이야기를 들은 롯데그룹의 신격호(辛格浩) 회장은 3억 엔을 냈다.

"교토의 윤인술(尹仁述) 회장 만날 때가 기억에 많이 남아요. 당초는 1억 엔까지는 내겠다고 했던 사람인데, 제가 이왕 기부할 바에는 배로 내야 않겠냐고 졸랐습니다. 그런데 주저하기에 기부금을 면세되도록 조치했으니까 부탁한다고 하자, 윤 회장이 웃으면서 '그럽시다. 2억 엔 냅니다' 그러더군요."

윤 회장은 박 단장과 오랜 세월 만나온 친분을 봐서 통 크게 기부금을 배로 냈던 것이다. 본인의 말 한마디로 기부금을 늘린 건 기분 좋았지만, 한편으로는 미안한 마음도 들었다고 고백했다.

4전5기 끝에 얻어낸 면세조치

박 단장이 말한 기부금 면세조치는 재일동포들의 88올림픽성금을 100억 엔이나 모을 수 있는 결정적인 동력이 되었다. 일본 법률에는 기부금 면세 규정이 있긴 하지만 이익률의 수 퍼센트로 미미했고, 한국 사람이 일본에서 번 돈을 한국으로 빼돌리려 든다는 식으로 의심하는 기류가 있었다.

이대로 두면 실적을 올리기는 힘든 상황이었다. 어떻게든 올림픽성금에 대한 면세 조치를 받아내야만 했다. 칼자루를 쥔 일본 정부를 대상으로 교섭하는 수 밖에 도리가 없었다. 처음에는 일본 정치인과 유대관계가 깊었던 한일의원연맹 쪽에 부탁했다고 한다.

"(고민을 거듭한 끝에) 한일의원연맹의 권익현(權翊鉉) 회장과 김수한(金守漢) 의원에게 비공식적으로 나카소네 야쓰히로(中曾根康弘) 총리, 다케시타 노보루(竹下登) 자민당 간사장, 아베 신타로(安部晋太郎) 외무대신에게 기부금 전액면제를 상담해달라고 부탁했습니다. 그러나 며칠 뒤 김수한 등은 나에게 일본정치인들로부터 '일본의 법률상 매우 어렵다'는 비관적인 답변을 들고 왔습니다."

하지만 박 단장으로서는 올림픽성금 면세조치를 그대로 포기할 수는 없었다. 이희건 회장과 더불어 한일의 정관계 인사를 거듭해서 찾아가 면세 교섭을 벌였다. 민단의 핵심 간부 몇 명은 아예 진정단으로 만들어 일본 관료를 누차에 걸쳐 찾아가도록 했다.

재일동포의 진정 활동이 그칠 기미가 없고 올림픽성금 면세문제가 한일간 외교적 현안으로 떠오르자, 1986년 3월 일본 중의원 예산위원회에서 다케시타 노보루(竹下登) 대장성(大藏省)장관은 "재일한국인들의 서울올림픽 성금을 지정기부로서 면세조치를 고려하고 있다"고 발표하기에 이른다.

그러나 다케시타의 발언은 금세 실현되지 못했다. 장관이 미야자와 기이치(宮沢喜一)로 바뀌고, 곧 고시될 것 같던 조치는 차일피일 미뤄지고 있었다. 동포사회에서는 올림픽성금 면세조치가 물 건너갔다는 비관론이 비등해갔다. 박 단장은 1986년 11월 김치순(金致淳)부단장과 함께 미야자와 장관을 만나러 갔다.

"다이징(大臣), 또 부탁드리러 왔습니다. 서울올림픽 기부금 문제입니다만. 다케시다 전 장관이 서울올림픽에 협조하는 의미로 기부금 면세조치를 해 주겠다는 말씀을 하셨습니다. 남북분단 아래에서 서울에서 열리는 올림픽은 우리 재일동포로선 조국의 축제라서 적극 돕고 싶습니다. 저희들의 뜻을 이해하셔서 재일동포의 올림픽기부금을 '지정기부'로 조치해주시기 바랍니다."

그 자리에서 미야자와 장관으로부터 답을 받아냈다.

"여러분의 조국에 대한 성의와 정열을 높이 평가합니다. 올림픽 후원금에 대해 세금을 거둘 생각은 하고 있지 않습니다."

장관은 담당국장을 불러 '면세조치'를 지시했고, 마침내 1986년 11월 15일부로 대장성 조치 162호로 재일한국인의 서울올림픽 후원금은 세금을 면제한다는 고시(告示)가 내려왔다.

4전5기의 도전 끝에 얻어낸 결실이었다. 재일동포와 민단, 우리 정부 외교관, 한일의원연맹, 한일친선협회 소속 정치인 등 각계각층에서 측면 지원활동을 벌인 덕분이었다. 박 단장이 훗날 미야자와 장관을 만났을 때 다시 감사를 표했더니, 그가 정색을 하며 이렇게 말했다.

"박 단장, 저는 이번 일을 인상 깊게 생각합니다. 박 단장의 업무처리 방식이 매우 '일본인적(日本人的)' 같다는 겁니다."

'일본인적'이란 말은 이내 머리에 들어오지 않았다. '성의를 갖고 이야기하면 통한다'는 자기 철학을 이해했다는 식으로 생각했는데, 나이가 들고 해보니 "그 말은 일처리를 하나하나 단계를 밟아간 걸 일본식이라 말한 것 같다"고 했다.

한편 한국 정부는 서울올림픽 폐회식 당일인 1988년 10월 2일, 박 단장과 이희건 회장을 비롯한 재일동포 유지들을 초청해 올림픽공원 내에 '재일동포 서울올림픽 후원기념비' 제막식을 가졌다.

그때 비로소 큰일을 성공리에 치러냈다는 안도감에 젖을 수 있었다. 올림픽 성금운동은 재일동포사회를 똘똘 뭉치게 만드는 계기가 되었다는 점에서도 대성공이었다. 기부금의 많고 적음, 남녀노소를 떠나 모든 동포들이 거족적으로 조국의 경사에 호응하고 자기 일처럼 기뻐했기 때문이다.

〈대성엘텍〉과 아들 박상규

박병헌 단장의 일생을 요약하면, 애국활동에 온몸을 바쳤다는 데 이론의 여지가 없다. 그는 모국 땅에 경제인으로서도 일획을 그었다. 뚜렷한 족적이 서울 금천구 가산디지털단지에 남아 있다. 바로 1967년 세워진 한국 최초의 수출산업단지 구로공단이 있던 자리이다.

수출의 전진기지로 불렸던 구로공단 개설 때 재일동포 기업은 18개. 총 입주기업이 28개였고 재일동포의 청원에 의해 세워진 공단이므로 재일동포전용공단이나 다름이 없었다. 가산동은 재일동포들에게 '한강의 기적'을 일궈낸 역사의 현장이자, 모국투자를 향한 그들의 열정과 땀이 맺혀 있는 특별지역이다.

박 단장은 1973년 3월 이곳에 대성전기주식회사(현 대성엘텍)를 설립해 한국 공업 발전에 일조했다. 현재는 1만 개 벤처업체가 입주해 있는 디지털단지로 변모하면서, 대부분의 동포기업이 타지역으로 옮겨갔지만 여전히 그 자리를 지키는 동포기업은 남아 있다. 대성엘텍을 포함한 한국대동전자(姜正明 회장), KEC(郭正昭 회장) 등으로 모두 전기전자 관련 제조업체로 2세 경영주란 공통점이 있다.

이들 기업 가운데 박 단장의 아들인 박상규(朴相圭) 대성엘텍 사장은 비교적 최근에 한국에 정착한 케이스에 속한다. 영주귀국 시점은 2008년 2월, 이때부터 본격적으로 경영수업을 받았고 전무와 부사장

80대 때의 박병헌 단장(좌)과 그의 아들 박상규 대성엘텍 사장(우)

을 거쳐 대표이사 사장을 맡게 되었다. 박 사장의 이야기이다.

"한국에 계속 살겠다고 결심한 건 이명박 대통령 취임식이 치러지던 무렵이었습니다. 벌써 7년의 세월이 지나고 있습니다만, 무난하게 잘 정착하고 있습니다. 주위에서 많은 분들이 도와주신 덕택입니다."

한국 정착은 결코 순탄치 않았다. 국내 경제의 불황이 지속되면서 전자산업 구도가 대기업 중심으로 잡히다보니, 경영사정은 날로 악화되어갔다. 거기에 창립자이자 아버지 박 단장이 2011년 3월 갑작스레 타계하면서 든든한 버팀목을 잃는 아픔도 겪었다.

박상규 사장은 위기 속에서 기회를 찾겠다는 심정으로 중대결단을 내렸다. 회사의 양대 비즈니스 축 가운데 하나인 전자모바일 부문을 과감히 철수하기로 하고, 다른 한 축인 자동차 전장부품 부문에 집중하기로 한 것이다. 이를 위해 대성엘텍은 중국 청도에 있는 백라이트 유닛(스마트폰 안에서 빛을 쏘아주는 부품)공장 설비를 매각하고, 외부 투자를 유치해 회사의 역량을 키워가고 있다.

대성엘텍은 자동차 전장부품 메이커로서 탄탄한 입지를 갖고 있는 중견기업이다. 현대기아, 르노삼성, 쌍용 등 국산 자동차메이커에 대성엘텍의 카오디오와 네비게이션, 블랙박스가 납품되고 있고, 해외 메이커인 일본 도요타와 미국 크라이슬러에도 제품을 납품하고 있다.

"아버지를 항상 존경해왔습니다. 우리 회사는 아버지가 조국의 경제발전에 보탬이 되고 싶다는 의지에서 창립한 회사입니다. 그 뜻을 한시도 잊지 않고 보다 나은 기술을 모국에서 만들어내도록 최선을 다할 것입니다."

박상규 사장은 "제2의 구로공단 신화를 쓰고 싶다"는 당찬 포부를 갖고 있다. 서울 가산동 본사와 경기도 평택공장, 중국 공장 등 약 1,200명의 직원을 리드하고 있는 박 사장은 돌아가신 아버지를 생각해서라도 반드시 국가발전에 기여하는 회사, 많은 사람들을 보살피는 좋은 회사를 만들고 싶다고 각오를 다진다.

박병헌 단장. 언제나 느긋한 미소를 띠며 사람을 대하던 그는 일생을 애국, 애족, 애향을 부르짖으며 살았다 해도 과언이 아니다. 재일동포 학생운동부터 6.25동란 때 학도의용군으로 참전하고, 이어 민단과 재일동포사회, 모국의 발전을 위해 헌신하고 봉사한 삶 그 자체이다.

그리고 본인의 유지를 받들어 애국하는 아들 상규가 대성엘텍을 든든하게 지키고 있으니, 인생을 허투루 살지 않았다고 할 수 있다. 병세가 악화되어 일산의 한 병원에 입원해 있을 때 그가 한 말이 기억에 선명하다.

"이 기자. 걱정해준 덕에 몸은 많이 나아지고 있소. 곧 퇴원할 터이니 나가면 밥 같이 먹읍시다."

그로부터 열흘이 채 되지 않아 박 단장은 세상을 뜨고 말았다. 생전에 10원 벌면 4원은 생활비, 2원은 교육비, 2원은 본국 송금, 나머지 2원은 민단 활동비로 쓰는 것이라고 강조하던 박병헌 단장.

대내외에서 '민단의 상징'이란 말은 박병헌 단장의 트레이드 마크로 각인되어 있다. 앞으로도 이 애칭은 박 단장을 지칭하는 표현으로 오래도록 기억될 것이 틀림없다.

| 서용달(徐龍達) |
| 모모야마가쿠인대학 교수 |

차별철폐운동 펼친
일본내 외국인 1호 교수

서용달(徐龍達,1933~)교수.

오사카 모모야마가쿠인대학(桃山學園大學)의 명예교수인 그는 재일동포사회에서 종종 시시비비의 대상이 되곤 한다. 그를 둘러싼 '옳은 소리 하는 논객'對 '명예만 쫓는 해바라기' 논쟁이 대표적이다.

비딱하게 보면 서 교수는 잔잔한 호수에 돌멩이를 던지는 심술쟁이 같아 보인다. 하지만 그의 신념은 확고하다. 좋은 게 좋다는 식의 처신은 무난한 삶의 방법일지 몰라도 사회의 부조리를 바꾸려면 그래선 곤란하다는 것. 구더기 생길까 무서워 장을 못 담그기 보다는 마음껏 의견개진을 하며 그릇된 사회현상을 교정하며 살겠다는 서 교수 이야기를 시작한다.

KBS해외동포상 특별상

2011년 3월 4일 서용달 교수는 큰 상을 받았다. 한국방송공사(KBS) 제16회 해외동포상 특별상 부문 수상자가 된 것. 서 교수는 수상 소감에서 이렇게 밝혔다.

"1942년 11세 때 현해탄을 건너 일본생활을 시작했습니다. 국적 문제를 비롯해 200종에 달하는 차별에 맞서 투쟁해왔습니다. 아직도 많이 남아있습니다. 일본은 정주외국인에 대한 국적 조항을 철폐하고 지방참정권도 인정해야 합니다. 한국도 그런 국적 차별이 있다면 없어지기를 바랍니다."

그를 추천한 사람들은 일본 근무 경험이 있는 직업 외교관이었다. 주일대사를 지낸 유명환(柳明桓) 전 외교부 장관과 주일공관 외교관을 거쳐 통일부 차관을 지낸 김석우(金錫友) 21세기국가발전연구원 원장이었다. 두 사람은 재일동포사회의 말썽꾸러기인 서 교수를 왜 추천한 것일까? 싱거운 답이겠지만 그의 공적을 인정했기 때문이다.

누구도 이의를 제기할 수 없는 서 교수의 공적이 몇 가지 있다.

첫 번째는 일본 내 국공립대학의 외국인교수 임용차별을 없앤 것이다. 법으로 막혀있던 외국 국적자에 대한 국공립대 취업 장벽을 폐기해야 한다고 문제제기를 했고 장장 10년간 일본 정부를 상대로 투쟁했다. 그리고 마침내 1982년 8월 '외국인교원 임용법' 제정을 이끌어냈다. 누가 뭐래도 이 적폐를 없앤 일등공신은 서용달 교수였다.

두 번째 공적은 '재일한국장학회'를 설립해 대학생 육영을 50년 이상 지탱해왔다는 사실이다. 1956년 8월 그가 주도해 설립한 '재일한국장학회'는 그동안 1,000명이 넘는 재일동포 대학생들에게 장학금을 지원해왔다. 장학회 설립 동기는 명약관화했다.

재일동포 대학생에 대한 장학금 지급 제한을 재일동포 스스로 힘으로 극복해보자는 취지였다. 장학회를 설립하던 시기 '일본육영회' 법률에는 대학생 장학대상자가 일본국적자로서 외국인에게는 신청자격이 부여되지 않고 있었다. 재일한국장학회는 경제사정이 여의치 않은 동포학생의 자활을 돕겠다는 마음에서 탄생한 육영단체였다.

세 번째 공적은 정주외국인에 대한 지방참정권 획득운동에 이바지 했다는 사실이다. 서 교수는 재일동포들이 일본정부와 지방자치단체에 세금을 꼬박꼬박 납부하고 있으면서도 주민으로서의 권리인 지방참정권을 부여받지 못하고 있는 현실을 개탄했다.

이런 문제의식을 기반으로 1976년 7월 논문 '정주외국인의 지방참정권 획득운동'을 발표했다. 일본에서 외국인참정권 문제를 학술적으로 제기한 최초의 일이었다.

그것으로 그친 게 아니었다. 서 교수는 재일동포 법적 지위향상을 주제로 논의하는 심포지움을 32회에 걸쳐 개최하는 등 재일동포 권익 옹호운동에 앞장섰다. 일본의 정주외국인 지방참정권은 아직까지도 완전 개방을 이루지 못한 미완의 숙제이지만, 나날이 용인하는 지자체가 반대하는 지자체보다 늘어가는 추세이다.

지금은 보편 용어로 뿌리내린 정주외국인(定住外國人)이란 말은 서 교수가 재일동포는 일본의 정착주민이라는 개념에서 발안한 것이다.

좌익으로 몰린 직설논객

서 교수는 글쓰기를 좋아하는 사람이다. 또한 자기생각을 발신하기를 즐겨하는 사람이다. 본인이 하고 싶은 말이 있으면 언론사에 육필 편지를 보내고, 반응이 신통치 않으면 기자를 찾아 팩스라도 보낸다. 뒤에 본인의 글이 실리기라도 하면 어김없이 펜으로 꾹꾹 눌러쓴 감사 편지가 날아온다. 투박한 필체라도 손으로 쓴 정(情)이 담겨있어서인지 몰라도 그의 글은 컴퓨터로 프린트된 문서보다는 정독(精讀)하게 만드는 흡인력이 있다.

그것이 서 교수가 기자들을 구슬리는 비법(?)인지 몰라도, 그의 글과 주장은 신문 방송 가리지 않고 자주 등장하는 편이다. 한국인으로는 드물게 '아사히신문(朝日新聞)'이나 '마이니치신문(每日新聞)' 등 일본 유력지에도 곧잘 실린다. 그의 기고문은 지방참정권 획득을 위시한 재일동포 문제, 일본의 독도 영유권 시비와 우경화 우려 등의 한일관계, 사회적 소수자의 인권 문제에 관한 주장이다.

거의가 재일동포들의 실생활과 밀접한 사안으로 동포사회, 한일관계 식자에게 관심이 높은 현안들이다. 그러다보니 반향이 크다. 동포들 사이에서는 '좋다', '싫다'로 호불호가 극명하게 갈린다. 자신을 둘러싼 엇갈린 평가에 대해 서 교수는 "재일동포 입장에서 재일동포의 권익을 옹호하고 그걸 발신할 뿐"이라며 "욕 먹더라도 할 말은 해야 하지 않겠느냐"는 답이 돌아왔다.

하고 싶은 말은 해야 직성이 풀리는 그는 '모난 돌'처럼 미움을 받을 때가 있다. 한 때는 좌익, 공산주의 옹호자로 낙인찍힌 적도 있다. 좌익으로 몰린 대표적인 사례를 꼽자면, 1978년 그의 책임편집으로 도쿄에서 일본어로 번역 출간한 책자 '침묵에 항거하여- 한국 지식인의 발언(沈默に抗して-韓國知識人の發言)'을 들 수 있다.

책은 국내 지식인 가운데 당시 한국 정부와 반대각을 세우던 이들의 사회비평 모음집이었다. 등장하는 인물들은 체제반대 인사로 분류되어 온 김수환(金壽煥, 천주교 추기경), 함석헌(咸錫憲, 사회운동가), 장준하(張俊河, 신민당 국회의원), 송건호(宋建鎬, 신문기자, 후일 한겨레신문 대표) 등 이른바 민주화 운동가들이었다.

"일본 대학교수가 되어 보니 일본에 한국에 관한 문화, 지식인의 소

KBS해외동포상 수상 축하회에서(2011.03.04)

개가 거의 없는 겁니다. 이래선 안되겠다 싶어 한국의 좋은 책들을 번역 소개했습니다. 침묵에 항거하여는 그 가운데 하나였습니다. 처음에는 문학집으로 박종화, 박목월 시인, 서예가 장우성 선생, 백일기 선생 등 예술원 회원들의 작품을 소개하는 것으로 시작했었죠."

서용달 교수는 한국 국적을 가진 재일동포 문화인 단체인 '재일한국인민주간담회'에서도 활동했다. 도쿄, 오사카, 나고야에서 약 30명을 회원으로 둔 이 단체에서 서 교수는 대표간사를 맡아 공문을 만들고 언론 간담회를 진행했다. 이 단체를 통해 일본에 한국 문화를 소개하고 일본인의 한국 인식을 좋게 바꿔보고 싶었기 때문이다.

"그때 한국은 문화인, 학자, 심지어 종교인까지도 말 잘못하면 감옥에 끌려가던 시절이었습니다. 정권 비판은 목숨을 거는 일이 될 수도 있었습니다. 일본에서 보기엔 아까운 사람이란 생각이 들었습니다. 물건은 부서지면 다시 만들 수 있지만 인재는 그럴 수 없지 않은가. 정권에 반대한다해서 사람을 죽이지만 말아달라는 생각이었습니다."

그가 일본에서 출간하는 한국 관련 책자는 논쟁의 대상이 되었다. 그 가운데에서도 '침묵에 항거하여'의 반향이 가장 컸고, 자연스런 귀결처럼 그를 향해 사상의 잣대가 들이대졌다. 재일동포사회에서는 "서용달이는 적성분자"라는 말이 공공연히 나돌았다.

11세 때 도일한 고교신문 기자

그런데 이때 반전을 만들어준 인연을 만나게 된다. 당시 오사카총영사로 재임하던 조일제(趙一濟) 전 의원과의 만남이었다. 조 의원은 중앙정보부 출신으로 권력이 있는 인물이었다. 두 사람은 첫 대면에서부터 요란한 논쟁을 벌였다고 한다.

"총영사가 대뜸 한다는 말이 '당신 사상이 불순해'였어요. 어찌나 분하던지. 그래서 얼굴을 붉히며 내가 빨갱이란 증거를 내놓아보소. 이 자리에서 결판 날 때까지 토론해보자고 따졌습니다."

그 일이 있은 뒤, 조 의원은 따로 그에 관해 신상조사를 해봤던 모양이다. 다음에 만났을 때 "내가 중상모략에 속았다"며 화해의 악수를 건넸다고 한다. 이 때부터 조 의원은 서 교수의 열렬한 지지자가 되었다. 실제 필자가 조 의원에게 서 교수에 대해 묻자, 주저 없이 "서용달이는 진짜 애국자"라고 말했다.

앞 뒤 재지 않고 말하는 그를 보고 있으면 천생 한국사람 같다는 생각이 든다. 에둘러 말하는 일본식과는 다르다. 유년기를 부산에서 보내서인지 야무진 직설이 투박한 경상도 사투리와 닮은 듯도 싶다.

서용달 교수는 부전동의 성지소학교(초등학교) 4학년을 다니던 11세 때 아버지를 따라 오사카로 건너갔다. 그의 부친 서성만(徐聖萬) 씨는 동래고보를 졸업하고 일본에 건너가 교토대(京都大) 대학원을 다녔다. 중학교 졸업자도 흔치 않던 시절, 대학원까지 나왔으니 수재로 불렸다. 하고 싶은 일은 대학교수였다.

그러나 그 시대 아무리 학력을 높여도 한국 출신이 교수가 될 수는 없었다. 외국인은 하다못해 중소기업 취직도 여의치 않았다. 하는 수 없이 창업의 길을 택했다고 한다.

"해방 무렵 아버지는 오사카에서 자그마한 철공소를 차렸습니다. 그러나 철공소에 화재가 나는 바람에 기계까지 몽땅 불 타버렸습니다. 하루아침에 밑바닥으로 떨어지고 말았습니다."

이후 부친은 재기해 무역회사 경영자 등으로 부지런히 일했지만 사업은 부침이 있었다. 다만 제아무리 힘이 들어도 밥 먹는 것과 자식 교육만큼은 책임을 졌다.

그는 고등학교를 명문 간사이오오쿠라(關西大倉)로 진학했다. 학교는 창립자가 기업해서 번 돈을 사회에 환원하려는 마음에서 세웠다. 등록금이 공립보다 저렴하고 교육의 질도 좋았다. 자연히 영재들이 모이는 명문교로서 입시경쟁이 치열했다.

"오오쿠라고에서 학보사 기자, 일본식 표현으로 보도구락부 신문부장을 맡았습니다. 인터뷰하고 기사 쓰면서 매스컴의 위력을 맛보았습니다."

신문부장을 맡으면서 사회를 향한 문제의식, 매스컴의 역할을 깨달았다. 훗날 그는 일본 모교의 창립자 오오쿠라 키하치로(大倉喜八

郎)씨가 서울 선린상고(현 선린인터넷고)를 세운 사실에 주목하고, 1984년 6월 한일의 두 학교간 자매결연을 주선했다.

이에 앞서는 대구 계명대학교와 본인이 교수로 재직하던 모모야마가쿠인대학이 자매결연을 체결할 때의 산파역을 맡기도 했다.

〈재일한국장학회〉 설립 주역

그는 간사이오오쿠라고의 영재들 중에서도 특출 났다. 일본 대학에서 상과 명문으로 손꼽히는 오사카상대(현 오사카시립대)에 가볍게 합격했다. 성적은 우수했다. 그래서 응당 장학생이 되리라 여겼지만 현실은 달랐다.

"장학금 신청을 했는데 하도 연락이 없어서 담당자를 찾아가니까 무자격자라서 안 된답니다. 그러면서 내놓는 규정이 일본 육영회 회칙이었어요. 장학 대상자는 일본 국적자, 외국인은 신청 자격조차 없었던 것이죠."

난감했다. 마침 집안형편이 나빠지면서 등록금조차 마련하기 막막했다. 하는 수 없었다. 학비를 마련하기 위해 아르바이트를 전전했다.

그러나 무소득은 아니었다. 이 일 저 일 노동을 하면서 그는 인권문제(人權問題)에 눈을 떴다. 재일교포가 일본인과 엄연히 다른 존재이며, 일본사회가 얼마나 폐쇄적이며 한국인처럼 외국인에게는 얼마나 차별적인 체제인지 피부로 절감했다.

대학 3학년 때 민단계 청년조직인 '한국학생동맹(약칭 한학동)'에 가입해 본격적으로 권익운동에 뛰어들었다. 한학동 가입후 재일동포

기업가들과 만날 기회가 많아졌다. 한학동 가입을 계기로 그는 이듬해 1956년 8월 25일 '재일한국장학회'를 설립했다. 대학생 신분으로는 유일한 참가였다.

"돌이켜봐도 장학회를 세운 건 잘한 일입니다. 경제적 형편으로 취업, 학업을 잇기 곤란한 재일동포 학생들에게 현재의 악조건에 굴하지 않고 학업과 연구에 전념하여 미래의 조국 발전의 추진자가 되도록 장학금을 지급하자. 이것이 취지였습니다."

본인이 쓰라린 경험을 하였기에 장학회 설립에 누구보다 적극적으로 나섰다. 장학회 설립은 한국인이라는 이유로 아무리 공부를 잘해도 장학금 혜택을 받지 못하는 부조리한 현실을 재일교포 스스로 타개하자는 의미도 갖고 있었다.

장학금 수혜자로는 한국 유체기계공학의 권위자인 조강래(趙康來), 물리학자 전일동(全一東) 연세대학교 명예교수 등이 있었다. 서 교수는 1960년부터는 이사장직에 취임해 지금까지 1,000여 명의 재일동포 학생들에게 장학금을 지원했다. 어렵게 학업을 마친 장학생들이 각계각층에서 활약하는 소식을 들으며 보람을 느낀다고 했다.

어렵사리 대학을 다니던 그는 졸업을 하면서 다시 벽에 부닥친다. 일본에서 한국인의 대학 졸업장은 쓸모없는 것이었다. 교수 추천서까지 받아 야하타제철(후일 신일본제철), 이토추상사 등 3군데에 입사원서를 냈지만 하나같이 '우리 회사는 한국인을 채용하지 않는다'는 반응이었다. 수험의 기회조차 주지 않는 업체도 있었다.

당시만 해도 추천서는 일종의 신원보증이라 취업은 떼어 놓은 당상(堂上)이나 마찬가지였다고 한다. 그러니 한국인이란 국적은 신원보증을 뛰어넘는 젊은이의 장래를 가로막는 확고한 걸림돌이었다.

서용달(徐龍達) 모모야마가쿠인대학 교수

외국인 1호 교수 탄생의 곡절

이때 그는 기로에 섰다. 한국으로 돌아갈 것인가, 아니면 일본에 남아 대학원에 진학해 더 공부할 것인가. 첫 선택은 한국행이었다. 오사카상대 선배인 천병규(前 재무부 장관, 당시 한국은행 부총재)씨를 통해 한국은행에 입사원서를 낸 것.

그러나 인사담당자로부터 "일본 출신자는 채용하지 않는다"는 전갈이 날아왔다. 모국에서마저 취업에 실패했으니 이제 선택지는 하나뿐이었다. 대학 졸업하고 1년 동안 취업하려고 갖은 애를 써본 것 만으로도 훌륭한 인생경험이라 여겼다. 차선책으로 고베대학(神戶大學) 상대(商大) 대학원에 진학하기로 했다.

"지금 생각하면 운명의 장난 아니었나 싶어요. 대학원 진학이 결정된 다음, 한국은행으로부터 입행이 결정됐다는 통보를 받았으니까요. 만약 일찍 합격통보를 받았다면 대학교수가 아닌 샐러리맨으로 황혼을 맞았을 겁니다."

대학원 진학은 일본에서 영주하겠다는 각오가 섰기 때문이다. 과감하게 전공도 바꿨다. 대학 때의 경영학에서 회계학으로 바꿨는데, 공인회계사나 경영컨설턴트가 되면 밥벌이는 할 수 있을 것 같다고 여겼다. 석사를 거쳐 박사과정까지 5년간 내리 공부만 했다.

어느 날 그의 사정을 훤히 꿰뚫고 있던 지도교수 야마시타 카츠지 (山下勝治)씨가 불렀다.

"내가 자네를 쭉 지켜보니까 비즈니스맨 보다는 학자의 길을 가는게 좋겠게. 자네 실력과 재능이라면 충분히 가능하고, 대학 강단에 설 수 있을 걸세. 간단하네. 국적만 바꾸면 되네."

고민에 빠졌다. 눈 딱 감고 국적만 바꾸면 대학교수가 될 수 있었다. 교수직은 아버지의 숙원을 푸는 일이기도 했다. 하지만 그럴 수는 없었다. 말이 국적 변경이지 '일본인으로의 귀화'가 아닌가. 대학 생활 내내 국적 때문에 곤욕을 겪어놓고 굴복하고 싶지는 않았다.

며칠 후 야마시타 교수를 찾아가 '귀화 불가' 입장을 밝혔다. 서용달 학생의 재능을 아까워한 야마시타 교수는 자신의 네트워크를 총동원해 그의 일자리 알선에 앞장섰다.

"정 그렇다면 이렇게 하세. 국공립대는 국적조항 때문에 불가능할 테지만, 사립대는 그보다 개방적이니까 함께 찾아보자고."

실제로 알아보니 국공립대에서는 외국인을 교수로 채용할 계획이 없었다. 사립대 몇 군데에서 '실력이 있다면 한국인도 교수로 채용할 수 있다'는 회신을 받았다.

지원 대학은 도쿄의 호세대(法政大), 나고야의 남산대(南山大), 교토의 리츠메이칸대(立命館大), 오사카의 모모야마가쿠인대(桃山學園大) 4개교였다. 이 가운데 집에서 가까운 모모야마가쿠인대학을 택했다. 일본의 4년제 대학에서 외국인 교수 제1호의 탄생은 이런 곡절을 겪으면서 성사됐다.

빗장 풀린 '국공립대 외국인 교원임용'

서용달 교수는 부지런했다. 전임강사 시절부터 남보다 서너 배 열심히 일했다. 실력으로 교수가 됐지만 외국인이라는 남들의 가시눈을 떨쳐내려면 확실하게 더 뛰어나야 했다.

서용달 교수가 한 심포지엄에서 발언하고 있다.

"부단히 노력했다"는 고백처럼 그는 모모야마가쿠인대학에서 능력 있는 교수로 인정을 받았다. 전임강사가 되고나서 2년 만에 조교수, 그로부터 6년 뒤 정교수가 되었다. 도서관장과 경영대학장, 총장 자문위원도 맡았다. 이런 타이틀은 항상 '한국인 최초'였고, '외국인 최초'의 업적이었다.

그러나 특유의 보폭이랄까. 서용달 교수는 대학교수라는 평탄한 길에 머무르려 들지 않았다. 자천타천 인권운동가의 길로 향했다. 1972년부터는 국공립대학의 교원 임용에서 외국인을 채용하지 않는 건 '차별대우'라며 철폐 운동에 앞장선다.

"교수가 되어 각종 학술회의에 참가하면서 보니까, 외국국적자는 발제 기회를 얻는 것조차 힘이 들더군요. 어떻게 학문의 영역에까지 차별이 있을 수 있나요. 이건 고쳐져야 하지 않겠습니까."

과거부터 재일교포 가운데도 연구를 업으로 삼으려는 이들이 꽤 있었다. 그러나 '자이니치는 잘해봤자 조교'란 자조가 돌았을 만큼 교수직 도전은 쉽지 않은 일이었다. 그는 국공립대라면 준정부적 성격도 있으니 어떻게든 국적 차별을 없애야 한다고 믿었다.

1977년부터는 전공이 아님에도 법 공부에도 매진했다. 그 결과물이 1980년 '국공립대 외국인 교원 임용법'이란 책자였다. 도쿄대(東京大)의 히다카 로쿠로(日高六郎) 교수와의 공저였다. 그는 이 책에서 "일본이 세계화가 되려면 이제라도 외국인에게 일본의 국공립대 교수가 될 수 있는 길을 열어줘야 한다"고 주장했다.

서용달 교수는 1982년 8월 20일을 지금도 잊을 수 없다. 이날 일본 국회는 '국공립대 외국인 교원임용법'을 통과시켰다.

"하필이면 그날 위장병이 심하게 걸려 오사카 쓰루하시의 병원에 입원하고 있었습니다. 일본 기자들이 찾아와 병상 인터뷰를 했었죠. 무엇보다 송용근이라고 한국장학회 1기 장학생이 개업한 병원에서 기쁜 소식을 들으니 더 극적인 기분이 들더군요."

처음엔 눈도 깜짝 않던 일본 정부와 정치권이 서 교수의 논리적 반박에 손을 든 셈이었다. 법안은 그해 9월 1일자로 발효되었다. 일본에서 가장 오래된 국립대인 교토대에 영국인 교수가 임용된 데 이어, 오사카대학이 재일한국인 김재만 씨를 교수로 받아들였다.

1세기 동안 이어져온 일본 국공립대학의 외국인 불채용 빗장이 마침내 풀린 것이다. 그로부터 일본 국공립대 외국인 교수는 1,000명 넘게 탄생했다. 이 가운데 반수가 한국인 교수들이다. 현재는 일본 대학가에서 교수 임용에 관한한 국적이 걸림돌이 된다는 이야기가 들리지 않는다.

인권운동가의 길

재일한국인사회에서 '서용달'이란 이름 석 자는 대학교수라는 직함보다 인권운동가로 널리 알려져 있다. 그렇다고 학자로서의 실적이 뒤떨어지는 건 아니다. 전공분야인 회계학으로 한정해도 많은 저서를 남겼다. '대차대조표론의 생성발전'(2003년, 모모야마가쿠인대학 종합연구소), '초급자를 위한 입문 회계학'(2002년, 중앙경제사), '독일회계학 개정 증보판'(1997년, KBS사), '현대부기론'(1992년, 중앙경제사) 등 십수 권의 전문서적을 집필했다.

그가 운동가라는 사실은 전공보다 더 활발한 사회봉사 분야의 활동 역량이다. 저서의 수도 전공에 필적할 만큼 많고, 모두에 지적한 것처럼 사회적 시비의 대상이 되는 사안을 수도 없이 제기했다. 서 교수는 일본사회가 외국인 차별의 부조리를 철폐하지 않으면 발전할 수 없다는 신념을 갖고, 일본 주류를 상대로 시민운동을 전개했다.

1970년대 초반에 오사카 재일한국인 식자들을 규합해 재일한국인 민주간담회를 결성했고, 교수간 교류 모임인 재일한국인대학교수간담회도 주도해서 만들었다. 이런 조직들은 일본의 차별정책을 풀기 위한 처절한 몸부림이었다.

"처음에 운동에 뛰어들면서 조사해보니, 일본 내 정주외국인이 국적으로 차별받는 항목이 무려 200종이 넘더군요. 무엇보다 생활의 기본 복지혜택이 누락돼 있었습니다."

재일교포들이 제한받는 복지문제로는 공영주택 입주, 학교입학 문제, 아동수당, 모자수당, 공공보험, 노인버스 탑승 등이었고, 교포들은 그런 차별을 '응당 감내해야 할 일'로 받아들이고 있었다.

서용달 교수가 부조리 철폐의 깃발을 들고 강조했던 말은 "일본에 살면서 세금을 꼬박꼬박 내면서도 혜택을 받을 수 없는 건 부당하고 명백한 차별"이었다. 그가 1976년 논문에서 처음 쓰기 시작한 정주(定住)외국인이란 표현에는 한 곳에 쭉 눌러앉아 살고 있음에도 외국인이란 이유로 혜택도 권리도 부여받지 못하는 재일교포의 입장을 대변하고 있었다.

재일동포사회의 숙원인 정주외국인 지방참정권 획득운동에 앞장섰던 것도 그런 연유에서였다. 1976년부터 참정권 문제에 끈질기게 달라붙어 참정권 취득이야말로 재일동포가 일본에서 살아가는 공생의 비전이고, 일본에게도 다문화 공생사회 구축의 동력이 될 것임을 설파했다. 그 결과 1995년 2월 일본 최고재판소(한국의 대법원)로부터 정주외국인에게 지방참정권을 주는 건 위헌이 아니라는 판결을 받아내기에 이른다. 현재는 일본 지방자치단체 가운데 재일교포에게 참정권을 줘도 된다는 지자체가 안된다는 지자체보다 그 수가 훨씬 많다.

하지만 여전히 일본은 외국인 지방참정권을 전면 허용하지 않고 있다. 민족단체 민단도 근 20년 간 이 문제 해결을 위해 발 벗고 나서고 있으나 답보상태를 면치 못하고 있다.

그 원인에 대해 서 교수는 예의 직설을 날렸다.

"민단이 지방참정권 획득 운동을 하는 건 잘하는 일입니다. 하지만 민단의 호소가 일본 주류사회에 잘 통하지 않는 건 문제라고 생각합니다. 민단이 학자, 문화인, 언론인 등의 식자를 활용하지 못한 탓이 큽니다. 수천 명이 모여 행사를 해도 일본 매스컴에 보도되는 일이 드물다는 건, 그만큼 민단이 전략적이지 못하다는 방증입니다."

서 교수가 이처럼 민단을 향해 쓴 소리 내기를 주저 않는 데는 본인이 젊어서부터 민단의 민족운동에 동참한 '한국인'이기 때문이다. 그는 한국 국적의 학자라는 사실, 일본의 오피니언리더에 어필하는 식자라는 자부심으로 충만하다.

"1960년대에 한국과 일본이 국교정상화 교섭을 벌일 때를 보세요. 과거 침략국가 일본이 적반하장(賊反荷杖)식으로 피해자 한국을 몰아붙이는 듯 하였습니다. 일본 여론의 분위기는 재일동포는 안중에 없었고 한국인 하면 차별 멸시가 당연하게 받아들여졌습니다. 이런 식의 한일관계가 고착되면 곤란하지요. 제가 교수직을 넘어서 인권운동을 펼쳤던 건 부당함과 부조리에 대한 투쟁심이 발동해서였습니다."

서 교수는 자기 별명이 퍼블릭베거(Public beggar, 공적 거지)라고 말한다. 재일한국장학회를 50년 넘게 꾸려 가다보니 이 사람 저 사람 붙들고 기부금 달라고 졸라서 생긴 별명이다. 장학회 임원이란 자리는 욕먹기 십상인 위치이다.

교수로서 또 인권운동가로서 삶을 경주해온 서용달 교수도 어느덧 황혼에 접어들고 있었다. 꼭 남기고 싶은 말이 무엇이냐 물으니 이런 답이 돌아왔다.

"선조가 남긴 가장 큰 유산은 축적한 부(富)보다는 민족정신입니다. 정신의 가치를 계승해야 합니다. 해방 직후인 1946년에 오사카조선인상공회 기관지 제목이 뭔지 아십니까. '경제문화'였습니다. 지독한 곤궁을 겪으면서 우리 선조들은 경제에 문화라는 가치를 더했습니다. 일본에서 한민족으로 살아가는 길은 합심하여 민족정신을 계승하는 일입니다. 차별철폐요? 후세에게 숨통을 터줘야지요. 그래야 아들 손자가 한국사람이라며 큰 소리 치며 살아가지 않겠습니까."

> 정진(鄭進)
> 민단중앙본부단장

5.17 민단 와해공작 때 동포사회 구원한 2세 리더

사람은 저마다 특유의 인상을 갖고 있는 법이다. 매력적인 사람, 무색무취인 사람, 때론 악한으로 느껴지는 사람도 있다.

정진(鄭進, 1937~　) 전 민단중앙본부 단장은 만날 때마다 늘 사람 좋은 미소를 선사한다. 헤어진 다음에도 기분 좋은 만남으로 기억하게 만드는 매력이 있다. 그래서 그와 인연을 맺은 사람은 정진이란 사람의 인간성에 매료되고 만다.

민단 단장되던 그날의 시련

그런 사람 좋은 정진 단장에게도 시련의 세월이 있었으니, 다름 아닌 민단 중앙본부 단장(2006년 9월~2012년 2월) 시절이다. 민단은 재일한국인 동포사회를 대표하는 민족단체이다. 거기서 중앙단장이란 자리는 재일동포사회의 수장을 의미한다. 그런데 동포들이 우러러 보는 선망의 대상에 올랐는데 왜 시련을? 그는 단장 취임할 때부터 숱한 풍파와 부딪쳐야 했다. 재임하는 내내 한시도 쉴 틈 없이 갖가지 난관에 맞서고 문제를 해결하기에 여념 없는 나날이었다. 인내와 시련의 연속이었지만 그는 단장직을 묵묵히 수행해냈다.

시계추를 되돌려 그가 단장으로 선출되던 그날로 가 보자.

2006년 9월 21일, 민단 본부가 들어서 있는 도쿄 미나토구 아자부의 한국중앙회관 건물. 중앙단장, 감찰위원장, 의장 등 이른바 민단의 3기관장을 뽑는 선거가 치러지고 있었다. 이날 그는 단장직에 입후보하여 대의원 501표 가운데 318표를 득표하여 경쟁후보를 크게 이겼다. 과반을 훌쩍 넘는 압도적인 득표였다. 통상이라면 단원들의 절대적 지지를 받아 당선되었으니 기쁨과 환호가 넘쳐났을 터이다.

그러나 이날 현장은 이상하리만큼 차분히 가라앉아 있었다. 당장 평소와 다른 풍경이 펼쳐지고 있었다. 민단행사 때면 언제나 얼굴을 나타내는 주일한국대사관 인사들이 불참한 것이다. 정부 대표가 민단행사에 참가하는 건 1946년 10월 3일 민단 창단 이래, 늦게 봐도 대한민국 정부수립 1948년 8월 15일 이래 계속되어온 전통이다.

더욱이 민단 중앙선거는 재일동포 대표를 뽑는 자리라서 동포사회에서 가장 큰 이벤트 가운데 하나로 꼽힌다. 그래서 대통령의 특명전권(特命全權)을 부여받아 일본에 파견된 주일대사가 정부 대표로 신임단장에게 축하 꽃다발을 건네는 건 관행이다.

따라서 이날 대사가 나타나지 않았다는 사실은 정부와 민단 간 갈등이 외부로 표출됐음을 보여주고 있었다. 아무리 관계가 악화되어 있어도 총영사 등 대사대리가 출석할 법도 한데 아무도 현장에 나타나지 않았으니 정부의 노골적인 반감 표출이기도 했다.

현장에서는 볼멘 소리가 터져 나왔다. 재일동포들은 "대사관이 동포들을 무시하고 있다", "대사 내부지침으로 공관원들에게 불참명령이 내려졌다", "대사관이 민단을 망가뜨리려는 것 아니냐"는 등 격앙된 목소리를 내고 있었다.

도대체 당시 민단과 대사관 사이에서는 무슨 일이 벌어진 것일까. 대사관은 민단본부에서 걸어서 10분 남짓한 지근거리에 있다. 심지어 주일한국도쿄총영사관은 민단본부 건물 안에 입주해 있다. 엎어지면 코 닿을 거리에서 반세기 넘게 동고동락해온 양쪽 관계가 틀어진 건 누가 보아도 이상 징후이다.

양쪽이 갈등을 빚게 된 발단은 그해 2월 치러진 민단 3기관장 선거에서 하병옥(河丙鈺) 집행부가 탄생하면서부터이다. 하 씨는 민단 개혁을 슬로건으로 내걸고 단장에 당선되었다. 그때 대항마가 정진 단장이었다. 사실상 양자대결로 치러진 선거의 승자는 하병옥 씨였다.

5.17사태 때 민단의 구원투수

문제는 하 씨를 비롯한 민단의 신임 집행부가 권력을 잡자마자 조총련과의 야합을 기도하기 시작한 것. 대의명분은 재일동포사회의 화합을 위하여, 동포사회의 양대조직인 민단과 조총련의 화해를 촉진하기 위하여, 나아가 조직을 통합해 일본에서 먼저 남북통일을 촉진해보자는 것이다. 민단의 혁신과 동포화합이라는 두 마리 토끼를 모두 잡겠다는 것으로 응당 환영받을 일이었다.

그러나 이건 표면에서 보이는 것으로 실제는 기묘하고 위험한 화합극이요, 수상한 무리들의 획책으로 불리는 수상함이 있었다. 이윽고 하병옥 집행부는 그해 5월 17일, 도쿄 치요타구의 조총련 본부 건물로 찾아가 민단과 조총련이 화해한다는 요지의 성명서를 발표했다.

그 직후 이를 둘러싼 어두운 행적들이 속속 증거로 드러났다. 먼저 하병옥 씨 본인의 이력이 세탁되어 있다는 사실이 폭로되었다. 하 씨가 청년시절 북한 노동당의 혁명전사 양성소로 불리는 도쿄의 조선대학교를 다녔으며, 이후 조선학교 교사로 근무한 이력이 있다고 폭로된 것이다.

그러나 민단 인사들 가운데 그의 이력에 이런 내용이 있는 줄 아는 사람은 전무하다시피했다. 이름을 바꿔 신원을 세탁했다는 지적까지 나왔다. 그저 민단 활동가로만 알려지던 인물이 북한과 연계된 인물처럼 지목된 것이다.

민단과 조총련간 5.17성명이 화합극이란 정황은 여러 군데에서 감지되었다. 민단 집행부가 조총련과 화해성명을 만드는 과정에 친북추종자 내지는 북한 직파공작원으로 의심받는 인물들이 간여했고, 수차에 걸쳐 모의했다는 이야기도 나왔다.

뿐만이 아니었다. 양측의 협상과정에 끼어있던 인물에 한국 대법원이 반국가단체로 판결한 '한통련(韓統聯, 구 한민통)' 조직원이 있었다. 한통련은 70년대 초반 민단 파괴활동을 하다 추방된 반민단 단체다.

하병옥 집행부가 조총련과의 화해를 시도하면서 민단 내부의 의결 과정을 생략하거나 독단으로 일을 추진했다는 지적도 나왔다. 여러 단계를 거쳐 총의를 만들어가는 민단의 전통과는 엇박자였다.

이래저래 2006년 5월 17일 도쿄에서 일어난 남북정권 대리단체 민단과 조총련의 화해 소동은 석연치 못했다. 협상 과정, 관련자의 행적, 이력세탁 논쟁 등이 복잡하게 얽혀 있는 것 자체가 의심을 낳은 배경이다.

때문에 5.17소동을 지켜본 많은 이들은 사건을 이적성향의 무리가 민단을 조총련과 흡수시키려는 모략극, 내지 남북화해를 빙자해 친한국 동포조직을 평양 정권에 바치려 한 공작으로 이해한다.

당시 또 다른 문제는 민단의 혼란기에 주일한국공관이 민단조직 흔들기의 한 축으로 의심을 받았다는 점이다. 주일공관은 그해 2월 민단 단장선거에 개입했다는 의혹을 받았다. 당시 주일대사, 일부지역 총영사 등이 하병옥 씨 당선을 위해 재일동포 유지를 만나러 다니며 간접 지원을 했다는 이야기가 파다하게 퍼졌다. 뒤이어 5.17화해소동에서도 공관 개입설이 횡행하였으니, 당시 재일동포사회의 공관 불신이 얼마나 높았는가 보여줬다.

그해 연초 시작된 민단 혼란은 가을까지도 지속되었다. 이 과정에서 재일동포 민족지 통일일보(統一日報)는 하병옥 집행부의 이적 문제를 리포트하고, 공관의 부당개입 문제도 비판하였다. 뒤에 민단 내 우국세력이 이에 합세하면서 하 집행부는 일괄사퇴하였고 끝내 민단에서 퇴출되고 만다.

그러나 민단은 벌집 쑤셔놓은 듯 온몸이 상처투성이가 된 상태나 다름없었다. 비정상 상황을 복원시키려면 민단의 핵심리더인 3기관장(단장, 의장, 감찰위원장)을 새로 선출하는 수 밖에 없었다. 이때부터 자연스레 선거 무드가 조성되기 시작한다.

이 무렵 정진 단장은 고향 나가노(長野)에 머무르고 있었다. 머리를 짧게 자르고 외부와 연락을 두절한 채 은둔하다시피 하고 있었다. 2월 선거의 후유증을 단단히 앓고 있었다. 물론 민단의 조직 혼란사태는 지인을 통해 꾸준히 듣고 있었다. 신 집행부 선출 문제가 나올 때 민단 선후배들이 그를 만나러 나가노로 찾아왔다고 한다. 그들은 약속이나 한 듯 똑같은 취지의 부탁을 했다.

"민단을 정상화시킬 사람은 정진 당신 밖에 없소. 선거에 다시 출마

〈민단중앙본부〉 단장 시절의 정진(2010.10)

해주세요. 위기에 빠진 조직을 어떻게든 살려야할 것 아닙니까."

그에게 출마권유가 많은 건, 국가관만큼은 틀림없는 인물이었기에 실추된 민단의 명예를 회복시킬 적임으로 봤기 때문이다. 융통성 있고 원만한 대인관계 역시 그를 향한 러브콜이 많았던 배경이다. 그의 민단 컴백을 원하는 목소리는 점점 높아갔고, 그는 단장 선거에 입후보하기로 결심한다. 민단으로 돌아오기로 결심한 동기에 대해 그는 이렇게 말했다.

"의리와 애정입니다. 인간관계로 맺어진 의리, 민단에 대한 애정 말입니다. 혼자 편하자고 혼란에 빠진 동포조직을 모른 척 할 수는 없다는 생각이 들었습니다. 재건만 된다면 제 한 몸 바치는 것쯤은 할 수 있을 테니까요."

비상시 단장이라 무거운 부담감을 느끼기도 했지만, 한편으로는 동고동락을 각오한 동지들 덕에 든든한 기분이었다고 돌아본다.

2006년 9월 21일, 정진 단장의 당선은 민단 조직 혼란에 종지부를 찍는 장면이었다. 이로서 조총련과의 5.17화해소동도 일단락되었고, 갈라졌던 민단 내부 여론도 수습의 계기를 맞이했다.

하필이면 2006년은 민단이 창단 60주년을 맞이하는 해였다. 강령 1호로 '우리는 대한민국 국시를 준수한다'를 내건 친한국 재일동포단체 민단. 단원들은 위기에 빠진 조직을 정상화시킬 구원투수로 정진 씨를 택했던 것이다.

유년기에 당한 조센진 모욕

정진은 어떤 사람일까?

그는 1937년 3월 나가노현 마쓰모토(長野縣 松本)에서 태어난 재일동포 2세이다. 마쓰모토는 신슈(信州)로 불리는 일본 중부지방의 작은 산골마을이다. 이곳은 일제 때부터 한국인들로 북적댔다고 한다. 전국 팔도에서 징용 온 노동자들로 넘쳐났기 때문이다. 이 마을에만 최소 5,000명 이상의 징용자가 있었다고 한다.

일제는 산이 많은 마을의 지형을 활용해 후지(富士)중공업과 같은 군수공장을 지하에 건설할 계획을 세우고 있었다. 산속 깊이 땅을 파서 공장을 짓는 일이니 고위험도 작업이었다. 일본인들이 꺼려하는 일. 외딴 산골마을에 한국인 징용자들이 넘쳐났던 배경이다.

사정이 이러다보니 정진 단장은 어려서부터 '일본 속 작은 한국인 마을'에서 자랐다고 할 수 있다. 차별은 유년시절부터 경험했다.

1945년 열 살 때 급우들로부터 놀림을 당했다고 한다.

"제가 다니던 소학교(한국의 초등학교)는 메이지시대(明治時代) 초기에 세워진 마을에서는 전통 있는 학교였습니다. 원래 일본인들만 다니던 학교였습니다. 강제로 끌려온 징용자들이 밀려드니까, 별 수 없이 한국아이들을 받기로 했다고 해요. 반에서 말하지 않아도 누가 일본아이인지 한국아이인지 서로 알아봤습니다. 같은 반 급우가 65명쯤 되었는데 그중 10명 정도가 우리동포들이었습니다."

난생 처음으로 모멸감을 느낀 건, 정진이 복도를 지나갈 때마다 일본아이들이 "조센진(朝鮮人)"이라고 놀렸기 때문이다. '조센진'은 명백한 차별용어, 문자 그대로 조선인의 일본식 발음이 아니라 상스런 욕으로 통하던 시절이다. 놀림을 당하고 하교하던 도중에 아버지와 마주쳤다고 한다. 정진은 씩씩거리며 대들었다.

"아버지. 왜 저를 조센진으로 낳은 겁니까? 창피하게시리."

어릴 적에는 한국인이란 사실은 부끄럽고 어떻게든 지우고 싶은 낙인같이 여겨졌다. 마을에서는 종종 1세 동포간 결혼식이 열리곤 했는데, 그때마다 아이들끼리 어른 흉을 봤다고 한다. 경상도나 전라도 사투리가 섞인 억양으로 일본 손님에게 일본어로 응대하는 광경을 보면서 "왜 잘하지도 못하면서 일본어로 말하는지 모르겠다"고 투덜댔다. 훗날 어른이 되고서 그때의 행동과 생각이 '철 없는 짓'이란 걸 깨닫고 후회의 눈물을 흘렸지만 말이다.

중학교에 진학해서도 놀림을 당한 적이 있다. 6.25한국동란이 발발하던 1950년, 당시 중학교 2학년이던 정진은 급우들로부터 '공산당원'이라 손가락질을 당했다. 수업 중에 군인 출신의 한 교사가 느닷없이 그에게 질문한 게 화근이 되었다.

"어이, 히가시모토(東本, 그의 일본명). 자네는 북쪽인가 남쪽인가."

그는 별 생각 없이 "북쪽"이라고 답했다. 이 한마디로 그는 급우들로부터 공산당원으로 불리는 수모를 당했다.

志士風 아버지의 교훈

그가 남한, 북한을 구분하지 못했던 건 이유가 있었다. 마쓰모토에 살면서 남북이니 사상이니 따지고 사는 모습을 본 적이 없기 때문이다. 그저 동포끼리, 고향 사람끼리 옹기종기 음식 나눠먹고, 가까이에서 경조사가 있으면 함께 울고 웃던 이웃사촌들이었다.

학창시절 그는 한국사람으로 태어난 것도 억울하고, 그걸로 놀림당하는 것도 불만이었다. 그러나 후일 성인이 되어 본인이 어릴 적 겪은 놀림이 일제 때 1세들이 일본인들에게 겪은 갖은 수모에 비하면 심하지 않다는 사실을 알게 되었다. 아버지 세대는 본인과 견줄 수 없을 만큼 혹독한 멸시와 수난을 당했던 민족박해의 피해자였음을 깨닫는 순간, 흐르는 눈물을 주체할 수 없었다.

"왜 조센진으로 낳았냐고 따지던 제 모습이 부끄럽더군요. 어느 날 보니까 아버지의 등이 그렇게 넓어 보일 수가 없었습니다."

정 단장의 아버지 고 정승모(鄭承謨)씨는 전북 부안이 고향이다. 일제시대 중엽에 고향을 떠나서 부산까지 걸어서 내려가, 거기에서 시모노세키행(下關行) 연락선에 올랐다. 얼마간 시모노세키에 머물다가 마쓰모토로 이사를 왔고, 그곳을 정씨 가문의 정착지로 삼았다.

그의 아버지는 한 눈에도 지사풍(志士風) 기품이 흐르는 인물이었다고 한다. 일본어도 유창했고 사업가적 소질도 있었다. 그래서 해방무

렴에 경제적으로 자립한 몇 안되는 나가노 동포로 꼽혔다.

정승모 씨는 가난한 동포들에게 콩 한쪽이라도 나누어 주는 배려심과 아량이 있었다. 이와 관련해 나가노현에서 그가 행한 미담이 지금까지도 내려오고 있다.

해방 직후 일본사회는 패전의 여파로 실업자들이 넘쳐나고 있었다. 재일동포들의 사정은 일본인보다 더 나빠서 밥을 먹는 동포가 드물었다. 이때 정승모 씨는 자진하여 자기 집 곳간을 개방했다.

"어느 날 하교하니까 온 집안이 대형급식소로 돌변해 있었습니다. 굶는 동포들에게 식사봉사를 한다고 모든 식구가 매일같이 밥 짓는 일에 매달렸습니다."

그의 집은 아침 동틀 무렵부터 저녁 해가 질 때까지 밥 먹으러 오는 동포들로 북적댔다. 아버지 정승모라는 인물이 어떤 품성의 소유자인지 보여주는 장면이다. 그러니까 주위로부터 '지사(志士)풍의 리더'로 신망을 받을 수 있었다.

정승모 씨는 아들에게 찾아오는 손님을 잘 대접하라며 한민족의 미풍양속인 접빈객(接賓客)도 강조했다. 정 단장에게 아버지가 명심하고 살라며 당부한 말이 있다고 했다.

"무슨 일을 하든지, 다른 사람에게 절대 손해를 끼치지 마라."

그는 아버지의 가르침을 철칙으로 여기며 살았다고 자부한다. 훗날 큰 사업가가 되어서도, 민단 단장과 재일한국인신용조합 이사장 시절에도 남에게 손해를 끼치지 않도록 부단히 노력했다고 자부한다.

고등학교를 졸업한 뒤 정 단장은 도쿄로 유학을 떠나 니혼대학(日本大學)에 진학했다. 재학시절에는 검도부 주장을 맡았다. 일본의 국기인 검도부 리더가 되려면 운동실력 못지않게 품행이 중요한 요건이 된다. 한국인에 대한 편견과 차별이 있던 시절, 그가 검도부 주장을 맡았다는 사실은 학우들로부터 높은 평판을 받고 있었음을 시사한다.

인성과 리더십을 두루 갖춘 그는 사회에 진출해서도 능력을 발휘했다. 덕분에 남들보다 일찍이 경제적으로 자립하고 사업 기반도 탄탄히 하였다. 한국인임을 부끄러워하지 않고 당당하게 기업가로 입지를 다져가던 때, 그는 모국에 왔다가 잊지 못할 낭패를 겪는다. 김포공항 출입국 심사에서 법무부 출입관으로부터 모욕적인 언사를 당했다.

"대한민국 여권은 왜 들고 다녀. 우리말도 못하면서. 그러니 반쪽발이 소리를 듣지."

반쪽발이 말을 듣는 순간 머리끝까지 화가 치밀었다. 말하는 건 부자연스러웠지만 웬만한 말은 알아들을 수 있었다. 우리말로 싸울 자신은 없어 출입관에게 일본어로 고래고래 소리를 질렀다.

"다 못난 니네 탓이야. 우리동포가 일본에서 죽을 고생하며 살고 있는 게 우리잘못이냐. 힘이 없어 식민지로 전락한 너희 때문이잖아."

기억에도 선명한 가혹한 입국신고식이었다. 일본에서 조센진 소리에 치를 떨었는데 귀국하면서 반쪽발이란 차별을 접하니 도저히 참을 수 없었다. 한바탕 대소동을 벌인 그는 속으로는 한국인이면서 한국어를 제대로 구사하지 못하는 자신이 부끄러웠다.

그로부터 40년 이상 지나 정 단장이 2006년 민단 단장에 입후보했을 때에도 그의 한국어실력은 도마 위에 올랐다. 주일대사가 그에게 우리말 실력이 모자란다고 지적하며 은근히 사퇴 종용을 했다는 이야기가 돌기도 했다.

필자가 접한 그의 한국어 실력은 발음이 다소 어색할 뿐 일상회화는 막힘이 없는 수준이다. 재일동포 문제는 토론을 소화할 만큼의 어휘력을 갖추고 있다.

"일본어로는 뭐든 말할 수 있는 데, 우리말은 역시 힘이 듭니다."

온전히 일본에서 나고 자란 2세이기에 어쩔 수 없는 면이 있다. 네이티브 한국인만큼은 아니라도 해외교포라 치면 썩 괜찮은 우리말 실력자이다.

민단지원금 삭감위기를 정면 돌파

다시 민단 단장 시절 이야기로 돌아와 보자. 2009년 2월 그는 단원들로부터 재신임을 받았다. 5.17화해소동을 정리하고 무난하게 민단 정상화를 일궈냈다는 평가를 받은 것이다. 이로써 그는 민단단장 제2기 체제 집권에 성공하였다. 이제는 조직체제를 정비하고 차세대 민족교육 진흥에 전념하면 될 것 같았다.

그러나 다시 위기가 찾아왔다. 2010년 정부가 민단 지원금을 대폭 삭감하겠다고 방침을 정해버린 것이다. 예산편성 주무부처인 기획재정부는 2011년도 정부의 민단 지원금을 75% 삭감하는 걸 골자로 정부안을 제출하였다.

민단은 난감한 상황에 처했다. 1946년 10월 창단하면서 '대한민국 국시를 준수한다'를 강령 제1조로 내걸 만큼 일본에 살면서도 한국 정부와 일심동체라고 여겨온 민족단체. 당시 정 단장은 필자와 만난 자리에서 답답한 심정을 드러냈다.

"이렇게까지 대폭삭감하려는 이유를 잘 모르겠습니다. 감사도 성실히 받았고, 어떤 문제의 소지도 없었는데... 갑자기 예산을 줄여버리면 일을 하기가 힘듭니다."

　국내 일각에서 예산 남용 문제가 제기되기도 했으나, 외교부 감사 결과는 투명한 회계처리임이 나타났다. 연평균 70억 원 가량인 민단 예산을 18억 원으로 줄이겠다는 정부안은 민단 조직을 뒤흔들만한 일이었다. 예산 틀도 바꿔야 하고 당장 어린이잼버리, 민족교육 지원 등 통상 사업을 중단해야 할 지경에 처하게 된다.

　민단 내 여론은 부글부글했다. 이제껏 정부를 노골적으로 비판한 적이 없던 민단에서 "차라리 지원금을 받지 말자"는 격앙된 목소리까지 터져 나왔다. 한 재일동포 1세는 이런 주장까지 펼쳤다.

　"민단이 정부에 지원금은 안 받을테니 이자를 달라고 청구하는 편이 낫습니다. 주일대사관을 비롯한 10개 한국 공관 가운데 9군데를 우리 재일동포가 기부하고, 한푼 두푼 성금 모아 땅 사고 건물까지 지어 갖다바치지 않았습니까? 지금껏 정부가 공관 사용하면서 일전 한 푼 내놓은 적 없잖아요. 88올림픽 때 우리 동포가 기탁한 100억 엔(￥)으로 올림픽 경기장들 짓지 않았습니까? 그러면 그 경기장 사용료 내라고 하십시다. 조국이 못살던 시절 우리 재일동포들이 알게 모르게 공헌한 게 셀 수 없을 만큼 많습니다. 이제 정부더러 공관 임대료 내라고 하고 우리는 그 돈으로 민단 운영하면 됩니다."

　실제로 재일동포들은 일본 전국에 있는 10개 주일한국공관 가운데 9개소를 개인 기부나 모금운동을 통해 마련하여 정부에 기증했다.

　지원금 삭감 위기 때 정 단장은 종횡무진했다. 민단 간부들과 함께 정부 부처, 국회 등 관계된 곳은 모두 찾아다니다시피했다. 재외동포 주무부처인 외교통상부, 집행기관인 재외동포재단, 예산을 정하는 기획재정부 등을 수차례 방문하고, 입법부인 국회와 여야 정당 의원들도 찾아갔다.

만나서 민단이 처한 실정을 있는 대로 설명하는 게 최선이라 여겼기 때문이다. 공교롭게 민단 지원금 문제가 발생한 2010년은 한국이 일본에 강제병합을 당한 지 100년째 되던 해였다. 강제병합은 한민족이 일본 땅에 살게 된 역사의 시발점인데, 하필이면 이때 정부에서 민단과 거리를 두려는 듯한 일이 벌어졌다.

정진 단장은 한민족사에서 한일강제병합이 갖는 의미와 재일동포의 역사, 그들의 모국공헌을 알리는 장이 필요하다고 생각했다. 이를 위해 정 단장이 총괄기획한 심포지엄이 그해 11월 25일 서울에서 개최한 「강제병합 100년, 조국과 함께 한 민단 65년」이었다. 이날 행사에는 하토야마 유키오(鳩山由紀夫) 전 일본 총리가 강연자로 나서고, 국내외 주요인사 500명이 참가했다.

하지만 이때까지도 지원금 문제는 해결되지 못하고 있었다. 지원금 문제는 그해 연말 예산안 처리기한을 넘겨서야 해결되었다. 재일동포 사회의 모국공헌을 감안해 민단 지원금을 전년 수준으로 유지하기로 결론 난 것. 정진 단장의 정공법이 통한 것이다.

정진 민단, 민족교육에 46% 예산집행

사실 민단 지원금을 둘러싼 논쟁은 어제오늘 일이 아니다. 핵심 논점은 다른 재외동포사회, 한인회 조직과의 형평성 문제이다. 일각에서는 민단 지원금을 삭감해 타국 한인회에 배분하자는 주장도 나온다.

그러나 민단은 일반적인 해외 한인회와는 다른 조직 체제를 갖추고 있다. 2010년 말 현재 민단은 단원 규모만 8만5,000세대에 34만 2,000명에 달하고, 일본 전국에 48개 지방본부와 산하 지부 238개소의 체제를 갖추고 있다. 규모로 보면 세계 최대규모의 해외교포단체이다. 또한 지금까지 준정부적인 역할을 수행해왔고 정부가 일본과 껄끄러운 외교문제를 민단을 통해 해결하는 스폰지 같은 기능도 담당해왔다. 친목도모가 우선되는 보통의 한인회와는 기능면에서도 큰 차이가 나고 조직력 면에서는 비교가 불가능하다.

정진 체제 민단의 특징은 차세대 민족교육에 힘을 기울였다는 점을 들 수 있다. 자라나는 후세들을 위해 우리말의 보급과 육성을 지원하는 정책을 다각도로 폈다. 민단 지방본부 건물에 토요어린이학교 (30개 지역), 한국어 교실(147개 지역, 524개 클래스)을 운영했다. 한국어 교실의 경우에는 일본인에게도 개방해 한류(韓流) 확산에 이바지한다는 평가를 받았다.

민단에 의하면, 정진 집행부 때인 2006년부터 2010년까지 5개년간 민단 중앙본부에서 진행한 사업비 총액에서 46%를 재일동포 민족 정체성 고양 및 차세대 육성사업에 할애했다. 차세대 육성에 대한 그의 소신은 확고하다.

"현재 재일동포사회는 구조적 전환기를 맞이하고 있습니다. 해마다 일본 국적을 취득하는 동포가 평균 8,000명에 달하고, 이제는 일본인과의 국제결혼 비율도 90%를 넘습니다. 이대로라면 일본화를 막을 길이 없습니다. 우리가 재일동포를 한민족의 일원으로 각성시킬 방법은 민족교육을 접할 기회를 제공하는 길 뿐입니다. 차세대교육은 민단이 가장 힘을 쏟아야 할 사업이고 더 이상의 선택지는 없다고 생각합니다."

1970,80년대 민단은 영사관의 여권발급 업무를 대행한 바 있고, 조총련계 모국 방문단 사업에서는 정부가 하기 힘든 기능을 수행 지원한 바 있다. 전 현직 주일공관 관료들은 민단 조직의 도움을 음으로 양으로 받고 있다고 증언한다. 공관이 하기 힘든 일본인과의 교류, 재일동포 기존 네트워크의 도움을 받기도 한다. 이만큼만 살펴봐도 민단이 다른 외국의 한인회와는 확연히 다른 길을 걸어왔고 기능적 차이가 있음을 알 수 있다.

98나가노동계올림픽 한국후원회의 추억

누구나 인생에서 추억이 있기 마련이다. 정 단장에게는 1998년 고향 나가노(長野)에서 열린 동계올림픽이 추억의 페이지로 아로새겨져 있다.

당시 상황은 악조건이었다. 한국은 건국 이래 최악의 경제대란으로 불리는 IMF구제금융체제에 돌입해 있었다. 일본경제는 장기불황의 늪에 빠져 있었다. 한일 양국민의 생활이 활력을 잃으며 모두가 호주머니를 잠그고 있었다.

그럼에도 재일동포들은 나가노동계올림픽에 출전하는 한국선수단을 후원하는 모임을 결성했다. '98나가노올림픽 재일한국인후원회. 후원회장은 전통대로 민단중앙단장(당시 辛容祥 단장)이 맡았고, 정진 단장은 실행위원장으로서 실무총책을 맡았다.

일은 산더미처럼 많았다. 모금운동과 응원단 조직, 홍보활동 등... 이 가운데 성공의 열쇠는 모금이었다. 후원금을 많이 모아야 일본까지

98나가노동계올림픽 때 태극기를 흔들며 응원하는 정진 단장과 재일동포들(1998.02)

건너온 모국선수단과 재일동포 응원단을 지탱할 힘을 얻을 수 있기 때문이다.

그 어려운 상황에도 동포들은 성원했다. 특히 나가노현 재일동포의 열기가 가장 뜨거웠다. 자기고장을 찾는 모국의 선수들을 위해 열과 성을 다하자는 공감대가 형성되어 있었다.

그 덕분에 모금액은 1억 엔(¥)을 넘어섰다. 정 단장도 거액의 사재를 내놨다. 경기불황의 여파를 감안하면 상당한 실적이었다. 나가노올림픽 골드스폰서인 삼성그룹의 기탁금이 10억 엔(¥)이었음을 고려하면, 재일동포의 성원이 결코 적지 않다는 사실을 알 수 있다.

뿐만 아니었다. 정 단장은 우리 동포들이 나가노올림픽 성화주자로 참가할 기회를 만들었다. 나가노현청에 찾아가 직접 청원을 넣었다.

"올림픽주자라면 차세대 어린 학생이 좋다고 생각했습니다. 나가노

98나가노올림픽 때 현대그룹 창업자 정주영 회장과 함께(1998.02)

현에 성화주자로 동포 학생을 뽑아달라고 여러번 부탁하였습니다."

청원은 받아들여졌다. 그 결과 마쓰모토시(松本市)의 김우귀(金優貴, 당시 중3)군과 나가노시(長野市)의 김학홍(金學弘, 당시 중2)군 등 4명의 재일한국인 학생들이 성화주자로 참가했다. 재일동포 응원단, 자원봉사자 모집도 순조롭게 잘 이뤄졌다.

올림픽이 시작되자 응원 열기는 뜨겁게 달아올랐다. 재일동포들은 경기장에서 남북 선수 구분 없이 모두를 응원했다. 꽹과리와 북을 치면서 '이겨라. 이겨라'를 연호했다. 정 단장도 응원단석에서 태극기를 흔들며 응원하다가 목이 쉬어 말을 제대로 못하기도했다.

얼마나 응원열기가 뜨거웠으면 김운용(金雲龍) 당시 대한체육회 회장이 "동포 응원이 너무 조용한 것 아니냐"며 반어법으로 응원소리를 낮춰 달라 부탁했다고 한다.

정 단장에게는 정주영(鄭周永) 현대그룹 회장과의 인연도 추억의 한 페이지이다.

정 회장이 나가노에서 국제올림픽위원회(IOC)로부터 올림픽훈장을 수여받기로 했고, 이때 정 단장을 위시한 나가노 동포유지들이 부부 동반으로 축하 하객으로 참가한 것이다. 부인들이 모두 한복 차림으로 나타나자, 정주영 회장은 허허 웃으며 크게 감탄한 모양이다.

"같은 정 씨니까 친척이라 부르며 친근하게 다가오셨습니다.(웃음) 세계적인 기업가임에도 사람을 소탈하게 대하는 걸 보면서 역시 대인이란 생각이 들더군요."

나가노올림픽은 그에게 또 한가지 추억을 남겼다. 남몰래 후원한 비인기종목 스키점프 선수들과의 인연이다. 올림픽이 열리기 전부터 그는 한국스키점프 국가대표팀에게 전지훈련장과 숙소를 섭외해주고, 훈련 비용도 지원하였다.

그때 중고생 선수들이 나중에 한국국가대표 감독이 되고 세계대회 성적을 올리는 모습을 보고 자기 일처럼 기뻤다고 한다.

"한국에 스키점프대가 없다고 나가노에 왔기에 훈련할 데를 알아봐준 게 인연입니다. 나이는 어려도 선수들이 주눅 들지 않고 점프하던 모습을 보면서 어찌나 대견했나 모릅니다."

한편 정진 단장은 2012년 2월 임기를 무난히 수행하고 중앙단장직에서 물러났다. 민단중앙 상임고문을 맡으며 민단의 일선에서 물러났지만, 그는 여전히 바쁜 나날을 보내고 있다. 민단 재일동포역사자료관 이사장을 맡고 있고, 한일축제한마당(Korea Japan Festival)의 한국대표로 공동이사장직을 맡고 있다.

한일축제한마당은 지난 2005년 한일국교정상화 40주년을 기념해 양국 정부가 '한일 우정의 해'를 지정하고 시작한 민간 행사. 매년 10월 초순 도쿄와 서울에서 열리는 최대 문화교류 행사이다.

정 단장은 2014년 한일축제한마당이 일본 정부로부터 비영리법인(NPO) 인가를 취득하는데 일조하였다. 이로써 향후 행사 관련해 들어오는 기부금은 전액 면세조치를 받을 수 있게 되었다. 축제 행사를 하는데 있어 첫 번째 문제인 재정을 해결할 방법을 찾은 셈이다.

정진 단장은 남은 인생도 재일동포, 한일교류에 도움이 되는 일을 하고 싶다고 희망한다.

"올해 한국과 일본이 수교를 맺은 지 50주년이 됩니다. 최근 몇 년 사이 양국관계가 냉각돼 있지만 두 나라는 서로 친하게 지내야 하는 숙명적인 관계입니다. 정치가 냉각되어 있을 때일수록 민간교류가 활성화되어야 합니다. 그게 우리 재일동포가 할 수 있는 역할이고 '풀뿌리 선린외교'라고 생각합니다. 저는 앞으로도 어디에 있든 재일동포, 한일교류에 도움이 되는 일을 하며 살아가고 있을 것입니다."

> 김희수(金熙秀)
> 중앙대학교 이사장

민족인재 육성 위해
전 재산 바친
빌딩재벌

1) 하나가 되어야만 하는 우리조국
  2) 평화롭고 윤택해져야할 우리조국
  3) 선진국이 되어야할 우리조국

그는 1980년도부터 도쿄에서 발행되는 재일동포민족지 통일일보(統一日報)에 매월 3차례씩 위와 같은 문구를 담은 광고를 게재해왔다. 재일동포로서 일본에서 살아가야할 실천자세도 명시했다.

▲ 존경받는 한민족이 되자
▲ 경제기반 확립을 위해 노력하는 민족이 되자
▲ 한국인으로서 자존심과 긍지를 갖자

이토록 나라와 민족의 발전을 간절하게 호소하는 주인공은 바로 동교 김희수(東喬 金熙秀, 1924~2012) 전 중앙대학교 이사장이다. 김 이사장은 '월간면학' 1988년 11월호에서 신문에 광고를 실은 취지를 이렇게 밝히고 있다.

"일본의 신문 지상에 매일같이 한국인의 불법행위가 등장했습니다. 일본인들은 그런 일이 있을 때마다 '출입국 관리법'을 갖고 어떻게든 내몰려고 애를 썼습니다. 그래서 일본에 있는 우리 동포들에게 자긍심을 길러줘야겠다는 생각을 하게 되었습니다. 여러 생각을 해 본 끝에 한국인이 발행하는 통일일보에 호소하기로 했습니다. (나라꽃) 무궁화를 그려 넣은 이미지에 우리동포들이 윤리관을 가지고 존경받는 한국인으로 살아가자고 강조했던 겁니다."

김희수 이사장은 1987년 몰락 직전의 위기에 처한 중앙대학교를 인수해 정상화시키고, 대학이 도약하는 발판을 마련한 일등공신이다. 2012년 1월 19일 타계할 때까지 한 평생 민족중흥을 고민하며 차세대 인재육성에 모든 걸 바친 그의 삶을 들여다본다.

전철 타는 도쿄의 빌딩 재벌

김희수 이사장은 부동산을 주업으로 하는 금정(金井, 가나이)그룹의 오너였다. 도쿄 최고의 일등지인 긴자(銀座)를 비롯해 신바시(新橋), 시부야(澁谷), 신주쿠(新宿)에 30여 개의 빌딩과 7개 자회사를 거느리는 빌딩 재벌이었다.

이처럼 상당한 자산가인 그의 별명은 엉뚱하게도 '전철 타는 재벌'이다. 그도 그럴 것이 본인 소유의 집도 자가용도 없었기 때문이다. 메구로(目黑)에 있는 집은 회사 관사였다. 매일 아침 8시쯤 집에서 5분쯤 떨어진 메구로역에서 전철을 타고 긴자 7번가(7丁目)에 있는 회사로 출근했다.

사장 집무실은 비좁았다. 7평 남짓한 넓이에 비품이라곤 4명이 앉을 수 있는 응접 소파가 고작이다. 제법 규모 있는 기업, 그룹사 오너지만 집무실은 가정집의 방 한 개 크기이다. 본사 건물에는 엘리베이터가 있긴 하나 그는 이용하지 않는다. 집무실은 5층, 언제나 계단을 이용한다.

퇴근시간은 오후 7시, 직원들이 거의 퇴근한 다음이다. 서류 가방을 옆구리에 끼고 다시 전철역으로 향한다. 가끔 택시를 탈 때도 있는데, 그건 고급호텔에서 모임이 있거나 행사장소가 전철역이 없는 외진 장소일 경우에 한해서이다.

행사에 나가서는 있는 듯 없는 듯 존재감을 보이지 않는다. 귀퉁이에 소리내지 않고 서 있으니 영락없는 평범한 동네아저씨 같다. 외양상으로는 도저히 중앙대학교를 현금 주고 인수한 갑부라고 느낄만한 돈 냄새가 전혀 나지 않는다.

김 이사장의 근검절약 습관은 한국에 와서도 그대로이다. 어지간히 먼 거리가 아니면 걸어다닌다. 한 재일동포 1세는 김 이사장에 관해 흥미로운 이야기를 들려줬다. 때는 1986년으로서 재일동포사회에서 88서울올림픽 후원금모금이 한창일 때이다.

김 이사장이 서울에 머무르고 있을 때, 이희건 후원회장(신한은행 창립자)과 박병헌(민단 중앙본부)단장이 명동 로얄호텔로 와달라고 부탁했던 모양이다. 그 자리에 동석한 재일동포는 당시 상황을 이렇게 기억했다.

"올림픽성금을 부탁하는 자리였습니다. 김 이사장은 좋은 일이니 찬동하겠다며 잠시 나가더니 봉투 하나를 건네주더군요. 그런데 그 속에 든 돈이 얼마인지 아시오? 만 엔 짜리 신권 5장. 이 회장과 박 단장이 흠칫 놀란 표정을 지으며 난처해하자, 김 이사장은 그동안 택시비 아껴 모은 돈 전부를 냈으니 성의를 보인 것이라 말합디다."

한동안 무거운 침묵이 흘렀다고 한다. 김 이사장은 한국에 오면 짧은 거리도 고급자가용을 타고 다니는 같은 재일동포들에게 일침을 놓고 싶었는지 모른다.

그날 자리를 털고 일어난 김 이사장은 도쿄로 돌아간 다음, 재일한 국인 88올림픽후원회에 1억 엔을 희사했다. 재일동포 전체가 모금한 올림픽성금이 100억 엔이니 그 개인이 1%를 담당한 셈이다.

금정그룹의 사훈은 '절약'과 '검소'이다. 종이 한 장이라도 아껴쓰자는 게 그의 신조이다. 지독한 구두쇠란 소리를 듣는 그이지만 모국 대한민국을 위해서는 거액을 내는 걸 마다하지 않는다. 그러나 올림픽성금은 그가 모국에서 행한 육영 봉사에 비하면 새발의 피에 지나지 않는 일이다.

만 13세에 도일

김희수 이사장은 1924년 6월 19일 경남 창원시 진동면 교동리에서 6형제 가운데 4남으로 태어났다. 유년시절 조부모로부터 엄격한 훈육을 받았다고 한다. 조부는 구한말 과거에 급제해 교육담당관인 조봉대부 동몽교관(朝奉大夫 童蒙敎官)으로 출사한 한학자였고, 조모는 사랑과 정의, 봉사를 입에 달고 살던 기독교도였다.

그는 조부로부터 1910년 한일합병으로 국권을 잃으며 삭탈관직을 당한 망국의 설움, 힘을 잃은 민족의 비극에 관한 이야기를 귀에 못이 박히도록 들었다.

양반가의 예의법도와 인간됨됨이를 강조하는 선비 할아버지와 개인의 인권과 박애사상을 설파하는 기독교도 할머니. 두 어른으로부터 가르침을 받은 소년은 1938년 현해탄을 건넜다. 진동면에서 보통학교를 졸업한 직후니까 만 13세 되던 해이다.

　도일 후에는 신문배달, 빵집점원 등 궂은일을 마다않고 닥치는 대로 일했다. 그리고 도쿄전기대학에 진학해 생업과 학업을 병행했다. 일반 대학이 아닌 기술대학을 택한 이유에 대해 "민족을 구하고 나라를 구하기 위해서는 실학교육이 요긴하리라고 생각했기 때문"이라는 확고한 소신이 있었다.

　대학을 졸업한 뒤에는 친형 희성(熙星)씨가 경영하는 쌍엽어탐기(雙葉漁探機) 주식회사에 들어갔다. 이 회사 전무로 들어가 어군탐지기를 독자 개발하는데 성공한다. 제품성능이 우수해 꽤 인기가 있는 제품이었다. 그가 개발한 어군탐지기는 1958년 대한민국 정부수립 10주년 기념행사 때 한국에서도 출품되었다. 당시 참관하던 이승만 대통령이 동포가 만든 훌륭한 기계라며 호평했다는 일화가 내려온다.

　그러나 어탐기 사업은 성공을 거두지 못했다. 일본은 바다로 둘러싸인 해양국가로 어업이 번성해서 수요는 많았다. 문제는 거래처가 거칠고 거친 어부들이다보니 판매대금을 떼이는 경우가 다반사였다. 자금회수가 잘 안되다보니 이익은커녕 손실을 보게 되는 구조적인 문제를 안고 있었다고 한다.

　이후 김 이사장은 형으로부터 독립을 선언하고 경영자로 입문한다. 첫 사업장은 압연회사 미사와(三澤)제강이었다. 그러나 참담한 실패였다. 도쿄에 공장까지 지으며 의욕을 보였지만 경기불황이 발목을 붙잡았다.

　그는 1987년 10월호 이코노미스트와의 인터뷰에서 "창업 후 처음 3년간은 피오줌이 나올 만큼 고달픈 나날이었다"고 고백할 만큼 마음 고생이 심했다. 처분하고 싶어도 매수처가 없으니 기다리는 수 밖에

도리가 없었다. 김 이사장은 일본경기가 회복세로 돌아서자 바로 철강업을 청산했다.

쓰디 쓴 실패. 그 경험은 교훈이 되었다. 그는 경영자가 모르는 사업에 손을 대서는 성공할 수 없으며, 비즈니스를 하려면 하나부터 열까지 철저하게 계획을 세우고 행해야 한다는 사실을 깨달았다.

1961년에 철강공장을 매각한 자금 4,000만 엔을 종자돈으로 삼아 주식회사 금정기업을 설립하고, 이어 긴자 7번가에 제1 가나이빌딩을 세웠다. 이 빌딩은 금정기업의 본사건물이 되었다.

빌딩관리 전문가

그러나 온전히 자기자산만으로 빌딩을 세울 수는 없었으니 상당액의 건설비는 금융기관에서 얻은 융자로 마련했다. 지독한 검약생활이 시작된 건 이때부터였다. 건물을 세우고 2년 동안은 난방도 켜지 않고 한겨울을 났고, 식비가 모자라서 아들딸 앞으로 들어둔 적금통장까지 해약했다. 그가 혹독한 생활을 감수한 건 부채를 조금이라도 줄이고 싶어서였다. 지독한 구두쇠란 소리까지 들으며 초긴축 고생은 했지만 그는 이자는 물론 원금까지 꼬박꼬박 갚아나갔다.

그를 30년 넘게 보좌한 신경호(申景浩) 학교법인 금정학원 교장은 "김희수 이사장은 눈앞의 이익을 쫓기보다는 미래를 내다보고 움직여야 한다는 신념의 소유자"라고 말했다.

오늘 아무리 힘들어도 그걸 견뎌내야지만 장밋빛 미래가 찾아온다고 믿었던 경영자였다.

이런 철두철미한 경영은 빌딩 임대사업에도 그대로 적용되었다. 임대빌딩 경영에서 가장 우선적인 과제는 성실한 입주자를 골라서 임대료를 꼬박꼬박 잘 받아내는 일이다. 당장 은행융자를 갚으려 해도, 나아가 사업 확장을 위해서도 관건인 문제이다. 김 이사장은 입주자를 선택할 때 신중을 기하는 대신 입주자들에게는 불편을 느끼지 않도록 빌딩관리를 철저하게 했다.

완전무결에 가까운 관리서비스로 인해 가나이빌딩에 한번 발을 들여놓은 입주자들은 좀처럼 다른 곳으로 이사하려 들지 않았다. 빌딩 입구에서부터 복도, 안보이는 구석까지 청소상태는 청결을 유지했고, 전기 수도 관리, 엘리베이터 운행까지 세심하게 체크되고 있었다. 김 이사장은 입주민에게서 불편신고를 받으면 한밤중에라도 달려가 고쳐주기를 마다하지 않았다. 자연스레 입주민과 두터운 신뢰관계가 형성되었다.

가나이빌딩의 꼼꼼한 관리는 일본 제일의 빌딩단지인 긴자에서 명성을 얻을 정도였다. 이는 김희수 이사장 본인이 빌딩관리 전문가였기에 가능했다고 볼 수 있다. 부동산중개사, 전기설비기술자 자격증을 취득하는 등 끊임없이 부동산 관리에 대해 공부하고 다른 빌딩의 관리 방법을 벤치마킹했다. 한 눈에 대강 훑어봐도 빌딩에 어떤 문제가 있는지 바로 파악할 만큼 전문적 식견을 갖추고 있었다.

그러나 빌딩 한 동만 관리하려고 부동산 사업에 뛰어든 건 아니었다. 다만 빌딩을 신축하려면 자기자본만 갖고는 무리였다. 은행을 비롯한 금융기관의 도움이 필요했다. 신경호 교장에 의하면 김 이사장은 4번째 가나이빌딩을 세울 때까지 은행 융자가 있었다.

한국 국적을 그대로 갖고 있었기 때문에 돈을 빌릴 때마다 매우 복잡한 절차를 거쳐야만 했다. 재일동포처럼 외국인이 일본 시중은행과 거래를 트기는 대단히 어려운 일이었다. 심지어 통장 개설을 하려 해도 1개월 이상 걸리는 게 다반사이고, 어렵사리 거래를 트더라도 융자받기는 하늘의 별따기와 같다. 심지어 충분한 담보를 제공하고 일본인 보증인을 내세우고도 거절당하기 일쑤였다. 김 이사장은 은행에 돈을 빌리러 가면서 애초부터 한국사람이란 사실을 먼저 말했다.

"저는 한국인입니다. 약속은 반드시 지킵니다. 도와주신다면 그 은혜는 잊지 않을 것입니다."

겸손하면서도 당당한 자세를 견지했다. 갑을관계가 뚜렷한 상태에서 을의 입장에 있으면서도 '한국사람'이라고 먼저 밝히며 돈 빌려달라고 하였다.

일본 은행은 프로그램화되어 있는 신용도 뿐 아니라 입주민을 비롯한 주변사람들의 평판 조사까지 벌였다. 가나이빌딩의 철두철미한 관리시스템과 입주민의 높은 만족도는 은행이 융자를 결정하는 이유가 되었다.

빌딩 신축 때마다 은행 문을 두드리며 고개를 조아려야 했지만, 가나이빌딩이 한 동 한 동 올라갈 때마다 김희수의 신용도는 계속 올라갔다. 8번째 가나이빌딩을 건설할 때는 놀라운 일이 벌어졌다. 일본의 은행원들이 제 발로 김 이사장을 찾아온 것. '조센진 사업가 김희수'에게 돈을 빌려주겠다며 은행끼리 대출경쟁이 벌어진 것이다.

하나의 사례지만 김희수 이사장이 일본 사회에서 신용할 수 있는 사람이란 사실을 보여주는 장면이다. 은행까지 그에게 투자하면 확실하게 수익을 낼 수 있다고 판단했다는 건 무슨 일을 하든 성공확률이 높아졌음을 내포하고 있었다.

육영의 시작 - 수림외어전문학교

　김희수 이사장의 빌딩임대 사업은 탄탄대로를 달렸다. 그렇게 사업에 매진하던 김 이사장은 1980년대 접어들면서 육영 문제로 시선을 돌리기 시작했다. 80년대는 전세계가 정치, 경제, 문화 등 여러 영역에서 국제교류가 활성화되기 시작하던 시기이다. 그는 "이때야말로 국제사회를 무대로 활약할 인재를 육성하는 일을 해야 할 시기"라고 생각하였다.

　일본에서 시작한 첫 육영사업은 1988년 1월 도쿄 코도구(江東區)에 설립한 학교법인 금정학원과 수림외어전문학교이다. 수림외어전문학교는 국제사회에서 활약할 우수인재 양성을 목표로 설립, 1999년 3월 일한통번역학과와 일중통번역학과, 일본어학과로 개편해 현재에 이르고 있다. 일한, 일중통번역학과 졸업생들은 일본 정부의 국가자격 통역안내사 시험에서 높은 합격률로 외국어전문교육기관 가운데에서도 특출한 성적을 내고 있다.

　2001년 도쿄 스미다구(墨田區)에 설립한 수림일본어학교는 일본 문부성의 인가를 취득한 정식학교이다. 일본 전국에 8,000개가 넘는 어학전문 시설이 있지만 수림일본어학교처럼 외국인으로서 일본 정부 인가를 받은 학교는 거의 전무하다.

　김희수 이사장은 사업적으로 어느 정도 궤도에 오른 1970년대부터 개인적으로 장학지원을 해왔다. 일본으로 유학 온 한국인 고학생에게 개인장학금을 지원해 학업 의욕을 높였다. 금정학원 수림외어전문학교나 수림일본어학교는 지금도 이러한 김 이사장의 베푸는 마음씨가 고스란히 전수되고 있다.

수림과 수많은 외국어 전문학교들의 가장 큰 차별점도 한국인 유학생을 돕는 체제가 잘 구축돼 있다는 사실이다. 그는 구체적인 계획이 부족한 상태로 일본에 왔거나, 일본어실력이 모자라 중도에 학업을 포기하고 싶은 젊은이들에게 의욕을 북돋아주기 위한 운영체제를 도입했다. 수림은 유학생들에게 6개월에서 1년까지 기숙사를 무료 제공하고, 수업료도 다른 학교보다 30%가량 저렴하게 책정해 월 4만 5,000엔만 받았다.

이는 김희수 이사장의 배려였다. 한국인 유학생들에게 일본의 살인적인 고물가와 학비 등 경제적인 부담을 조금이라도 덜어주고 싶은 재일동포 1세 선배의 따뜻한 마음씨였던 것이다. 육영으로 돈을 벌겠다는 마음이었다면 이런 운영을 할 수는 없었다.

학비가 저렴하다고 해서 관리가 부실한 것은 아니다. 1일 270분의 집중 수업과 철저한 출석 관리는 스파르타 교육이라 불렸지만 어학실력을 높이는 효율적인 방법이었다. 여기에 부업을 알선해주고, 진학상담실까지 운영했으니 어느 학교도 수림을 따라올 수는 없었다.

김 이사장은 학교 운영을 위해 본인의 개인재산을 꾸준히 투입하였다. 수익은커녕 계속되는 손실을 자기 힘으로 감당하면서도 그는 불평이 없었다. 많은 일본 유학생들의 학업, 훗날의 성공 뒤에는 김희수라는 재일동포 1세의 한결같은 배려와 지원이 있었던 것이다.

김 이사장은 본인의 육영철학을 나무 심는 일과 자주 비교하곤 했다. 후세를 양성하는 일은 짧아도 수십 년은 걸리는 일이다. 오랜 시간과 정성을 들여야만 빛을 볼 수 있는 일인 것이다.

그는 인재 육성에 대하는 자기 마음을 이렇게 표현했다.

"다음 세대에 재산을 물려주는 건 인생의 하(下)이며, 사업을 물려주

〈중앙대학교〉상징탑(좌)과 대학의 부흥을 이끈 김희수 이사장

는 일은 중(中)이고, 인물을 남기는 일은 인생의 상(上)이라고 합니다. 저는 이러한 선인의 가르침을 곱씹으며 살고 싶습니다. 다음 세대를 키우는 건 다음 세대를 맡을 사람을 남기는 일입니다. 이것이야말로 앞 세대를 살고 있는 자의 임무라고 생각합니다."

김 이사장에게는 개인적으로도 육영에 힘을 기울이는 이유가 있었다. 어릴 적부터 맺혔던 한(恨)을 풀고 싶어서라고 강조한다.

"저는 세 가지의 한을 안고 살았습니다. 첫째 배우지 못한 한, 둘째 가난의 한, 셋째 나라 잃은 한. 그걸 푸는 길은 민족인재를 육성해 우리나라를 부강한 나라로 만드는 일입니다."

그는 일제시대를 살면서 힘이 없는 민족의 무기력함을 절절히 느꼈다. 급제하고도 나라가 망하는 바람에 관직을 잃고 낙향한 조부의 인생을 목격했고, 스스로는 어린 나이에 현해탄을 건너며 일본 땅에서 차별의 설움을 톡톡히 체험했다.

그는 어떻게 하면 제대로 된 육영을 할 수 있을 것인가를 오랫동안 고민했던 모양이다. 부인 이재림(李在林)여사는 1988년 한 언론과의 인터뷰에서 "부군은 10여 년 전부터 내 나라, 내 조국을 위해 뭔가 큰 일을 해야겠다며 입버릇처럼 말해왔다"고 인터뷰했다.

김 이사장의 눈은 일본에 국한되지 않았다. 도쿄에서 금정학원 설립을 추진하기 전 이미 조국 한국으로 향하고 있었다. 처음 육영사업을 추진한 시점은 1984년경으로 전해진다. 지인으로부터 부산 동래구에 고등학교를 설립하자는 제안을 받았고, 그는 직접 학교 부지를 마련하고 일본의 건설기술자까지 파견해 건립계획을 수립했다.

그러나 학교부지 안에 20여 기의 묘소이장을 둘러싼 보상 문제가 불거지고, 행정절차를 밟는 과정에 뒷돈을 요구받는 등 복잡한 문제가 잇따라 발생했다. 그로 인해 설립 직전까지 진척되었던 부산에서의 고교 설립 계획은 단념하였다. 이후 그는 대학교 설립을 검토하기도 했으나, 현실적으로 재일동포가 이루기 대단히 어려운 일로 판단하였다.

도산 위기의 중앙대 인수

그렇다고 모국에서 인재를 육성하고 싶다는 목표를 완전히 접은 건 아니었다. 김 이사장이 한국에서 육영에 다시 눈을 돌린 것은 1987년 중앙대 파동이 벌어졌을 때였다.

중앙대 파동이란 대학 경영진이 안성캠퍼스 건립을 추진하면서 대주상호신용금고로부터 대규모 융자를 받으면서 재정이 악화돼 대학이 도산위기에 빠져든 사건을 말한다.

파탄위기에 처한 당시 중앙대 경영진은 급기야 서울 흑석동 캠퍼스의 매각을 검토하기 시작한다. 경영권자인 임철순(任哲淳)씨 등이 재일동포인 김희수 이사장이 육영에 관심이 높다는 이야기를 듣고 도쿄로 찾아갔던 모양이다.

그러나 협상은 순조롭지 않았다. 흑석동 캠퍼스만 매각하려는 경영진과 중앙대 경영권 전체를 넘겨줘야 인수할 수 있다는 김 이사장의 뜻이 엇갈렸다. 김 이사장은 "1개 재단에 2개 경영진이 양립하면 대학경영을 제대로 할 수 없는 일 아니냐"며 완곡하게 거절했고, 중앙대 경영진은 그를 설득하기 위해 이후에도 수차례 김 이사장을 찾아왔다고 한다.

중앙대 인수에 관심을 보인 데는 많았다. 매수 후보로 이름에 오르내린 대기업으로는 현대그룹, 동아건설, 한국화약(한화), 럭키금성(LG) 등이었고, 학교법인 중에는 한양대학교가 매수를 검토했던 것으로 알려졌다.

그러나 중앙대 경영실정을 들여다보면 주저할 수 밖에 없었다. 730억 원에 달하는 막대한 부채를 떠안아야 했고, 소위 민주화열풍이 불면서 기업 내에서는 노사분규, 대학에서는 연일 학생데모가 벌어지고 있었다. 인수자로선 여러 문제들을 감수해야 하는 상황이었다.

결국 중앙대학교를 매입할 수 있는 이는 김희수 이사장 뿐이었다. 경영권 일체를 인수한다는 조건하에 그는 대학 이사장에 오른다. 그때까지 70년 전통의 명문사학으로서 3만 5,000명의 학생과 550명의 교수진을 두고 있는 종합대학교가 재일동포 1세 김희수 씨의 품에 들어온 것이다.

김희수 이사장 시절 중앙대학은 한국대학농구의 최강자였다.
(1988.10.06 우승 때)

    개인으로는 모국에서 인재를 육성하겠다는 목표를 이루는 순간이었다. 현실적으로 재일동포가 한국 명문대학의 최고경영자가 되는 건 꿈 같은 이야기였지만, 그는 꿈을 현실로 바꿨다.
    그럼 그는 그렇게 엄청난 빚을 모두 끌어안으면서까지, 비즈니스의 관점에서 쉽게 이윤을 낼 수도 없는 교육사업에, 더욱이 학생시위가 극심한 혼란기에 중앙대를 인수하기로 결심한 것일까? 그의 고백은 2011년 해외교포연구소와의 인터뷰에서 확인할 수 있다.
    "제가 중앙대학교를 인수하던 시기는 우리나라 시국이 말이 아니었습니다. 학생들은 연일 시위를 벌이고 있었고 노조의 기세도 대단했습니다. 그런 상황에서 유수한 역사를 지닌 중앙대가 파산하기라도 하면 가뜩이나 복잡한 시국이 어떻게 되겠습니까. 나라가 더 혼란에 빠졌을 테지요. 그래서 평소 갖고 있던 육영에 대한 제 꿈을 펼쳐볼 때가 왔다고 생각하였고 학교인수에 뛰어들었습니다. 물론 저보다 훌륭하고 돈도 많은 기업, 사업가들이 많으셨습니다만. 제가 중앙대를 맡게 되었지요."

김희수 이사장의 포부는 컸다. 의학, 약학 분야에서만큼은 한국 최고대학으로 육성하고 싶었다. 그리고 일반학부는 연세대와 고려대에 필적하는 수준까지 실력을 향상시키며, 중장기적으로는 중앙대에서 노벨상 수상자를 배출해 세계 일류대학으로 성장시켜나가겠다고 선언했다.

"제가 중앙대학 재단을 인수하면서 당시 교육주무 장관인 서명원(徐明源) 문교부 장관에게 이렇게 약속했습니다. 어떠한 어려움이 있더라도 훌륭한 대학으로 변모시킬 것이며, 모범적인 경영을 할 것이라고 말입니다. 무슨 일이 있어도 반드시 그 약속을 이행하려고 노력하였습니다."

그는 자기신념을 실천했다. 사업적으로 성공하면 그 재산을 조국과 민족을 위해 도움이 되는 일을 하겠다는 오랜 다짐을 육영으로 꽃피웠다. 1987년 10월 이사장에 취임하면서 학교법인 중앙대학교의 최고경영자로서 데뷔하였다.

그는 취임하자마자 법인부채 733억 원(당시 일본 엔화로 약 150억 엔)을 모두 변제하고 대학의 경영 혁신을 시작했다. 가장 먼저 손 댄 작업은 대학캠퍼스 정비였다. 오래된 시설을 리모델링하고 낙후된 시설은 신축하기로 하였다.

그는 공약대로 차근차근 중앙대학교를 변모시켜 나갔다. 도서관을 신축했고 학생회관을 비롯한 대학생들의 후생시설도 전부 뜯어고쳤다. 교수 연구실은 종전보다 더 넓게 증축하였고, 전산센터를 신축하면서는 당시 한국 대학에 없던 슈퍼컴퓨터를 도입했다.

그리고 대학의 핵심 역량 중 하나인 부속병원도 증축했다. 또한 교직원들에게 임금을 올려주는 등 처우를 개선하고 지방에서 올라온 유학생들을 위한 기숙사 시설도 개선하였다.

김희수의 중앙대는 대대적인 혁신이 이뤄졌다. 가장 특기할만한 혁신 사업으로 꼽을 수 있는 건, 대학 측이 학생들의 취업문제에 발 벗고 나섰다는 사실이다.

김 이사장은 1988년 2월 '한국리쿠르트'를 인수해 학생들에게 적성검사, 기술교육 등을 실시 취업에 실질적으로 도움이 되는 길을 안내했다. 중앙대학교는 국내 대학 가운데 학생 진로상담 및 관리체제를 구축한 최초의 대학이었다.

김 이사장은 그 이유를 다음과 같이 설명했다.

"학교 경영자는 학생들이 면학할 수 있도록 최적을 환경을 제공해줘야 합니다. 불편함을 느끼도록 두면 안됩니다. 저는 경영자가 학생들이 취업 걱정을 하지 않도록 지원해야 그 대학이 발전할 수 있다고 생각합니다."

이밖에도 김희수 이사장은 대외 홍보기능을 강화하기 위하여 농구부를 적극적으로 지원해 중앙대학교가 한국 최강으로 발돋움하는 데 큰 역할을 담당했다. 김 이사장 시절 중앙대 농구부는 허동택(허재, 강동희, 김유택)트리오가 이끄는 명실공이 대학 최강팀이었다. 한국 최대 규모의 아마추어 농구대회인 '농구대잔치'에서 실업팀을 연파하며 준우승에 올랐을 정도였다. 중앙대학교가 전국적으로 널리 이름을 알리는 데 농구부의 역할은 지대했다.

초기 7년간 1300억 원 기부

한국의 사립대학교는 비영리 공익법인체로 운영된다. 겉으로는 국가가 빠져 있으나 교육파트 자체가 공적영역이기 때문에 상당부분 정부가 대학경영에 참여하도록 시스템화되어 있다.

이러한 구조로 인해 사립대학의 학교법인이 가질 수 있는 권한은 제한적이다. 재정의 운영권만 부여받을 뿐, 재정의 출연과 투자에 대한 소유자 또는 소유지분의 개념은 존재하지 않는다. 또한 일단 기금을 출연하거나 출연 받으면, 그것에 대한 개인의 전매나 상속 등 일체의 경제적 행위를 하지 못하도록 법적으로 규제하고 있다.

이런 제반 여건을 감안하면 학교법인의 운영은 비즈니스적인 관점에서는 손해를 보지 않으면 다행이기 마련이다. 그리고 대학에 자기 돈을 넣으면 '투자'가 아니라 '기부'로 잡히게 된다. 사정이 이렇다보니 1980년대 후반 한국 사립대학교의 학교법인이 출연하는 기금은 연간 10억 원이 채 되지 않았다. 자기 돈 집어삼키는 밑 빠진 독과 같으니 거액의 출연이 쉽지는 않다 할 수 있다.

그러나 중앙대학교는 다른 사립대학과 달랐다. 김희수 이사장은 과감했다. 자기재산을 아낌없이 대학에 출연하였다. 1994년 중앙대학교 출판국이 발간한 '동교 김희수 선생 칠순 기념문집 1,2(민족의 한을 딛고, 동교의 사상과 경륜)'에 의하면, 김 이사장은 취임 후 1993년까지 총 7년 동안 1,300억 원을 중앙대학교에 출연했다.

그가 교육진흥 명목으로 낸 출연금을 부문별로 살펴보면, 기존 경영진이 진 부채상환에 733억 원을 지원하고, 대학 시설 보수 및 재정 확충에 491억 원, 기타 법인운영 및 부속학교 재정지원 명목으로 72억 원을 출연했다. 개인이 낸 기부금이 연 평균 185억 원에 달했다는 이야기이다.

장부상 기록뿐 아니라 김 이사장이 개별적으로 보이지 않게 출연하는 교육지원비도 상당했다.

"돈벌이를 하기 위해서라면 중앙대 인수는 하지 않았을 것"이며 "육영으로 뿌리인 조국에 봉사하고 싶었다"는 그의 의지는 교육환경에 그대로 실천되고 있었던 것이다.

그는 1988년 5월 19일 중앙대학교 교육대학원이 주최한 제 5회 임간(林間)세미나에서 '나의 인생'이라는 주제로 한 강연에서 이렇게 말했다.

"중앙대학교 발전을 위해서라면 목숨 걸고 열심히 하고 싶습니다. 이건 제 솔직한 심정입니다. 우리대학이 일류대학이 되기 전에는 눈을 감을 수도 없다는 각오로 최선을 다하고 있는 중입니다."

미뤄진 꿈, 한국인 노벨상 수상자

김희수 이사장은 성품자체가 어디 나서서 큰 소리를 내지 못한다. 타고난 성격이 겸손한 사람이다. 그러나 공익을 위한 일에는 대단히 적극적이다.

생전에 전남 목포에 있는 고아원 공생원(共生園)과 서울 송파구 거여동에 있는 뇌성마비, 지체장애자 재활시설인 우성원(又聖院)에는 수십 년간 꾸준하게 후원을 하였다. 문화예술에도 관심이 높아 국악 현악단에도 후원을 아끼지 않았다.

그러나 김 이사장의 "무슨 일이든 자랑 말고 조용히 하라"는 신조 때문에 그가 행하는 공익활동은 소리 없이 진행되는 일이 다반사이다.

김 이사장은 차세대를 키우는 장학사업에도 크게 관심을 기울여 1990년 6월 '수림장학연구재단(현 수림재단)'을 설립했다. 이 재단을 통해 인성이 우수하고 성적이 뛰어남에도 불구하고 경제적인 궁핍때문에 학업을 잇기 어려운 학생들에게 장학금을 지급하여 왔다.

2009년 6월에는 '수림문화재단'을 설립해 한국학 연구와 우수한 한국 전통문화를 발굴 지원하고, 한국문화의 세계 보급에도 힘을 기울이고 있다.

이처럼 모국에서 누구보다 활발하게 공익사업에 열심이던 그는 2008년 5월 은퇴를 결심한다. 중앙대 경영권을 두산그룹에 넘겨주기로 결단한 것이다. 21년간 이사장으로서 중앙대학교 혁신에 자신의 모든 걸 바쳐왔기에 그의 결정은 의외로 비쳐졌다.

"저는 중앙대를 맡으면서 열과 성을 다해 교육진흥에 힘을 기울였습니다. 최선을 다했습니다만 제가 꿈꿨던 노벨상 수상자 배출은 10년이 지나도 20년이 지나도 이뤄지지 않았습니다. 대학운영이 개인의 힘으로는 벅차고, 일정 한계가 있다는 생각이 들었습니다. 학교를 더 크게 발전시키려면 보다 많은 재정투자가 요구되고 그러다보면 언젠가 노벨상 수상자가 나올 것이라 봅니다. 저보다는 재정능력이 되는 기업이 대학을 운영하는게 낫지 않을까 싶었습니다."

자기 분신처럼 여기던 중앙대학교를 떠나기로 한 김희수 이사장.

그는 대학을 떠나면서도 아름다운 이별을 택했다. 두산 측에 대학 법인의 경영권을 넘겨주면서 어떠한 요구조건도 달지 않았다. 흔한 명예직 하나 요구하지 않았다. 단지 공익사업을 위해 수림재단에

1,200억 원의 기금을 출연 받았을 뿐이다.

나락에 떨어진 중앙대를 부활시키려고 일본에서 모은 전 재산을 쏟아 부었지만, 정작 떠날 때는 모두 공익기금으로 사회에 환원하는 결단을 내린 김희수 이사장. 160cm의 단구에 느릿하면서도 차분한 말투, 검정색 굵은 뿔테안경을 눌러 쓴 노신사. 그는 우리나라 어디서든 만날 법한 소탈한 사람이었다.

전철 타고 다니며 아끼고 아껴 도쿄의 빌딩재벌이란 소리까지 들었던 재일동포 1세 재력가. 육영과 공익에서 그가 남긴 발자취는 진중하고 묵직했다. 생전에 김희수 이사장은 지인들을 만나면 늘 이런 말을 하였다.

"한민족이 살아남으려면 배워야 합니다. 우리민족의 미래는 교육밖에 없습니다. 인재를 양성해야 합니다. 인재가 교육이고, 교육이 곧 우리의 미래입니다."

김희수 편을 정리하면서, 그가 매일같이 자기를 되새기기 위해 종이에 눌러썼다는 한 구절의 문구를 옮겨본다.

〈희미한 빛이라도 좋으니, 사회의 어두운 곳을 비추고 싶다.〉

> 조규훈(曺圭訓)
> 오사카 백두학원 창립자

재일동포
민족교육의 토대를
닦은 선각자

오사카시 스미요시쿠 오리 오노 2-3-13번지(大阪市住吉区遠里小野 2-3-13). '백두학원 건국학교'(白頭學院 建國學校)에서는 재일동포들이 '나는 한국인'이란 사실을 배운다. 백두학원은 한국의 국정(國定)교과서를 공부할 수 있는 일본에서 단 4개뿐인 민족학교 가운데 하나다.

백두학원은 한국에서는 생소하지만, 일본에선 꽤 유명한 학교다. 일본 정부가 정규학교 법인으로 인가를 내준 최초의 민족학교, 1970년대 후반까지 대한민국과 북한 정권 어느 편에도 서지 않은 이른바 '중립(中立) 교육'을 고집했다. 일본과 재일(在日)동포 사회의 리더들을 다수 배출한 민족교육의 명문(名門)으로서도 명성이 자자하다.

백두학원 창립자는 재일동포 1세 조규훈(曺圭訓, 1906~2000) 선생이다. 그런데 개교 70년에 가깝고 1만 명 이상의 졸업생을 배출한 이 학교 안에서 이젠 조 선생을 기억하는 이를 찾을 수 없다. 1회 졸업생조차 이름은 알고 있지만 얼굴은 모른다고 했다.

선생과 같은 시기를 살았던 교사와 지인(知人)들은 거의 사망했거나 고령(高齡)으로 인해 인터뷰가 불가능했다. 조 선생의 이력을 보니 민단의 제 7~8대 중앙단장을 지냈다는데, 팔순(八旬)을 넘긴 민단 원로들마저 "무슨 일 하던 사람이냐"고 되묻는다.

"민족운동하는 아버지 때문에 가족들 희생"(장남)

생전에 주목받지 못했던 재일동포 고인(故人)을 사후(死後) 10년이 지나 취재하는 일은 처음부터 벽에 부딪히는 듯했다. 증언자 한 명 찾기도 벅찼다. 지지부진하던 취재 도중 2009년 11월 간사이코긴(關西興銀)의 이정림(李正林) 전 이사장이 '조규훈 현창준비회'(훗날 '曺圭訓先生顯彰事業会'로 발전)를 조직했다는 제보를 접했다.

간사이코긴은 경북 경산 출신의 재일동포 1세 이희건(李熙健)씨가 오사카에서 창립한 민족금융사로 1982년 한국에서 신한은행을 세운 모체(母體)다. 이정림 전 이사장의 말이다.

"그저 오사카에 민족학교를 세운 분 정도로만 알고 있었는데, 여러 경로로 조사해 보니 정말이지 훌륭한 사회봉사자이자 애국애족자(愛國愛族者)였습니다. 지금까지 왜 이분의 공적이 묻혀 있었는지 신기할 따름입니다."

조규훈. 대체 어떤 사람이기에 사후 10년에서야 그에게 훈장을 주자는 모임이 결성된 것일까.

일본에서 가장 오랜 전통의 전일제(全日制) 민족학교를 세운 사람인데도 불구하고 그 학교 졸업생들조차 그의 존재를 생소해하며, 두 차례 단장을 지냈는데도 민단의 원로들마저 '모르는 사람'으로, 도통 이해할 수 없는 상황이고, 이 사실 자체만으로 보자면 뭔가 결격이 있었던 사람이 아닐까 의심도 들었다.

2010년 4월 7일 마침내 생전 조규훈 선생과 동고동락(同苦同樂)했던 증언자들을 만나는 기회가 생겼다. 이날 백두학원 이사장 이·취임식에 참가하기 위해 조 선생의 장남 성현(成鉉)씨와 4남 명현(明鉉)

오사카 〈백두학원 건국학교〉 전경(2015.05.08)

씨가 각각 사이타마(埼玉)와 도쿄(東京)에서 오사카(大阪)로 온 것이다. 그날 저녁 두 아들과 더불어 과거 고베(神戶)에서 조 선생의 부하 직원으로 있었던 황치준(黃致俊)씨를 만날 수 있었다.

두 아들은 부친에 대해 부정적인 말부터 꺼냈다.

"민족운동을 하는 아버지 때문에 가족들이 희생됐습니다. 입만 떼면 '민족 민족'이라 말씀하시는데 그 민족 소리 정말이지 지긋지긋했습니다."(명현 씨)

"사업이 한창 번창할 때 어머니가 스커트 한 벌 사 달라니까 '왜 그런 사치를 부리느냐'고 타박하시던 분이 우리 아버지였어요. 나중에 사업이 망하고 나서는 '거봐라 그때 스커트 못 입어 봤으니 얼마나 다행인가. 그러니까 지금 그게 좋은 줄도 모르잖니', 이렇게 농담을 하시는데 결코 웃음이 나오지 않았습니다."(성현 씨)

조규훈 선생이 생전에 구술(口述)로 남긴 A4용지 6장 분량의 회고담과 아들들의 증언을 토대로 선생의 일생을 요약하면 이렇다.

민단 단장 취임 때 '재계 1인자의 데뷔'로 기술

《 1906년 12월 16일 제주도 조천읍 신촌리 출생, 어린 시절 교육자였던 아버지는 독립운동 하겠다며 집 나간 뒤 실종, 곧이어 어머니는 병사(病死), 친척집을 전전하다 1923년 홀몸으로 일본 고베(神戶)로 건너와 고무공장에 취직, 22세 때 사업자금 5000엔으로 독립, 1941년 고무공장 인수 뒤 '하리마산업'(播磨産業) 창업, 1945년 9월 20일 한국인 징용자들을 모아 민족 사회사업단체 '백두동지회' 결성, 1946년 3월 오사카(大阪)에 민족학교 '백두학원' 창립, 1949년 1월 도쿄(東京) 주일한국대표부 설립 당시 1300만 엔 원조, 1949년 6월~1950년 3월 재일본대한민국민단 7대·8대 중앙단장 역임…. 2000년 7월 18일 사이타마현 히다카시(埼玉懸 日高市)에서 향년 94세로 사망. 》

조 선생은 상당한 재력(財力)을 갖고 있던 사업가였다. '민단20년사'(1967년 민단 발간)는 1949년 제7대 중앙단장에 취임하는 그를 "재계 제1인자의 데뷔"라고 기술(記述)하고 있다. 당시 43세의 창창한 사업가였던 그는 효고현(兵庫縣)을 무대로 고무와 방적, 레코드, 제재소, 철공, 기계, 선박, 유리, 세탁 등 방대한 분야의 사업에 손을 대고 있었다. 또 사재(私財)를 털어 민족학교인 백두학원을 운영하고, 고베의 가와사키중공업 부속병원을 사들여 태평양전쟁 피해자 원호(援護)사업을 지원하는 등 사회사업에도 열심이었다.

이력에서 보이듯 조 선생은 누구보다 화려한 청년기를 보낸 반면, 인생 후반 50년은 공란(空欄)으로 남겨져 있었다. 민단을 비롯한 재일동포사회의 공식무대에서 그의 활동상을 찾아볼 수 없었다. 그와 관련한 기록물은 본인이 1993년 9월 구술로 남긴 회고담과 1986년 11월 '통일일보(統一日報)'와의 인터뷰, 초창기 백두학원을 찍은 낡은 필름 한 롤이 전부였다.

조규훈이란 이름이 재일동포와 일본사회의 표면에 등장한 건 태평양전쟁이 한창이던 1944년 7월이었다. 사건의 발단은 사소한 일에서 비롯됐다. 그가 자신에게 돈을 빌리러 온 친척의 부탁을 거절하자 그 친척은 일본 당국에 "조규훈은 공산당원"이라고 밀고를 했다. 고베 헌병대에 불려갔지만 사흘 만에 무혐의로 풀려났는데, 그때 헌병대장이 석방되는 조 선생을 붙들고 사정을 했다고 한다.

"나쓰야마(夏山·조규훈의 일본 명) 사장, 효고현에 20세 전후(前後)의 조선인 징용자(徵用者)들이 2000명쯤 있는데 연일 파업을 해서 하루도 조용할 날이 없습니다. 칼로 협박도 하고 본보기로 가해를 해 봐도 완강하게 버티니 답답할 노릇입니다. 당신은 조선인 사업가 아니오? 당신이라면 그들을 설득시킬 수 있을지도 모르니 제발 부탁 좀 합시다."(조 선생 회고담에서)

한국인 징용자들 불러 밥 대접

조 선생은 일제(日帝)시대 때 일본 본토에서 사업가로 성공한 몇 안 되는 한국인 중 하나였다. 조센진(朝鮮人)이라는 이유 때문에 정식으로 인가(認可)를 받고 한 건 아니었지만 1941년부터 고베 다카토리(鷹取)에서 수십 명의 동포들을 밑에 두고 고무공장을 경영했다. 또 효고현 서쪽에 있는 우네(有年)의 숲을 통째로 사서 벌목(伐木)사업까지 벌이고 있었다. 일본인들이 재일동포에게는 사업주 인가를 내주지 않았음을 감안하면 그는 상당히 끈기가 있고 일본인 사회에서도 신용을 얻었던 인물임을 짐작할 수 있다.

헌병대장이 말한 징용동포들은 가와사키제철소(川崎製鐵所)에서 일하고 있었다. 제철소를 찾아간 그는 징용동포들의 처참한 노동 실태를 목격했다. 스무 살 남짓의 청년들에게 배급되는 식량은 형편없이 적었고, 안전장치는커녕 변변한 작업복도 입지 못한 채 위험한 막노동터로 내몰리고 있었다. 징용동포들은 이런 불합리한 노동환경의 개선을 요구하며 파업을 하고 있었던 것이다. 일본인 고용주는 완력으로 그들을 핍박하고 있었지만 노동자들은 이에 굴하지 않고 대항하고 있었다. 조 선생은 징용자 대표인 박구회(朴球會)씨를 만나 설득을 시도했다.

"전쟁 통이라 물자가 부족하니까 파업해 봐야 얻을 게 없지 않소. 애꿎게 우리 청년들만 더 다칩니다. 일이 끝나면 우리 공장으로 오시오. 다행히 내가 비축해 놓은 쌀이 있으니 저녁밥 정도는 줄 수 있소."

이튿날부터 매일같이 조 선생의 다카토리 공장에는 징용동포들이 몰려들었다. 나중에는 집에까지 불러 밥을 먹였다. 그렇게 하루하루 지내던 중 1945년 8월 15일 해방을 맞았다. 갑작스런 변화였다. 패전국 일본은 무(無)정부 상태를 방불케 하는 혼란에 빠져들었다. 일본의 주요도시와 기반시설들은 폭격을 맞은 그대로 방치돼 있었고, 사회질서는 혼란하기 짝이 없었다. 의식주와 직결되는 경제생활은 밑바닥으로 떨어졌고 물가와 실업률은 눈 뜨고 나면 올랐다. 굶는 일본인들이 속출하던 당시 일본에 아예 생활기반이 없던 200만 명 이상의 재일동포들의 고통은 이루 말할 수 없을 만큼 처참했다. "동포의 태반이 아사

(餓死) 상태"(1949년 10월 15일 자 재일동포신문 '민주신문')에 놓여 있었고, 갈 데 없어진 징용자들은 유랑하기 일쑤고 일부는 약탈을 일삼기까지 했다.

이런 비참한 동포들의 처지를 목격한 조 선생은 깊은 고뇌에 빠져들었다. 그는 해방 직후 벌목장이 있던 우네의 산속에 파묻혀 2주일 동안 장고(長考)에 들어갔다. 회고담에서 그는 당시의 결심을 이렇게 술회했다.

일본 패전 후 오히려 사업 확장

"지금은 사업을 확장할 수 있는 절호의 기회다. 하지만 조국의 젊은 징용자들의 고통을 외면할 수는 없다. 그들은 지금 조국에 돌아가 봐야 할 일도 없고 혁명가나 정치가들의 앞잡이로 이용될 뿐이다. 일본은 패전했다고는 하나 기술을 갖고 있지 않은가. 일본에 남아 기술을 익힌 다음 귀국해서 조국 재건의 최전선에서 뛰는 게 중요하다. 지금이야말로 젊은이들과 함께 조국의 발전을 위해 헌신할 때인 것이다."

조 선생의 생각은 징용자들로부터 대환영을 받았다. 구상은 곧바로 실행으로 옮겨졌다. 결행일은 해방 후 첫 추석날이었던 9월 20일. 조 선생은 고베 마이코(神戶 舞子) 자택에 60여 명의 징용자 대표들을 초대했다. 그날 저녁 조 선생과 징용자들은 조국 부흥을 실천하는 모임을 만들기로 뜻을 모으고, '백두동지회'(白頭同志會)를 결성했다.

결의문에는 "조국의 산업과 문화건설을 위하여 선혈(鮮血)을 흘려 굳게 맹세한다"고 썼다. 모임의 이름 백두에는 동지들의 머리가 하얗

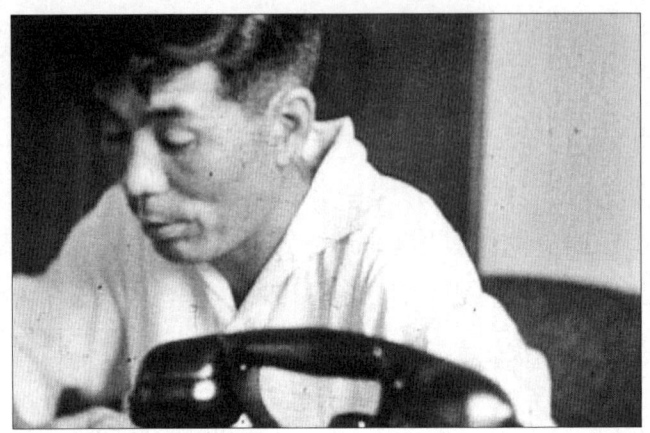
백두동지회 결성 무렵 조규훈 이사장

게 샐 때까지 조국을 위해 살겠다는 뜻을 담았다.

동지회가 채택한 강령은 다음의 3가지였다.

〈 하나, 우리는 일치단결할 것을 맹세한다.

하나, 우리는 조국과 민족을 지킬 것을 맹세한다.

하나, 우리는 조국 건설의 밑거름이 될 것을 맹세한다. 〉

당시 조 선생의 자택에는 가족을 포함해 70명 가량이 숙식을 하고 있었다. 오늘날로 치면 재일본 한국인회관 겸 합숙소 같은 역할을 맡고 있었다. 바로 거기서 조국과 민족 부흥을 위한 애국단체인 백두동지회를 결성했고, 동지들은 새끼손가락을 깨물어 피로써 그 뜻을 다짐했던 것이다.

조 선생은 우선 동지회원들을 자신이 경영하는 회사들에 직원으로 채용했다. 독일인과 일본인 기술자 몇 명을 제외한 회사의 모든 직원은 한국인 징용자들이었다. 당시 하리마산업에 채용된 황치준(고베 거주)씨는 그때 상황을 생생하게 기억하고 있었다.

"저는 미성년근로봉사단에 응모해 일본에 왔습니다. 말이 좋아 봉사단이지 품삯도 없는 공짜 징용이었으니 완전히 속았던 셈입니다. 일본이 패망하자 모두들 갈 데 없는 신세가 되고 말았죠. 그때 징용자들 사이에서는 조규훈 선생을 찾아가면 일자리를 준다는 소문이 자자했습니다. 제가 속한 중대원 60명 가운데 일본에 남은 13명이 백두동지회에 가담했고, 저 역시 하리마고무에서 일자리를 얻었습니다. 동지들은 1,000명이 족히 넘었던 것으로 기억납니다."

〈백두학원-건국학교〉 설립

황치준 씨에 따르면 동지회원들은 오후 3~4시까지는 공장에서 일하고 그 뒤에는 전문가와 함께 실습을 하며 기술을 익혔다. 물자가 부족하던 시절, 고무 제품은 만드는 족족 팔려 나갔다. 한때 농사용 고무장화 가격이 교사의 1개월치 월급인 150엔까지 폭등했는데, 그마저도 없어서 못 팔았다고 한다.

"해방 무렵 히로시마(廣島)에서 부산(釜山)까지 오는 연락선 뱃삯이 50엔이었다"(黃七福 전 오사카민단단장)는 증언에 비춰 보면 당시 고무산업은 그야말로 황금알을 낳는 사업이었다.

하지만 조규훈 선생이 돈을 버는 목적은 개인의 영달을 위한 것이 아니었다. 그는 조국 부흥의 기반이 될 산업, 그 기본인 기술을 동포들에게 전수할 방법을 고민하고 있었다. 임시방편으로 자신의 생산공장에서 기술을 가르치고 있었지만, 체계적인 기술을 전수하려면 공업학교나 기술훈련소를 세워야 한다고 생각하고 있었다.

때마침 백두학원의 초대 교장을 맡게 될 이경태(李慶泰, 1911~1999)씨와의 만남이 이뤄진다. 당시 우네 벌목장의 관리인이었던 김진택(金鎭澤)씨가 자신의 처남인 이경태 씨를 소개한 것이다. 오사카에 살고 있는 김 씨의 아들 신기(信基)씨의 증언이다.

"해방 직전 외삼촌(이 선생) 일가는 공습으로 가족 넷을 잃고선 아버지가 관리책임을 맡고 있던 우네 숲속으로 피신을 왔다고 합니다. 해방 이후에도 그곳에 머물렀는데 아버지가 조규훈 선생에게 외삼촌을 소개했고, 그때 두 분이 학교 설립에 의기투합했던 것입니다."

19살 때 도일한 이경태 교장선생은 간사이대학(關西大學) 법학부를 졸업한 다음, 오사카 하쓰시바상고(初芝商高)의 교사로 교단에 선 경험이 있었다. 조 선생은 회고담에서 이 선생과의 만남을 이렇게 기록하고 있다.

"이경태 교장선생과 만난 건 해방되던 해 10월 초순이었어요. 만나 보니 신뢰할 수 있는 사람이라 이 선생과 우리 회사 고무기술자 독일인 힐(Hill) 씨가 조를 이루면 공업학교를 세울 수 있다는 생각이 머리를 스치더군요. 그 자리에서 이 선생에게 '자금은 내가 댈 테니 당신은 교육을 맡아 조국을 위해 함께 힘써 보지 않겠소'라고 부탁했습니다."

그로부터 바로 학교 건물을 물색하기 시작했고 오사카 스미요시구(住吉區)에서 한 폐교(廢校)를 찾아낸다. 전기회사인 간사이배전(關西配電)이 직영하던 전기공업학교 터였다. 조금만 수리하면 당장에라도 학교로 사용하기에 손색이 없었다. 조 선생은 200만 엔의 사재를 내서 부지와 건물을 구입하고 낡은 시설들을 수리했다.

이 선생과 만난 지 6개월쯤 지난 1946년 3월 드디어 학교가 섰다. 건국공업학교(남자학교)와 건국고등여학교(여자학교), 바로 백두학원

〈백두학원〉 초창기 때 등교 풍경

(白頭學院)이었다. 법인명은 모체였던 백두동지회의 이름을 땄고, 학교명은 '조국을 세우자'는 염원을 담아 건국학교(建國學校)라 명명했다. 교내 곳곳에는 "건국의 종소리에 힘을 다해 새로운 우리나라 굳게 세우세"라는 슬로건들이 내걸렸다.

'조국 부흥의 주춧돌'이 건학이념

조 선생의 건학이념은 백두학원 창립 취지문의 '조국부흥의 주춧돌이 되자'는 문구가 증언하고 있다. 창립 취지문의 핵심 부분을 원문대로 옮기면 다음과 같다.

"재건하는 우리나라를 민주적 평화적 문화국가로 건설하고, 세계평화와 인류사회에 기여한 민족교육을 위하여 재일동포 자제(子弟)에게 필요한 교육을 할 수 있는 교육기관의 설치야말로 급무(急務) 중의

급무임을 통감한다. 그러나 이러한 사업은 그 기초인 초·중·고(初中高)의 기초교육 기관이 없고서는 도저히 소기의 목적 달성이 불가능하다고 할 수밖에 없다. 이러한 견지에서 유지일동과 상의하여 본 법인을 설립하여 재일동포의 자녀 교육을 실시함으로써 조국 문화건설의 목적 달성에 기여하려 한다."

남녀 학교를 병설(竝設)한 것은 당시 일본에서도 보기 드문 경우였다. 이 학교 창립자인 조규훈과 이경태 선생의 진보적인 사고를 엿볼 수 있는 대목이다. 공업학교 과정에 입학한 남학생들에게는 기술을 습득해서 사회생활을 잘할 수 있을 것이라 독려했고, 일반 고등학교 과정에 입학한 여학생들에게는 지덕(知德)을 겸비한 신(新)여성으로서 시대의 재원(才媛)이 되라는 목표를 부여했다.

교사들은 하리마산업의 기술자였던 독일인 힐 씨와 영국인 스투케 씨 등 서양인들과 일본의 유명대학을 나온 교사 경험자들을 채용했다. 배움의 터전인 목조 교사에 교실은 4칸, 실험실을 갖췄고 164평 규모의 운동장도 완비했다. 개교 첫해 교사 15명에 동포 학생 300여 명이 들어왔다. 비록 아담한 규모의 출발이었지만 백두학원의 창립은 그 이후 재일동포들에게 불어 닥친 민족교육의 파동을 생각하면 결코 작지 않은 첫발이었다고 할 수 있다.

이 무렵 일본 내 한국인 집단거주 지역에는 우후죽순(雨後竹筍) 격으로 민족학교들이 생겨났다. 재일동포 부모 입장에서 해방민족의 자녀를 패전국민인 일본 학교에 보내는 건 자존심 상하는 일이었다.

또 일제시대 때 자신들이 겪은 수모를 떠올리면 자녀를 일본학교에 보낸다는 건 '일본인의 노예'로 만드는 짓을 자초하는 것과 같았다. 그래서 동포들은 거리가 멀지라도 어떻게든 한국인이 운영하는 초등학교와 중등학교, 한국어강습소를 찾아 보내려 했다.

민족학교 폐교

그런데 1948년 재일동포 민족교육에 날벼락 같은 사건이 일어난다. 그해 1월 일본 문부성이 '조선인 설립학교의 취급에 대해(朝鮮人設立學校の取扱いについて)'라는 시책을 발표한 것이다. 요지는 모든 한국인 학생들은 일본 학교에 취학할 의무가 있으며, 민족학교는 3월 말까지 일본 교육법에 준한 사립(私立)학교 인가를 신청하라는 내용이었다.

그러나 이 시책을 따르는 민족학교는 전무(全無)하다시피했다. 급기야 일본 정부는 4월 1일을 기해 야마구치현(山口縣)을 시작으로 일본 전역에 흩어져 있던 민족학교들에 대해 강제 폐쇄 조치를 내린다.

재일동포 민족학교에 대한 폐쇄조치는 일본 정부의 소수민족 차별 정책과 더불어 당시 일본을 통치하던 연합군최고사령부(GHQ)의 공산주의 세력 확산을 저지하겠다는 의지가 복합적으로 작용했다.

당시 민족학교는 500여개 교에 학생 수 5만 명에 달했는데(1948년 4월 27일자 아사히신문), 대부분 조선인연맹(朝聯·현재의 조총련) 산하에 놓여 있었다. 해방 직후인 1945년 10월 탄생한 조련은 원래 이념을 초월한 범민족 재일동포 단체로 출발했으나, 이 무렵엔 공산주의자들이 조직을 완전히 장악한 상태였다. 자유민주주의자들은 조련에서 탈퇴한 뒤 민단으로 건너가 있었다.

당시 재일동포 사회의 판도는 공산주의 세력이 압도적인 우위를 보이고 있었다.

다만 이때는 아직 한반도에 나라가 세워지기 전이라 '한국과 북조선'과 같은 분리된 개념은 존재하지 않았고, 한국은 '조선'이란 용어로 통칭되고 있었다. 훗날 조련은 6·25동란을 거친 뒤 조총련(재일본조선인총연합회)으로 개명, 북한 정권을 무조건 지지하는 친북(親北)단체로 변질됐다. 그 이후부터 일본에서 조선은 북한을 지칭하는 용어로 바뀐다.

민족학교로는 유일하게 문부성 정식인가 받아

조련을 계승한 조총련의 탄생은 수백 개에 달하던 재일동포 민족학교가 조총련 산하로 자동 귀속되는 결과를 낳았다. 현재도 일본 내에 조총련계 학교는 69개 교에 달하는 한편, 한국계 민족학교는 4개밖에 되지 않는다. 이처럼 한국계 민족학교가 북한계에 비해 수적인 열세를 띠게 된 건 해방 직후 재일동포 사회의 이데올로기 경쟁에서 민주진영이 공산진영에 압도된 결과에 기인한다.

여하튼 1948년 4월 일본 정부가 취한 교육파동으로 그 많던 민족학교가 일거에 폐쇄됐다. 일본 정부는 훗날 조총련계 학교들에 대해 자체 커리큘럼의 교육을 허가했으나, 끝내 '정규학교' 인가는 내주지 않았다. 그런데 이때 백두학원이 민족학교로는 유일하게 일본 문부성으로부터 '정규학교' 인가를 받아냈다. 언뜻 '얼마나 친일적(親日的)이었기에?'라고 묻는 사람이 있을지 모르겠다. 하지만 그 과정을 뜯어보면 창립자가 애초부터 일본에서 법적으로 인정받는 학교를 만들려 했음을 파악할 수 있다.

조 선생은 "어느 사회에 속해 있든 신원 확립은 기본"이란 마인드를 갖고 있었다. 일본 영토에 세운 학교니까 일본인 학교와 동등한 자격을 인정받아야 한다는 확고한 소신을 갖고 있었던 것이다.

그는 백두학원의 창립준비 단계에서 오사카부(府)에 학교설립 허가 신청서를 제출해 놓은 상태였다. 그러나 오사카부는 전례(前例)가 없다는 핑계로 자격 심사를 차일피일 미루고 있었다. 신청서를 접수하고 3년이 넘는 시간이 흐르고 있었다.

이때 대학에서 법학을 전공했던 이경태 교장 선생이 꾀를 냈다고 한다. 오사카부 교육청을 찾아가 교육법에 '일본학교와 동등한 자격을 부여한다'는 조문 하나만 삽입하면 되지 않겠냐고 줄기차게 주장했고, 이와 동시에 조규훈 선생은 법인 이사장의 명의로 일본 문부성에 "(백두학원은 학교)자격에 부합하는 시설을 갖추겠다"는 취지의 문건을 제출했다.

백두학원은 이러한 창립자들의 끈질긴 노력 끝에 민족학교들이 전부 폐쇄되는 혼란 속에서 1949년 5월 유일하게 일본 정부가 인정한 정규학교, 외국인이 경영하는 학교로는 최초로 1조 학교(1條學校·일본 교육법 제1조의 요건에 부합하는 학교라는 의미)의 자격을 얻었다.

조총련 협박 뿌리치고 민족학교 지켜 내

백두학원을 특징짓는 사실 가운데 하나는 이 학교가 건학 때부터 '중립 교육'을 표방했다는 것이다. 통일이 될 때까지는 대한민국, 북한

초창기 〈백두학원〉의 현판. 건국고등여학교라는 이름이 시선을 끈다.

정권 어느 쪽도 편들지 않겠다는 것이었다. 그 때문인지 취재 과정에서 만난 일부 재일동포들은 "왜 빨갱이 학교를 취재하려 하느냐?" "간에 붙고 쓸개에 붙는 회색분자들"이라며 곱지 않은 시선을 보냈다. 백두학원 창립자인 조규훈 선생에 대해서도 "공산 좌파(左派)일 것"이라 미리 단정 짓는 이까지 있었다.

그러나 해방 직후 혼란기를 경험한 재일동포 1세들, 특히 백두학원을 잘 아는 이들의 증언은 달랐다. 민단 내에서도 열혈 반공(反共)주의자로 유명한 황칠복 전 오사카민단단장은 "조 선생은 조총련의 끈질긴 구애를 물리치면서 중립을 고수했던 분"이라며 "그 시기를 경험한 사람이라면 누구라도 조국의 분단은 용납할 수 없는 일이었다. 중립을 선언한 것만으로 공산주의자라 매도해서는 안 된다"고 목소리를 높였다.

백두동지회 회원 황치준 씨도 당시 상황을 또렷하게 증언했다.

"동지회 사무실로 조선인연맹 사람들이 자주 찾아왔습니다. 조 선생에게 백두학원을 자기네 산하로 들어오도록 요구했던 것이죠. 1948년 민족학교 폐쇄령 이후에는 안 들어오면 선생을 죽이겠다는 협박까지 했습니다. 동지회원들이 조 선생 경호를 맡을 정도로 심한 협박을 받았지만, 끝내 거부하셨습니다."

한국 정부 지원으로 폐교 면해

남북한의 극한 이데올로기 대결 양상에서 어느 한 편을 들지 않겠다고 선언하는 건 상당히 힘든 결정이 아닐 수 없다. 그러나 이는 조국의 분단을 받아들일 수 없으며 조만간 통일될 것이라는 해방 직후 한국인들의 보편적인 심정을 대변하는 자세였던 것이다. 조 선생의 중립 신조는 압도적이던 친북 분위기의 재일동포 사회에서 대한민국과의 연결고리가 되었다고도 볼 수 있다.

그러나 부작용은 컸다. 중립 표방 이후 외부에서의 압박과 회유가 끊임없이 이어졌다. 학교 안에서는 학생들끼리 또 교사들끼리 서로 반목하며 싸우는 일이 비일비재했다.

7기 졸업생인 김영재(金英宰) 재일대한체육회 고문은 초창기 백두학원 풍경을 "대한민국파와 북한파로 나뉘어 매일같이 싸웠다. 학교가 아니라 마치 전쟁터 같았다"고 묘사했다.

개교 이래 31년간 백두학원은 태극기도 인공기도 게양하지 않았다. 일개 학교를 넘어서 한국 정부와 북한 정권의 체제경쟁이 치열하게 전개된 그야말로 한반도의 축소판이었다.

교무실에는 서울과 평양에서 보낸 각종 팸플릿이 나란히 진열돼 있었다. 우리 정부와 북한 간 '교육 보조금 지원 경쟁'도 벌어졌다. 백두학원이 대한민국 지지로 돌아서는 과정을 당시 오사카한국총영사였던 조일제(趙一濟)씨는 이렇게 기억했다.

"재정난이 심각해 폐교 직전에까지 내몰렸습니다. 1975년 봄 초등학교 입학생이 고작 7명이었으니까요. 본국 정부에 '이대로 두면 일본 내 유일한 정규 민족학교가 사라지고 만다' '재학생 90%가 한국 국적자인데 살려야 하지 않겠냐'며 재정지원을 신청했죠. 영사관과 민단 오사카본부가 나서 수차례 학교 정상화를 약속했지만 조총련의 방해공작과 교내 반대세력 때문에 어찌나 애를 먹었던지…."

조 총영사에 따르면 백두학원은 내부에서 치열한 논쟁 끝에 한국 정부에 도움을 청하기로 한다. 1976년 10월 정부는 예산을 투입해 1년 가까이 밀린 교사 월급을 한꺼번에 지불하는 등 학교 정상화에 나섰다. 조 총영사의 부연이다.

"제가 백두학원 교사들 앞에서 '앞으로도 통일한국을 대비해 유능한 인재를 양성해야 하지 않겠느냐. 앞으로 대한민국 정부가 백두학원을 책임지겠다'고 선언했습니다."

영사관뿐 아니라 민단 오사카본부도 백두학원에 대한 협력을 약속했다. 이듬해인 1977년 8월 15일 광복절 기념식, 개교 이래 한 번도 나부낀 적이 없던 백두학원 국기게양대에 주인이 생겼다. 태극기가 펄럭이기 시작한 것이다. 재일동포 사회의 남북 간 체제경쟁에서 남쪽이 승리했음을 상징적으로 보여주는 장면이었다.

여하튼 존망의 위기에 빠져 있던 백두학원은 한국 정부의 지원에 의해 정상화될 수 있었다.

제주도에도 학교 설립

한편 1946년 백두학원을 창립하면서 조규훈 선생은 학교 경영은 이경태 교장선생에게 일임하고, 자신은 교사 월급을 비롯한 운영비 조달에만 관여했다. 학교 주변 반경 200m의 부지를 사서 학교에 기증하기도 했다.

조 선생은 백두학원을 세우던 그해 자신이 태어난 제주도 조천면에도 중학교를 세웠다. 건축에 필요한 설계도면과 자재 일체는 배편으로 보내왔다. 동향(同鄕) 출신인 이정림 '조규훈 선생 현창사업회' 회장은 건축자재들이 제주 신촌리 앞바다로 들어오던 광경을 기억하고 있었다.

"일곱 살 때였지만 필름처럼 선명하게 기억하고 있습니다. 동네 아이들이랑 바다에 떨어진 부목들을 붙잡고 온종일 수영을 했으니까요. 창복환(昌福丸)이라 부르던 화물선에 뭔가 가득 실려 있었는데 동네 어른들 말씀이 학교 지을 때 쓸 자재라는 것이에요."

지금도 조천중학교(朝天中學校) 교정에는 조규훈의 이름이 새겨진 건립기념비가 서 있다. 이 무렵 조 선생은 백두동지회의 사회공헌 활동도 정력적으로 전개하고 있었다. 태평양전쟁 피해자들을 원호할 목적으로 고베 시내에 있던 가와사키중공업 부속 건물을 사들였고, 이곳에서 하루에 많게는 600명 이상의 환자들을 치료하고 무상(無償)급식을 실시했다고 한다.

원호사업은 하리마산업이 도산하는 1951년까지 계속했는데 이와 관련하여 동지회 회원인 황치준 씨는 흥미로운 에피소드를 들려줬다.

"하리마산업은 여러 척의 선박을 갖고 있었어요. 주로 고무 원료들을 수입하는 용도로 썼는데, 종종 바나나와 파인애플 같은 동남아산 과일을 가득 싣고 들어오곤 했습니다. 그때마다 백두동지회원들에겐 비상이 걸렸죠. 서너 명씩 짝을 지어 거리에 나가 전쟁 피해자들에게 과일을 공짜로 나눠 줬죠. 당시 우리 회사는 효고현에서 가장 활발하게 사회사업을 하는 회사로 유명했습니다."

1949년 주일한국대표부 설치 때 1300만 엔 지원

조 선생은 1949년 1월 개설한 주일대한민국대표부 설치 때도 재정적인 지원을 했다. 조 선생의 장남 성현 씨는 그로부터 수개월 전 한국 정부 인사들이 고베의 마이코(舞子) 자택으로 찾아오던 날을 기억하고 있었다.

"정확히 날짜는 기억나지 않습니다만, 나뭇잎이 노랗게 물드는 가을이었습니다. 그날 정부의 높은 분들이 온다고 해서 이른 아침부터 집도, 백두동지회 사무실도 상당히 분주했습니다. 키가 큰 사람을 필두로 몇 명이 사이드카를 타고 들어올 때, 동지회 회원들이 태극기를 흔들며 환영행사를 열어 줬습니다. 저는 그 모습을 2층 제 방에서 지켜보고 있었죠."

그날의 방문 기록은 조 선생도 회고담에 남겼다.

"정 공사라는 분이 '상담할 일이 있으니 자택으로 방문하고 싶다'는 전화를 걸어 왔습니다. 만나 보니 주일대표부를 세우는 데 재정을 보태 달라는 부탁이었습니다. 그래서 얼마가 필요하냐 물었더니 500만 엔 정도면 최소한의 준비는 될 것 같다고 해서 '한 달 이내에 준비하겠다'고 답하고 그 자리에서 50만 엔을 건넸습니다."

조 선생이 언급한 정 공사는 정한경(鄭翰景)이란 분으로 일제시대 때 미국에서 이승만(李承晚) 초대 대통령, 안창호(安昌浩) 선생 등과 함께 '대한인국민회(大韓人國民會)'를 조직하는 등의 독립운동을 했던 분이다. 조 선생은 정 공사에게 친구 2명과 숙부로부터 지원받은 돈을 합해 1,000만 엔을 전달했고, 실제 이듬해 1월 4일 주일대표부가 공식 개관했다.

주일대표부는 세이코(SEIKO)시계 본사 건물로 유명한 도쿄 긴자(東京 銀座)의 핫토리(服部)빌딩 4층을 통째로 빌려 썼다. 그는 도쿄 메구로(目黑)에 대표부 관저를 구입할 때도 300만 엔을 지원했다고 기록으로 남겼다. 한국 정부가 해방 후 처음으로 일본에 공관을 세우는데, 그것도 도쿄의 최고중심지인 긴자에 태극기를 꽂는 데 조 선생의 공헌이 있었던 것이다.

민단 단장 출마

하지만 탄탄대로를 달리던 조 선생의 사업은 1949년부터 위기를 맞이한다. 주력업종이었던 고무사업이 휘청대기 시작한 것이다. 측근들이 회사자금을 횡령하거나 친척이 고무원료 수입자금을 중간에서 가로채는가 하면, 직원 중에는 조 선생의 돈을 노리고 일본경찰을 찾아가 허위 밀고하는 이까지 있었다고 한다.

그런데 이 무렵 조 선생은 어찌된 영문인지 기울어 가는 자기 사업을 뒤로하고 민단 중앙단장에 입후보한다. 그는 "주일대표부의 부탁을 받고서"라고 출마이유를 밝히고 있는데, 이유가 어찌됐건 민단 단장에 출마한 건 쉽게 이해 가지 않는 대목이다. 그럴 만큼 절박한 사정이 있었던 것일까. 이와 관련한 단초는 이 시기 재일동포 사회와 민단의 움직임에서 유추해 볼 수 있다.

초창기 민단은 극심한 내홍(內訌)을 겪고 있었다. 민단은 박열(朴烈·제1~5대) 초대 단장의 조선거류민단 시대를 거쳐 대한민국 정부 수립 직후인 1948년 8월 재일본대한민국거류민단으로 이름을 바꿨다. 이승만 대통령은 그해 9월 8일 민단을 '재일동포사회의 유일한 민주단체'로 공인했다.

그러나 박열이 단장 직에서 물러난 뒤 민단에서는 박열파와 아나키스트파(무정부주의자들), 공산주의파 등 여러 파벌로 나뉘어 치열한 주도권 쟁탈전을 벌였다. 이런 민단의 혼란상에 주일대표부도 가세해, 초대 공사였던 정한경 씨가 제6대 민단 단장에 선출된 적도 있다.

그러나 정씨는 단장에 선출됐지만 초창기 민단의 혼란을 수습하지 못한 채 불명예 퇴진하고 만다. 취임식조차 치르지 못한 채 선출 2개월 만에 자진 사퇴하고 만 것이다. 표면상으로는 일본 체류 자격이 만료됐다는 게 문제시됐지만, 실은 정 공사에 대한 민단 단원들의 극심한 반대가 퇴진에 결정적인 영향을 미쳤던 것으로 전해지고 있다.

이런 지경이니 초창기 민단 조직이란 내일 당장 사라져도 이상할 게 없다고 해도 과언이 아니다. 그러나 본국 정부 입장에서 민단이란 존재는 일본에서 북한 정권의 조종을 받는 조총련(당시엔 조선인연맹)과 맞서는 유일 조직으로서 어떻게든 살려내야만 했다.

그때 정부가 민단의 혼란상을 수습할 구원투수로 택한 사람이 바로 조규훈 선생이었다. 일본 지역사회에서 지속적인 자선사업으로 신망이 두터운 데다, 경제력까지 갖췄으니 조규훈 만한 카드도 없었을 터이다.

조 선생은 1949년 6월 8~9일 치러진 민단 중앙단장 선거에서 430표를 얻어 무정부주의자인 원심창(元心昌, 후일 '통일일보' 공동창립자)선생에게 16표라는 근소한 차로 승리했다.

"우리만 잘살아서 뭐 하느냐"

조 선생은 6·25동란이 발발하기 3개월 전인 1950년 3월 25일까지 민단 중앙단장을 지냈다. 조 선생 재임 시 민단조직은 일본 전국 38개 지방본부 155개 지부에서 43개 지방본부 207개 지부로 확대됐다. 그는 민단이 전국 조직화를 갖추는 데 역할을 했다.

한편 하리마산업은 조 선생이 민단 단장으로 나가 있던 시기에 계속 부진했다. 그가 복귀했을 때 경영사정은 더 이상 손을 쓸 수 없는 지경으로 악화돼 있었다. 경영이 아무리 어려워도 백두학원에 대한 지원만은 계속했던 그였지만 한계에 봉착하고 있었다. 조 선생은 1950년 가을 다카토리 공장에 있던 고무생산 기계들을 팔아 운영비를 지원한 것을 마지막으로 백두학원에서 손을 떼게 된다.

이로 인해 백두학원을 다녔던 그의 일곱 자녀들은 학교 식당 옆에 있던 다다미방에서 숙식을 해결하며 공부를 했다고 한다. 조 선생을 아는 사람들은 다음과 같이 그를 말한다.

"누구든 마음은 쉽게 먹지만 정작 행동으로 옮기기는 힘든 법입니다. 해방 후 혼란기는 더욱 그런 시기입니다. 그 어렵던 시기에 그야말로 아무 것도 가진 것 없는 조국을 부흥시키겠다며 재일동포들에게 기술을 가르치고, 민족학교를 세운 건 결코 잊어서는 안 될 묵직한 족적입니다."(이정림 '조규훈 선생 현창사업회' 회장)

"아버지에게 어머니 스커트 한 벌 사 주지 않은 것에 대해 항의했더니 '우리만 잘살아서 뭐하느냐, 모두가 좋아져야 한다'고 말씀하셨습니다. 솔직히 그땐 아무리 생각해 봐도 이해할 수 없었습니다. 제가 그때 아버지 나이가 되고 보니 그 신념이 '옳았다'는 생각이 듭니다."(조 선생의 4남 명현 씨)

"돌아가시기 몇 해 전 고향에 다녀오겠다며 300만 엔을 마련해 달라는데 거절하였습니다. 또 남 좋은 일 시키고 돈만 버리는 일이라 여겼기 때문이었습니다. 재기해서 금의환향(錦衣還鄕)할 것이라며 고향에 가지 않던 분이었는데, 맏아들인 제가 아버지께서 고향에 가 볼 마지막 기회를 매정하게 자르고 말았어요. 너무도 후회스럽습니다."(조 선생의 장남 성현 씨)

"자신을 자랑하지 않던 신사(紳士)로 기억합니다. 60여 년 전 조국에 돈이 아니라 기술을 보태겠다는 마음, 여자도 교육을 받아야 한다는 신념을 갖고 있었던 건 상당히 진보적인 사고라 할 수 있죠. 그의 애국애족하는 마음은 누구도 흉내 내기 힘든 일입니다."(朴得鎭 '민단신문' 논설주간, 1986년 11월 조 선생과 인터뷰한 마지막 언론인)

"백두학원 1기 졸업생이고 모교에서 교사까지 지냈지만 조규훈 선생을 잘 모릅니다. 몇 년 전 저와 함께 학생들을 가르쳤던 한 선생님으로부터 이런 이야기를 들은 적이 있습니다. 학교 주변을 서성이던 한 노인과 마주쳤는데 조 선생이었답니다. 학교 걱정을 하며 도움을 주지 못해 미안하다고 했다고 그래요. 본인이 세운 학교임에도 곁에서

조규훈 이사장의 아들들과 이정림 현창사업회 회장(2010.04.07)

맴돌아야 했던 선생의 모습을 떠올리니 마음이 아팠습니다."(全永女 백두학원 1기 졸업생)

희망의 찬가

"조 선생은 갈 데 없는 저희 징용자들에게 일자리를 주셨고, 아들처럼 대하며 신념을 심어 줬던 어른입니다. 돈 버는 일은 공동의 이익을 위한 것이라야 하며, 돈에 자신을 걸지 말아야 한다고 입버릇처럼 말씀하셨습니다. 저는 해방 직후 하리마고무에서 배운 고무원료 배합기술로 평생을 잘 살 수 있었습니다."(황치준 백두동지회 회원)

2010년 4월 7일 저녁 조 선생의 두 아들과 백두동지회원 황치준 씨는 55년 만에 백두동지회가 있던 고베 마이코 근방에서 재회했다. 청소년기에 형님 동생 하며 같은 집에서 동고동락했던 세 사람은 그날 밤 오랜 세월 가슴 깊이 묻어 뒀던 기억을 끄집어내며 회포를 풀었다. 새벽녘까지 이야기꽃을 피우던 가운데 맏형인 황 씨가 하리마산업에서 일하던 시절 재일동포들 사이에서 유행했던 노래를 부를 수 있다고 했다.

조규훈 선생은 백두레코드라는 음반사도 차렸는데, 노래를 아무리 잘해도 일본에서는 음반을 낼 수 없었던 재일동포들의 한(恨)을 달래 줄 목적으로 세웠다.

1947년 첫 번째 음반 취입자는 훗날 일본에서 오바타 미노루(小畑実)라는 예명으로 큰 인기를 끌었던 동포 가수 강영철(康永喆)이었다. 그날 밤 황치준 씨는 63년 전 강영철이 한국어로 취입했던 '희망의 찬가(希望의 讚歌)'를 지그시 눈을 감은 채 구성지게 불렀다.

〈 거칠은 풀밭을 씩씩하게 건너서 인제 왔다
　우리들의 희망의 노래
　불러라 우렁차게 춤 춰라 즐겁게
　기다리고 기다린 자유의 노래와 창공을...... 〉

> 강길태(姜吉泰)
> 청암대학교 창립자

대한민국에서
대학 설립한
재일동포 1호

재일동포 최초로 한국에 대학설립

전라남도 순천에 가면 재일동포 '강 씨 형제(姜氏兄弟)'의 자취가 짙게 드리워져 있다. 강계중(姜桂重), 강길태(姜吉泰), 강길만(姜吉滿) 삼형제는 오사카를 거점으로 민족운동에 헌신한 재일동포 1세들이다.

강 씨 오형제 중 둘째인 강계중 씨는 1960~70년대 '민단 오사카본부' 단장으로서 초창기 재일한국인 민족조직의 기반을 굳건히 다지는 데 큰 공을 세운 인물이다.

그리고 넷째 강길태 씨는 형 강계중 단장과 함께 민족사업에 깊숙이 간여해 다양한 프로젝트를 기획하고 입안한 브레인이다. 훗날 그는 순천에 '청암대학교(靑巖大學校)'를 설립, 재일동포 최초로 모국에서 대학총장 겸 이사장에 오른다.

그리고 막내 강길만 씨는 1973년 2월 전국적으로 치러진 제9대 국회의원으로 당선되어 활발한 의정활동을 펼친 정치가이다.

강 씨 형제(姜氏兄弟)들의 고향 순천에서는 그들이 남긴 뚜렷한 족적을 확인할 수 있다. 하나의 증거는 강길태 씨가 설립한 청암대학교와 청암고등학교이다. 다른 하나는 시민들이 고인이 된 강계중

전남 순천 〈청암대학교〉 본관 앞에 있는 건학비(2012.05.22)

(1983년 사망)씨를 기리기 위해 자발적으로 세운 동상이다. 그의 공적을 기리는 동상은 순천이 자랑하는 죽도봉(竹島峯) 시민공원 안에 세워져 있다. 이는 지역 주민들이 얼마나 재일동포 강계중이란 인물에 대한 감사의 마음이 깊은 지 보여주는 증거이다.

강 씨 형제 가운데 넷째인 강길태(1920~2013년) 청암대학교 이사장은 아흔 세 살 때까지도 현역으로 대학 업무를 살필 만큼 총기 넘치는 인물이다. 필자가 방문한 2012년 5월에도 강 이사장은 걸음걸이는 다소 불편해 보였지만 여전히 업무에 열심이었다. 또박또박한 발음으로 옛일을 정확하게 기억해낼 만큼 정신이 건강한 모습이었다.

노환으로 별세하기 직전까지도 특별한 사정이 없는 한, 매일 대학에 출근해 교무를 볼만큼 육영에 애정이 많았다. 현재 청암대학교의 총괄업무는 강 이사장의 장남인 명운(姜明運, 1947~)씨가 총장직을 맡아서 수행하고 있다.

대학 본관인 청암관 입구에 서면 창립자의 교육철학이 담긴 대학의 건학이념이 쓰여 있다. 커다란 바위비석에 새겨진 '진리, 지성, 용진(眞理, 至誠, 勇進)'의 문구. 재일동포로서 모국 대한민국에 대학을 세우게 된 동기가 세 단어 안에 함축되어 있다.

강길태 이사장이 대학을 세우려고 작심한 근저에는 본인이 유소년기에 제대로 배우지 못한 면학에 대한 굶주림이 있었던 영향도 있다. 즉 '배움의 한(恨)'을 풀고 싶어서이다.

"집안 형편이 어려워 늦은 나이까지 학교를 못다녔습니다. 14살 될 때까지도 학교 갈 엄두를 못 내고 매일같이 밭갈이만 했으니까요. 공부가 하고 싶어 양친께 몇 번이고 졸라댔습니다. 그래도 한사코 안된다고 하시니 하는 수 없었지요. 그래서 제 발로 무작정 학교로 찾아갔습니다. 수업을 어떻게 하는지 구경만이라도 하고 싶었습니다."

소년 강길태는 근방에 있는 황전공립보통학교를 등교하듯 다녔다. 겨울철 눈보라가 휘몰아치는 날에도 수업을 참관했다. 온종일 부들부들 떨면서도 참관하는 소년의 열의에 이 학교 선생님도 감탄했던 모양이다.

어느 날 해질녘까지 수업을 엿듣고 교문 밖으로 향할 때였다. 황전보통학교 교사인 박규봉(朴圭奉) 선생님이 소년을 멈춰 세웠다.

"자네. 오늘도 온종일 복도에 서 있었던 건가? 네 공부하고 싶은 뜻은 충분히 알았네. 일단 집에 돌아가 있거라. 여름학기부터는 자네가 학교에 다닐 수 있도록 힘을 써보마."

날아갈 것 같은 기분이었다. 마침내 공부할 수 있는 길이 열린 것이다. 선생님은 약속대로 그해 여름학기부터 보통학교 3학년생으로 편

입시켜주었다.

  부모의 반대를 무릅썼지만 학업을 시작할 수 있었던 건, 강길태 본인의 고집스런 오기가 있었기 때문이다. 그는 이때 "훗날 돈을 벌면 학교를 세우겠다"고 다짐했다고 한다.

  일제식민지 시대 초근목피로 연명하다보니 공부는 사치품이나 마찬가지였다. 무학(無學)이 부지기수일 수 밖에 없던 시대상황, 이에 굴하지 않은 강길태 소년은 뚝심 하나로 현상을 타파하고 학업의 길에 들어섰던 것이다.

  이후 순천에서 지내던 그는 6.25한국동란 직후 일본으로 건너갔다고 한다. 일본 적응은 별 탈 없이 순조로웠다. 오사카에 먼저 기반을 잡고 있던 둘째 형 강계중 씨의 도움이 컸다고 한다.

  형은 민단(당시는 거류민단으로 불림)의 지부장으로서 재일동포의 권익옹호운동에 열심이었다. 강 이사장은 형의 실무책을 맡아 재일동포 및 고향관련 사업들을 기획 추진하였다. 강 씨 형제 가운데 학구열이 가장 높았던 강 이사장은 일본에 건너가서도 학업을 중단하지 않았다. 긴키대학(近畿大學) 법과를 졸업한 데 이어, 오사카시립대학원에서는 법학박사 학위까지 취득했다. 재일동포 1세로서 박사모까지 쓴 이는 드문 케이스에 속한다.

  그는 고향에 학교를 세우게 된 동기를 막내동생 강길만 씨 덕으로 돌렸다. 강길만 씨가 1973년 순천에서 국회의원에 입후보하면서 선거유세를 돕기 위해 귀국했다가, 지역 주민의 숙원 사업 가운데 학교가 있다는 걸 알게 되었기 때문이다.

  "선거를 치르며 순천에 상주하다시피 했습니다. 여기저기 쫓아다니며 이 사람 저 사람 만나다보니까 자연스레 지역민원을 많이 접하게 되더이다. 순천주민들의 불만 가운데 하나가 직업고등학교가 없다는 것이었습니다. 알아보니까 순천에 있는 은행, 기업, 관청에 여수나 보성군 출신이 많더라고요."

강 이사장은 그길로 학교를 세우는 일에 착수하였고, 1976년 7월 순천여자상업고등학교(현재의 순천청암고등학교)를 설립하고 학교 초대 이사장으로 취임한다. 이듬해 3월 개교한 청암고등학교는 애국, 효도, 자립의 정신으로 선진조국 건설에 이바지하는 인재를 육성하자는 건학이념을 표방했다. 이것이 순천 관내 최초의 여자상업고등학교가 탄생한 경위이다. 전문 직업교육에 목말라하던 고향사람들의 숙원을 풀어주고 싶은 출향민의 애정이 빚어낸 결실이었다.

폐교 직전의 간호대학을 인수

강길태 이사장의 육영도전은 그것으로 끝난 게 아니다. 수년 뒤 한국에서 대학교를 설립하기로 결심한 것. 바로 청암대학교이다.

강 이사장에 의하면 대학을 설립한 동기 역시 지역에서 일어나는 어려움을 듣고 해결사로 나서면서 시작되었다. 1980년대 초반 어느 날, 당시 순천교육감이던 송승록(宋承錄)씨가 그를 찾아와서 다음과 같은 부탁을 했다고 한다.

"강 이사장께서 순천간호전문학교를 맡아줄 수는 없겠습니까."

느닷없는 대학인수 제안에 강 이사장은 그 자리에서 거절의사를 분명히 했다.

"정부로서는 억 단위의 돈이 백사장의 모래알에 불과할지 모르겠습니다만, 저로서는 커다란 바위덩어리 같이 무겁고 큽니다. 제 능력으로 감당하기 무리입니다."

이후에도 송 교육감과 관내 교육관계자들이 여러 차례 찾아왔지만 거듭 불가입장을 밝혔다. 더욱이 순천간호전문대학은 해마다 적자액만 수억 원에 달해 재정난을 겪고 있었다. 폐교 소문까지 돌았을 만큼 심각한 지경이었다.

그러나 지역 교육당국은 대학이 파산하는 것만큼은 막으려는 의지가 강했던 모양이다. 급기야 전남교육청은 사고를 친다. 교육본부인 문교부에 "순천간호전문대는 재일동포 강길태 씨가 재건시키기로 하였다"는 내용의 공문을 만들어 상신한 것이다. 당사자인 강 이사장에게 의중을 확인하지 않고 독단적으로 일으킨 사고였다.

"아이쿠 큰일이다 싶더군요. 일은 벌어졌고 교육당국에서 도와달라고 하는데 어쩔 수 없더군요. 한편으로는 대학인수도 제 운명인가 싶은 생각이 들더이다."

파산직전의 대학을 인수하기 위해 수십 년간 일본에서 고생하며 모은 돈과 그동안 알음알음 사뒀던 전답(田畓, 논과 밭)을 죄다 팔았다.

그러나 경영자가 되기로 결심하고 대학캠퍼스를 돌아보면서는 한숨 밖에 나오지 않았다고 한다. 화장실은 냄새가 풀풀 나는 오래된 재래식이고, 건물은 이런 데서 무슨 공부를 하나 싶을 정도로 낙후돼 있었다.

교정과 설비만 낡은 것이 아니었다. 강길태 이사장이 대학을 인수하기로 하자, 일부 학생과 교직원들이 재일동포는 반대라며 데모를 벌인 것이다.

"인수한 뒤 솔직히 후회가 물밀 듯이 밀려왔습니다. 이거야 원. 간판

강길태 이사장은 한국에서 대학을 설립한 최초의 재일동포이다.

만 대학이지 대학이라 부르기 민망한 교육환경이잖아요. 거기다 재일동포가 인수하면 대학 질이 떨어진다느니 온갖 악소문이 도는데, 댓구할 수도 그렇다고 안하기도 뭣한 상황이었습니다."

강길태 이사장은 소문에 타협하지 않았다. 아예 대학을 새로 만든다는 각오로 대학정비를 시작했다. 있는 돈 없는 돈 탈탈 털어서 대학건물을 신축했고, 순천시 덕월동 주변 땅도 사들였다. 현재 청암대학교와 청암고등학교가 들어서 있는 대지이다.

"대학을 세운다면서 구식 교육체제로 가는 건 제자리걸음일지 몰라도 발전은 아니잖아요. 지성인으로서 온전하게 교육받을 수 있는 환경을 조성하는 게 중요하다고 봤어요."

대학기자재도 첨단기기로 교체했다. 일본에서 컴퓨터, 복사기 등을 주문해 전남 관내 대학 가운데는 최신형 기자재를 갖추었다. 교육프로그램까지도 하나하나 손질하기 시작하였다.

마침내 1983년 대학개선 1차 작업이 마무리되었고, 그는 대학의 법인명을 '청암학원'으로 개명하고 초대 대학 이사장으로 부임했다.

취업 일등대학으로 명성

강길태 이사장이 인수한 뒤 종전의 순천간호전문대학은 전혀 다른 대학으로 변모했다. 교육프로그램의 질적 향상과 다양한 학과의 신설은 성공적이었다. 질과 양 모두 개선되며 대학 인수 당시 제기된 우려도 불식되어 갔다. 강 이사장이 대학경영자로서 주인의식을 갖고 대학의 미래를 고민하며 결단했기에 가능한 일이었다.

그가 인수할 때만해도 순천간호전문대학은 간호과 학생 240명에 불과한 작은 전문대학에 지나지 않았다. 그러나 현재 청암대학교는 순천전문대학(1993년), 순천청암대학(1998)으로 몇 차례 업그레이드하면서 재학생 3,500명이 다니는 중견대학으로 발전하였다.

2011년 4월 강길태 이사장의 유지를 이은 장남 강명운(姜明運)씨가 이 대학 제4대 총장으로 취임했다. 순천 본교에 간호과, 응급구조과, 세무회계과, 컴퓨터정보과, 인테리어디자인과, 스포츠건강관리과 등 총 6개 학과가 개설되어 있으며, 대학 분교가 전남 여수와 구례, 경남 사천 3군데에 있다. 특이하게도 법무부가 관할하는 순천교도소 내에도 교육과정이 설치되어 있다. 이에 관해 강길태 이사장은 교도소에 학과를 설치한 경위를 다음과 같이 밝혔다.

"수형자들에게 갱생의 의지를 심어주자는 취지입니다. 마침 순천출신으로 알고지내던 재판관이 있어 그에게 수형자에게도 배움의 기회를 주자고 제안하였습니다. 우리대학이 직업교육을 전문으로 하고 있으니까 기술자활에 안성맞춤이라는 생각이 들더군요."

청암대학교는 산업현장에 바로 투입할 수 있는 전문직업인 양성을 지향한다. 이러다보니 대학이 가장 심혈을 기울이는 업무는 학생 취업률을 높이는 일이다. 현재 졸업생 취업률은 90%를 상회하며, 간호학과의 경우에는 거의 전원이 취업에 성공한다. 간호학과 취업률로는 전국 톱클래스이다.

강명운 총장 부임 후에는 일본으로의 진로알선을 시작했다. 오사카에 대학 연수기관을 설립해 학생들에게 현지 적응 훈련의 기회를 주고 일본 유수의 회사에 취업하도록 돕는 것이다. 설립 초기에는 취업을 위해 강길태 이사장이 직접 일자리를 찾아나서기도 했다고 한다. 강 이사장의 회고이다.

"우리처럼 전문직업인 양성을 목표로 하는 대학에서는 취업을 최우선으로 생각해야 합니다. 좋은 일자리 찾아주는 게 대학경영자의 임무입니다. 80년대만 해도 지명도가 낮아 제가 이 회사 저 회사 찾아다니며 우리 학생 뽑아달라고 부탁도 많이 했습니다. 나중에 그 회사 사장으로부터 졸업생이 일 잘한다는 소리를 들을 때 기분이 좋습니다."

카리스마 리더 강계중

한편 강길태 이사장에게는 정신적인 지주 한 사람이 있다. 그의 친형 강계중 민단 오사카본부 단장이다. 강 단장은 1963년부터 민단 단장을 4기 연임하는 등 일생을 민족운동에 헌신한 인물이다. 그는 일단 결정하면 실천하는 강한 행동력의 소유자로서, 재일동포사회에서 카리스마 넘치는 리더로 명성이 자자했다.

민족심, 애향심은 타의추종을 불허할 만큼 열정적인 성품이다. 강계중 단장은 생전에 이와 관련된 에피소드를 여럿 남겼는데, 그 가운데 하나가 1983년 3월 독립기념관 건립 성금을 기탁할 때의 사연이다. 기탁한 성금 1천1만2,000원은 모친 박외순(朴外順)여사의 조의금이었다. 강 단장이 측근들에게 그 이유를 이렇게 표현했다.

"어머니는 일제치하에서 우리민족이 타국인에게 당하는 치욕을 누구보다 절감했던 분입니다. 반평생을 일제의 압제에 시달리다보니 민족의 독립이 사무친 한(恨)이라고 하셨습니다. 그래서 어머니가 돌아가시며 남긴 조의금을 독립기념관에 성금으로 기탁한 겁니다."

강 단장이 남긴 이 발언은 그의 생애 마지막 기록으로 남고 말았다. 그는 모친 사후 5개월 뒤인 그해 8월 21일, 만 69세를 일기로 타계하고 말았다. 아직은 충분히 활동할 나이였다. 이에 대해 지인들은 젊은 시절 모진 고생들이 누적되어 육신이 더 이상 견뎌내지 못했던 것 같다고 그의 죽음을 안타까워했다.

강계중 단장의 인생은 남을 위한 봉사활동으로 점철되어 있다. 어릴 적 순천을 떠난 그는 상경해 철물점 점원, 군수공장 노무자 등 궂은일들을 전전했다. 일본으로 건너간 시점은 1943년 5월, 홋카이도 탄광 징용자 신분이었다.

징용자들 사이에서 그는 단연 두각을 나타내는 인물이었다. 1944년 홋카이도에서 '지옥행'으로 불리던 남방행 징용열차에 강제로 태워져 끌려가던 동포 33명을 신도쿠역(新得驛)부근에서 탈출시키는 데 성공한다. 징용자들을 통솔해서 동포를 구출한 것이다.

그는 해방 직후 귀국선 우키시마루호에 탔다가 7,000명의 동포가 일본의 폭침 의혹으로 희생당한 '우키시마마루(浮島丸號)호 사건'(1945년 8월)때도 좌시하지 않았다. '국제노동연맹'에 참여해 재일동포의 안전 귀국을 호소하는 운동을 벌이고, 동분서주하며 고통 받는 동포를 찾아다녔다. 강길태 이사장의 형 강 단장에 대한 기억이다.

"형님은 일제 때 징용자로서 갖은 학대를 당해본 장본인이었습니다. 타고난 의협가였습니다. 위험한 일도 동포를 위한 것이라면 목숨 아끼겠다고 가만있어서야 되겠냐며 뛰어다녔으니까요. 그리고 우리 형님처럼 반공정신에 투철한 양반도 없었습니다."

그의 말대로 강계중 단장은 재일동포사회에서 반공주의자로 유명했다. 거꾸로 조총련 쪽에서는 악질 반동분자로 악명을 떨치던 인물이다. 해방 뒤 재일동포의 귀국 알선에 힘을 기울이던 강 단장은 이후 민단에 들어가 반공활동에 전념했다.

1950~60년대 일본에서 한국인이 가장 많이 사는 도시 오사카에는 좌익의 힘이 자유민주 진영보다 훨씬 강했다. 한국 편이라 대 놓고 말하는 것 자체가 위험하게 여겨지던 시절이다. 그러나 이때도 그는 당당하게 공산주의 반대를 외치고 다녔다.

1959년 재일동포 북송사업 반대 총궐기 대회를 주도해 "북송은 일본과 북한 김일성이 합작해 동포를 추방하는 행위"라고 주장했고, 대한반공순국단(大韓反共殉國團)을 결성해 "목숨을 걸고 공산주의에 반대한다"며 앞장섰다. 또한 조총련과 한민통(현 한통련) 등 반국가단체와의 투쟁에 그만큼 열성적인 인물도 없었다.

강 단장은 생전에 본인이 반공주의자가 된 동기를 이렇게 밝혔다.

"제 바로 아래동생인 길순(吉淳)이 6.25동란 때 남조선노동당(남로당) 당원에게 피살당했습니다. 저는 사상이 뭔지도 모르는 순박한 아이를 아무런 이유도 없이 무차별 살상하는 걸, 그 자리에서 목격했습니다. 공산주의자는 목적 달성을 위해서는 수단과 방법을 가리지 않는 무서운 놈들이라 믿게 되었습니다."

의협심과 결행력을 겸비한 강계중 단장은 약세인 친(親)한국계 재일동포사회를 지탱하는 든든한 축이었다. 너무나 확고한 반공주의자였기에 그것이 한국인 단체인 민단 조직을 규합하는 동력으로 작용했다. 이에 대해 강길태 이사장은 "애국심은 사심(私心)이 있다면 결코 행할 수 없는 일"이라 단언했다.

헬기 기증, 학교 건설, 通電, 농업 진흥에 힘 쏟은 강계중 단장

강길태 이사장 발언의 뜻은 순천 시민공원인 죽도봉에 있는 강계중 동상에서 확인할 수 있었다. 동상 건립위원회 멤버들의 면면은 화려하다. 강영훈(姜永勳) 전 국무총리가 선두에 섰고 전 현직 장관, 도지사, 국회의원, 대학총장 등 사회 지도자급 인물만 35명이 건립위원으로 이름을 올렸다. 순천시와 순천시의회는 동상 건립을 적극적으로 지원했고, 시민들의 반응 역시 호의적이었다.

"강계중 선생은 가셨지만 그의 애국, 애족, 애향심은 민족사에 이어질 것입니다. 순천시민의 사표로서 시민의 뜻을 모아 선생의 동상을 건립합니다"(1999년 11월 27일 순천시장)

강계중 단장은 고향을 위해 다양한 지원활동을 펼쳤다. 1969년 어릴 적 살던 마을인 황전면과 인근의 월등면 800가구에 전기를 부설해주었고, 이어 월전중학교, 순천여상의 교사 신축비용 일부와 마을다리 건축비를 사재로 감당했다. 순천경찰서를 세울 때에도 후원금을 기탁했다.

1970년에는 전라남도에 헬리콥터 2대와 경찰 사이드카 1,200대를 기증한 바 있다. 그가 남긴 자서전 '호산 강계중'에 의하면 당시 김재식(金在植) 전라남도 도지사가 오사카를 방문했을 때, 김 지사가 그에게 한 발언이 남아 있다.

"전남은 섬이 많아 북한 무장공비가 나타나거나 응급환자가 발생했을 때 신속한 대응이 어렵습니다. 그리고 대다수 도민의 생업이 농사인데 여름만 되면 병충해 문제로 큰 곤란을 겪고 있습니다. 이런 문제는 헬리콥터가 있으면 해결될 것 같은데, 강 단장님 비롯한 재일동포 여러분이 힘을 보태주면 좋겠습니다."

잠자코 도지사의 말을 듣던 강 단장은 "어떻게든 해보리다"고 짧게 답했다. 그러나 헬리콥터는 막대한 자금이 소요되는 이동수단이다. 당시 헬리콥터 한 대 가격은 4,850만 엔. 그는 두 대를 구입했다. 한 대는 해안경비용, 다른 한 대는 농약살포용이었다. 금액이 원체 높다보니 총액의 2할은 강 단장이 감당하고, 나머지는 일본에 있는 전남도민 단체인 재일전남도민회(오사카)와 전남개발협회(도쿄) 회원들로부터 기부금을 받아 마련하였다.

강 단장은 재일동포를 위한 일에도 헌신적이어서 동포자녀를 위한 한국어교본 1만 부를 자비 출판해 배포하고, 재일동포학생 모국방문단 인솔경비를 부담했으며, 주일오사카총영사관 건립 때에는 자기 일처럼 모금운동에 발 벗고 나섰다.

강계중 단장의 공은 여기에서 그치지 않는다. 그가 국내 농부들을 일본으로 초청해 농업기술 연수를 시킨 일은 효과가 대단히 좋았다. 이 사업을 기획한 강길태 이사장의 증언이다.

"순천도 그렇고 전남도 그렇고 생업이 농사잖아요. 이따금 고향에 들르면 툭하면 흉작이 들었습니다. 제가 보기에는 농업기술 수준이 낮아 농사를 망칠 때도 많았습니다. 육군 대령까지 지낸 한 친구가 뽕나무 농사를 짓는데 그것도 농사라고 짓나 싶을 정도였습니다."

강 이사장은 오사카로 돌아가 형에게 "농민들에게 일본의 선진 영농기술을 익히게 하면 좋겠다"고 제안했다. 형제의 의기투합은 성과로 이어졌다. 1966년 봄 순천에서 처음으로 농업연수생 17명을 일본으로 초청했다. 2차부터는 대상지역을 전국으로 넓혀 61명을 초청했다. 이해에만 총 600명의 농민이 농업기술 훈련생 자격으로 일본에 건너와 연수를 받았다.

모집분야는 영농(營農), 양잠(養蠶), 원예(園藝), 축산(畜産) 등으로 세분화하였고, 훈련생의 특기에 맞춰 분야별로 맞춤식 연수를 실시했다. 가령 뽕나무 농사를 짓는 사람은 잠업이 발달한 나가노현으로, 제주도 출신의 연수생에게는 제주도와 토양과 기후가 비슷한 와카야마현 감귤농장으로 파견했다. 벼농사를 주업으로 하는 농민들에게는 오사카 하비키노시(大阪・羽曳野市)에 있던 오사카부립농장에서 연수를 실시했다.

강 씨 형제가 추진한 농업연수생 일본초청 프로그램은 당시 한국 일간지에도 소개되었다.

"(4월) 14일 농림부는 일본정부와의 외교채널을 통한 것과는 별도로 약 600명의 농업기술자를 일본에 보내, 그곳의 영농 양잠 원예 및 축산기술을 습득시킬 계획이다. 오는 4월 하순에 출발, 약 6개월간에 걸쳐 실시될 이 농업기술훈련생의 파일 훈련계획은 일본 오사카거류민단 대표인 강계중 씨의 주선으로 이루어지는 것. 훈련에 따른 모든 경비는 오사카민단이 부담하도록 되어 있다."(1966년 4월 14일자 매일경제신문)

'대학나무' 제주감귤 보급

강계중, 강길태 형제가 추진한 본국 농업연수생 초청사업은 제주도에 감귤을 보급하는 사업으로 확장되는 계기로도 작용했다. 제주가 감귤의 섬으로 변모한 데는 제주출신 동포의 역할이 컸지만, 전남 출신인 강 씨 형제의 기여도 결코 빼놓을 수 없다.

1966년 7월 전국 단위로 뽑았던 2차 연수생 가운데 제주도 농민 3명이 포함되어 있었다. 김기평, 김승평, 이영상 씨로 이들은 일본의 감귤 주산지인 와카야마현에서 연수를 했다. 관련한 강길태 이사장의 증언이다.

"우리는 와카야마현에 각별히 신경을 썼습니다. 사전조사를 하면서 와카야마현이 제주도의 토양과 기후가 비슷하다는 걸 알게 되었거든요. 제주농민 3명을 감귤농장으로 연수 보내고, 일본 정부 쪽에도 농법을 잘 가르쳐달라고 당부해두었습니다."

오사카민단본부의 협력단체는 일본의 농림성 산하 국제농림청년연맹이었다. 반관반민(半官半民) 조직으로 강 씨 형제는 제주 연수생들이 감귤재배 기술을 익힐 수 있도록 힘을 썼다. 그리고 6개월간의 연수를 마치고 돌아가는 그들의 손에 일본산 조생종 감귤묘목 100그루를 들려 보냈다.

　결과는 놀라웠다. 농업연수생들이 한라산 기슭에 옮겨 심은 묘목이 대풍작을 거둔 것이다. 제주도가 감귤재배의 적지임이 증명되는 순간이었다. 물론 그전부터 제주출신 동포들이 개별적으로 감귤묘목을 고향으로 가져갔지만 상품화까지는 이르지 못했다. 전문재배 기술을 익힌 농민의 시도가 성공을 거둔 건 이때가 최초였다고 한다.

　이후 강 단장은 제주출신 재일동포들에게 제주감귤 묘목보내기 캠페인을 알선하고 음으로 양으로 많은 도움을 줬다. 실제 재일동포가 제주도로 감귤묘목을 반입한 시기는 농업연수생 초청사업 직후인 60년대 후반에 집중되고 있다. 제주도로 반입된 감귤묘목의 수는 1967년과 1968년 각각 4만6,000그루를 시작으로 1969년 42만 그루, 1970년 258만 그루에 달했다.

　한편 감귤은 한반도에서 가장 가난한 지역인 제주도 주민들에게 빈곤탈출의 견인차 역할을 하였다. 제주에서는 감귤나무 3그루만 갖고 있으면 밥은 굶지 않는다는 말이 생겼고, 감귤농사로 자식을 내륙에 있는 대학에 유학 보낼 수 있다 해서 감귤은 '대학나무'로도 불리었다.

　지금까지 살펴본 오사카의 진주 강씨(晉州 姜氏) 형제들이 남긴 다양한 행적만으로도 그들의 조국, 고향을 대하는 마음을 알 수 있을 것이다. 한일을 넘나들며 행한 그들의 발자취는 재일동포의 조국과 고향을 향한 사랑을 느끼기에 충분하다.

> 김경헌(金慶憲)
> 낙서건설공업 회장

한국 일등 노인대학
부산대 경헌실버
창립자

부산의 新명물 〈경헌실버아카데미〉

한국 제2의 도시 부산은 명물이 많기로 유명한 도시이다. 항구도시답게 사시사철 바뀌는 수백 가지 해산물을 맛볼 수 있는 자갈치시장이 있고, 여름이면 하루에 100만 명이 넘는 피서객들이 몰리는 해운대해수욕장이 있다.

매해 가을에 열리는 부산국제영화제(BIFF)는 세계적인 영화축제이다. 그때가 되면 남포동의 비프(BIFF)거리에는 전 세계에서 찾아온 유명 무비스타들이 줄지어 다니고, 부산시내 곳곳은 구름처럼 몰려온 관광객과 시민들이 어우러져 연일 불야성을 이룬다.

그리고 부산은 열성 야구팬의 도시로도 유명하다. 비닐봉투를 머리에 감싸고 신문지를 둘둘 말아 휘두르며 응원하는 부산시민의 야구열정은 본고장인 미국인들도 혀를 내두를 정도로 감탄을 자아낸다.

이처럼 명물로 넘쳐나는 부산에 새로운 명물을 창조한 재일한국인이 있으니, 바로 일본 교토(京都)의 라쿠사이건설공업주식회사(洛西建設工業㈱)의 김경헌(金慶憲, 1927~) 회장이다.

2000년 김 회장이 거액의 사재를 출연해 부산대학교 평생대학원

김경헌(金慶憲) 낙서건설공업 회장

부설 교육기관으로 설립한 '경헌실버아카데미'. 이 노인대학은 오늘날 부산시 관내에서는 모르는 사람이 없을 정도로 유명하다. 또한 명실상부 한국 최고의 평생 학습기관으로서 인정받고 있다.

김경헌. 그는 어쩌다가 부산에 노인대학을 세우게 된 것일까.

시계의 추를 되돌려보자. 2000년 11월 17일. 전국적으로 겨울을 재촉하는 비가 부슬부슬 내리던 그날 오후 5시, 부산광역시 연제구 연산동에 있는 부산시청. 검정색 뿔테 안경을 눌러 쓴 김경헌 회장이 안상영(安相英) 부산시장을 만나고 있었다. 그는 안 시장에게 자신의 결심을 조목조목 말하기 시작했다.

"저는 4살 때 일본으로 건너간 재일교포입니다. 10대 시절부터 토목공사 현장에 뛰어들어 오로지 천직이라 생각하며 살아왔습니다. 그렇게 앞만 보며 달리다 보니 어느 새인가 제 나이도 환갑을 훌쩍 넘겼더군요. 몇 해 전 운영하고 있던 사업에서 은퇴하고 나서야 비로소 제 인생을 되돌아 볼 수 있었습니다. 그동안 시간이 없다는 이유로 관심은 있었지만 가까이 하지 못했던 동서양의 교양서적들을 찾아 읽고, 제가 살고 있는 교토에서 노인대학을 다니며 틈틈이 컴퓨터도 배우고 공부도 하였습니다. 그러면서 그동안 미처 깨닫지 못했던 세상의 소중한 것들을 배우고 이해하게 되었습니다. 그 가운데서도 유독 제 마음을 두드린 가르침이 하나 있었습니다. 구미 선진국에서는 경제적으로 성공한 실업가들이 공익을 위해 자기재산을 당연한 듯이 기부하고, 다방면에서 사회공헌을 위해 힘쓰고 있다는 겁니다. 그러한 모습을 보면서 '나도 사회를 위해 봉사해보고 싶다', '지금이 바로 그 때가 아닌가' 라는 생각을 하였습니다. 그리고 '나는 무슨 일을 어떻게 할 수 있을 것인가' 고민을 거듭하였습니다."

김경헌 회장이 부산시에 노인복지기금 10억 원을 기부하고 있다.(2000.11.17)

　김 회장은 너무 어릴 적에 일본으로 건너갔기 때문에 정식으로 한국어 교육을 받을 기회를 갖지 못했다. 듣는 건 어느 정도 되지만 말하는 건 아무래도 서툰 편이었다. 그는 진땀을 닦아가며 본인의 이야기를 이어갔다.

　"안 시장님, 제가 노인이 되면서 절감한 건 말이죠.『노년에 새로운 인생이 다시 시작된다』는 겁니다. 그런데 가만히 주변을 돌아보니 노년을 무기력하게 지내는 분들이 의외로 많이 계시더군요. 그런 경향은 일본보다 한국이 더 심해 보였습니다. 아무래도 한국은 아직 노인복지 체계가 정착되지 못한 것 같아요. 그래서 이왕이면 저의 조국 대한민국, 제가 태어난 고향의 노인 분들에게 제2의 인생을 소중하게 여길 수 있는 기회와 노년의 행복감을 알려주고 싶어서, 그걸 돕는 교육의 장을 마련하면 좋지 않을까 생각하였습니다. 여기 제 작은 성의입니다. 부산시와 시장님께서 노인 복지를 위하여 그 방안을 찾아주시기 바랍니다. 모쪼록 잘 부탁드리겠습니다."

김경헌 회장은 그 자리에서 10억 원(당시 일본 엔화로 1억3,000만 엔)을 기부했다. 그러면서 한마디를 덧붙였다.

"앞으로도 제 힘이 닿는 한, 조국의 노인들을 돕기 위해 노력할 것입니다."

이듬해인 2001년 8월 29일 이날의 부산시 기부금을 기반으로 노인학습기관으로서 부산대학교 평생교육원 「경헌실버아카데미」가 세워졌다. 김경헌 회장은 이날을 본인의 생애에서 잊을 수 없는 하루라고 말한다.

晝耕夜讀의 어린 시절

그럼 김경헌이란 인물은 어떤 사람인가?

김경헌 회장은 1927년 7월 13일 경상남도 창녕군 길곡면 증산리에서 태어났다. 아버지 김재동(金再東)씨와 어머니 박두리(朴斗里) 씨 사이에서 9남매 가운데 장남으로 태어났다. 양친은 낙동강변에서 땅콩 농사를 지으며 살던 가난한 농부였다. 하루에 멀건 죽 한 그릇이라도 먹으면 다행일 정도로 궁핍한 살림살이였다.

가난에 지친 아버지는 그가 갓난아기일 때 일본 교토로 건너가 일용직 건설노동자로 취업했다. 악착같이 일해 겨우 셋방 얻을 정도의 형편이 되었을 때 가족을 불렀으니, 때는 그가 네 살 되던 1931년이었다. 팔십 중반이 된 나이에도 그는 어머니 손을 붙잡고 교토로 향하던 순간을 기억하고 있었다.

"늦가을 부산에서 연락선을 타고 시모노세키로 갔다고 합니다. 그때 어머니가 역 앞에서 홍시를 한 알 사서 제 손에 쥐어주었던 장면, 한밤중에 교토역에 내리면서 마중 나온 아버지 친구 어깨 위에 올라탔던 장면이 생생하게 기억납니다."

일본생활은 고향보다는 나았지만 여전히 배고픔을 면치는 못했다. 어린 시절을 생각하면 가장 먼저 떠오르는 건 굶주림이고, 두 번째는 일본말이 서툴다고 급우들에게서 놀림 당하던 일이라고 한다.

초등학교 입학 첫날부터 낌새가 이상했다. 일본인 동급생들이 본인을 기피했고 어떤 아이는 눈을 마주치는 것조차 싫어했다. 현해탄을 건너온 '반도아이', '조센진'이라며 노골적인 냉대를 당한 것이다. 어린 아이의 시선에서는 같은 일본 국적자인데도 한국에서 왔다고해서 차별받아야 하는 영문을 도무지 이해할 수 없었다.

양친은 부지런했다. 아버지는 비가 오는 날만 빼고는 매일같이 일하러 나갔고, 어머니는 짬 나는 대로 삯바느질을 했다. 워낙 눈코 뜰 새 없이 바쁘다보니 소년 김경헌은 일요일도 휴일도 모르고 살았다고 한다. 하루는 일요일에 가방을 메고 등교하다가 동급생들에게 눈에 띄어 '휴일에 학교 가는 조센진'이라 손가락질 받기도 했다.

그는 초등학교 졸업과 동시에 아버지를 따라서 토목건설 현장에서 일하기 시작했다. 상급학교 진학은 일찌감치 단념했다. 굶기를 밥 먹듯 하는 집안 형편에서 중학교를 간다는 건 꿈 같은 일이었다.

건설현장에서 그는 가장 나이어린 노무자였다. 기술도 경험도 없으니 그저 어른들이 시키는 일을 할 수 밖엔 도리가 없었다. 폐자재 줍기나 청소 같은 허드렛일을 하며 지내던 어느 날, 아버지 김재동 씨가 그를 불러서 타이르듯이 말했다.

"경헌아, 너는 우리 집안의 장남이다. 장차 집안을 이끌어나가려면 공부를 좀 더 하는 게 좋겠구나. 학교는 아버지가 알아보마."

아버지 말씀을 듣는 순간, 반발감부터 들었다고 한다. 공부는 더해 뭐하겠나, 그래봐야 아무 짝에도 쓸모없는 일이 되리라 여겼다. 그렇다고 아버지 뜻을 거역할 수는 없었다. 남들보다 3~4살 늦은 나이에 리츠메이칸중학교(立命館中學校) 야간반에 입학했다.

그때부터 주경야독(晝耕夜讀)이 시작됐다. 새벽 동틀 무렵에 집을 나와서 낮에는 건설현장에서 일하다가, 저녁에 퇴근하면서 곧장 학교로 향했다. 하루하루 고달팠지만 공부를 할 수 있다는 자체를 감사해야 했던 시절이다.

"다행히 현장 관리자 중에 한국인 아저씨가 계셨습니다. 오후 5시쯤 되면 제게 눈짓을 주었습니다. 공부하러 가라는 신호였지요. 만약 다른 현장이었다면 기회를 얻을 수 없었지 싶습니다. 같은 동포라고 배려해주었던 거지요."

그러나 말이 쉬워 주경야독이지 낮에 일하고 밤에 공부하는 일은 무척이나 고단했다. 청소년기 식욕 왕성한 시절이지만 낮 시간 동안 먹은 건 어머니가 싸준 도시락 한 개가 고작이었다.

"해가 뉘엿뉘엿 넘어갈 무렵, 교문에 들어서면 학교 식당에서 우동 국물 끓이는 냄새가 코를 찌를 정도로 진동합니다. 등교 때마다 어찌나 먹고 싶던 지... 지금도 그 때 맡았던 국물 냄새는 정확히 맞출 수 있을 것 같아요."

우동 국물 냄새는 중학교 다니는 4년(당시 중학교는 4년제) 내내 고문처럼 기억된다. 허겁지겁 꼬르륵 거리는 배를 움켜쥐고 수돗물을 들이키기도 했고, 2시간 걸어갈 각오로 전차비 아껴서 우동을 사먹은 날도 있다.

늦깎이 중학생 김경헌의 별명은 '지카다비(地下足袋)'였다. 노동자용 작업화인 지카다비를 신고 등교하는 학생이었기 때문이다. 비라도 내리는 날이면 푹 젖은 지카다비를 신은 채 수업을 들어야 했다. 학교에서 하나조노(花園) 집까지는 전차로 20분 타고, 내려서 30분은 걸어야만 당도할 수 있다. 종일 일하랴 공부하랴 편할 시간은 없었다.

그렇다고 집도 쉴 수 있는 안식처는 못되었다. 부모님과 9남매가 눕기에도 빠듯한 좁은 공간이니 자리잡기도 힘들다. 매일 녹초가 되어 잠들었지만, 돌배기 막내동생이 오줌을 지리고 울어대기라도 하면 한밤중에 한바탕 전쟁이 벌어졌다.

어머니의 특별한 밥상

김경헌 회장은 중학시절이 본인 인생에서 가장 힘들었던 때였다고 고백한다. 수차례 가출도 해봤고 우울증에 걸려서 죽고 싶은 적도 있었다. 마냥 비뚤어지고 싶은 기분이 들었다. 하지만 그때마다 부지불식간에 집으로 발길을 돌리곤 했다.

바로 가족의 사랑때문이었다. 건설현장에서 일본인에게 갖은 수모를 당하면서도 말없이 일 하는 아버지, 군소리 한번 않고 가족 뒷바라지만 하는 어머니, 나이 어린 여덟 명의 동생들의 불쌍한 모습. 집 나갈 때마다 그런 장면을 떨칠 수 없어서 이내 발길을 집으로 돌렸다.

그 가운데 어머니는 생각만 하여도 눈물이 왈칵 쏟아지는 존재이다. 어머니 박두리(朴斗里)씨는 비가 오나 눈이 오나, 추우나 더우나 아랑

곳 않고 1년 365일을 장남 경헌이 귀가할 때까지 문밖에서 기다렸다. 그가 올 때쯤이면 언제나 그랬다. 문밖에서 기다리는 어머니를 떠올리면 차마 저 혼자 살겠다고 도망가는 건 스스로 용납할 수 없는 일이었다.

장남이 돌아온 걸 확인한 어머니는 "고생했다" 한마디 하시고선, 조용히 부엌에 들어가서 아들을 위한 밥상을 차렸다. 밥상이라야 반찬 한 가지 없이진 돈부리밥(どんぶり飯)공기였다. 하지만 뜨뜻하게 데워서 내어오는 어머니의 그 밥은 김경헌만의 특별식이었다.

"우리 어머니는 제가 귀가할 때 집안에 앉은 채로 마중한 적이 없습니다. 그래서 겨울철 어느 날 제가 화를 낸 적도 있습니다. 제발 추운데 나와 계시지 말라고. 그런데도 다음날이면 어김없이 골목귀퉁이에 선 채로 저를 기다리고 계셨습니다. 어머니 밥은 세상 어떤 진수성찬과도 맞바꿀 수 없는 저를 위한 특별식이었습니다. 장남이라고 저한테만 보리밥 위에 한 움큼의 쌀밥을 얹어주셨거든요."

어느새 김 회장의 눈가가 촉촉이 젖어 있었다. 고생으로 점철된 사춘기, 어머니의 사랑이 그를 붙들어주던 삶의 동아줄이었던 것이다. 눈물은 돌아가신 어머니를 향한 사무친 그리움, 식구 많은 집안의 장남으로서의 무거운 책임감을 소리 없이 보여주고 있었다.

김경헌 회장은 남들보다 늦게 배움의 길에 들어섰지만 누구보다 열심히 공부했다. 그러나 신입생 딱지를 떼고 2학년으로 진급할 때까지도 학업을 이어갈지 알 수 없는 상황이었다. 이때 그는 인생에서 잊을 수 없는 은인 한 사람과 만난다. 수학교과를 가르치던 담임선생님이었다. 학기초 학급 대표와 임원을 뽑는 선거를 치르는데, 그 선생님이 학급 대표로 김경헌을 지명한 것이다.

실감한 일본사회의 폐쇄성

"깜짝 놀랄 일이었죠. 학급대표라니요. 한국인에다 늦깎이 학생에게 말이죠. 솔직히 '내가 학급대표 자격이 있는가' 물리고 싶을 뿐이었습니다. 선생님 뜻을 거역할 수는 없으니 얼떨결에 학급대표가 되었습니다."

그를 학급대표로 지명한 건 담임선생님이 의도이자 배려였다. 타(他)의 모범이 되어야 할 직책을 부여해 학업의지를 북돋아주고 싶었던 것이다. 그는 학급대표가 된 뒤에 비로소 학생이라는 자각과 본분, 책임감을 인식하게 됐다. 같은 반 학생들을 통솔하고 선생님과 학생 사이에서 고리 역할을 하면서 보람을 느꼈고 공부도 더 열심히 하는 계기가 되었다고 회상한다.

가끔은 공사판에서 무거운 자재를 나르다 허리를 삐끗한 날이면 '오늘은 수업에 빠지고 집에 갈까' 싶다가도, 일 마치고나면 저도 모르게 발길이 학교로 향하는 자기 자신을 발견하곤 했다.

그러나 운명의 장난처럼 졸업 직전에 학업을 더 이상 이어갈 수 없는 돌발 상황이 벌어진다. 가계수입의 전부나 다름없는 아버지와 그의 임금이 장기 연체되었고 돈 받을 길마저 막막해진 상황을 맞이한 것이다. 이전에도 공사현장에서 임금을 떼이거나 연체되는 일을 종종 겪었지만, 이번에는 사정이 전혀 달랐다.

11명의 대식구가 모두 밥을 굶어야 하는 지경에 처한 것이다. 한 푼이라도 아쉬운 냉혹한 현실 앞에 자기 욕심만으로 학업을 잇는 건 무리였다. 졸업 문턱에 다다랐음에도 학업을 중단해야만 했다.

"수입이 전혀 없으니까 당장 먹고 살 길이 막막해져버린 겁니다. 학교에서는 제 사정을 들어줘 수업을 들을 수 있도록 해주었습니다. 끝내 월사금(학비)을 내지 못하고 말았습니다. 4년 과정을 모두 이수하긴 했지만 월사금을 못냈으니 졸업장을 받을 수는 없었지요. 고작 600엔의 월사금을 못내는 바람에... 가난의 비참함을 뼈저리게 느끼고, 가슴속에 배움의 한(恨)이 맺힌 게 그때라 할 수 있지요."

인생에서 첫 번째 좌절이었다. 그의 형편을 아는 담임 선생님은 배려를 해줬다고 한다. 수업을 계속 듣도록 도와주고 전문학교(오늘날의 전문대학) 진학상담을 해줄 만큼 제자를 아꼈다. 그러나 냉혹한 현실 장벽에 가로막힌 그로서는 아쉽게도 학창생활을 접는 수 밖에 도리가 없었다.

10대 시절 산전수전 다 겪다보니, 김경헌 청년은 또래 친구들보다 일찍 어른이 되어갔다. 장래에 대한 고민도 깊었다. 중학생 때 임금을 떼이는 경험을 하면서 장차 직장을 잡는다면 꼭 안정된 일자리를 구하고 싶었다.

특별한 기술이 없을 때 그의 시선을 사로잡는 일은 운전수였다. 건설현장에서 만나는 운전수들은 하나 같이 여유로워보였기 때문이다. 운전수가 되기 위한 인생계획표도 세웠다.

1단계. 만 18세가 되면 운전면허를 취득한다.
2단계. 군대에 입대해 운전병을 자원한다.
3단계. 제대 후 병원이나 소방서 구급차 운전수로 취직한다.

운전면허 취득 연령인 만 18세가 되자마자 면허증을 취득했다. 그리고 군 입대를 자원했다. 한시바삐 정착해 가족을 부양하겠다는 일

넘이었다. 때는 1945년 7월이었다.

그러나 그로부터 1개월 뒤 격변이 일어났다. 청년에게는 예기치 못한 일본의 패망이었다. 일본이 대혼란에 빠지면서 거의 모든 일자리가 한꺼번에 사라지고 거리 곳곳에는 실업자들로 넘쳐났다.

세상은 뒤숭숭했지만 그는 자신감이 있었다. 그때만 해도 운전하는 사람이 드물던 시대, 일찌감치 운전면허를 따놨으니 오래지 않아 일자리는 구할 수 있다고 낙관한 것이다. 하지만 그건 한국인 청년의 순박한 생각이었다. 응모하는 회사마다 퇴짜를 당했다. 서류심사마저 거부당하였다. 그가 배워온 상식으로는 거절당하는 이유를 도저히 납득할 수 없는 일이었다.

"구급차 운전수가 가장 하고 싶었습니다. 번번이 낙방하였지요. 처음에는 그저 경쟁률이 높아서인가보다 싶었습니다. 알고 보니 그게 아니더군요. 한국인이라서 안된다는 겁니다. 그래도 포기하고 싶지는 않아서 면허증만 있으면 누구나 받아준다는 택시회사를 찾아갔습니다. 기막히게도 거기서도 '안된다'고 퇴짜를 놨습니다. 한 열 군데쯤 찾아갔어도 소용이 없는 일이더군요."

국적의 장애를 넘을 수는 없었다. 이력서와 함께 제출하도록 돼 있는 호적등본이 말썽이란 생각도 들었다. '경상남도 창녕'이라 적혀 있는 출생지를 지울 수도 없으니 운전수 취업은 단념하기로 했다.

김경헌 회장은 일본에서 근 평생을 살아가면서 해방 직후 10년 정도, 시기로 봤을 때 1950년대가 일본인의 재일동포 차별이 가장 극심했다고 되돌아본다. 그리고 그때 조국 대한민국이 일본 사회가 노골적으로 행하는 재일동포 차별에 아무런 항의도 않고 수수방관하여서 못내 섭섭했다고 말한다.

"오기로도 안되는 일이 너무 많았습니다. 무조건적인 국적차별이 말이나 되나요. 그치만 현실이었습니다. 자꾸만 당하다보니까 분노가 생깁니다. 절대 일본인으로 귀화하지 않겠다고 다짐한 이유지요."

건설장인의 길 〈라쿠사이건설공업〉 창업

그는 일본사회의 폐쇄성에 질리다시피했다. 더 이상 선택의 여지는 없었다. 본인이 할 수 있는 일은 중학시절부터 아버지 따라다니며 배운 토목 건설 일뿐이었다. 세칭 노가다. 어느새 경력도 쌓였고 어떤 식으로 운영이 되는지 어깨너머로 익힌 것도 있었다. 그는 인생 계획을 재수정하였다.

1단계. 토목 건설업체에 취직해 일을 하며 기술을 익힌다.
2단계. 자금을 마련하면 독립하여 토목 건설 회사 사장이 된다.
3단계. 토목 건설 분야에서 최고 기술력을 보유한 회사로 키운다.

초심(初心)의 자세로 일 하면서 많은 걸 새로 보게 되었다. 작업별로 어떻게 일이 진행되는지 꼼꼼하게 탐구하기 시작했다. 그리고 일이 있는 곳이면 장소 불문하고 찾아다녔다. 집 근방인 교토에 얽매이지 않았다. 도쿄, 가와사키 등 일본 전역의 토목 건설 현장을 다녔다.
어떤 때는 운전수가 되어 트럭을 몰고 다니며 자재운반을 하기도 했다. 현장마다 적용하는 공법의 차이, 발주시스템의 차이 등을 일일이 관찰하면서 차곡차곡 경험을 쌓아갔다.

김경헌 회장이 창업한 교토의 〈라쿠사이건설공업〉

그리고 부지런히 일해서 모은 돈으로 트럭 한 대를 마련했다. 직원 한 명 없는 1인 회사였다. 하지만 자재 운송업만큼 여러 현장을 누비기 좋은 직업도 없었다. 각기 다른 현장의 운영체제를 서로 비교해보는 좋은 기회이기도 했다. 독립한 뒤 단 한 번도 주문받은 자재를 늦게 운반하거나 펑크 낸 적이 없던 그이다.

이 시기 김경헌 청년의 빈틈없는 일처리를 지켜보던 이가 있었다. 하청(下請け) 일을 부탁하러 다니던 긴키토지(近畿土地) 사장 고모리 신지로(小森新次郎) 씨였다. 긴키토지는 교토 일대에서 주택 토지를 전문적으로 취급하는 제법 규모가 있는 회사였다.

"긴키토지 공사현장에 흙을 날라다 주는 일을 할 때였습니다. 고모리 사장이 저더러 대뜸 택지개발을 맡아 해보지 않겠냐고 하는 겁니다. '불도저도 없는데 무슨 수로 개간을 한단 말인가' 싶었습니다. 그 자리에서 고모리 씨가 불도저 사는 돈을 빌려주겠다고 하더군요."

사실상 '1인 운수회사'에 지나지 않았던 그의 회사가 마침내 토목건설회사로 거듭나게 된 계기이다. 바로 현재의 낙서건설공업(洛西建設工業, 라쿠사이건설공업)주식회사이다. 당시 김 회장의 나이 31세, 1958년도였다.

일본인이지만 고모리 씨는 인간 김경헌을 신뢰했다. 국적에 얽매이지 않고 그의 사람 됨됨이, 일처리 능력을 알아보고 초보 사장 김 회장에게 일감을 밀어줬다. 어린 시절 한 때 일본 사회로부터 차별과 멸시를 당하며 눈물 흘렸던 그이지만, 고모리 씨와의 인연과 그로부터 받은 은덕은 평생을 두고 잊을 수 없었다.

두 사람은 얼마나 인간적인 교분이 두터웠는지, 김 회장 부친 장례식 때에 고모리 씨는 식이 시작될 때부터 끝날 때까지 함께 하였다. 또한 훗날 본인이 임종할 무렵엔 김 회장에게 후일을 부탁했을 정도로 막역한 관계였다.

일이 넘쳐나면서 휴일도 모른 채 새벽부터 자정까지 일만 했던 시절이다. 직원과 운전수를 모집하여 늘어나는 일감에 대응하며 일의 효율성을 높였다. 사업은 승승장구하였다. 초기에는 토지를 정지(整地)하고 산과 들을 깎는 토목과 택지조성 일을 했고, 나중에는 집을 지어서 파는 다테우리(건설판매)로 사업 영역을 확장해 갔다.

마침내 1964년 라쿠사이건설공업은 주식회사로 기업공개를 했다. 회사조직과 경영을 보다 안정화시키기 위한 조치였다. 마흔 살 무렵 김 회장은 대형 덤프트럭, 불도저 등 건설 중장비를 각각 수 십 대씩 보유한 건실한 회사를 구축했다. 사원수 100여 명에 연간 매출 8억 엔대로 교토 관내에서 건실한 중견 토목업체로 인정받았다.

청소년기 막노동으로 입문한 토목 건설 분야는 일생의 업이 되었고, 일본 전국 곳곳에 수많은 건축물을 세웠다. 특히 교토에는 김경헌의 손때가 묻어 있는 건축물이 유달리 많다. 관청, 공원, 아파트, 교량, 철로 방음벽, 도로 중앙분리대, 하수도, 저수조 등 셀 수 없이 많다. 교토에서 손수 지은 교량만 수십 곳을 헤아린다.

자연스레 교토 시내를 다니면 그가 시공한 교량을 건너게 되고, 도로를 달리다보면 그의 손길로 다듬어진 중앙분리대를 끼고 가게 된다. 라쿠사이건설공업의 본사 사옥 근방에 있는 하나조노역 방음벽 또한 김 회장의 작품이다.

김경헌 회장은 지금까지 많은 숱한 공사 중에서 교토 후시미쿠 로쿠지조에서 고급 주택단지를 건설할 때가 기억이 많이 남는 공사였다고 말한다.

"공사기간을 맞추려면 한겨울에 공사를 해야 했습니다. 일본은 습기가 많은 나라라서 겨울공사가 힘이 듭니다. 영상 10도 아래로 내려가면 콘크리트 양생이 잘 되지 않아요. 무턱대고 콘크리트를 부으면 결로를 피할 수 없으니 난감했죠. 번뜩 떠오르는 게 연탄 숯이었습니다. 방마다 바닥에 두꺼운 패널을 2장씩 깔고 그 위에 숯을 올려놨더니, 방 전체에 온기가 퍼지며 양생이 잘 되었습니다."

성공적 실험이었다. 하수도 시공 시에도 같은 방식으로 양생을 시도했다. 건설공정에서 가장 중요한 요소이자 성공의 관건은 얼마나 튼튼한 건축물을 완성시킬 것이냐이다.

그는 콘크리트 균열을 막는 지지대로 작업복을 좌우로 끼어두는 실험도 했다. 인부용 작업복은 튼튼한 소재의 옷감이라 팽팽히 당겨서

지지대를 만들면 자동차가 지나가도 끄떡 없다. 김 회장이 타성에 젖은 건설가가 아님을 알 수 있는 대목이다. 오랜 건설현장의 경험과 더불어 새로운 시도를 두려워 않는 모험심이 있었던 것이다.

김경헌 건축물의 완성도는 높았다. 그에게 일감을 맡기려는 관청과 업체는 늘어났고, 실적이 쌓이면서 김경헌의 이름과 라쿠사이건설공업의 평판도 높아갔다.

"일을 할 때 제일 중요한 건 말이에요. 타인의 평판보다도 자기 스스로 만족해야지, 내가 만든 물건이 최고라는 자부심이 있어야 합니다. 그래야 최고가 나오는 법입니다."

부지런히 일해 남 부러워할 만큼 큰 재산을 모은 김 회장. 그러나 지금도 '김경헌은 토목건설의 장인'으로 불리고 싶다고 말한다.

한국 최초의 방범회사 〈에스원(SECOM)〉 창업

김경헌 회장의 가족 사랑은 유별날 정도이다. 여덟 동생의 학비와 생활비를 보태주고, 장성해서 시집 장가를 갈 때면 자기 돈을 들여 결혼식을 치러 줬다. 심지어 신혼집까지 장만해줬다. 항상 본인보다는 가족 부양이 먼저였다. 아무리 9남매의 장남이라해도 김 회장 같은 사람을 만나기란 어렵다.

헌신적인 가족 부양을 하면서도 정작 본인은 셋방살이를 면치 못했다. 교토 니시쿄고쿠에 김경헌 이름을 내건 자택을 마련한 시점은 환갑(還甲)이 훌쩍 지나서였다.

부모 공양도 지극했다. 아버지 김재동 씨는 물론 어머니 박두리 씨를 돌아가시는 당일까지 봉양하였다. 어머니의 경우 2000년 96세를 일기로 돌아가시는 날, 밤새 두 손을 붙들고 임종을 지켰다고 한다.

김경헌 회장이 가족처럼 애지중지하는 대상이 하나 더 있다. 바로 고향과 모국이다. 4세 때 떠나온 고향 창녕을 다시 찾아간 건 38세 때였다. 고향 풍경은 자신이 떠날 때와 별반 다르지 않았다고 한다. 가는 곳마다 울퉁불퉁한 비포장도로였고, 수도와 전기도 들어와 있지 않았다. 그는 사재(私財)를 고향마을 개선 사업비로 쾌척했다. 개인적인 새마을운동 지원인 것이다.

그는 모국을 왕래하던 중 한국의 치안에 사각지대(死角地帶)가 있다는 사실을 알게 되었다. 공적 치안인 경찰력에만 의존하고 있어, 개인 재산이나 기업기밀 방범이 허술하였던 것이다. 치안은 개인이 해결하기 어려우니 '일본처럼 전문 방범시스템이 있으면 편리할 텐데"라고 생각했다고 한다.

이 생각을 실행으로 옮긴 결과가 1977년 11월 28일 설립한 '한국경비실업주식회사'이었다. 내무부장관 인가 용역경비업 제1호. 한국 최초의 전문 방범시스템 회사였다. 본사를 서울시청 근방 무교동의 엠파이어호텔에 두고, 전직 경찰들을 채용하는 등 의욕을 보였다고 한다. 일본의 앞선 방범기기를 도입하기도 하였다.

그러나 첫 사업은 완전 실패였다.

"한국사람들이 방범기기가 뭔지도 모르는 시절입니다. 수요처도 별로 없을 뿐더러 그런 걸 뭐하러 돈 주고 하냐는 식이었죠. 하루가 다르게 치솟는 인건비 상승까지 겹치며 회사 설립 2년 만에 자본금을 모두 까먹고 말았습니다."

그러나 단념하지 않았다. 사업성을 높일 관건은 그때까지 인력에 의존한 체제를 개선하는 일이었다. 그때 번뜩 머리 속에 떠오르는 건 '일본경비보장(현재의 SECOM)'뿐이었다. 일본에도 세콤만한 시큐리티 서비스를 제공하는 데는 없었다. 동종업계 1위. 김경헌 본인도 회사에서 세콤 경비의 편리함을 익히 경험한 터이다.

"제가 세콤을 떠올린 건 경비업의 승산은 24시간 감시카메라를 가동시키고, 비상벨이 울리자마자 즉각 출동하는 시스템을 갖추는 길이라고 봤기 때문입니다. 전문 시스템을 갖춘 회사의 노하우와 시스템을 직도입하는 게 낫지 않겠어요."

김 회장은 곧바로 도쿄 시부야의 세콤 본사와 제휴 협상에 들어갔다. 몇 차례 만나며 한국 진출에 대한 긍정적인 반응을 얻었지만 세콤 측에서 조건을 내걸었다. 한국의 일류기업이 파트너로 참가한다면 업무제휴를 하자는 것이었다. 그때 김 회장이 물색한 한국의 파트너사는 '중앙개발(현재의 에스원)'이었다.

그렇게 3자간 합의로 탄생한 회사가 '한국안전시스템'이었다. 출자금은 김 회장과 중앙개발이 각각 30%, 일본경비보장이 35%를 내는 합자로 조성했다. 1981년 한국안전시스템으로 이름을 한 차례 바꾼 이 회사는 뒤에 한국 제1의 경비전문업체의 지위를 확고히 한다. 현재 세콤으로 통용되고 있는 '에스원'이 바로 3자 합자회사였던 것이다.

한국 최초의 민간 전문 방범회사는 이처럼 재일교포 김경헌 회장의 발안으로 탄생하였다. 이후 김 회장은 1997년 3월 퇴임할 때까지 에스원에서 이사와 대표이사 등을 역임하고, 은퇴 뒤에는 고문직을 수행했다. 민간 치안의 불모지나 다름없던 모국 대한민국을 안전한 나라로 만드는 데 김경헌 회장은 분명 공로자이다.

김 회장은 1982년 7월 7일 '신한은행'의 창립을 주도한 재일교포

출자자 341명 가운데 1명이기도 하다. 신한의 공동 창업주주인 것이다. 그는 '신한금융그룹' 주최 골프대회인 신한동해오픈 실행위원으로 10년간 활동하는 등 신한은행에 깊은 관심을 기울여왔다.

생애 최고의 보람 〈경헌실버아카데미〉

그러나 사업가로서 분주한 나날을 보내다보니 정작 자신을 돌볼 겨를은 없었던 모양이다. 김 회장은 70세 때 병원을 찾았다가 암 진단을 받았다. 그에게는 청천벽력 같은 비보였다.

"이대로 끝인가 싶더군요. 의사가 암의 진행이 위험한 수준이라 해서 힘이 쭉 빠지는 기분이 들었습니다. 생각해보니 인생은 어차피 한 번 사는 것이더군요. 얼마 남지 않은 생애, 노년에 뜻 있는 일을 찾아서 해보자고 다짐하게 된 계기였습니다."

결론은 '타인을 위한 봉사'였다. 사회로부터 받은 은혜를 돌려줘야 본인에게도 보람될 것이라 믿었다. 막연하던 사회봉사의 마음을 구체화시키며 그는 노인복지 문제에 관심을 기울이기 시작했다. 이는 자기 경험과 관련이 깊다. 김 회장은 회사 사장직을 내려놓은 뒤 취미삼아 집근처 노인대학에서 인터넷과 컴퓨터를 배웠다. 난생 처음해보는 신기한 놀이였다. 무엇보다 손자와 이메일을 주고받으며 대화할 수 있게 되어 기뻤다고 한다.

"좋은 걸 혼자만 즐기기보다 모르는 분들에게도 같은 기회를 주고 싶다는 생각이 들더군요. 인터넷처럼 배우기 쉬운 것도 없는데 노인들은 해보지도 않고 마냥 어렵게만 생각하거든요."

결심하면 바로 행동에 옮기는 게 그의 스타일. 곧장 자신과 가족들이 살고 있는 교토시에, 그리고 모국 부산에 각각 거액의 기부금을 희사했다. 노인 복지에 도움이 되기를 바라는 순수한 마음에서였다.

김경헌 회장이 2000년 11월 17일 본적지 부산시에 10억 원을 기탁하게 된 동기이다. 그는 부산시청을 방문해 안상영 시장을 만나 기부금을 전달할 때도 거듭 노인복지를 강조했다.

"시장님, 노인들을 도와주세요. 한국의 노인들은 사회복지를 제대로 제공받지 못하는 경우가 많다던데 모쪼록 잘 부탁합니다."

부산시는 김 회장의 취지를 받아들여 기부금의 용처를 검토했다. 그 결과물이 부산대학교 평생교육원 산하 경헌실버아카데미였다. 그는 노인복지 향상에 대한 확고한 신념의 소유자이다.

"팔순을 넘겨 인생을 살면서 깨달은 건, 인생은 은퇴한 뒤에도 충분히 즐길 시간을 찾을 수 있다는 겁니다. 노년에 새로운 인생을 시작하면 됩니다. 제가 경험한 '제2의 인생'의 기쁨과 행복감을 모국의 노인들에게도 나눠주고 싶었습니다."

주변에서 기부금 한 번 내고 그치는 부자의 행동은 익히 찾아볼 수 있다. 그러나 그는 단발로 그치지 않았다. 노인대학을 설립하는 과정을 지켜보면서 재정이 부족한 듯 싶자, 다시 사재를 출연하여 실버아카데미를 지탱했다.

노인들에게 도움이 되기를 바라는 마음 그 뿐이었다. 이는 실적이 증명해준다. 김 회장은 실버아카데미 설립 뒤에도 거의 매년 사재를 출연했다. 5억 원, 3억 원, 1억 원... 적을 때 5,000만 원이었다.

김 회장의 이러한 열정 덕택에 경헌실버아카데미는 한국 노인대학으로는 유일하게 전용강의실(경헌당)과 컴퓨터 학습실을 마련했고 전

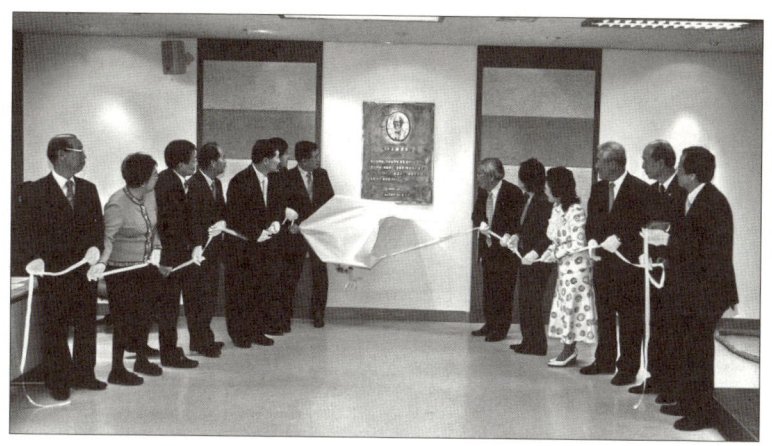
경헌실버아카데미 전용강의실 〈경헌당〉 명명식(2009.04.16)

용 셔틀버스까지 구비해놓고 있다.

김경헌 회장은 실버아카데미 창립 10주년 때인 2011년 7월에는 20억 원을 추가 출연했다. 노인대학 재학생, 수료생의 학업과 복지를 지원하기 위한 '경헌복지재단'의 설립 자금이었다.

한편 김 회장이 모국에서 펼치는 노인복지 활동은 외롭지 않았다. 그의 의지에 찬동하는 재일교포 동지들이 있기 때문이다. '경헌실버아카데미 재일한국인후원회'의 존재이다. 후원회는 거주지 교토에서 오랫동안 친교를 다져온 막역지우 한창우(韓昌祐) 마루한 회장이 적극적으로 앞장서 세워진 친목 조직이다.

김 회장이 하는 노인복지 증진의 뜻에 찬동해 자발적으로 모이기 시작한 재일교포 후원회는 초기에는 20명 남짓이었지만 지금은 35명까지 늘었다. 후원회원들은 수료식 등 노인대학의 주요 행사가 있을 때마다 먼 걸음을 마다 않고 찾아온다. 뿐만 아니라 봉투 두툼한 후원금을 기탁하고 경헌실버의 발전을 지탱한다.

후원회원들의 면면은 화려하다. 김 회장과 오랜 세월 친교를 다져온 한창우(韓昌祐) 마루한 회장과 김건치(金建治) 전 재일한국상공회의소 회장, 김일웅(金一雄), 김화남(金和男) 전 현직 재일세총 회장, 오용부(吳龍夫) 규슈흥은 이사장 등이다. 이 가운데 김경헌 회장과 한창우 회장, 김건치 회장은 부산대학교 명예박사 동문이기도 하다.

김 회장과 재일교포 동지들의 든든한 뒷받침으로 경헌실버아카데미는 자타공인 대한민국 최고의 노인대학으로 인정받는다. 수료생은 2,200명을 넘어섰다. 전국 노인대학 가운데 자체적인 자원봉사조직을 꾸리고, 재학생 수료생이 함께 재능기부 활동을 하는 곳은 경헌실버아카데미가 유일하다시피하다.

한국사회는 65세 이상 노인인구가 12%를 넘는 고령화 사회로 진입하고 있다. 그 점에서 경헌실버아카데미는 제2의 인생을 어떻게 살아가면 좋을지 보여주는 모범사례이다. 실제 부산시에서는 경헌실버 수료생의 다양한 봉사활동 등이 시민들에게 호평받고 있다.

김경헌 회장은 앞으로도 평생의 동반자인 부인 김군자(金君子)여사와 함께 생(生)을 마칠 때까지 노인복지에 헌신하겠노라 다짐한다. 그리고 본인 스스로 제2의 인생을 사는 모범이 되고자 최선을 다하겠노라 다짐한다.

그의 양복 상의에는 언제나 동그란 경헌실버아카데미 마크가 달려있다. 매일 아침 마크를 보면서 모국의 노인복지에 헌신하겠다고 마음을 다잡는다. 김경헌 회장은 자신 있게 말한다.

"경헌실버아카데미는 제 생애 최고의 보람입니다."

> 김정출(金正出)
> 청구학원쓰쿠바 창립자

차세대 육성에
마지막 승부수 던진
외과의사

기숙사형 전일제 중고교 설립

외국에 사는 교포들의 제일 큰 관심사는 단연 자녀교육 문제이다. 부모 입장에서 먹고 사는 일에 쫓기다보면 자녀에게 우리말과 우리 문화를 가르치기가 말처럼 쉽지는 않다. 최선은 민족학교를 보내는 일이지만 일본에는 그 수도 적을 뿐더러 대부분 각종학교라는 핸디캡을 안고 있다. 각종학교는 교육당국이 일종의 교습학원 자격으로 인가를 내준 학교. 타 학교로 전학을 가거나 상급학교로 진학하려 할 때 복잡한 절차를 밟아야 하는 수고가 뒤따른다.

교포들이 바라는 이상적인 민족학교의 형태는 한민족 정체성을 전승하는 교육을 제공하면서 동시에 일본 당국으로부터 정규(正規)로 인정받는 학교이다. 하지만 일본 내 정규 민족학교는 단 몇 개만이 존재할 따름이다. 재일동포 이주역사가 1세기가 넘지만 현실적인 제약으로 인해 정규 민족학교는 오사카의 백두학원과 금강학원, 교토의 교토국제학원 등 4개 학교 뿐이다. 일본의 중심인 수도 도쿄 근방에는 한 군데도 없는 상태가 지속되어 왔다.

정규학교가 이처럼 적은 까닭은 일본 교육당국의 커리큘럼에 따라야 하고, 외국인으로서 일본이 제시하는 교육 여건과 기준, 절차를 통과하기가 여간 어렵지 않기 때문이다. 일본에서 한민족 정규학교를 세운다는 건 대단히 험난한 투쟁인 것이다.

그러나 2014년 4월 이변이 일어났다. 다시 나오지 않을 것 같던 정규 민족학교가 신설, 그것도 정규학교의 불모지 일본 수도권에서였다. 학교명은 '청구학원 쓰쿠바(靑丘學園 筑波)'.

이바라키현 이시오카시에 개교한 이 학교 설립자는 김정출(金正出) 이사장이다. 그는 일본에서 나고 일본에서 쭉 살아온 재일교포 2세. 그렇기에 청구학원의 출현은 놀라움을 선사한다. 민족학교 설립자는 일제 때 조국을 떠난 1세들 일색이기 때문이다.

2세들 스스로도 "우리가 아버지 세대보다는 민족성이 약하다"고 푸념하는 실정에서 동포 2세에 의한 민족학교의 탄생은 시사하는 바가 적지 않다. 재일동포사회에서 내려온 해묵은 고정관념의 파괴이며, 불가능으로만 여겨졌던 정규 민족학교를 일개인이 용기있는 도전으로 세웠기 때문이다.

청구학원의 교육시스템은 기존 민족학교와는 여러가지 부면에서 다르다. 가장 큰 차이점은 스파르타식 민족교육의 실시이다. 중고등학생들을 학교 안에서 온종일 공부하게 하고, 숙식까지 해결시켜주는 전일제 기숙사형 체제이다. 조총련계를 포함해 재일 민족학교는 한때 200개교(현재 100개교 미만)를 넘기도 했지만, 청구학원과 같이 기숙사까지 구비하고 새벽부터 밤까지 붙잡아놓고 집중 교육하는 학교는 없었다.

일반적으로 일본의 초중등 교육은 한국과 마찬가지로 6-3-3년제이며, 아이들이 아침에 등교해 오후에 귀가하는 형태로 운영된다. 이는 기존 재일 민족학교들도 마찬가지이다.

대체 무슨 생각으로 김정출 이사장은 스파르타식 민족학교를 설립한 것일까. 학생 스스로 공부하는 자기주도 학습, 강압보다 자율이 강조되는 교육의 흐름을 역행하고 있지는 않은가. 이런 의문을 제기할 법 하다.

김 이사장의 신념은 확고했다. 민족학교 설립은 젊은 시절부터 구상해온 본인의 오랜 꿈이라 민족교육의 실정과 문제를 속속들이 알고 있다면서, 후세에게 제대로 된 민족교육을 제공하려면 전일제 기숙사형 체제가 제격이라고 강조한다. 그리고 학교를 세운 건 자기 신념을 현실로 옮기는 작업이라고 덧붙인다.

"1주일에 몇 시간의 공부로 민족정체성을 기를 수는 없다고 생각합니다. 우리나라의 얼과 문화, 말을 제대로 익히려면 어릴 적 집중적으로 민족교육을 받아야 합니다. 최소 3년은 교육받아야 민족 자긍심을 몸에 익히지 않을까 싶어요. 그래야 재일동포사회를 계승 발전시킬 리더로 성장할 것이고요. 설령 세뇌시킨다고 손가락질 받는 한이 있더라도 집중적인 훈육이 필요하다고 봅니다."

국제적 시야의 자이니치리더

김정출 이사장은 개교를 준비하면서 2011년 11월 학교 벤치마킹을 목적으로 한국을 방문한 바 있다. 탐방교는 강원도 횡성의 민족사관고등학교와 경기도 가평의 청심국제중고등학교로 수재들이 모인다는 기숙사형 학교였다.

탐방단에 예비학교 스텝들을 대동했다. 초대 교장선생님으로 전직 민족학교 선생님인 친형 김정룡(金正龍)씨부터 전직 교육부 관리, 현역 재일 민족학교 선생님, 학교 기숙사를 짓게 될 일본인 건축가까지. 1박2일을 동행취재하면서 그에게 한국의 교육현장을 살펴본 소감을 물었다.

"대단히 훌륭한 교육시설이었습니다. 운영방식을 비롯해 모든 것이 학생들이 공부를 잘하도록 돕고 있다는 인상을 받았습니다. 한 가지 아쉬운 느낌이라면 오로지 목적이 공부 잘하는 것에만 있는 것 같았습니다."

그는 학생들이 어떤 교육이념 하에 학습하고 있나, 교복스타일과 식단, 잠자리는 어떠한가 면밀하게 관찰하였다. 뿐만 아니었다. 본인의 답사 소감을 관계자들에 설명하고 후학양성을 위한 좋은 교육이 무엇인지 쉴 새 없이 토의하였다. 이동버스 안에서도 토론하던 모습이 지금도 기억에 선하다.

이때 이미 김정출 이사장은 어떤 학교를 세울건가 분명한 목표를 정립해 놓고 있었다.

"저는 건학에서 가장 중요한 요소는 기본이념을 설정하는 일이라고 생각합니다. 좀 더 가다듬어야겠지만 방향은 분명하게 잡았습니다. 우선 우리학교 학생은 예로부터 동방예의지국으로 불려온 우리나라의 아름다운 전통문화를 계승하고, 예의가 바른 학생이어야 합니다. 또한 한국어, 일본어, 영어 3개 국어를 자유롭게 구사하며, 국제적 시야를 가진 인재로 커야 합니다.

무엇보다 제가 민족학교를 세우고 싶은 이유는요. 장차 우리 재일동포사회를 이끌어갈 리더를 배출하고 싶어서입니다. 우리 선대들이

이바라키현 〈청구학원 쓰쿠바〉 정문에 선 김정출 이사장

일본에서 얼마나 고생하며 삶의 터전을 마련했나요. 오늘날 재일동포 사회를 어떻게 일궈냈습니까. 장차 우리 청구학원에서 선대의 정신을 계승하고 재일동포사회를 발전시켜 나갈 후배가 많이 배출됐으면 하는 바람입니다."

김정출 이사장은 이때의 생각을 기초로 고심을 거듭했다고 한다. 수차례 수정과 보완 작업을 거치면서 최종 완성된 '청구학원 쓰쿠바'의 교육내용은 다음과 같았다.

1. 교육이념

  첫째, 선인들의 숭고한 뜻을 계승하자
  둘째, 부모님과 어른을 공경하고 형제간에 우애 좋게 지내자
  셋째, 한 사람은 전체를 위하여 전체는 한 사람을 위하여
  넷째, 깊게 배우고 넓은 지식을 쌓으며 학력을 높이자

2. 교육목표
  첫째, 일본, 한국, 해외 일류대학 진학의 꿈을 실현하자
  둘째, 한국어, 영어, 일본어 다언어 교육에 충실하자
  셋째, 예의 바르고 높은 도덕심, 극기심을 배양하자
  넷째, 한국과 일본의 상호이해를 한층 진전시키자

시골마을 의사의 꿈

김정출 이사장을 다시 만난 건 그로부터 한 달 뒤 이바라키현(茨城県) 고미다마시(小美玉市)에 있는 미노리병원(美野里病院)에서였다.

그의 직업은 외과 전문의이다. 미노리병원 설립자 겸 원장이다. 이 병원은 인근에서 시설과 규모, 평판 등 종합적으로 가장 훌륭한 병원으로 손꼽힌다. 미노리병원 응접실 소파에 앉으면, 벽면에 걸린 액자 하나가 눈길을 사로잡는다.

"부유한 사람, 가난한 사람, 모든 사람들에게... 진심을 담은 의료 복지를. (富める人, 貧しき人, 全ての人人に. 心のこもった, 醫療福祉を)"

병원을 개업하면서 김 이사장이 손수 지었다는 사훈(社訓)이다. 그는 원래 이 고장 출신이 아니다. 외지에서 온 사람이다. 아오모리현의 산골마을에서 태어난 그는 그곳에서 고등학교까지 다녔다. 홋카이도대학 의학부에 진학하면서 도외지로 나왔고, 의대를 졸업한 뒤에는 요코하마의 한 대학병원에서 전문의로 일했다.

그가 미노리마을(町)에 정착한 건 1980년대 초반이었다. 이바라키

현에는 친형 김정룡 씨가 먼저 자리를 잡고 있었다. 미노리마을로 이사를 결심한 데는 나름의 사연이 있다.

"때마침 자식들을 소학교(한국의 초등학교)에 진학시킬 때가 됐는데, 제가 근무하던 병원 근방에는 민족학교가 없었습니다. 보내기엔 너무 멀고 곤란한 상황이었습니다. 아이들을 일본학교에 보내고 싶지는 않았거든요. 그때 이바라키현의 민족학교에서 교편을 잡고 있던 형님이 떠오르기에 연락을 드렸더니 마을에 변변한 병원도 없다는 겁니다. 그래서 겸사겸사 미노리마을에 왔고, 그 뒤 몇 차례 답사한 다음 이곳으로 모든 걸 옮기기로 결심하였습니다."

그의 나이 36세였다. 큰 병원에서 전문의로 명성을 쌓을 기회도 있었지만, 그는 온실 속 화초가 되기 보다는 낯선 땅에서의 새로운 도전을 택했다. 그로부터 한 세대의 세월이 흐른 현재 그는 지역주민으로 완전히 정착한 모습이다. 이바라키현민, 미노리마을 주민으로서 살아가는 그 지역사람이란 사실에 깊은 애정을 보인다.

이바라키현으로의 이주는 탁월한 선택이었다. 미노리병원을 개업한 후부터 생활이 활짝 피기 시작했기 때문이다. 이곳에 와서 얻은 직업, 타이틀을 이력으로 나열하면 그가 얼마나 폭 넓은 활동을 하며 살아왔는지 알 수 있다.

1982년 12월 미노리병원 개업을 시작으로, 1991년에는 노인양호요양시설인 '청구원(青丘園)', 1993년에는 노인보건시설인 '미노리엔(美野里苑)'을 각각 건립했고, 2000년대 접어들어서는 아동 교육시설인 보육원들을 관내 곳곳에 개업했다. 한국어 어학원도 관내와 도쿄 우에노까지 3개 지점에 걸쳐 개설했다.

처음 미노리에 당도했을 때만해도 그저 혈기왕성한 젊은 의사였을 따름이지만, 지금은 노인복지가, 아동복지가, 학원 원장이고 민족학교 '청구학원 쓰쿠바'의 이사장까지 맡게 되었다.

그는 미노리병원을 세우며 만든 사훈을 철칙으로 여기며 살아왔다. 경제적 여유가 없는 사람에게도 질 높은 의료 서비스를 제공하려고 노력하였다. 설령 치료비가 없을지라도 치료를 받지 못하는 경우는 없어야 한다는 신념을 행동으로 옮겨왔다.

신조대로 살다보니 가끔 '무슨 저의가 있는 게 아닐까' 오해를 받은 적도 있지만, 30년 이상을 한결같이 불우이웃을 치료해온 그의 진정성은 지역사회에서 통하고 있다. 자연스레 이바라키현 관내에서 김정출이란 한국인과 미노리병원에 대한 평판은 높아만 갔다.

가뜩이나 바쁘게 살고 있는 김 이사장이 육영에까지 손을 뻗치려는 건 바로 이해가지 않는 일일 수 있다. 전문분야인 의료복지와 상관성이 없고, 육영이란 본디 비즈니스 관점에서는 수익을 기대키 어려운 사업이다. 더군다나 후세를 키우는 일은 금방 실적이 보이는 일도 아니다. 우리 속담처럼 '잘해야 본전, 못하면 욕 먹는 일'이다.

게다가 그가 만드는 학교는 일반적인 형태와는 다르다. 민족성을 드러내고 있기 때문에 지역민의 절대다수인 일본인이 원하는 교육니즈(Needs)와 거리가 있어 보인다. 민족 인재, 자이니치리더(재일동포 리더)육성이란 슬로건 자체가 거부감을 심어줄 우려도 있다. 비딱하게 보면 이상(理想)에 매몰된 나머지 현실과 동떨어진 나홀로 학교만들기를 하는 것 아니냐 비판할 수도 있는 일이다.

이바라키 현지를 찾았던 2011년 말 그는 고민을 거듭하면서 전도가 보이지 않는 현실에 약간은 답답해하는 눈치였다. 학교 건립 의지는 확고했지만 명확히 정해진 건 거의 없었다. 그 시점에서 확인이 되는 것이라곤 '김정출이란 이름의 한국인'이 이바라키현이 경매를 부친 관내 한 고등학교 폐교에 응찰했으며 낙찰을 기다리는 중이란 사실 뿐이었다. 낙찰 받더라도 2012년 봄 이바라키현 의회로부터 매각 승인을 받아야하는 절차를 남겨두고 있었다.

김 이사장은 답답해하면서도 새로운 일에 도전하는 걸 즐기는 듯 자신감이 넘쳐 보였다.

"지금은 모든 게 오리무중(五里霧中)이지요. 하지만 두고 보십시오. 하나씩 계단 밟듯 올라가다보면 어느새 안개는 걷히는 법입니다. 전도(前途)가 보이면 그땐 더 강하게 드라이브를 걸어야지요."

어머니 박옥희 여사의 청국장찌개

무슨 일을 추진하든 난관은 있기 마련이다. 특히 곤란한 경우는 가족의 반대와 마주할 때이다. 그 점에서 김정출 이사장은 실행력이 강한 사람이다. 이때까지도 가족들은 그가 학교 건립을 단념하기를 원하는 눈치였다. 평생의 동반자인 부인도, 그의 어머니 박옥희(朴玉姬) 여사도 반대였다.

다만 한번 정하면 뒤엎지 않는 그의 성품을 잘 알기에 '어쩔 수 없다'며 자포자기하는 분위기였다. 석양이 뉘엿뉘엿 넘어갈 무렵, 병원 원내에 있는 박옥희 여사의 자택을 찾았다. 아담하게 정돈된 단층주택, 입구에서부터 친숙한 한국음식 냄새가 진동했다.

"기자 양반. 차린 건 없지만 밥 한술 뜨고 가시오."

순간 착각인가 싶었는데 청국장찌개 냄새였다. 일본 땅에서 우리나

김정출 이사장과 그의 어머니 박옥희 여사(2011.12.10)

라 전통의 찌개, 그것도 한국사람만이 군침을 흘릴 지독한 청국장 냄새를 맡게 될 줄은 생각 못한 일이다. 더욱이 이바라키는 일본 청국장 낫토의 본고장이 아닌가.

여기서 잠깐 한국과 일본의 청국장을 비교해보자. 양국의 청국장은 콩을 숙성 발효시켜 만든 음식이라는 공통점만 있을 뿐, 풍취나 섭취 방법은 완전히 다르다. 우리나라 청국장은 찌개로 끓여먹고 냄새가 강한 반면, 일본 낫토는 냉장 보관했다가 젓가락으로 둘둘 말아 흡입하듯 먹고 우리 것에 비해 냄새가 덜 난다.

박 여사와의 만남은 30분도 채 안되었지만, 여사는 전형적인 한국인 할머니였다. 어느새 필자가 손자 같은 기분이 들었던지 여사는 손을 감싸더니 "기자 양반, 제발 우리 둘째(아들) 좀 말려 달라"고 말했다. 노모는 칠순의 아들이 까다롭기로 악명 높은 육영 사업에 뛰어든다니 걱정이 이만저만이 아니었다.

곁에서 잠자코 듣고 있던 김 이사장은 허허 웃더니 "우리는 다른 데 가서 식사하자"고 소매를 잡아끈다. 짧은 만남 속에 "어머니는 나의 판박이"라는 김 이사장 말이 실감이 갔다. 직선적이지만 예의 바른 어투가 꼭 닮았다. 한국인임을 부끄럽게 여겼다면 냄새 풍기는 한국식 청국장찌개를 끓이지 못했으리라.

원래 비슷한 외모, 비슷한 문화권에서는 사소한 차이로 서로가 너무나도 다르다는 걸 실감한다고 한다. 불과 20년 전까지도 재일동포들은 즐겨먹던 김치나 마늘도 일본인과 약속이 잡히면 혹시라도 마늘냄새 풍길까봐 그 전 며칠간은 먹지 않는다는 이야기가 내려온다.

이런 이야기는 박 여사와는 전혀 다른 세상 이야기 같았다. 여사의 자전적 수기인 '생사의 바다를 넘어서'에 따르면, 일제 때 도일한 박 여사는 살던 마을에서 대중목욕탕을 다니는 몇 안되는 한국인이었다. 당시 일본인들은 한국인에 대한 선입견과 차별의식이 강했는데, 그 중 하나가 목욕을 안하는 불결한 민족 취급이었다. 일본인 눈치를 보면서 살아야 했던 재일동포들은 멸시의 눈초리가 두려운 나머지, 대중목욕탕 가기를 꺼려 했다.

"내가 뭘 잘못했다고 숨어서 살아야 합니까. 경상북도 안동에서 태어난 한국사람인 게 죄입니까?"

당최 이해할 수 없었다. 그러나 현실은 듣던 대로였다. 목욕탕에 가니까 왜 왔느냐는 식의 냉랭한 눈초리가 느껴졌다. 부화가 치민 박 여사가 힐끗힐끗 쳐다보는 일본인에게 따져 물었다.

"뭘 그리 쳐다보는 거요. 내 몸에 뭐 신기한 거라도 붙어있소?"

할 말을 잃은 일본인은 마지못해 여사에게 사과를 했다고 한다. 잘못이 없는 사람을 이유 없이 나쁘게 보는 건 명백한 차별. 그걸 참는 건 말도 안된다고 생각한 여사는 그때의 일이 자기자신을 돌아보는 계기도 되었다고 한다. 본인이 상대방 기분을 상하게 하는 일은 없을까하고 말이다. 혹시라도 그런 것 같다고 여겨지면 상대를 찾아가 바로 정중하게 사과하려 애를 썼다고 한다.

구순의 연세가 다 된 박옥희 여사는 지금도 병원 어딘가에서 잡초를 뽑고 청소를 한다. 가끔은 내방객에게 병원 안내자를 자처한다. 미노리병원에 들렀을 때 모자 쓰고 다니는 할머니를 만나면 분명 김 이사장의 어머니 박옥희 여사일 것이다.

마지막 인생승부 〈청구학원 쓰쿠바〉

김정출 이사장은 재일 민족학교가 많다 해도 한민족의 말과 얼, 문화, 재일동포의 정신을 계승하는 진정한 의미의 민족학교는 드물지 않느냐고 반문했다.

"민족학교 건립은 숙원입니다. 어릴 적엔 막연했지만, 어른이 되어가며 학교를 짓겠다는 기분이 더욱 강해졌습니다. 교육은 사람이 살아가는 기본입니다. 돈 버는 일은 사람의 기본인 교육을 실현하기 위해 필요한 수단에 지나지 않습니다. 일본에서 나고 자란 재일동포 2세인 저 역시 어릴 적엔 '나는 누구인가' 정체성에 번민하였습니다. 그 고민을 제 아들 손자들이 다시 겪게 두고 싶지 않습니다. 질 높은 민족교육의 전당이 있어야 한다고 생각합니다."

'청구학원 쓰쿠바'는 이바라키현 이시오카시 카키오카(柿岡)에 위치해 있다. 구 야사토고등학교 자리로서 학교가 2009년 3월 관내 학교

통폐합으로 타 지역으로 옮겨가면서 비워지게 되었다. 김 이사장이 부지와 건물을 이바라키현으로부터 낙찰받아 학교를 세운 것이다.

학교 면적은 광활하다. 한국의 어지간한 소형 대학 크기와 맞먹는다. 부지 52,324㎡(1만7천 평)에 교사와 기숙사, 실내체육관, 테니스 코트를 두루 갖추고 있다. 그럼에도 남는 면적이 있다. 김 이사장은 학교를 찾으려고 인근에서 좋다는 곳은 전부 돌아봤다. 이곳을 택한 이유가 있었다.

"아무리 찾아다녀도 카키오카만큼 편안한 느낌을 주는 곳은 없었습니다. 쓰쿠바산으로 둘러싸여 자연환경이 수려하고 넓은 부지를 갖췄으니, 문자 학습과 더불어 심신수련하기에 더 없이 좋은 환경입니다. 신라 때 화랑을 수련시킨 장소가 여기와 비슷하지 않을까도 싶습니다. 문무를 함께 익히기 제격이지 않나요?"

지명에 감나무(柿)가 들어있는 카키오카는 예로부터 살기 좋은 마을로 꼽혀왔다. 태평양 연안지역이라 여름에는 덜 덥고 겨울에는 온난한 기후이다. 그래서 이 마을은 목축업이 번성하고 카키오카산 감과 배는 천황 진상품으로 올릴 만큼 과일이 크고 맛도 좋다.

그러나 접근성은 썩 좋지 못하다. 도쿄에서 '청구학원 쓰쿠바'까지 가려면 도쿄역이나 우에노역에서 이시오카역까지 JR특급열차로 1시간 남짓 타고 가서, 다시 자동차로 족히 20분은 이동해야 한다.

그럼에도 김 이사장이 이곳을 택한 건 공부하기 더할 나위 없이 좋은 환경이라 확신했기 때문이다. 불리한 접근성은 전원 기숙사에 입소시키는 체제로 운영하고 있으니 단박에 보완해버린 셈이다.

학교를 돌아보면서 문득 이런 생각이 들었다. '나이 일흔에 굳이 고생을 사서 하는 이유가 무엇인가?' 속에 있던 말을 참지 못하고 질문을 던지자, 김 이사장은 주저 않고 말한다.

"민족학교 설립은 제 인생의 마지막 승부입니다. 다행히 자식 3명이 모두 의사가 되어 스스로 밥벌이 쯤은 할 수 있습니다. 얼마나 다행인지 모릅니다. 뒷바라지 신경을 써야 한다면 학교 세우는 걸 엄두 내기 힘들 겁니다. 저는 가난한 학창시절을 보냈습니다. 그래도 의대까지 졸업할 수 있었던 건 이름도 얼굴도 모르는 재일동포 1세들이 주신 장학금 덕택이었습니다. 이젠 저도 기반을 잡았으니 후배들에게 제가 받은 은혜를 돌려줘야 하지 않나 싶어요."

일본인도 공부하는 민족학교

김정출 이사장은 본인의 모든 걸 바칠 각오로 학교 만들기에 전력투구하고 있다. 청구학원을 세우기전에 육영의 전초사업도 했다. 그 중 한글아카데미 '가나다한국어학원' 운영은 학교 경영을 위한 디딤돌이었다. 이바라키현 미토(水戸)와 쓰쿠바(筑波), 도쿄 우에노(上野)에 3개의 한글아카데미를 운영하면서 서울에서 원어민 선생님을 초빙하고 재일동포에 알맞는 교재 개발을 하였다.

그러나 제아무리 민족인재를 육성하기 위한 일이라도 현지 주류인 일본인들로부터 공감을 얻지 못한다면, 장래 학교의 발전이나 인재육성에 지장을 초래할 수 있다.

다행히 크게 염려할 필요는 없어 보인다. 청구학원은 추진할 때부터 일본 정부와 지방자치단체로부터 환영받았다. 일본 정부는 오래전부터 '안으로부터의 국제화'를 추진했으나 실적이 많지 않은 편이었다.

바꿔 말해 외국인에 의한 학교 설립은 재일동포를 비롯한 일본에서 영주하고 있는 외국인들을 포용하는 정책에 부합한다. 이바라키현으로서는 국제화 촉진과 더불어 지역 활성화에도 도움이 되니 꿩 먹고 알 먹는 일이다.

그러니까 일본 정부가 외국인에게 정규학교 인가를 내준 것이나, 현 지사가 지대한 관심을 표명했다는 사실은 청구학원에 거는 일본 사회의 기대감이 들어 있음을 뜻한다.

청구학원이 민족학교이면서도 일본의 국가정책에 부합할 수 있는 건, 국적의 장애물을 걷고 문호를 개방하는 육영 정책의 영향도 있다. 당장 재학생들의 면면이 다양한 출신이 혼합되어 있다. 민족정체성을 익히려고 입학한 재일동포, 일본으로 유학 온 한국인, 한국이 좋아서 입학한 일본인, 국제 교육에 기대를 걸고 들어온 미국인 자녀까지 각양각색이다. 설립 전부터 김 이사장이 강조해온 "우리학교는 일본의 국제화정책에 부응한다"던 장담은 적중하고 있다.

청구학원은 한국 전통의 색깔을 입히면서도 한국어, 일본어, 영어 3개 국어 마스터를 목표로 하는 트리링걸(trilingual)교육을 실시하고 있다. 일본의 교육 커리큘럼에 따라야 하므로 한국어 수업을 많이 할애할 수는 없어 주당 정규수업은 5시간에 지나지 않는다. 모자라는 학습시간은 수업 전과 방과 후에 보충수업과 자율학습으로 충당한다. 재학생들이 한국어를 일상 회화로 쓰기 때문에 실력은 어느 정도 시간이 지나면 향상될 수 밖에 없다.

청구학원에서 만난 가와마타 아키네(川又朱音, 고2) 양은 한 학년을 다녔을 뿐인데도 의사소통이 충분한 수준의 한국어 실력이었다. 2015학년도에는 가와마타 양의 동생이 언니를 따라 중1에 입학했다.

순수 일본인의 자녀들이 한국, 한국어를 배우려고 청구학원 입학을
스스로 선택한 것이다.

  재학생중에는 미국 국적자도 있다. 인근 대학에서 강의를 하는 대학
교수의 자녀인데, 3개 국어를 배울 수 있는 학교 프로그램에 매료되었
다고 한다. 한국에서 유학 온 학생들도 있다. 일본어가 부족한 아이들
을 위해 학교에서는 주당 11시간의 정규 수업 외에 맨투맨 보충수업
까지 지원한다. 빠르게 일본어 실력이 늘어날 수 밖에 없는 것이다.

  김정출 이사장은 여느 재일동포 2세와 달리 시종 한국어를 구사한
다. 외국에서 나고 자라 현지에서 교육받은 사람이 한국어로만 인터
뷰하는 건 간단치 않은 일이다. 스트레스가 될 법도 한데 어지간하면
한국어로만 말하려 든다. 그는 유년시절 조선학교를 다니며 우리말을
배워서라고 겸손해하지만, 정확한 어휘선택이나 유창한 화법은 노력
하지 않고서는 실력을 기를 수 없는 일이다.

  "우리말 실력 늘리는 제일 좋은 방법은 일상에서 꾸준히 회화를 하
는 겁니다. 요즘 재미있는 일이 벌어지고 있어요. 시킨 적도 없는데 일
본어 담당교사가 우리말 공부를 시작하고 수업시간에도 쓰는데, 유학
온 한국 아이들이 교사의 틀린 우리말을 고쳐줍니다. 일본인 교직원
들도 우리말 배우기에 열심이고요. 한민족 학교니까 한국어는 할 줄
알아야지라고 느낀 모양이에요."

  그래서인지 청구학원에는 한글로 '우리말을 잘 배우고, 늘 씁시다',
'한국말 상용(韓國語常用)'과 같은 격문이 가는 곳마다 붙어 있다.

  김정출 이사장 이야기를 들으며 문득 이런 생각이 들었다.

  '일본 근대화의 상징적 사건인 메이지유신(明治維新)이래 일본에서
한국인이 세운 교육기관에 일본인이 공부한 적이 있는가?'

그런 사례는 한국어학당 정도이지, 정식 학교에서는 한 번도 없었을 터이다. 여하튼 학생 뿐 아니라 교사, 교직원까지 한국어 학습대열에 동참했다는 소식은 반가운 소식이었다. 김 이사장의 우리말 실력이 뛰어난 건 청년 시절부터 의식적으로 민족심을 잃지 않으려고 노력한 산물이라 말할 수 있다.

"한국사람이 일본에서 당당하게 살아가려면 두 가지 요소를 갖춰야 한다고 생각합니다. 첫째는 철저한 민족심입니다. 둘째는 누구에게도 뒤지지 않는 뛰어난 실력자가 되는 겁니다. 대학에 입학하면서부터 앞으로 반드시 두 가지는 지키자고 다짐했습니다. 두 가지는 제 인생의 나침반이 되었습니다."

독립운동하는 심정으로...

김정출 이사장은 평생을 일본에서 살면서 일본식 이름인 통명을 가져본 적이 없다. 오로지 김정출이라는 원래 이름 석자로 살았다. 불편할 법도 싶지만 실제로 불편을 느낀 적은 거의 없었다.

"공개적으로 한국인임을 밝히며 살았습니다. 그것 때문에 업신여김을 당한 기억이 거의 없어요. 도리어 일본인들로부터 외국인인데도 자기들을 돕는다고 감사인사 받을 때가 많습니다. 세상사 다 그렇겠지만 뭐든 마음먹기 나름이에요. 이왕이면 당당하게 살아야지요."

이바라키현에 거주하는 한국인 수는 많은 편이 아니다. 6,000명 남짓에 지나지 않는다. 그러나 일본 수도권으로 넓혀보면 도합 20만 명에 달한다. 도쿄와 가나가와, 치바, 사이타마 등지로 청구학원까지는 모두 두 시간 내외로 당도할 수 있는 거리에 위치해 있다. 앞에서도 언급했지만 이렇게 많은 한국인이 살고 있는 일본 수도권 내 유일한 정규 민족학교가 청구학원이다.

일본 수도권에서 가장 전통있는 한국계 민족학교는 '도쿄한국학교'이다. 하지만 이 학교는 재일동포를 위한 맞춤형 민족교육을 실시하지는 못하고 있다. 재학생 10명중 9명이 일본에서 잠시 머물다 귀국하는 단기체류자 자녀들이기 때문이다. 외교관, 상사주재원 자녀들이다보니 한국의 입시를 대비하는 게 자연스러운 풍경이다. 한국처럼 과목별 과외도 성행한다. 쉽게 말해 한국학교를 일본에 그대로 옮겨놓은 형태이다.

이런 교육방식은 일본에서 대를 이어 살고 있는 재일동포 입장에서는 위화감을 느끼게 한다. 그들이 필요로 하는 교육은 일본에서 계속 살아야할 아이들이니까 민족의식을 충분히 각인시켜주는 교육이다. 과외가 일반화되어 있는 입시위주의 교육은 학비부담을 가중시키는 문제도 있다. 그래서 평범한 경제력의 동포는 애초부터 한국학교 입학을 포기한다. '도쿄한국학교'는 정규가 아닌 각종학교이다.

이런 점에서 청구학원은 일본에서 정주하고 있는 재일동포에게는 자녀교육의 희망봉일 수 있다. 무엇보다 설립자인 김 이사장 스스로 재일동포이기에 그들이 목말라하는 민족교육이 무엇인지 잘 알고 있고, 이에 대한 준비를 해왔다.

김정출 이사장이 바라는 인재상은 '인간력(人間力)을 갖춘 리더'이다. 학업 실력에 우선해 예의, 도덕심, 타인에 대한 배려심, 사회와 더불어 사는 공동체 의식이 있는 인간미 있는 후학의 육성을 꿈꾸고 있는 것이다. 그는 인간됨됨이가 결여된 박사보다는 자기보다 못한 사람도 배려하며 이끌어줄 수 있는 넉넉한 마음의 둔재가 낫다는 지론의 소유자이다.

이를 위해 김 이사장은 한국사, 재일동포사, 논어(論語) 등 일반학교에는 없는 과목도 가르치고 있다. 만약 한국이었다면 시험에도 나오지 않는 과목을 가르친다고 학부모로부터 항의 받을 일이 될 수도 있다. 김 이사장은 인성교육은 선택이 아니라 필수가 되어야 한다고 믿는 사람이다. 2015학년도 4월 5일 청구학원 입학식에서 김정룡(金正龍) 교장은 학생들에게 "정의, 정직, 성심을 가진 인간, 지혜와 지식을 체득한 마음 따뜻한 사람이 되어 달라"고 당부했다.

청구학원 학생의 일과표를 보면, 세계 제일의 열성교육국가 대한민국의 학생에게도 뒤지지 않을 만큼 바쁜 일정임을 알 수 있다. 6시 기상, 7시 영어 학습, 8시부터 정규 수업(1일 7시간), 방과 후 클럽 활동, 석식 후 다시 야간 보충수업이다. 하루 일과를 마치고 취침에 들어가는 시간은 밤 11시이다. 한국에서 사라진 토요일 정규수업(4시간)에 방학 때 보충수업까지 실시하니 그야말로 스파르타식 교육이다.

일본 내에도 이렇게 하드한 스케줄로 일정을 소화하는 학교는 전무하다시피하다. 그래서 개교 첫해 일부 학부모, 교직원으로부터 "너무 빡빡하다"는 불평의 목소리가 나왔다고 한다.

그러나 김정출 이사장은 방침을 꺾을 마음이 전혀 없다. 어릴 적에 민족심, 국제의식을 심어야 사회를 빛낼 인재가 될 수 있다고 확신하기 때문이다. 학생들을 우수 대학으로 많이 보내는 진학 명문으로 육성하고 싶은 욕심도 작용한다. 그는 청구학원 쓰쿠바를 민족학교를 넘어서 일류학교로 만들고 싶다.

"인재 육성은 지금까지 해왔던 어떤 일보다 잘해내고 싶은 일입니다. 우리 조상들은 일제 때 아무 것도 가진 게 없는 와중에도 제일 먼저 학교를 세웠습니다. 지금은 그때처럼 위태로운 시절은 아니니까 학교만들기 더 용이한 환경이라 생각합니다. 저는 한국사람으로 태어나 일본에 살아가고 있는 재일동포이고, 제 아들도 손자도 그럴 것입니다. 100년 전 독립운동가의 심정만 같다면 어떨까 싶어요. 그런 자세로 마음을 다 잡으면 분명히 민족을 위한 좋은 학교, 일본 사회에 유익한 학교를 만들 수 있습니다. 저는 청구학원을 기필코 그렇게 만들 것입니다."

청구(靑丘)라는 명칭은 삼국시대 때 외국에서 불렀던 한반도의 별칭이다. 바꿔 말해 푸른 언덕은 동방예의지국 한국을 일컫는 명칭이다. 21세기 바다 건너 일본 땅 이바라키현에는 한국인의 얼을 담은 교육을 펼치는 푸른 언덕 '청구학원 쓰쿠바'가 건재하다. 재일 민족교육 기관으로서, 일본의 국제학교로서 계속 전진해나가고 있다.

김정출 이사장은 마치 골리앗과 맞서 싸우는 다윗처럼 보인다. 그의 간절한 바람처럼 청구학원 쓰쿠바에서 재일동포사회와 한국, 나아가 인류 문명을 발전시킬 민족 인재, 글로벌 리더를 배출할 날을 손꼽아 본다.

◆ 청구학원 쓰쿠바
주소- 일본 이바라키현 이시오카시 카키오카 1604
형태- 전일제 기숙사형 중고교
     (1학년당 100명, 총 정원 600명)

> 김성근(金星根)
> 한화이글스 감독

벼랑끝 리더십으로 야구의 신(野神)이 된 재일동포

한국에서 '야구의 신'(野神)이라 불리는 재일동포 사나이가 있다.
김성근(金星根, 1942~) 프로야구 한화 이글스 감독이다. 일본 교토 출신의 재일동포 2세인 김 감독은 이른바 '벼랑 끝 리더십'으로 모국 야구계에 큰 족적을 남기고 있다. 한국에서만 50년 넘게 살아가고 있는 김성근 감독 이야기를 시작한다.

팀 해체 때도 야구장 지키는 감독

필자에게는 2013년 10월 24일 신한금융그룹의 재일동포 주주모임인 뉴리더회 행사에서 '리더십 강연'을 마치고 강단을 내려오던 그의 모습이 인상깊게 남아 있다. 하도 오랜만에 일본어를 쓰려니 걱정이 앞선다고 시작한 강연은 물 흐르듯 자연스러웠다.
청중들은 강연에 몰입하고 있었다. 같은 재일동포로서 한국에 와서 50년 동안 겪은 갖은 체험을 조근조근 말하니 더욱 실감이 가는 모양이었다.
"약속한 강연시간이 다 됐다"며 강연을 마친 그는 재일동포들과 가볍게 인사말을 나눈 다음 지체 없이 자리를 떴다. 사람사귀기에 도통 관심이 없고, 태어나 누군가에게 자기를 부탁한 적 없다는 말이 빈말이 아닌 것 같다는 생각이 들었다. 한편으론 참 무뚝뚝하다는 인상도 받았다.

김 감독을 다시 만난 건 그로부터 1년 뒤인 2014년 9월 중순 고양시립야구장에서였다. 그가 지도하고 있던 독립야구단 고양 원더스의 팀 해체가 발표된 직후였다. 재일동포 인생스토리를 취재해 '통일일보'에 연재해온 필자는 지금이야말로 인터뷰할 때라는 생각이 강하게 들었다.

"감독님, 어디에서 뵐까요?"

"고양야구장"

즉답이었다. 감독실로 찾아가니 그는 어린이들에게 사인을 해주고 있었다. 사인을 마치자마자 시선은 야구장을 향하고 있었다. 플레이하는 선수들을 바라본다.

'정말 원더스가 해체된 팀이 맞는가?' 순간 어리둥절해진다. 아무 일도 일어나지 않은 듯 평온한 일상 같아 보였다.

하지만 무덤덤한 표정과는 달리 그는 이때 심신이 몹시 피로해 있었다. 팀 해체로 자기 지도하에 있던 선수들이 하루아침에 모두 실업자 신세가 됐으니 속이 새까맣게 타들어가고 있었다. 나중에 그는 하루라도 술을 마시지 않으면 잠을 청할 수 없는 고통의 나날이었다고 했다. 본인이 잘리고 일자리를 잃은 건, 수도 없이 겪은 일이라 단련이 돼 있었다.

그러나 팀이 해체된 건 산전수전 겪은 그도 경험하지 못한 초유의 사태였다. 김 감독은 프로야구팀 사방팔방으로 전화를 돌리며 원더스

(2014

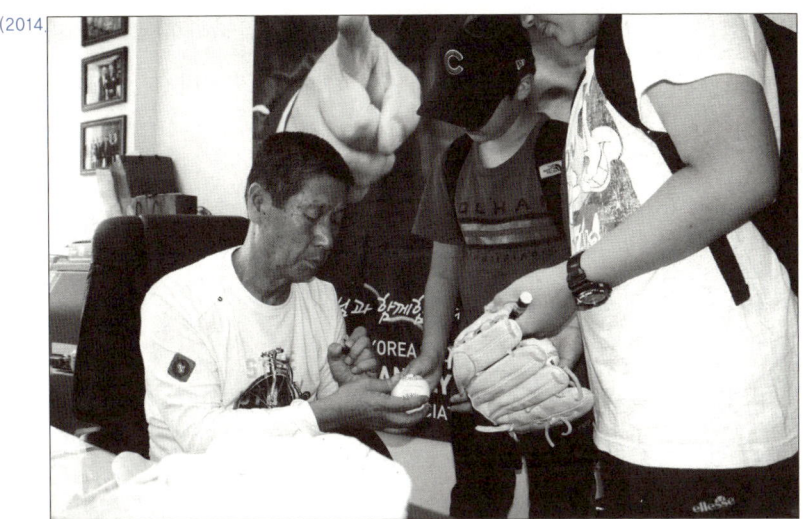

김성근 감독이 〈고양원더스〉 감독실에서 어린이들에게 사인해주고 있다

선수들을 뽑아달라고 부탁하고 또 부탁하고 있었다. 누구한테든 "도와달라"는 말을 못하는 성미인 그가 구원의 손길을 간절하게 바라고 있었던 것이다. 그건 스승으로서 제자를 한 명이라도 더 살리고 싶은 발버둥이었다.

본인은 반세기가 넘는 한국생활 동안 단 한 번도 자기 일을 남에게 부탁하거나 청탁한 기억이 없다. 모국에서 맡은 14개 팀 감독직도 모두 영입제안에 의한 스카우팅의 결과였다. 그에게 감독을 맡긴 팀들이 주문하는 건 언제나 판박이처럼 똑같았다.

"꼴찌 탈출. 강팀 변모."

그리고 실제로 그는 꼴찌를 일등으로 회생시켰다. 김성근 고유의 비법은 '벼랑 끝 리더십'이다.

그는 어떤 계기로 일본을 떠나 대한민국에 오게 됐으며, 자기만의 리더십은 어떻게 형성하게 된 것일까. 일본과는 엄연히 다르지만 재일동포에게는 또 다른 차별의 땅 대한민국에서의 생존비결은 무엇인가. 김 감독 이야기를 본격적으로 시작해보자.

인생의 터닝포인트, 22세 때의 영주귀국

김 감독은 5남매의 막내이다. 어릴 적 일본 교토 니시쿄고쿠(西京極)의 방 두 칸 짜리 판잣집에서 살았다. 다다미 12장의 넓이는 기껏해야 6평 남짓이다. 좁디좁은 공간에 부모님과 형, 누나가 북적이며 살았다. 교포라면 그 시절 누구라도 겪은 가난이라고 하지만, 그리 식구가 많은데도 하루하루 끼니를 걱정해야 하는 빠듯한 살림살이였다.

식구 모두가 새벽부터 일하러나가니 "집안의 막둥이가 밖에 나가 뭐하고 다니는지도 몰랐을 것"이란 게 그의 이야기이다. 소년 김성근은 허기를 달래려고 물배를 채우는 날이 부지기수, 가끔은 남의 밭에 들어가 토마토를 따먹기도 했다.

이때 유일한 위안거리가 야구였다. 글러브도 없이 맨손으로 공을 치고 뛰는 동네꼬마들의 야구놀이였다. 놀다보면 배고픈 줄도 몰랐고 어느새 해는 뉘엿뉘엿 넘어갔다. 후에 고교 진학지도 야구부가 있는 가쓰라(桂)고등학교였다.

인생의 터닝포인트는 고교시절에 다가왔다. 1959년 8월 재일동포 고교야구단의 일원으로 모국 땅을 밟은 게 계기였다. 그때 김성근의 실력을 눈여겨본 부산의 동아대학이 그로부터 3개월 뒤 초청장을 보낸다. 빈곤에 시달리고 한국인이라서 차별받는 일본에 살면서 모국에서 날아든 한 통의 편지는 희망의 선물이었다.

우리말도 제대로 못했지만 야구를 원 없이 할 수 있다는 자체가 모국행에 기대감을 갖게 만들었다. 적어도 일본에서처럼 국적문제로 차별당할 일은 없었기 때문이다.

야구할 마당이 펼쳐지자 그는 펄펄 날았다. 흔치 않은 좌완투수로 빠른 구속에 볼끝까지 살아있으니, 대학에서도 국가대표팀에서도 주축투수가 되었다. 실제로 그는 1962년 제4회 아시아야구선수권대회에 국가대표 선수로 출전해 한국을 준우승(결승에서 일본에 2:1 석패)으로 이끈 주역이었다. 1963년 11월 대통령배 때에는 노히트노런까지 작성했다. 볼넷 1개만 허용하지 않았다면 퍼펙트게임의 대기록까지 달성했을 경기, 선수로서 김성근의 야구실력이 출중했음을 보여주는 사례이다.

한국생활에 적응해가던 1964년 그는 기로에 섰다. 한국과 일본 간 국교가 없던 시절이라 재일교포가 일본영주권을 유지하려면 1년에 40일 이상은 일본에 머물러야 하던 시절이다. 그를 고민에 빠지게 만든 건 그해 실업연맹전에서 20승 5패를 거두며 다승 2위에 올라있었기 때문이다. 몇 승만 거두면 최고투수까지 오를 수 있는 절호의 기회. 남아서 도전하느냐, 영주자격을 유지하기 위해 일본에 돌아가느냐 갈등할 수 밖에 없었다.

하지만 한국에 머물면 일본에 다시는 못 갈 수도 있었다. 하는 수 없이 일본으로 돌아가기로 했다. 한창 다승 1,2위를 다투던 와중, 그는 교토로 돌아오자마자 가족들 앞에서 폭탄선언을 했다.

"한국으로 영주 귀국하겠습니다"

당시 영주귀국이란 일본에서 더 이상 살지 않겠다는 표현이었다. 일본 체류자격을 포기하고 한국에서 영원히 살겠다는 의미이기 때문이다. 어머니와 손 위 누나와 형들 모든 식구가 안된다며 반대하고 나섰다. 어느 누가 이산가족이 되는 생이별을 자처할 것인가. 더욱이 한국은 4.19와 5.16이 연달아 일어나는 등 극도로 정국은 불안하고, 인간 상호간 신뢰가 약하고, 사기꾼 천지라는 소문이 파다하던 시절이다.

좌절은 짧게, 결정하면 빨리 실행하라

가족들은 필사적으로 만류했다. 넉넉하지 않은 형편 속에서 가족여행까지 기획해 도치기현(栃木県)의 나쓰온천(那須温泉)으로 떠나기도 했다. 어떻게든 막내를 설득하기 위한 가족의 노력이었다.

"저도 참 고집불통이었습니다. 귀국하겠다고 생떼를 부려댔지요. 오로지 한시라도 빨리 돌아가 공 던지고 싶다는 마음뿐이었습니다."

청년 김성근은 끝내 고집을 꺾지 않고 영주귀국을 단행했다. 때는 1964년 11월이었다. 그는 어머니, 형제들을 뒤로 하고 오사카 이타미 공항으로 향하던 그날을 결코 잊을 수 없다. 공항으로 가면서 가죽점퍼를 걸치고 선글라스를 낀 채, 거울앞에서 잔뜩 멋을 낼 때만해도 기세등등했다. 바리게이트를 열고 탑승장으로 들어갈 때까지도 그랬다.

그런데 생각지도 못한 일이 벌어졌다. 막상 김포행 프로펠라기에 계단을 밟고 올라서는 순간 눈물이 왈칵 쏟아지기 시작한 것이다.

"그제서야 실감하였습니다. 아, 이제 영영 못 만나겠구나. 이타미에서 김포까지 오는 2시간 반 내내 울기만 하였습니다. 가족과의 이별, 이제 나 혼자 남았다는 현실을 깨달은 것이죠. 선글라스 낀 채 어찌나

재일교포 고교야구단 시절의 김성근 감독

울었는지 몰라요."

그러나 그는 김포공항 출국장을 나서면서 눈물을 닦았다. 그리고 다짐하였다.

"영주귀국 결정은 오로지 내 의지로 내린 것. 우리 가족에게는 책임이 전혀 없다. 야구로서 반드시 대한민국 최고가 되리라."

22세 청년 김성근의 한국생활은 이렇게 시작되었다. 돌이켜보면 일본에 남을 기회가 없지는 않았다.

시계추를 돌려 고교졸업을 앞둔 시점으로 가보자. 그 무렵은 김성근에게 좌절의 연속이자 시련의 세월이었다. 입단 테스트는 수도 없이 받았다. 실력 있는 고교투수로 이름을 떨쳤기에 일본구단은 그에게 테스트 기회는 부여했다. 다이와증권(大和証券), 난카이(南海), 미쓰비시중공업(三菱重工), 미쓰비시자동차교토(三菱自動車京都) 등 명문 프로, 사회인 구단들이었다. 그러나 이 가운데 마지막까지 그를 붙드는 구단은 없었다. 한국 국적을 가지고 있는 게 문제였다.

국적에 번번이 발목을 붙잡히던 그때, 한국에서 우편물 한 통이 집으로 날아왔다. 부산의 동아대학교가 보내온 초청장이었다. 쥐구멍에 볕이 든 것 마냥 기뻤다. 비슷한 시기 일본 사회인 야구팀 코치로부터 입단만 하면 프로무대 진출을 알선하겠다는 달콤한 제안을 받았지만, 그는 사양하고 한국으로 떠났다.

"솔직히 일본 프로팀에 무척 가고 싶었습니다. 근데 그게 되겠습니까. 당시대 여건에서는 불가능한 일이죠. 재일교포니까… 그렇다고 굳이 한국인이란 걸 감추고 싶지는 않았습니다. 현실을 탓해 뭘 합니까. 빨리 '당연하다'고 수긍하고 얼른 다른 길을 찾아야지요. 비관하지 않았습니다."

본인이 가야할 길이 모국 한국행 뿐이라 생각한 건, 어린 나이지만 현실을 냉철히 보고 있었기 때문이었다. 이때의 결정은 그가 장차 살아가는 삶의 방식이자 지침으로 자리 잡았다.

▲ 비관이나 부정적인 생각은 최대한 짧게 한다!
▲ 일단 결정하면 빠르게 실행한다!
▲ 상황을 이리저리 재고 따지지 말자!
▲ 겉만 보고 결과를 예단하지 말자!

그러나 한국에서의 삶은 고단했다. 일본에서 나고 자란 20대 초반 젊은이에게 모국은 일본과 또 다른 고통을 안겨줬다. 생각보다는 고단했다고 한다.

"재일교포니까 일본에서는 차별 겪을 수 밖에는 없는 환경이었고요. 처음 한국생활은 일본보다 힘들더군요. 당장 말을 생각한대로 못하니까 정말이지 답답하였습니다. 제 별명이 뭔지 아세요? 말더듬이

(그는 일본어로 '도모리 도모리'라고 표현했다). 그렇다고 누구 하나 의지할 사람 없죠. 그저 어떡하면 오늘 무사히 살아남을 것인가만 생각하게 됩니다. 한국에 온지 50년이 넘었는데도 지금도 툭하면 '어떡하며 살아남을까' 자문하는 자신을 발견합니다. 매순간 '벼랑 끝에 서 있다'는 기분으로 발상하고 움직이는 절박함이야말로 인생의 훌륭한 해결사라고 생각합니다."

김 감독을 보고 있자면 워낙에 무뚝뚝한 인상이어서 때로는 냉소적으로 비춰지기도 한다. 한국에 온 뒤 혼자 지내는 시간이 많아지면서 점점 무표정으로 간 모양이다. 원래 활달하고 외양적이던 성격은 점차 혼자 생각하고, 혼자 판단하고, 혼자 해결하면서 바뀌어갔다.

오로지 생존만 생각하는 건 고립무원에 처한 재일교포 젊은이로서는 최선이었는지 모른다. 이 생존법은 훗날 야구감독 김성근이 만든 독창적인 리더십의 원천이라고 말할 수 있다.

야구인생 2라운드 승부구는 감독직

한국에 와서 가장 기쁜 일은 일본에서 갖지 못했던 기회를 얻었다는 사실이다. 선수로서 자기실력을 마음껏 발산하면서 어느 팀에 가든 에이스투수로 자리매김을 할 수 있었다.

그러나 불운은 예고 없이 찾아들었다. 27세 되던 어느 날 갑자기 어깨부상이 찾아온 것. 재활하려고 갖은 노력을 기울였으나 돌이킬 방법은 없었다. 1969년 중소기업은행을 끝으로 현역선수생활을 접어야만 했다. 부상이란 불청객은 창창한 왼손에이스를 일찍이 마운드에서 내려오게 만들었다.

다시 선택의 기로에 섰다. 소속팀에 남아 은행원이 되거나 아니면 다른 길을 찾아야하는 상황. 그때 실업팀 야구선수가 은퇴하면 그 회사 직원으로 진로를 잡는 게 일반적이었다. 그러나 그는 은행원의 길을 단념했다.

"수년 있으니까 우리말이야 잘 했죠. 하지만 은행 일이 어디 말로만 할 수 있는 일인가요. 일본서 교육받은 저는 서류검토부터 힘듭니다. 아마 수억 짜리 대출서류 들고 와 도장 찍으라하면 그냥 찍어줬을 겁니다. 그리고 영주귀국 때 야구로 일등하자는 제 각오와 완전히 다른 길이잖아요."

은행은 그가 머물 데가 아니었다. 할 줄 아는 거라곤 야구뿐이니 관련된 일을 찾아야만 했다. 한국에서 찾은 두 번째 직업은 야구감독이었다. 박봉에 일은 힘들고 성적이 안나오면 잘리기 십상이지만 다른 길은 없었다.

그때도 그는 빠르게 움직였다. 현역에서 은퇴하던 그해 바로 경상도로 내려가 마산상고 야구부 지휘봉을 잡았다. 그로부터 3년 뒤에 선수생활을 마무리한 중소기업은행(1972~1975)팀에서 감독을 맡기도 했지만, 상당기간 고교팀에서 감독 경력을 쌓아갔다. 서울 충암고(1976~1979), 서울 신일고(1979~1981) 등이었고 해가 갈수록 야구계에 지도자로서의 발자취를 남겨 갔다.

1975년 제11회 아시아선수권대회 때는 국가대표팀 코치로 참가해 한국이 일본을 누르고 아시아를 제패하는 데 공헌했다. 감독을 맡은 고교팀마다 그는 전국대회 우승트로피를 선사했다.

1982년부터는 프로무대 지도자로 변신한다. 한국프로야구 출범 원

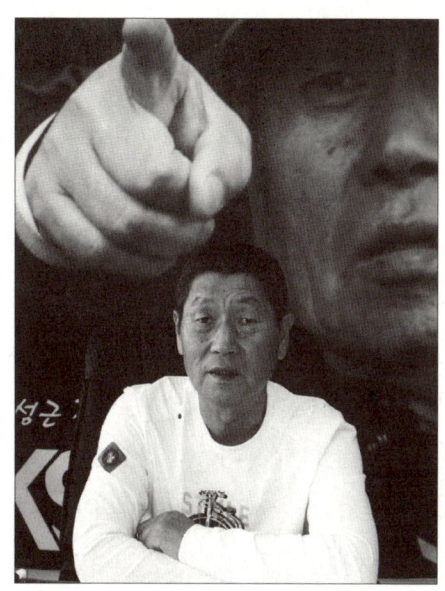

〈고양원더스〉 팀 해체가 확정된 직후(2014.09.20)

년, OB베어스(현 두산베어스)코치로 데뷔해 1984년에는 OB팀 감독으로 승진했다. 그 후로 숱한 프로구단 감독을 맡았다. OB로 시작해 태평양돌핀스, 삼성라이온스, 쌍방울레이더스, LG트윈스, SK와이번스, 현재의 한화이글스까지 모두 7개 팀을 맡아 한국프로야구 최다 팀 감독이라는 기록을 쓰고 있다.

그렇다고 프로팀에 연연하는 감독은 아니었다. 2011년 가을 SK를 떠날 때는 말 그대로 야인(野人)으로 돌아갔다. 칠순의 나이이고 구단과 갈등을 빚다가 퇴단하였기에 그의 야구감독 인생은 끝나는 것처럼 보였다.

그런데 그로부터 두 달도 지나지 않아 새 보금자리를 찾게 된다. 한국 최초의 독립야구단 고양 원더스로부터 스카우트 제의를 받고 그는 흔쾌히 오케이했다. 프로주변에서 격 떨어진다는 군소리가 나오는 가운데, 그는 고양 원더스 감독직 수락의 변으로 "허민 구단주의 야구열정이 통했다"고 명료하게 밝혔다. 프로야구에서만 30년 베테랑 지도자가 그때까지 듣도 보도 못한 팀을 맡은 이유였다.

야구감독은 그의 인생 전부라 해도 과언이 아니다. 감독경력만 45년. 그동안 지도한 팀만 14개이다. 맡는 팀마다 우연의 일치라고 하기엔 공통의 문제를 안고 있었다. 전부 팀 성적이 몰락해있거나 만년 꼴찌로 불리며 밑바닥에서 헤매는 팀이었다.

"저는 그 점이 인생최고의 행운이라고 봐요. 약팀이라 얼마나 운이 좋은지 모릅니다. 오로지 선수들을 다시 일으켜 세울 방법, 팀을 어떻게 개선할까만 집중하면 그만입니다. 저도 꼴찌팀 감독 맡는 게 유쾌하지는 못합니다. 부임하고 며칠동안은 하루에도 몇 번씩 계약 취소할 방도가 없나 자꾸 생각이 듭니다. 그러나 어쩌겠습니까. 감독은 그 팀의 리더입니다. 리더는 팀이 경쟁에서 이기도록 만드는 게 사명이고, 팀을 살리는 역할로 존재합니다. 제게 주어진 자리에서 해야 할 핵심은 바로 승리입니다."

꼴찌를 일등으로 바꾸는 리더십

김성근 감독은 꼴찌팀 전문 조련사로 명성을 떨쳐왔다. 한국 프로야구계에서 만년 최하위권에 맴돌던 태평양 돌핀스와 쌍방울 레이더스를 일약 4강 팀으로 변모시킨 장본인이다.

태평양 돌핀스의 후신으로 인천을 연고로 한 SK 와이번스 시절에는

2007년부터 2011년까지 5년간 한국시리즈 우승 3회, 준우승 2회의 눈부신 성적을 거뒀다. 인천연고팀은 프로원년부터 만년 꼴찌팀으로 낙인찍히다시피했다. 김성근 체제가 들어선 이후 그런 오명을 떨치고 우승을 다투는 상위권 팀으로 변모했다.

그가 꼴찌팀 전문 조련사라는 명성을 얻은 건, 외부에서 우수한 선수를 스카우트로 얻기 보다는 기존에 있는 선수를 개조시키는데 일가견이 있기 때문이다. 빛을 보지 못하던 수많은 신진, 무명선수가 그의 지도를 받으며 일류로 변모했다.

숱하게 내려오는 에피소드 가운데 야구계의 전설이 된 이야기가 하나 있다. 1989년 태평양 돌핀스 감독시절, 무명 투수 3인방 개조스토리이다. 박정현(朴正炫), 최창호(崔敞皓), 정명원(鄭明源)선수 조련스토리이다. 그때까지 셋 중 둘은 프로데뷔 이래 3년간 단 1승도 거두지 못했고, 나머지 1명은 루키지만 대학시절에 지고 있을 때 등판하는 패전처리투수였다. 김 감독은 팀 지휘봉을 붙들자마자 이 세 명에게 미션을 부여했다. 하루에 500개의 볼을 지정하는 위치에 명중시키는 것이었다.

"한국 최고클래스 투수의 컨트롤은 10개 중 3개를 포수 미트 원하는 곳에 던질 수 있는 수준입니다. 그러니까 일류투수도 500구를 지정한 위치에 명중하려면 적어도 1,500구에서 2,000구쯤 던져야 됩니다. 생각해보세요. 대학시절에도 패전처리로 나오던 투수가 500구를 명중시키려면 얼마나 걸릴지 말이에요. 상식적으로는 미친 짓입니다. 그런데 그 선수들 쉬지 않고 매일 5시간 이상 던지면서 미션을 완수했습니다. 처음에는 도저히 불가능해 보여도 인간이니까 그걸 해낼 수 있는 겁니다."

1989년 태평양돌핀스의 투수 3인방(왼쪽부터 최창호, 정명원, 박정현 선수)

상식파괴의 조련법은 일견 혹사로 비춰지는 강도 높은 훈련이었다. 그러나 '김성근식 지옥훈련'은 특효약이었다. 스프링캠프 때 훈련에서 살아남은 선수들은 실력이 향상되었고 자연스레 팀 성적도 올라갔다.

그해 김 감독이 조련한 투수 3인방이 합작해낸 승수는 40승, 승리가 없던 투수니까 무에서 유를 만들어낸 셈이다. 투수성적의 최우선 지표인 방어율은 3인방 모두가 2점대 초반을 달성, 태평양 돌핀스는 그해 인천 연고 프로야구단 최초로 4강에 진입하였다. 만년 꼴찌팀이 가을야구로 불리는 포스트시즌까지 치렀다.

김 감독의 3인방 가운데 정명원 선수는 1996년 현대 유니콘스 소속으로 한국시리즈에서 해태 타이거즈를 상대로 노히트노런까지 달성했다. 한국시리즈 노히트노런은 이후 다시는 나오지 않고 있는 대기록이다.

김 감독이 일단 팀을 맡으면 그 팀 개개인의 의식이 바뀐다. 팀 전체에 전염병처럼 짙게 물들어있던 패배의식이 사라지고 똘똘 뭉쳐서 '이겨보자'는 의욕이 넘쳐난다. 매순간 플레이에 전력을 다하고 설령 초반이 큰 점수차로 뒤지더라도 경기 끝날 때까지 추격한다. 자연스레 승리는 차곡차곡 늘어간다. 선수의 실력향상을 이끌어내는 원동력은 리더 김성근의 의식개조와 선수 개개인에게 심어주는 동기부여에 있다.

1천 엔(¥) 야구가 1만 엔 야구를 이기는 법

그러나 김성근 야구는 한국에서 양극단의 평가를 받고 있다. 꼴찌팀을 회생시키고 선수를 재생시키는 데 일가견이 있고, 팀 성적을 향상시키는 보증수표라는 데에는 이견이 없는듯하다. 다만 승리에 전념한 나머지 너무 재미없는 야구를 구사한다든가, 야구스타일이 일본식이라 우리정서와는 맞지 않는다든가 식의 부정론이 늘 꼬리표처럼 붙어있다.

"야구에 일본식, 미국식이 어디 있답니까. 전 단지 이기는 일에 최선을 다할 뿐이에요. 맡는 팀들이 거의 재정이 약한 팀이었습니다. 우리는 1천 엔(¥)갖고 야구하는 팀인데, 강팀은 1만 엔짜리로 시합을 합니다. 야구의 정통스타일로 붙어서 그러니까 정공법으로 대결해서 우리가 이길 확률이 얼마나 될까요. 냉정히 보면 이기기 어려운 게임입니다. 현상을 타개하려면 일반적인 야구로는 안됩니다. 어떻게든 상대보다 먼저 찬스를 잡고 선취점을 뽑아야 합니다. 점수를 내게 되면 점수를 잃지 않기 위해 온갖 방법을 써서라도 애를 써야 하고요."

야구는 선취점을 따는 팀의 승률이 6할이 넘는 스포츠이다. 선취점을 빼앗기는 야구는 약한 야구라는 게 김 감독의 지론이다.

하지만 어디 실력이 뛰어난 상대로부터 선취점을 따내고 리드를 지켜내기는 말처럼 쉬운 일이 아니다. 객관적인 실력이 떨어지는 선수진으로는 더욱 힘든 일이다.

그는 태평양, 쌍방울 등의 팀에서 프로야구계에서 쓰지 않는 변칙 선수기용법을 구사했다. 특히 투수기용법은 파격이다. 선발투수는 말 그대로 먼저 나오는 투수일 뿐이고, 다음 경기 선발예정 투수를 제외한 모든 투수를 대기조로 둔다. 1회라도 선발이 불안하면 곧바로 다른 투수에게 불펜에서 몸을 풀게 한다. 이러다보니 김성근 팀에서 한 경기에 등판하는 투수는 많을 때 9명에 달했다. 1이닝에 4명의 투수를 교체한 적도 있다.

프로경기에서 일반적인 투수교체는 실점을 하거나 핀치에 몰렸을 때 이뤄진다. 하지만 김 감독은 잘 던지고 있어도 그 투수 공을 잘 치는 타자가 나오면 그 타자에게 상대전적이 좋은 투수를 투입한다.

그의 용병술은 야구전문가 사이에서도 멀쩡히 잘 던지는 투수를 바꾸는 이상한 방식이라거나 선수 기죽이는 용병술이라 비판한다. 안티팬 중에는 "김성근 야구는 집요하고 더럽다. 경기시간이 너무 길다"고 손가락질을 한다.

그러나 김 감독은 누가 뭐라든 신경 쓰지 않는다. 끝까지 자기만의 야구스타일을 고수한다. 그리고 결과를 낸다. 우승 아니면 준우승, 못해도 4강 진입이다. 이는 예외를 찾기 힘들 정도이다.

마지막에 웃는 야구가 바로 김성근 야구이다. 김 감독은 1996년 쌍방울 레이더스 부임 첫해 팀을 정규시즌 2위까지 올린 바 있다. 전년도 승률 3할 언저리의 꼴찌 팀을 이듬해 외부수혈도 없이 기존 선수만으로 6할 가까운 승률을 거둔다.

"모든 건 결과. 경기당일 선발투수 개인은 기분이 언짢죠. 잘 던지고 있는데 교체되어도 기분 좋을 리 없고요. 그러나 팀이 패한다면 기분이 무슨 소용이겠습니까. 한 명 한 명이 힘을 합쳐서 팀이 이기도록 도와야 합니다. 이겨야만 보상이 따라옵니다. 좋은 성적이 나와야 연봉도 오르고 두둑한 보너스도 받을 수 있으니까요."

확신이 있기에 아무리 욕을 먹어도 자기스타일로 야구한다는 김 감독. 경기 중에는 예측불가의 돌발상황이 벌어지기 마련인데 그는 어떻게 수많은 선수의 교체타이밍을 잡는 것일까.

"시합 마치고 숙소로 돌아가면 밤 11시 반 정도됩니다. 그때부터 다음 시합 대비에 들어갑니다. 전력분석 데이터를 체크하고 선수기록을 종이에 적어봅니다. 제가 머리가 좋은 편이 아니라서 일일이 적어야 어떻게 할지 떠오르기 때문입니다. 이 상황이 오면 이 선수를, 저 상황이 오면 저 선수를 하고 '탁 탁' 떠오릅니다. 경기 중에 누굴 바꿀지 고민할 겨를은 없습니다. 그건 시합 전 미리 정해둬야 합니다."

김성근 야구는 데이터야구로도 부른다. 그러나 그게 전부는 아니다. 철저하게 데이터를 분석하는 건 기본, 변화무쌍한 상황을 미리 그려보고 교체 타이밍까지 꼼꼼히 준비해둔다.

경기에서 10명의 투수를 교체했다면 그건 모두 김 감독이 전날 밤을 지새우며 기획한 시뮬레이션의 결과이다. 수면시간은 하루 4시간, 야구시즌에는 어김이 없다. 그렇게라도 해서 승리확률을 높인다는 자기신념이 있어서이다.

김 감독은 선수와 함께 식사하지 않기로 유명하다. 일반적인 리더는 조직의 화합을 위해 스트레스 받은 부하를 위로하려고 함께 밥도 먹고 술도 마시지만, 그는 거꾸로 철저하게 회피한다. 선수와의 식사금물 이유에 대해 이렇게 설명했다.

"감독이 선수나 코치와 밥을 먹으면 조직이 망가집니다. 흔히 여자의 질투가 무섭다지만 남자의 질투가 훨씬 무섭습니다. 여자의 질투는 한 사람에게 향하지만, 남자의 질투는 조직내부에 파벌을 만듭니다. 가령 특정선수가 감독과 친하다는 이야기가 돌아보세요. 주전경쟁이 치열하게 벌어지는 프로세계니까 이런저런 소리가 나올테고 그러면 팀은 망가지게 됩니다. 조직이 단합하려면 고독한 리더가 되는 건 당연하다고 봐요."

실제로 그는 원정시합을 떠나서는 두문불출한다. 야구장에서 연습하고 시합하는 시간만 예외이다. 삼시세끼는 룸서비스, "혼자 먹는 밥은 정말 맛이 없다"고 말하는 그에게 가끔은 외부 식당 들르도 좋지 않으냐고 하니 "그러면 1시간의 로스(시간낭비)가 발생한다"고 답한다. 식사시간까지 아껴서 시합의 승리방정식을 고민한다는 이야기다.

이러다보니 선수들은 김 감독이 어디서 뭘 하는지 궁금해 한다.

어느 날 은퇴한 선수를 불러서 밥과 술을 사줬는데, 그 자리에서 선수가 "감독님은 어떻게 식사를 하십니까"라는 질문을 받았다고 한다.

"바보. 밥은 수저로 먹는 거야."

一球二無 마지막 순간처럼 살아라

김 감독의 좌우명은 일구이무(一球二無)이다. 공 하나에 승부를 걸 뿐, 두 번째 공은 없다는 뜻. 지금 이 순간을 마지막 기회라 여기고 최선을 다하라는 메시지이다. 낭떠러지에 서 있는 절박한 심정이라면 뭐든 할 수 있다는 김성근의 인생철학이 이 네 글자에 응축되어 있다.

9회말 2아웃 2낫싱에서 지고 있는 순간에서도 이겨보겠다고 달라붙는 근성, 그래야 진짜 야구라는 게 김성근의 야구철학이다.

그는 감독생활을 하면서 수차례 기적 같은 일을 경험했다. 그중 하나는 2007년 SK와이번스 감독시절 한국시리즈에 진출했을 때였다. 정규시즌에서 SK는 1위로 등극했으나 막상 왕좌를 가리는 한국시리즈에 들어가자 맥을 못췄다. 인천 홈에서 열린 1,2차전에서 상대팀 두산 베어스에게 경기를 내주고 말았다.

그때까지 한국시리즈 첫 두 경기 연패 팀이 우승한 적은 한번도 없었다. 언론에서는 '데이터야구의 한계', '큰 경기에 약한 김성근 야구'라고 몰아붙였다. 2차전에 패한 날 김 감독은 야구장을 떠날 수 없었다고 한다. 선수들을 숙소로 돌려보낸 뒤 홀로 남아 밤을 지새웠다.

"감독실에 앉아 계속해서 고민하였습니다. 이 난국을 타개할 방법은 뭘까. 아무리 생각해봐도 뾰족한 수가 보이지 않았습니다. 새벽 4시가 다 될 때까지도 어떡해야하나 걱정하고 있었습니다. 그때 번뜩하며 떠오르는 게 뭔지 아세요? '뭐야 아직 2패 밖에 안했잖아. 우승하려면 4번을 먼저 이겨야 하는데, 내가 왜 다 진 것처럼 낙담하고 있는 거지. 아직 기회는 충분하다' 이것이었습니다."

대체 왜 고민했나 싶을 만큼 단순한 자문자답이었다. 그러나 아직 기회가 남았음을 자각하는 것만큼 좋은 처방전은 없었다. 3차전에 들어가기 전 감독부터 코치, 선수들이 합심하여 "아직 이길 수 있다"며 마음을 다잡았다.

비로소 분위기가 반전되었다. 서울 잠실구장에서 열린 원정 3연전에서 두산을 거세게 밀어부쳐서 스윕했다. 세 경기 합산해 득점 17, 실점 1의 압도적인 승리였다. 기세는 홈까지 이어져 5차전에서 SK는 두

경기중에도 기록을 멈추지 않는 김성근 감독(2015.04.26)

산에 5대2 완승을 거뒀다. 한국 프로야구역사에서 첫 두 시합을 연패한 팀이 4연승 역전우승한 건 이때가 최초였다.

고교 감독시절에도 비슷한 경험을 했다. 실력이 뛰어난 선수는 스카우트되어 대학이나 프로팀에 갈 수 있지만, 평범한 실력의 선수는 대학에 진학하려면 소속팀이 전국대회 4강 이상의 성적을 올려야만 한다. 전력이 약했던 김 감독팀, 4강에 오를 마지막 대회를 앞두고 선수 4명이 부상을 당하는 변고가 일어났다.

"부상당한 아이들을 나무랄 수는 없고 당장 병원에 입원시켰습니다. 병상에서 죽 먹는 아이들에게 오사카에서 체육점하는 교포선배에게 연락해 운동화니 글로브니 야구장비를 구해다 줬습니다."

부모에게도 학교에도 연락하지 않았다. 그렇게 되면 아이들의 4강

도전은 수포가 되기 때문이었다. 선수들 병원비와 식비는 김 감독 개인이 전부 부담했다.

본인은 말하지는 않았지만 그는 고교감독 시절 살던 집까지 팔아 선수들 밥을 먹였다는 일화가 내려올 정도로, 자기 밑에 들어온 제자들에 대한 사랑이 지극하다.

그 스승에 그 제자라고 부상당한 고교생들은 포기를 몰랐다. 다리를 절룩거리면서도 배팅훈련을 하고, 날아오는 공에 얼굴에 멍이 들고 훈련하다 무릎팍이 깨지면서도 훈련에 매진했다.

그리고 출전한 그해 마지막 전국대회. 김성근 고교팀은 우승컵을 들어올렸다. 이번이 '마지막'이란 절박함, '아직'이라는 기회의식이 어우러진 결실이었다.

선수혹사 논란, 진실은 언젠가 알게 된다

그를 따라다니는 악명 중에는 선수를 혹사시키는 감독이란 이야기도 있다. 일본 프로야구단은 훈련량 많기로 유명한 편인데, 김성근 팀의 훈련강도는 그보다 세다.

한 번은 소프트뱅크 호크스의 오 사다하루(王貞治, 왕정치) 회장이 그의 훈련캠프를 둘러보더니 혀를 내둘렀다고 한다. 일본프로 홈런왕 출신인 오 회장은 "당신 팀 훈련강도는 일본프로에서 가장 독하다는 히로시마 도요카프도 흉내 낼 수 없는 수준"이라며 고개를 절레절레 흔들었다.

혹사논쟁이 끊이지 않는 건 타팀에 비해 훈련량이 많기 때문이다.

그래서 그를 욕하는 사람들은 김성근이 지나간 팀은 부상병동이라든 가, 선수를 엔트리에 넣기 힘들만큼 신체 상태가 나쁘다던가, 김 감독 때문에 선수생명 단축됐다는 식으로 비난한다.

올해 감독으로 부임한 한화 이글스에서도 특정투수 몇 명을 혹사시 킨다는 보도가 잇따랐다. 심할 때는 인신비하성 기사도 눈에 띄지만 누구에게도 해명을 요구한 적 없다.

"변명, 책임전가, 타협, 만족. 저는 이런 말이 싫습니다. 진실은요. 시 간이 오래 걸릴지라도 언젠가는 모두 알게 되는 법입니다."

소문은 무성하여도 김 감독 슬하에 있던 선수가 혹사로 선수생명이 끊긴 사례는 들리지 않는다. 인터뷰를 이어가던 중 1년 365일 하루도 쉬는 날이 없다는 그의 말이 떠올랐다.

필자가 "젊은 사람도 1주일에 하루는 쉬는데 일흔이 넘은 연세에 쉬 지 않는다는 말을 못믿겠다"며 딴지를 걸자, 김 감독은 테이블 위에 있 던 물병을 가리키면서 조근조근 설명을 시작했다.

"이 병을 보세요. 이 안에 물을 가득 채울 수도, 반만 채울 수도 있습 니다. 지금까지 수많은 선수들을 지도하며 알게 된 건데요. 인간의 능 력은 끝을 알 수 없어요. 잠재력을 밖으로 끌어내면 결과가 상상이상 으로 큽니다. 병에 물을 반만 넣고도 만족하면 거기서 끝나겠지만, 더 넣으려 애를 쓰면 목표라인을 넘어섭니다. 제가 선수마다 능력치를 보고 훈련미션을 주는데 십중팔구가 목표치보다 초과달성합니다."

그는 좋은 리더는 잠재되어있는 부하(선수)의 능력을 찾아내서 그 걸 밖으로 끄집어내는 것이라고 강조한다. 그게 곧 팀을 승리로 이끌 어내는 디딤돌이 된다는 것이다.

〈고양원더스〉 선수 재활의 열쇠

김성근 리더십을 엿볼 수 있는 전형적인 에피소드가 있다. 2012년부터 2014년까지 몸담았던 독립구단 고양 원더스에서 선수들을 재생시킨 스토리가 그것이다.

당초 김 감독은 2011년 8월 프로팀 SK와이번스 감독에서 물러난 뒤, 일찌감치 그해 12월 여행을 떠나기로 예약까지 잡아둔 상태였다. 아들 졸업식까지 불참하며 야구만 팠던 아버지가 준비한 첫 번째 가족여행이었지만 여행은 무산되었다. 떠나기 직전 고양 원더스 감독으로 내정되었기 때문이다. 갈 수는 있었다. 계약 시작점이 이듬해 1월부터니까 그 전에 여행 간다는 사람을 뭐라 할 사람도 없었다.

그치만 그는 그런 느긋한 성미가 못된다. 한겨울에 고양야구장에서 선수들을 소집했다.

"훈련장에 가보니 가관이더군요. 일본의 스모꾼들을 모아놓은 것 같았으니까요. 수비는 말할 것도 없고 캐치볼도 제대로 못하고요. 배팅을 시켰더니 내야 넘기는 타구도 없어요. '아이쿠' 소리가 절로 나옵디다. 저는 그날 취재 온 기자들 앞에서 호언장담하였습니다. 내년 시즌 우리팀은 무조건 승률 5할 이상 올리며, 선수 5명은 프로로 보내겠다고…"

도박이었다. 단지 유언실행(有言實行)하겠다고 다짐했다. 스스로 내뱉은 말이니 어떻게든 지켜내겠다고 여겼다. 상견례 겸 첫 소집훈련을 마치고 며칠 지나지 않아 그는 전지훈련을 떠났다. 일본의 고치(高知), SK 감독시절부터 쭉 이용해온 캠프였다.

그의 훈련스케줄은 지독했다. 아침 6시 기상, 연습시작 6시반부터…

눈곱도 떼기 전에 훈련을 시작해 해 떨어지기 직전인 오후 5시 반까지 훈련하고 또 훈련했다. 그 사이 유일한 휴식은 15분의 점심시간. 빨리 먹고 훈련해야 하니 메뉴는 우동 아니면 라면이었다. 그것으로 끝이 아니다. 주간훈련을 마치고 나면 감독이 주재하는 1시간 의식개조 미팅이 있다.

선수들이 잠시 땀을 식히는 사이 김 감독은 자료를 챙기고 무슨 말을 할 지 준비한다. 실력향상의 선제적 요건은 의식변화란 확신이 있기에 아무리 힘들어도 미팅만큼은 꼬박꼬박 챙긴다. 어느새 컴컴한 밤, 다시 훈련이다. 일과가 마무리되는 시간은 밤 10시. 김 감독은 그제야 밥술을 뜬다.

이런 스케줄을 그는 46일간 하루도 쉬지 않고 소화했다. 놀랍게도 낙오자는 없었다. 노감독이 함께 자리를 지키니 선수는 딴 생각할 겨를이 없다. 지옥훈련이 끝나가자 선수들은 지방질이 쏙 빠진 근육질 몸매로 변모, 어떤 선수는 몸무게가 20kg이나 줄었다. 스모꾼 동창회 같던 고양 원더스팀은 고치 캠프 막바지에 일본 프로야구 2군팀과 사회인팀을 상대로 8승 4패의 성적을 올렸다.

그는 창단 때 약속대로 이듬해 2012년 시즌에 원더스의 승률을 5할 이상으로 올렸고, 선수 5명은 프로구단으로 보냈다. 김성근 선수개조 스토리는 만화 같이 보이기도 한다. 아무리 그래도 인간개조를 한다는 것이 지옥훈련, 감독의 지도로 가능한 일인가.

"지도자나 선수나 마찬가지로 인간입니다. 한 팀에서 같이 호흡하고 같이 훈련합니다. 다른 건 맡은 역할이 틀릴 뿐이에요. 저는 선수를 관찰하며 잠재능력을 발산하도록 돕는 역할이고, 선수는 지도를 받으면 뼈를 깎는 노력으로 자기실력을 키우는 겁니다. 조직이 승리하려

김성근 감독(우)과 일본프로야구 최다안타 3,085안타의 주인공 장훈 선수(좌)

면요. 구성원 한 사람 한 사람이 서로 의기투합해야 합니다. 진실과 진실이 서로 통해야 합니다."

안 보는 듯 기 막히게 선수의 흐트러진 폼을 찾아낸다고 해서, 선수들이 김 감독에게 붙여준 별명은 '잠자리 눈깔'이다.

재일교포 후배들에게

김성근 감독은 재일교포로서 교포들, 특히 후배들에게 하고 싶은 말이 많아보였다.

"만약에 말이요. 제가 일본에 잔류했다면 특출 나게 살지 못했을 겁니다. 집에서 텔레비전 보다가 잠들고, 뚜렷한 목적 없이 살지 않았을까 싶어요. 야구도 일찍 관뒀을 것 같고. 어쩌면 지금쯤 이 세상 사람이 아닐지도 모를 일이죠."

한국에 홀로 남겨졌기에 야구에 몰두할 수 있었고, 야구에서만큼은 이론이든 실전이든 누구에게도 뒤지지 않을 실력자가 되었다. 만약 사회의 틀 가운데서 살았다면 온실 속 화초처럼 안주하려 했을지 모른다. 절박했기에 끊임없이 실험했고 그걸 현실에서 자기만의 리더십으로 완성해 '야구의 신'으로까지 불리게 되었다.

독창적인 전력분석도 각고의 노력이 빚어낸 과실이다. 매일 쓰는 야구일기를 자기 식으로 데이터화하고 시추에이션별로 분석표를 만들었다.

예를 들어 A타자가 볼 카운트 몇 대 몇에서 스윙을 어떤 식으로 하는지 노리는 공이 직구인지 커브인지, B투수가 위기에 몰리면 어떤 승부구를 제1구, 제2구로 던지는지 등을 상황별로 카운트별로 상세하게 정리했다. 50년을 궁리하고 정리한 것들을 경기장에서 실전대입하고 있는 것이다.

한편 한국에 와서 인생관이 바뀌었다는 그의 말은 필자의 귀를 솔깃하게 하였다. 젊은 시절에는 가늘고 길게 사는 게 좋다고 여겼던 것을 한국에 와서 짧고 굵게 살기로 바꿨다는 것이다. 보통의 일본인들은 가늘고 길게 오래 사는 걸 미덕으로 여긴다.

"매순간 전력투구를 해야만 성과가 납니다. 이 순간만 지나면 되겠지라고 생각하는 찰나, 최선이 아니게 됩니다. 인간이 세상에 태어난 이상 뭔가 표시를 남기고 가야 할 것 아닙니까. 창의적인 발상은 상식의 선에 머무르면서는 결코 나오지 않습니다. 자기만의 것을 세상에 남겨야지요."

그는 혼자 있을 때면 종종 20대 초반 한국에 첫발을 내딛었던 때가 떠오른다고 한다. 부산 남포동에 나갔다가 지갑을 소매치기당한 기억이다. 소매치기는 범죄가 적발되자 강도로 돌변해 칼을 휘둘렀는데, 그때 본인이 피해자가 되었다면 현재의 인생은 없었을 것이라는 아찔한 생각이 든다.

단편적인 과거의 일이지만 김 감독의 젊은 시절은 어디를 가든 내일을 장담할 수 없는 불안정한 나날의 연속이었다.

"돌이켜보면 말이요. 시대상황이나 환경은 끊임없이 바뀌는 겁니다. 그러니 그걸 탓해봐야 소용이 없는 일입니다. 나쁜 생각도 가급적 짧게 끝내는 게 좋아요."

한편 필자는 김성근 감독의 증언과 기록을 토대로 작년 9월부터 재일동포 민족지 '통일일보(統一日報)'에 '야신 김성근의 벼랑 끝 리더십'이란 제목으로 그의 이야기를 연재하기 시작했다.

한창 연재를 진행하던 10월 25일 그가 한화 이글스와 감독계약을 체결했다는 소식이 들려왔다. 제일 먼저 드는 생각은 '다시 꼴찌 팀이네'였다.

8-8-6-8-9-9.

한화 이글스가 2009년부터 2014년 시즌까지 거둔 순위이다. 이 숫자만 봐도 꽤나 오랜 세월 바닥권에서 헤매는 팀임을 알 수 있다. 그리고 그가 감독으로 부임한 2015년 한화는 '마리한화(마약의 일종인 마리화나를 빗대어 중독성 있는 야구를 한다는 표현)'로 불리며 일약 화제의 팀으로 떠오르고 있다. 부상 선수가 속출하고 팀 전력이 약해도 포기하지 않고 끝까지 최선을 다하는 팀, 지고 있어도 역전을 기대하게 하는 팀으로 팀 컬러가 180도 바뀌었다.

그간 "재미없다"는 혹평을 들어온 김성근 야구가 야구팬들로부터 안보면 미칠 것 같다며 마약야구란 소리를 듣는 것도, 한화가 2015시즌 한국프로야구 흥행을 선도하고 있다는 이야기가 나오는 것도 흥미롭다.

김성근 야구에 열광하는 사람이 많은 건 불리한 상황에 처해서도 포기하지 않고 강자와 맞서 싸우는 검투사를 보고 있어서라는 생각이 든다. 아무리 넘어져도 다시 일어나는 오뚜기 같아 보이고, 절망 속에서도 희망을 잃지 않는 용기에 박수를 보내고 싶어서인지도 모른다.

'벼랑 끝 리더십'으로 요약되는 그의 야구는 일본 땅에서 차별과 억압을 삶의 디딤돌 삼아 자기입지전을 써가는 재일동포 지도자의 전형적인 모습이다.

자이니치리더 김성근 감독, 그가 모국 대한민국 야구계에 본인의 족적을 만들고 재일동포의 저력을 각인시켰으면 하는 바람이다. 김 감독의 건투를 응원하고 싶다.

> 김영재(金英宰)
> 재일대한체육회 회장

「일편단심 축구인생」 재일동포 체육계의 산 증인

축구 인생

"저는 평생을 축구 덕택으로 먹고 살았습니다. 축구 실력 하나로 대학에 진학했고 사회에 진출할 때도 축구가 사업적 기반을 다지는 기반이 되었습니다. 조국 대한민국과 일본 사회와의 인연 역시 축구로 인해 두텁게 연결되었다 할 것입니다."

축구는 김영재(金英宰, 1934~) 재일본대한체육회 상임고문에게 남들이 보고 즐기는 단순한 스포츠가 아니다. 그에게는 인생전부나 다름없는 소중한 존재가 바로 축구이다.

김 고문은 학창시절 내내 축구선수였다. 초중고를 거쳐 대학까지 줄곧 축구공을 끼고 살다시피했다. 서울 덕수초등학교와 배재중학교, 오사카 건국고등학교, 긴키대학까지 말이다. 축구선수 생활을 대학교를 졸업한 뒤에도 10년 넘게 했으니, 청춘 전체가 축구로 점철돼 있다 해도 과언은 아니다.

도일(渡日)후에 한국에 가는 행운을 얻은 것도 축구 덕택이었다. 한일 양국간 국교가 없던 시절 '꿈속에서나 갈 수 있는 모국행 티켓'을 전국체전의 재일동포선수단 축구선수로 출전하면서 거머쥐었던 것이다. 그리고 일생의 직업이 된 여행사를 차리게 된 것 역시 전국체전을 오가며 선수단원의 출입국 수속을 대신해주면서 익힌 노하우가 기반이 됐다.

2002년 한일공동월드컵 대회 당시 양국 공동응원단 KJ클럽을 결성한 산파역을 맡은 계기도 98프랑스월드컵 축구대회에 응원하러 갔던 길에 연결된 인연으로 인해 이뤄졌다. 이쯤 되면 김 고문의 인생은 축구로 시작해 축구로 정리되는 '축구 인생'이라 부를 법하다.

레코드회사 사장 아버지

김영재 고문은 재일동포 가운데 흔치 않은 서울토박이이다. 경상도, 전라도, 제주도 사람 일색인 재일동포사회에서 수도권 출신은 드문 편이다. 그는 어쩌다 일본으로 건너가게 된 것일까.

그의 아버지 김성흠(金星欽, 1908~1986)씨는 일제 때 '조선악극단'을 이끌던 리더 가운데 한 사람이었다. 연희전문대(연세대학교의 전신)에서 수학물리학을 전공한 엘리트 출신으로 일본과 중국 상하이 등지를 누비며 유랑극단을 이끌었다고 한다. 1944년 오사카대극장 오픈식 때 조선악극단의 희극배우들과 동행한 사진이 지금도 남아 있다.

충청도 공주 양반가에서 태어난 어머니 역시 이화여대를 졸업한 엘리트였다. 아버지는 외삼촌 이철 씨와 동업으로 서울 명동에 '럭키레코드'와 '오케이레코드'라는 유명 음반사를 설립해 한국 근대음악의 역사를 만든 당사자였다.

트로트 원로가수 현인의 가요가 전속으로 취입된 곳이 바로 럭키레코드였다. 그의 아버지 김성흠 씨가 신판이라며 갖고 온 레코드에는 앞 판은 희대의 히트작인 '신라의 달밤', 뒷 판은 '럭키 서울' 노래가 들어 있었다. 모두 작곡가 박시춘 씨의 곡으로 광복 직후 국민들의 기쁨을 대변하는 노래들이다. 김성흠 씨는 박 씨와 쌍벽을 이루던 작곡가 손목연 씨의 노래도 다수 취입했다. 이들은 한국인에게 민요의 시대를 끝내고 대중가요를 대신 자리하게 만든 주역이라 할 수 있다.

비록 사진으로 남아 있지만, 배우 이난영이 한복을 곱게 차려있고 오사카에서 다카라즈카 가극단 단원들에게 꽃다발을 증정하고, 아버지가 월북 만담가인 신불출 씨와 가수 윤항기 윤복기의 아버지인 만담가 윤부길 씨와 함께 찍은 기록이 집에 있다. 레코드회사 사장이자 판 제작 기술자였던 아버지로부터 그는 재미있는 일화를 들으며 유복하게 자랐다.

"그때 레코드판은 전부 수작업으로 만들었지요. 백라이트 석탄을 원료 삼아 숯불을 만들고, 그 열기에 힘입어 레코드판에 홈을 파는 방식이었습니다. 오로지 사람의 손만으로 하는 일이다보니 불량품이 많이 나왔고, 아버지의 작업장 귀퉁이에는 늘 부순 레코드판으로 가득 차 있었지. 제 아무리 잘 만든 레코드판이라해도 겉으로 멀쩡히 보일 뿐 가까이서 보면 울퉁불퉁한 요철이 보였답니다. 하지만 말이요. 지직거리는 소리도 나지만 사람의 정성이 들어가서인지 모르겠는데, 판이 돌아가면서 나는 소리는 정말 예술이었어."

배재중학 시절에는 축구부 선배들로부터 툭하면 레코드판 구해달라고 반협박을 당하기도 했지만 내심 싫지만은 않았다고 한다.

고향집은 명동에서 걸어서 10분 거리인 다동에 있었다. 현재 청계

천 거리 초입에 한국관광공사 건물이 있는 이 거리는 어린 시절 그에게는 기생거리로 기억된다. 조선팔도에 난다 긴다 소문 난 기생집이 즐비해 밤의 정치가 펼쳐지던 동네, 예쁜 누나들에게 가끔씩 용돈 받던 기억이 난다.

그는 어린 시절을 떠올리면 아버지가 만든 레코드판에서 흘러나오던 "해방된 역마차에 태극기를 날리는…"으로 시작되는 '럭키 서울' 노랫소리가 제일 먼저 떠오른다.

그러나 이런 유년시절의 추억은 한 순간에 모두 접어야 했다. 6.25한국동란이 발발한 것이다. 아버지 사업도 몽땅 망했다. 이러저러한 사정으로 더 이상 한국에서 살 형편이 못되었다. 그간 모은 집이니 돈이니 모든 재산을 포기해야만 했다.

그렇게 김 고문은 15살 되던 해 아버지의 손에 이끌려 일본으로 건너갔다. 멀쩡히 잘 다니던 중학교를 중퇴하고 물설고 낯선 오사카에서 살게 된 것이 현실로 믿겨지지 않았다. 전쟁도 아버지도 그저 원망스러울 따름이었다.

"솔직히 오사카에 잠깐 머물다 갈 줄 알았답니다. 그런데 지금까지 60년 넘게 눌러앉아 있으니 참. 인생이란 건 알다가도 모를 일인 것 같아요."

초창기 일본 생활은 그런대로 괜찮았다. 아버지가 미군 통역관으로 취업해서 먹을거리 걱정은 덜었다. 그러나 전쟁이 끝나며 아버지가 직장을 잃자 이때부터 집안 살림은 쪼그라졌다. 어머니는 한 푼이라도 아끼려고 밀가루 수제비를 주식으로 내놓았다. 어린 김영재는 그게 먹기 싫어서 일부러 밤늦게 귀가하고는 했다.

그 뒤 아버지는 오사카 이즈미오오츠시(大阪府 泉大津市)에 있던 와

타나베방적에 직공으로 취업했다. 월급쟁이 살림으로 4남매를 키워내려니 넉넉할 리 없었다. 그래도 밥은 먹고 살 게 된 것만으로도 감사하고 가족 모두가 기뻐했던 어린 시절이었다.

1955년 전국체전 출전

1965년 한일국교정상화 이전까지 재일동포들의 모국 방문은 '하늘의 별 따기'처럼 어려운 일이었다. 양국 사이에 국교가 없던 때니까 당연한 일이라 단정 지을 수도 있을 것이다. 그러나 부모님이 위독하다는 소식을 듣고도 고향 땅을 밟을 수 없다는 건 아무리 현실이 그렇더라도 가혹한 일이 아닐 수 없다.

일본 당국의 불문율이 한국인은 한 번 출국하게 되면 입국을 거부하는 시스템이다 보니, 재일동포의 한국 방문은 원천 봉쇄되던 상황이었다. 이러다보니 일부 동포들은 어선이나 화물선을 타고 몰래 고향을 다녀오는 모험을 감행하기도 했다. 경남, 전남, 제주도 등지의 해안가 부두마다 일본행 밀항선이 대기하고 있었던 배경이다.

당시 이런 현실에 비춰보면 김영재 고문은 본인 말마따나 "참 운이 좋은 사람"이었다. 일본에 온지 몇 년 만에 다시 고향 땅을 밟았으니까 말이다. 그것도 합법적으로. 당시 일본 당국이 정식 허가해주는 출입경의 예외는 한국 정부가 일본 법무성에 특정 인사에 대한 방문을 신청하는 길 뿐. 민단 또는 상공회의 모국방문, 매년 10월 전후로 치르는 전국체육대회(전국체전) 등이 고작이었다.

사정이 이렇다보니 동포들은 해마다 전국체전이 열릴 때마다 고향

티켓을 얻기 위해 각자마다 안간힘을 다했다. 선수 선발 경쟁이 치열한 건 두말할 필요도 없는 일이었다. 선수로 뽑히려면 일본 전국적으로 지역 예선을 펼치고, 이를 통과한 선수들이 도쿄에 모여 최종 엔트리의 관문을 뚫어야 했다.

김 고문은 전국체전에 첫 출전하던 당시를 필름처럼 떠올렸다.

"그때 선수 선발을 공개 경쟁시키던 종목은 축구 밖에 없었습니다. 오사카는 하도 동포 선수가 많다보니 지역예선부터 치열한 경쟁이 벌어졌어요. 통과해도 그걸로 끝이 아니었지. 도쿄에서 최종 결선을 치러서 통과해야만 모국행 티켓을 거머쥘 수 있으니까요."

도쿄행 편도 기차표 1장 달랑 들고 오사카역으로 향했다. 결선 장소인 도쿄공대 축구장에는 일본 전국에서 내로라하는 동포 선수 30명이 모여 있었다. 지역에서 한가락들 하는 선수들이니 실력은 도토리 키재기 마냥 비슷비슷했다.

그래서 재일한국인체육회는 선수 선발의 공정성을 기하기 위하여 여러 차례 시합을 열고 그 안에서 15명을 추려내는 방식을 택했다. 누구나 대표로 뽑히려고 그야말로 사력을 다해 뛰었다고 한다.

김영재 고문은 축구에 자신감이 있었다. 초등학생 때부터 축구공을 찬 풍부한 경력에, 키는 작지만 탱탱한 체격이라 힘으로는 누구에게도 뒤지지 않을 자신이 있었기 때문이다. 하지만 첫 시합에서 그만 심한 부상을 입고 말았다. 넘어지면서 발목을 삐었는데 걷기 힘들 정도로 다친 것이다.

"넘어지는 순간 머리 속이 노랗게 되더군요. 아픈 건 둘째 치고 이제 서울 가는 길이 막혔구나 싶은 거에요. 그렇다고 포기할 수는 없었지요. 다음 시합 때 퉁퉁 부은 발목을 부여잡고 자전거타이어 튜브를 칭

김영재 고문 자택에는 축구 용품이 가득하다.(2010.07.19)

칭 감고 출전했다오. 부상이 알려지면 무조건 탈락이란 생각에 아픈 티를 못내겠더라고."

그는 최종선발 시합에서 부상을 숨기고 출전을 강행했다. 제대로 걸을 수도 없을 것 같던 부상을 입었음에도 얼마나 열심히 뛰었는지 돌이켜봐도 신기한 일이었다. 마침내 전국체전 재일동포 축구대표팀 선수로 선발됐다. 약관 20세 김영재 청년은 이때를 시작으로 1955년 고향 서울대회부터 1970년 전국체전까지 내리 16년간 재일동포 축구대표팀의 레프트풀백(좌측 수비수)으로 출전했다.

김 고문이 기억하는 초창기 재일동포 선수단의 풍경은 상상만으로도 꽤나 재미있었을 것 같다. 지금과 다른 풍경 몇 가지가 있는데, 선수단 구성에서 선수보다 임원의 수가 더 많았던 점이나 전국체전을 고향 가는 기회로 활용하는 위장선수가 있었다는 사실이다. 60세 전후의 사업가가 기부금을 내고 선수로 등록하는 경우도 심심찮게 있었다. 위장선수들의 단골 종목은 씨름이나 궁도(弓道-한국전통의 활 종목) 등 한국 전통 스포츠였다.

그러나 도저히 선수로는 보이지 않는 뚱뚱한 풍채의 노령자이다보니 일본 출입국 관리와 실랑이가 빚어지는 일이 빈번히 일어났다. "선수가 맞는지 의심스럽다"며 도장을 찍어주지 않으려는 일본 관리를 설득하려고 선수단이 "틀림없이 맞다"고 보증을 서기도 했다.

한국스포츠 지탱한 재일동포들

재일동포 선수단의 전국체전 참가가 모국행 티켓으로 이용된 건 본질이 아니다. 재일동포들에게는 전국체전의 순수한 취지인 국민과 민족화합의 일원으로서 참가하기 위한 열의가 있었다. 초창기만 해도 재일동포에게 일본 땅은 잠시 머물러 사는 이역이란 느낌이 강했다.

또한 같은 시기 조국 한국은 6.25동란으로 인해 전국토가 황폐화되어 제대로 된 시설이나 용품이 전무하다시피했다. 워낙 물자가 귀하고 먹을 것마저 부족하다보니 스포츠를 한다는 건 그 자체로 사치를 부리는 일이었다.

이에 따라 재일동포들의 스포츠연합조직인 재일본대한체육회는 해마다 전국체전에 참가할 때면 조국으로 갖고 갈 선물 보따리 준비에 여념이 없었다. 육상용 투창, 농구 골대, 정구 라켓, 필드하키 스틱, 사격용 총기, 사이클에서 심지어 경기용 실탄까지 싸가지고 갔다. 국내에 없는 스포츠기구와 용품 마련에 소요되는 경비는 순전히 재일동포 모금으로 충당하였다.

김 고문의 기억으로는 1960년대 한국에서 자체 생산하는 스포츠용품은 축구공이 유일했는데 그마저도 품질이 떨어져 일본에서 공수해 갔다고 한다. 김 고문은 에피소드 가운데 웃지 못할 한 토막을 들려줬다.

"1957년 전국체전 때로 기억합니다. 대한체육회에서 우리 재일체육회에 사격경기에 쓸 실탄이 없다며 구해달라는 부탁을 해왔습니다. 그런데 장도에 오르던 날 문제가 발생하였습니다. 비행기가 이륙을 못하는 겁니다. 적재중량을 초과한 원인을 살펴보니 총알밖에 없더라고요."

큰 소동이 벌어졌다. 항공사에서는 이륙을 못하니까 실탄을 내려놓으라고 요구했고, 재일동포들은 한사코 안된다고 버텼던 것이다. 하소연으로도 안 통하니까 급기야 사격협회의 한 임원이 총기를 꺼내 무력시위를 하려고 나섰다.

"서로 뜯어말리고 소리치고 난리도 아니었습니다. 화가 치민 항공사 직원이 그럴 거면 사람이 내리라고 호통 치고… 실랑이 끝에 경기용 실탄은 이튿날 다른 비행기로 보내주기로 합의가 됐지요."

당시 재일동포 선수단이 탄 전세비행기의 기종은 노스웨스트항공의 DC-4였다. 소형 쌍발프로펠라기이기 때문에 원체 적재중량이 적었던 탓도 있지만, 재일동포들이 모국으로 얼마나 선물을 바리바리 싸가려했는지 그 정성이 짐작 간다.

재일동포들은 전국체전에 참가하면서 순수하게 자비 부담으로 움직였다. 가난한 정부로부터 어떠한 기대도 할 수 없는 형편이었다. 이런 사정을 잘 아는 1세 재일동포 사업가들이 대회 때마다 거액을 기부하고 그 후원금을 모아 선수단 체제비로 사용했다. 이처럼 모금을 통한 재일동포들의 전국체전 참가는 60년이 지난 지금까지도 계속되고 있는 전통이다.

스타킹 파는 보따리장수

1세의 후원금은 거의 정부에 대한 용품 지원과 선수단 체제비로 사용되었다. 그렇다 보니 선수 개인의 용돈은 스스로 마련하여야 했다. 정부는 재일동포 선수단에게 특혜 아닌 특혜를 줬는데, 물건을 반입해서 한국에서 파는 걸 묵인해줬다고 한다. 아직 한일간 정식 수교가 이뤄지지 않던 그때 그 시절 이야기이다.

초대 재일대한체육회 회장은 후일 주일대사가 된 유태하 참사관이 맡았다. 유 참사관이 동포들의 입출국 수속에 큰 도움을 줬다고 한다. 이 때는 최규하 전 대통령이 일본에서 근무하던 시절이기도 했다.

그럼 당시 재일동포들은 국내에서 어떤 일제제품들을 풀어놓았을까? 주로 무게가 가볍고 여성들이 좋아하는 물품이었다. 김 고문에 의하면 '우데나'라는 스킨콜드크림과 판타롱 스타킹, 가죽장갑, 스카프 등이 주류를 이뤘다. 이에 대해 그는 재일동포 체전 선수단이 우리나라 '보따리 장사'의 효시라고 확신에 찬 표정으로 말했다.

"아무튼 한 사람당 여행가방 2~3개씩 터지기 직전까지 그득그득 담았습니다. 서울 물가가 전국체전 기간 중에는 요동을 친다는 말이 돌 정도로 우리 물건의 파급효과가 컸었죠. 재일동포 선수단의 물건은 남대문시장부터 당시 양품전문점인 미도파백화점까지 서울시내 곳곳에 쫙 퍼졌었으니까요."

당시 한국에서는 재일동포 선수단 환영회가 따로 열렸을 만큼 동포들을 반기는 무드였다. 선수단이 프로펠러기를 타고 여의도비행장에 도착할 때부터 열광의 도가니였다. 연도에 수천 명이 넘는 환영인파가 마중 나와 있었고, 선수단이 도착 성명을 발표한 다음에는 종로에서 동대문까지 가두행진을 벌였다.

심지어 선수단 숙소인 무교동 서린여관까지 쫓아오는 열렬 여성 팬이 있었다니 그야말로 금의환향(錦衣還鄕)의 세례를 받았다. 동포들은 감격에 찬 나머지 가져온 스카프를 국내 동포들에게 선물로 주는 등의 답례를 했다.

재일동포들은 1주일간의 체전 경기가 끝나고 일본으로 돌아갈 때면 옷차림이 달라져 있었다. 늦가을에 맞춰 두툼하게 입고 온 겨울용 옷가지와 운동화는 온데 간데 없고 여름슬리퍼에 반팔 차림으로 돌아가는 경우가 비일비재했다. 친척이나 고향사람들에게 자기가 입고 있던 옷가지까지 벗어주고 떠났던 것이다.

여행사 日新觀光 창업

김영재 고문은 전국체전 개근생이다. 초기에는 선수로 이후에는 재일대한체육회 임원으로 2014년 대회로 꼭 60년 동안 한 해도 빠지지 않고 참가했다. 재일동포 체육계의 산 증인으로 불리는 이유이다.

그런 김 고문이 택한 생업은 여행사 경영이었다. 배경이 있다. 전국체전 축구선수로 참가하면서, 동료 선수와 임원들의 출입국 서류 작성은 언젠가부터 당연한 듯 그의 몫이 되었다. 숱한 변수를 경험하면서 까다롭기로 소문난 출입국 문제의 해결사 역할도 담당했다.

"1970년대 초반이었는데 일본 출입국관리소 관리가 '이렇게 나이 많은 사람이 선수일 리 없다'며 도장을 찍어주지 않는 겁니다. 그래서 제가 나가서 한국 고유의 스포츠인 씨름은 일본으로 치면 스모, 전통이 중시된다, 나이가 많은 사람도 문호를 개방하는 종목이라고 차분히 설명을 했지요."

남들보다 풍부한 출입경력과 서류 처리 능력으로 그는 상황상황마다 일본 출입국을 설득하는 나름의 노하우를 갖고 있었다. 하도 자주 출입하다보니 일본 관리가 먼저 인사를 건네올 정도로 친분도 쌓여갔다. 그 때 한 일본 관리로부터 그는 귀가 솔깃한 이야기를 듣게 된다.

"김 상, 한국을 자주 오가는데 이왕이면 복수여권을 받아보세요. 가장 쉬운 방법은 여행업을 차리는 거랍니다."

복수여권 이야기에 무작정이다 싶은 생각으로 여행사를 차렸다. 앞으로 더 자유롭게 한국을 오갈 수 있고 창업비용도 그렇게 많이 들지 않았다. 그 길로 학생운동을 하던 재일동포 친구와 함께 여행사를 창업했다. 그러나 복수여권 받은 건 성공했지만 사업은 순탄치 못했다. 동업은 깨졌다.

자기 이름을 내건 첫 사업은 비록 아름답지 못하게 마무리했지만 되레 전화위복이 되었다. 김 고문은 "독립된 나만의 여행사를 차릴 수 있었으니까 그것만으로 대만족이었다"고 돌아봤다.

여행사 간판은 날마다 새로워지라는 뜻을 담아 일신관광(日新觀光)이라고 붙였다. 사무실 위치도 요지였다. 오사카에서 노른자위 땅 가운데 하나인 신사이바시의 한국총영사관 바로 옆이었으니까 말이다.

그런데 이때 문제가 발생했다.

"건물주가 일본사람이었는데 한국인에게는 임대해줄 수 없다는 겁니다. 한국인은 신용이 없다면서요. 지금도 선명히 기억납니다. 이토 상이라고 그 사람 사위가 일본 씨름왕인 요코즈나까지 오른 스모계 거물이었습니다. 스모라면 일본 국기 아니오. 그런 사람에게 고집을 부릴 수도 없고 답답한 상황이었습니다."

하지만 그는 그 자리를 포기할 수 없었다. 현재 한국음식점 '한일관(韓日館)'이 들어서 있는 건물로 여행사 입지로는 제격이었기 때문이다. 지푸라기라도 잡는 심정으로 당시 재일체육회 회장을 맡고 있던 이희건(李熙健)씨를 찾아갔다. 이 회장은 신한은행 창업의 일등 공신으로 민족금융기관인 오사카흥은 이사장을 맡고 있었다. 청원은 흥은 이사장실에서였다고 한다.

"회장님 저는 여행사를 거기에 꼭 차리고 싶습니다. 이토 상은 고집을 꺾을 것 같지가 않습니다. 좀 도와주시기 바랍니다."

이야기를 들은 이 회장은 이토 상에게 그 자리에서 바로 전화를 걸었다고 한다.

"내가 보증하는 사람이니 사무실 좀 빌려주십시오."

한마디 부탁으로 문제는 해결됐다.

이희건과 88올림픽 개막식 숙소

이희건 회장과는 오래전부터 체육회 일로 수시로 교분을 나눠온 사이였다. 이 회장이 체육회 회장을 맡았을 때 김 고문이 사무국장으로 실무총책을 맡은 바 있다. 그때의 인연으로 이 회장은 스포츠 관련 행사가 있을 때면 기꺼이 후원금을 내놓았다.

그런 그에게 신세 갚을 기회가 88서울올림픽 때 찾아왔다. 서울올림픽 때 재일동포들은 한국 원화로 542억 원의 후원금을 모아 올림픽공원 스포츠시설 등을 건설했다. 당시 단일 후원금으로는 건국 이래 최대 금액이었다.

대한올림픽위원회는 재일동포 기부자들에게 개막식 관람티켓을 보내왔다. 일종의 성의 표현이었다. 그러나 큰 난관이 있었으니 표는 있으되 항공권과 숙소는 제공되지 않았다. 이 회장은 재일동포올림픽모금후원회 회장으로서 이 문제를 어떻게든 해결해야만 했다. 김 고문에게 전화가 걸려왔다고 한다.

"이보게 내 부탁 좀 들어주세. 이대로라면 아깝게 표만 버리게 될 것 같네. 개막식에 참가하고 싶다고 하소연하는 동포들은 많고 숙소는 없고 어찌 해야할지 모르겠네. 후원회장된 입장에서 마음이 무겁네. 당신이라면 이 난관을 풀 수 있지 않겠나 싶어 전화를 했네."

난감하기는 김 고문 역시 마찬가지였다. 항공권은 전세기라도 빌리면 어떻게든 해결할 일이지만, 없는 방을 어떻게 구한단 말인가. 서울 시내 호텔은 올림픽 개최 1년 전 이미 예약 완료된 상태. 종로의 후미진 골목 여관방마저 자리가 없으니 막막하기만 했다.

이때 그는 꾀를 냈다. 일신관광과 거래해온 서울 강남의 워싱턴호텔, 삼정호텔 등의 호텔지배인을 찾아가 숙박권을 갖고 있는 여행사 리스트를 전부 달라고 한 것이다. 리스트를 보니 여행사 사장 중에 이전부터 거래 관계가 있거나, 관광업계 모임에서 만나던 지인들이 꽤 있었다.

1980년대 국내 여행사는 24개 업체로 한 집 건너면 모두 알 수 있는 사람들이었다. 1988년 해외여행 자유화가 발표되며 우후죽순 여행사들이 생겨났지만, 신생 업체 사장도 이전 여행사 직원이었던 경우가 많았다.

김 고문은 여행사들을 찾아다니며 협상을 했다. "대기업 바이어용이라 곤란하다"고 거절하는 여행업주들에 웃돈을 얹어주고 숙박권을 구했다. 서울 곳곳을 누비며 다닌 지 이틀만에 숙박 문제를 해결했다.

워싱턴호텔과 삼정호텔은 객실 통째를 빌리다시피했다. 그 덕분에 올림픽 후원에 참여한 재일동포들은 모두 올림픽개막식에 참가할 수 있었다.

2002월드컵 한일공동응원단

나이 칠순을 앞두고 열린 2002년 한·일 공동 월드컵 축구대회는 그의 인생에 새로운 활력을 불어넣었던 계기가 됐다. 한국과 일본을 함께 응원하는 한일공동응원단을 결성하는데 주도적인 역할을 했기 때문이다.

시초는 이랬다. 국제축구연맹에서 한국과 일본을 2002년 월드컵 개최지로 결정한 뒤 열리는 첫 번째 월드컵대회인 1998프랑스 대회 때였다. 그는 재일체육회 회장으로서 실무진과 함께 '코리아 재팬(Korea-Japan) 공동응원단' 프로그램을 기획했다. 양국 국민이 이역만리 프랑스로 날아가 한국팀도 응원하고 일본팀도 응원하면 어떻겠느냐는 단순한 생각에서였다.

호응은 대단했다. 예상보다 서너 배는 많은 1,500명이 공동응원단에 참여한 것이다. 양국 축구협회에서도 두 손 들고 환영했다.

"모집 방식은 전국체전 방식을 적용하였습니다. 일본 전국 각지에 있는 동포들에게 공지를 보내, 각자 알아서 한 군데로 집결하라고 하였습니다. 집결장소는 김포공항이었습니다."

김포공항에서 한국인과 일본인이 어깨동무하면서 약식출정식을 열었다. 사전에 박세직(朴世直) 2002월드컵조직위원장에게 환영행사를 부탁해뒀다.

박세직 위원장은 직접 마중까지 나와 일본 응원단에게 일일이 꽃다발과 함께 기념품과 배지를 챙겨줬다. 처음 만나는 사람들이 태반임에도 이날 한 번의 행사로 한국과 일본 응원단은 하나로 똘똘 뭉쳤다.

프랑스에서 한일공동응원단은 고속철도 테제베(TGV)를 함께 타고 다니며 한국팀 경기도 가고 일본팀 경기도 갔다. 목이 터져라 열렬히 응원하면서 한국인들도 좋아했지만 일본인과 재일동포들은 기쁨을 주체할 수 없을 정도였다고 한다. 모든 응원일정을 마치고 모인 해산장소는 출정식이 열린 김포공항이었다. 그때 한 일본인이 목소리를 높였다.

"우리 이렇게 헤어지면 언제 또 만나겠습니까. 다시 만날 모임을 만들면 좋겠습니다."

좀처럼 자기 감정을 표출하지 않는 일본인의 입에서 이 말이 나오자, 김 고문은 뒤통수를 얻어맞은 것 같은 기분이 들었다고 한다.

"모두들 아쉬움에 비행기 출발시간이 임박한 상황에도 떠나려고 들지 않더군요. 이심전심이라고 2002년 양국이 공동으로 개최하는 월드컵이 있으니 공동응원단을 계속 끌어가자고 박수를 쳤습니다."

김영재 회장은 2002한일월드컵 때 한일공동응원단 〈KJ클럽〉을 결성했다.

프랑스에 다녀온 다음 한일공동응원단은 결성됐다. 그해 11월 재일대한체육회가 주관으로 참가하고 산하문화단체로서 '마음이 통하는 한일공동응원단 KJ클럽'을 결성했다. 초기 멤버는 재일동포 30명, 일본인 70명, 한국인 15명으로 단출하게 시작했다.

2000년 그는 재일본대한체육회 회장직에서 물러나고 여행사 일신관광도 매각하면서 현직 은퇴를 선언했다. 그때 가장 열의를 가진 일이 KJ클럽 활동이었다. 한국팀과 일본팀 축구경기가 열릴 때마다 응원단을 이끌고 경기장을 찾았다. 2002월드컵 대회 때 그는 대회기간 동안 한국과 일본을 오가며 정신없이 한 달을 보냈다.

"사실 월드컵 때 한국의 16강 진출을 예상한 이가 거의 없었습니다. 민단도 예선 3경기 티켓만 준비해놓았을 뿐이고, 저도 KJ클럽 응원용으로 16강까지만 구해놨었습니다. 그런데 4강까지 승승장구하며 올라갔으니…"

　김 고문은 수십 년간 다져온 인맥을 활용해 응원단 티켓을 조달했다. 한국 팀이 승승장구하자 도쿄의 결승전 티켓까지 마련해놨다.
　특히 한국에서 열린 한국팀 경기는 전 경기 현장에서 응원하고 새벽에 돌아오기를 반복했다. 태극기와 일장기를 함께 흔드는 응원은 이때가 처음이었고 양국 국민들로부터도 좋은 일이라며 박수를 받았다. 그는 '둘이 만나 더 큰 하나를'이라는 KJ클럽의 슬로건이 앞으로도 계속 이어지기를 고대한다.
　"거의 평생 일본에서 살아온 재일동포 입장에서는 한일월드컵 축구대회는 대단히 감격스런 순간이었습니다. 차별의 벽을 허물었다고 할까요. 그때를 떠올리면 한일 양국민이 으르렁대고 기분나빠할 일이 없을 겁니다."
　서울토박이로 중학시절부터 살고 있는 일본 오사카. 김 고문은 집에서 일본방송보다는 한국방송을 즐겨 본다. 모국에서 일어나는 일 하나하나에 눈길이 간다.
　인생에서 가장 애착을 가진 업이자 취미는 축구와 전국체전이었다. 그는 한국팀 축구경기를 직접 보지 못하면 TV에서라도 놓치지 않고 관람한다. 외부인사와 만나는 순간에도 상대에게 양해를 구하고 한쪽 귀에 라디오를 꽂고 중계를 들었다. 전국체전에는 1955년 이래 지금까지 만 60년 개근생이다.
　누가 봐도 김영재 재일본대한체육회 고문의 일생은 축구와 함께 울고 웃으며 살아가는 스포츠인생이라 할만하다.

[부록] 원로들이 말하는 재일본대한체육회 비화

1948년 런던올림픽부터
2012년 런던올림픽까지

〈재일본대한체육회〉는 지난 2012년 2월 10일 도쿄의 한 호텔에서 창립 60주년 기념식을 거행했다. 이 무렵 재일동포 민족지 통일일보는 재일체육회 원로 및 회장단과 간담회를 실시했다. 일본어 원문 취지에 맞게 한국어로 바꿔서 소개한다. 인명의 직함과 경칭은 생략한다.

〈재일본대한체육회〉 창설의 주역들

이봉남(李奉男) 체육회 설립을 주도한 사람들은 메이지대 야구부의 이팔룡(李八龍, 일본명 藤本英雄, 투수로 훗날 요미우리자이언츠의 2군 감독이 됨)씨, 같은 대학의 이인섭(李仁燮, 농구부 주장)씨 등이었습니다.

박안순(朴安淳) 메이지대학 분들이 많았었군요.

이봉남(李奉男) 그때 이해형(李海炯, 민단 도쿄본부 11,12대 단장)씨가 스미다의 책방거리에서 식당을 하고 있었소. 메이지대 근방 조선체육회 건물 맞은 편이었지. 평양 출신으로 1945년 12월인가 이듬해 1월에 권총 오발사고로 사망한 강기동(康基東)씨도 있었고... 강 씨는 최배달(大山倍達로 알려진 극진가라데의 창시자. 본명은 崔永宜)도 김광선(축구선수.

김영재(金英宰) 재일대한체육회 회장 **461**

1940년 평양팀 주장)도 완력으로 필적할 수 없을만큼 걸출한 인물이었지요. 거기에 채수인(蔡洙仁, 체조선수로 재일체육회 초대회장)씨, 최은주(崔銀珠, 재일체육회 초대 사무국장)씨가 합세해 1947년 4월 재일조선체육협회가 탄생한 겁니다. 그게 오늘날 재일대한체육회가 된 것이지요. 민단중앙단장을 지낸 이희원(李禧元)씨도 있었지요.

김치순(金致淳) 학생동맹 창립자인 김세기(金世基)씨도 축구선수 출신이었죠.

정해룡(丁海龍) 장창수(張昌壽)는 농구선수로 메이지대 이인섭(李仁燮)씨 후배였어요. 나중에 게이오대(慶応)로 이적했고, 그 사람 당시 서울에서 제일 큰 백화점인 화신백화점 사장 딸과 결혼했습니다.

김치순 체육회 조직이 정식 발족한 건 긴자 4번가(銀座 4丁目) 핫토리빌딩(服部ビル)에 있던 주일한국대표부로 옮겨간 1953년도였지. 류태하(柳泰夏) 참사관(훗날 대표부 대사)이 초대회장이었습니다.

그때만해도 조총련 쪽 사람들이 툭하면 습격해오던 때라서 야구 방망이를 들고 대응하기도 했었지. 참 그때 참사관 중 갈홍기(葛弘基, 훗날 홍보처장)씨도 있었습니다.

박안순 갈홍기 씨 존재는 몰랐네요.

이봉남 류태하 씨는 원래 대통령 비서실에 있던 외무부의 문화정보국장이었소. 눈 수술을 위해 일본 성로가병원에 입원했다가, 이승만 대통령 부인에게 과일을 몇 번이나 보내고 그 길로 참사관으로 눌러앉았습니다. 대표부 공사는 김용식(金溶植)씨였고요.

그 사람들, 그러니까 우리 정부에게 기부금을 내던 사람으로는 아이리스카메라의 김상길(金相吉, 도쿄 한국학교 초대 이사장)씨와 도쿄 키타구에서 단장을 지내던 이능상(李能相, 權逸 민단 중앙단장과 동기)씨, 긴자에 땅을 갖고 있던 이기동(李起東)씨, 박정훈(朴正勳)씨 등이 있었소. 건청 출신을 비롯한 많은 재일동포들이 힘을 보태 체육회를 만든 것이라 할 수 있습니다. 모든 자금은 재일동포가 충당했고요.

박안순 본국의 체육회로부터 정식으로 추인된 건 1953년이지만, 그 전부터 재일조선체육회 등의 형태로 움직였으니까 2012년에 창립 60주년이 되었던 거군요. 재일동포들이 1952년 헬싱키올림픽 때 한국 선수단 경비를 모두 마련했다지요. 그땐 정식 해외지부라는 인식도 없었다고 듣고 있지만요. 그때의 공헌이 인정되어 1953년 정식승인을 받았다고 합니다.

이봉남 헬싱키올림픽 참가경비는 당시 돈 약 1,000만 엔. 김상길 씨와 이능상 씨가 상당한 금액을 부담했습니다.

김치순 정식 승인이 1953년이지 그전부터 많은 일을 해왔던 것이죠.

1948런던올림픽 국가대표팀 지원

1948년 런던올림픽 때 한국선수단의 동선을 재구성하면 이러했다.

《 한국선수단은 서울역에서 증기기관차를 타고 부산으로 내려갔다. 부산항에서 배편으로 시모노세키(下関)로 향했고, 다시 야간열차로 오사카(大阪)에 당도했다. 재일동포들의 대대적인 환영회가 열렸다. 선수들은 백두학원 브라스밴드의 연주를 들으며 동포의 뜨거운 환영을 받고 감격의 눈물을 쏟았다. 선수단의 일본 체류 일정은 그것으로 끝이 아니었다. 다시 요코하마(橫浜)로 향했다. 거기서 다시 출정환영회가 펼쳐졌다. 선수단은 배편으로 홍콩으로 가서 다시 비행기로 갈아타고 런던에 도착했다. 》

이봉남　요코하마에서 유니폼, 경기 용품들을 전달했지요. (일본에서 홍콩까지 가는) 캐세이퍼시픽항공 직항편도 있었지만 아무래도 그건 너무 비싸서 이용할 수 없었고, 배편으로 홍콩까지 가게 된 겁니다.

김영재　당시의 사진과 유니폼을 서울 명동의 한 사진현상소에서 발견하였습니다. 그걸 부탁해서 받은 것들이 체육회에 남아있습니다. 입수 시점은 1956년 전국체전 때였던 것 같습니다.

이봉남　서울대회 때 말입니까?

김영재　사진 하단부에 한국대표팀의 런던올림픽 입장식이라 쓰여 있더군요.

정해룡　1953년에는 6월인가 7월에 전국체전이 있었습니다. 축구팀 결성을 했는데, 김동춘(金東春, 학생동맹 창립자 중 한 명, 추오대 축구선수)씨가 머물던 텐리회관(天馬会館)에서였던가...

김영재　맞아요. 텐리회관.

정해룡　거기서 축구선수 조상현(曺祥鉉), 전복영(田福栄), 추오대의 류 씨 등이 살고 있었어요.

김영재　김세기(金世基)도 거기에 머물고 있었습니다.

정해룡　저는 재류허가가 나오지 않아서 텐리회관 밖에 나와있다가 나중에 팀에 합류했습니다. 김용식(金容植, 축구선수, 훗날 한국국가대표팀 총감독)씨 아들도 있었어요. 거기서 숙식을 해결하며 축구팀을 만들어 전국체전에 출전했지. 저는 못갈 것이라 포기하고 있었는데, 출발 1주일 전에 재류허가가 나와 급하게 갔던 기억이 납니다.

김영재　저는 제36회, 정해룡 씨는 35회 전국체전부터 출전했습니다. 대학 1학년 때 효고현(兵庫)의 정판조(鄭判助)선배를 통해 "도쿄로 오라"는 연락을 받았습니다. 그래서 조상현 거처인 텐리회관에 머무르게 됐습니다. 전복영 씨 부인이 요리를 만들어주었지요. 도쿄공대 감독이던 김봉길(金逢吉)씨 주선으로 그곳 운동장을 썼습니다. 전복영 씨와 만나면 지금도 그때 이야기로 시간가는 줄 모릅니다.

정해룡 　전복영 씨는 정말로 최선을 다해 도와주셨습니다.

하네다(羽田)활주로에서의 결투

김영재 　당시는 재일체육회가 유니폼이나 재킷, 와이셔츠, 넥타이까지 만들어 갖고 가던 시절입니다. 한국에 도착하면 종로부터 동대문까지 행진했습니다. 한번은 행진 중에 비가 내렸는데, 숙소로 돌아오니까 와이셔츠가 재킷 색으로 물들어 있었습니다. 당시만 해도 원단이 그렇게 좋지 못했던 겁니다.

정해룡 　전국체전 이야기에서 잊을 수 없는 것이 사격입니다. 일본에서 실탄을 갖고 가려는데 비행기가 적재량을 못 견뎌 이륙을 못했으니까 말이에요. 총알을 내려놓던가 사람이 내리던가를 두고 실랑이가 벌어졌고, 나중엔 하네다공항 활주로에서 큰 싸움이 벌어졌습니다. 오사카의 재일사격협회 초대회장인 권전(權田)씨, 보시교통 사장인 권종엽(權宗葉)씨 등이 무슨 수로든 한국에 총알을 갖고 가야겠다고 소동을 벌였습니다.

김치순 　그때 총감독이 배철(裵哲)씨였어요. 결국 총알을 절반 정도 내려놓고 비행기를 이륙시켰던 기억이 납니다.

김영재 　본국 사격협회에 총알이 없던 시절이니까요. 일본에서 많이 가져가지 않으면 경기를 못하는 상황이었습니다.

김치순 　참 현금을 못 갖고 가던 때였어요. 그러다보니 현지에서의 활동비는 스스로 조달해야했습니다. 보따리장수(행상)의 원조는 전국체전 재일동포 선수들인 셈이에요.

정해룡 전국체전 갈 채비를 마치고 공항에 가니까 한 선배가 저를 부르더니 "자네 짐은 그 뿐인가"라고 물어옵디다. "그렇습니다만"이라고 답하니까, 커다란 트렁크에 '정해룡'이라고 쓰는 겁니다. 그러면서 하는 말이 "이건 자네가 맡아주게"입니다.

김영재 저도 오사카에서 출발하기 전에 선배에게서 전화를 받았습니다. 짐 꾸러미 크기를 확인하는 전화였습니다. 도쿄에 도착하니 사람 3명쯤 들어갈 것 같은 대형 트렁크 3개를 날랐습니다.

정해룡 맞아요. 저도 트렁크 3개였습니다.

김영재 그걸로 용돈을 조달했지요. 그때 대졸자 초임 월급이 8,000엔 정도였는데 트렁크 1개에 1만5,000엔 상당의 물품이 실렸습니다. 이제 와서 하는 이야기입니다만, 선발대가 하는 업무 중 하나가 세관 직원을 포섭해 놓는 작업이었습니다.

정해룡 전국체전을 장사로 이용하려는 사람도 있긴 했습니다. 지나친 경우에 대해서는 주의를 줬고, 차츰 그 문제는 고쳐져 갔지요.

김치순 채수인 씨처럼 스키판을 잔뜩 갖고 모국에 기증한다던지, 김장욱(金莊煜, 스케이트주장, 훗날 대한스케이트협회 회장)단장처럼 야구용품을 구해다 죄수용 교정 물품으로 기증하는 분도 있었습니다.

　보따리장수 문제에 체육회가 이용되는 일도 있긴 했습니다. 체육회를 통하면 90%는 일본 재입국 허가가 나왔으니까요. 한국과 일본이 국교를 수립하기 전까지는 돈을 받고 전국체전 선수가 되는 일이 종종 있었습니다.

은 1개, 동 2개 재일동포 올림픽 메달리스트

재일체육회가 연간 사업에서 가장 힘을 기울이는 사업은 매년 가을 한국에서 열리는 전국체전 선수파견이다. 첫 참가인 1953년 서울대회 때에는 축구선수와 인솔단을 합해 총 25명이었다. 지금까지 60여 년간 재일동포 선수단의 전국체전 참가자는 연인원 9,000명에 달한다.

재일동포 선수들은 처음에는 국내 시도부와 동일한 입장에서 경기에 참가했으나, 1989년부터 해외동포 번외 부문이 신설되면서 현재는 해외동포부에 출전하고 있다.

재일동포 선수 가운데 한국 국가대표로 선발된 선수는 수도 없이 많았다. 일본을 무대로 활약한 선수도 많았는데, 대표적인 선수로는 프로레슬러 초슈리키(長州力, 한국명 곽광웅, 郭光雄, 1973~4년 전국체전 레슬링 그레코로만형 100kg급 출전), 장거리 육상 선수 김철언(金哲彦, 1989년 수원대회 육상 5000m와 10000m 출전), 종합격투가 추성훈(秋山成勳, 1991~2년 유도 고교 남자부 출전) 등이 있다.

전국체전은 아니지만 1994년 봉황대기 전국고교야구대회에 재일동포 선수단의 일원으로서 참가한 김용언(金城龍彦, 긴조 다츠히코)이나, 일본야구 대표팀 4번 타자를 지낸 아라이 다카히로(新井貴浩) 선수도 있다.

재일동포 가운데는 태극마크를 달고 올림픽 메달을 획득한 선수도 여럿 있다. 재일동포 제1호 올림픽 메달리스트는 1964년 도쿄올림픽 유도 중량급에서 동메달을 획득한 김의태(金義泰)였다.

이어서 오승립(吳勝立)은 1972년 뮌헨올림픽 유도 중량급에서 은메달을 획득했다. 그는 뮌헨대회 한국팀의 유일한 메달리스트였다. 오승립은 텐리대학(天理大学) 출신으로 본인의 후배인 노무라 타다히로(野村忠宏)를 키워낸 지도자로도 이름을 떨쳤다. 노무라는 1996년 애틀란타올림픽부터 2004년 아테네올림픽까지 유도 남자 60kg급에서 3연속 금메달을 획득한 일본의 유도영웅이었다.

한국인 최초의 올림픽금메달리스트의 주인공이 재일동포가 될 뻔한 적도 있다. 1976년 몬트리올올림픽 중량급에서 동메달을 획득한 박영철(朴英哲)은 당시 세계에서 가장 강한 선수로 꼽히고 있었다. 하지만 올림픽 출전 기간 중 컨디션 조절에 실패하면서 금메달을 못따고 동메달에 머무르고 말았다.

안타깝게도 박영철이 동메달을 따낸 1976년 몬트리올대회 이후 재일동포 올림픽 메달리스트는 배출되지 않고 있다. 그러나 포기는 이르다. 지금도 많은 재일동포 선수들이 구슬땀을 흘리며 태극마크를 따기 위한 도전을 멈추지 않고 있기 때문이다.

언젠가는 재일동포가 태극마크를 달고 올림픽 시상대 최상단에 오르는 날이 올 것이다. 이러한 재일동포들의 희망의 불씨는 꺼지지 않고 있다.

> 진창현(陳昌鉉)
> 바이올린匠人

독학으로
세계최고 반열에 오른
바이올린 장인

유명해지기는 쉬워도 존경받기는 어렵다고들 한다.

재일한국인 1세 바이올린 제작자 진창현(陳昌鉉, 1929~2012) 장인은 일본인들이 존경하는 인물이다. 그의 인생이야기는 일본에서 책과 만화, TV드라마로 만들어졌고, 한국 국적자로는 처음으로 일본 고등학교 영어교과서에도 소개가 됐다.

그의 바이올린은 전설적인 명기(名器)인 스트라디바리우스에 가장 근접했다는 평가를 받고 있다. 정경화와 강동석, 아이작 스턴, 로스트로포비치, 헨릭 쉐링 등 내로라하는 세계적 명연주자들이 그의 고객들이다. 진 장인은 세계에서 감사(監査)를 받지 않고 바이올린, 비올라, 첼로를 만들 수 있는 5명 중 한 사람이다.

명실상부 현역 최고의 바이올린 제작자로 우뚝 선 진창현 장인이다. 어떻게 그런 비기를 보유할 수 있느냐고 비결을 묻자, 그는 망설임 없이 "나를 그토록 서럽게 했던 일본 사회의 차별과 모진 역경"이라고 대답했다.

재일한국인이라는 차별의 장벽을 어떻게 반전의 동력으로 삼은 것일까? 그가 스승도 없이 일류장인의 반열에 오른 비결은 무엇일까?

필자는 그 해답을 구하러 지난 2008년 겨울과 이듬해 여름 도쿄 센가와(東京 仙川)에 있는 '진(陳)공방'을 찾았다.

막혀버린 영어교사의 꿈

"젊은 시절 나가노(長野) 오두막의 어두운 석유램프 아래에서 바이올린을 깎던 순간이 떠오릅니다."

2008년 10월 2일 한국 정부로부터 국민훈장 무궁화장을 수여받던 날이다. 진 장인은 이 말을 하면서 연신 눈시울을 붉혔다. 그리고 두 달 뒤 찾아간 센가와 공방. 필자의 눈에는 지금의 공방도 나가노의 컴컴한 오두막 같아 보였다. 천장에 달린 형광등부터 작업등으로 사용하는 백열등, 벽에 정연하게 붙어있는 갖가지 공구들까지 족히 수십 년은 넘음직했다.

10평(33㎡)도 채 되지 않는 좁은 공방이 세계적인 명기를 만들어내는 곳이라고 하니 '미스터리 창고'라는 생각이 들었다. 천장에 걸려 있는 은은한 광채를 내는 여러 대의 바이올린과 벽에 걸린 세계적인 명연주자들과 함께 찍은 사진들은 그의 세월을 엿보게 했다.

그의 바이올린 이야기는 일본에서 대학을 나와 바이올린 제작을 결심한 1950년대 초반으로 거슬러 올라간다.

"젊은 시절 저에게 가장 큰 역경을 안겨준 건 국적 차별이었습니다. 당시 재일한국인은 일본에서 할 수 있는 일이 거의 없었어요. 바이올린을 깎게 된 동기요? 그저 먹고살려고 시작한 겁니다."

청년 진창현에게 '대한민국'이라는 국적은 인생의 고비마다 걸림돌이었다. 메이지(明治)대 영문과를 졸업하고 영어교사가 되려 할 때, 바

〈진공방〉으로 불리는 진창현 장인의 센가와 작업 공간에서(2008.11.13)

이올린 제작자가 되려고 스승을 찾아다닐 때, 국적은 번번이 그의 앞길을 가로막았다. 일본은 한국청년의 소박한 꿈조차 이룰 수 없는 폐쇄된 공간이었다.

"원망도 많이 했습니다. 남보다 영어실력이 뛰어난 데도 교사가 될 수 없는가? 그렇게 많은 장인 중에 나를 제자로 받아줄 이는 어찌 한 명도 없는가?"

하지만 그를 옥죄던 차별의 공간은 진창현이란 사람을 강하고 자유로운 인간으로 탈바꿈시켰다. 기술을 전수해줄 일본인 스승을 구하지 못해 외톨이가 되자, 그는 비로소 어떤 구애도 없이 상상의 나래를 무한히 펼칠 수 있게 되었다. 어떤 이가 건설현장에 내버려진 폐자재들을 바이올린 재료로 쓰겠다는 생각을 했을까? 진창현 장인은 그렇게 무모하게 바이올린 제작 인생을 시작했다.

"그때는 하루에 3시간밖에 안 잤어요. 만드는 족족 오두막 구석에 차곡차곡 쌓아올렸죠. 160대쯤 되니 앉을 자리조차 없는 겁니다. 먹을거리도 다 떨어지고 해서 바이올린을 팔기로 했어요."

그중에서 고르고 또 골랐다. 나가노의 산골 오두막에서 하산할 때만 해도 마음이 설레었다. '내 바이올린의 첫 주인은 누가 될까?' 하지만 기쁨은 거기까지였다. 온종일 거리를 누비고 다녔지만 그의 바이올린을 사겠다는 악기상은 나타나지 않았다. 맡기고 갈 테니 팔리면 값을 치르라 애원해도 그의 바이올린을 받아주는 상인은 없었다. 낙담하여 길바닥에 주저앉아 있다 보니 한 악기상이 그에게 다가왔다.

"이보시오. 제가 아는 고객 중에 모양이 이상해도 소리만 좋으면 사는 괴짜가 있습니다. 주소를 줄 터이니 한번 찾아가 보시오."

그 길로 물어물어 찾아가 만난 괴짜는 중년의 일본인 신사였다. 그는 바이올린을 살펴보더니 '허허' 웃으면서 대당 3,000엔씩 사겠다고 했다. 갖고 간 9대 모두를 팔았다. 누구도 거들떠보지 않던 진창현 바이올린을 사준 첫 번째 손님은 당시 일본에서 3대 바이올린 연주거장으로 불리던 시노자키 히로쓰구(篠崎弘嗣) 선생이었다.

홍난파 친구 시노자키 선생과의 인연

진창현 장인은 이 만남을 계기로 시노자키 선생이 학생들을 가르치고 있던 학교 근방으로 이사를 왔다. 선생이 자신이 가르치는 어린 학생용 바이올린을 만들어줄 것을 부탁했기 때문이었다. 바로 그곳이 지금까지 50년 넘게 살고 있는 센가와이다. 여기에서 진 장인은 쓸모

없는 폐자재를 명기로 탈바꿈시켰다. 시노자키 선생과의 인연이 시작되고 2년쯤 지난 어느 날 선생은 뜬금없이 진창현에게 물었다.

"기미 코란하 싯테루노?

(君, 洪蘭坡 知ってるの. 자네 홍난파 아는가?)"

그때 진 장인은 홍난파 씨가 조국 한국과 일본에서 이름을 날리고 있는 천재 작곡가인 줄 모르고 있었다. 어리둥절한 그에게 선생은 도쿄음악대학 동기생 홍난파에 관한 일화를 들려주었다고 한다. 두 사람은 함께 하숙을 했을 정도로 절친한 친구 사이로 선생은 홍난파가 지은 곡을 들고 아사쿠사(淺草)로 나가 바이올린 연주 아르바이트를 하기도 했다.

"솔직히 선생처럼 고명한 일본인이 왜 보잘것없는 저에게 잘해줄까 의아했습니다. 사연을 듣고 보니 선생은 대학시절 만난 조선학생들과의 교류로 조선인에게 친밀감과 고마움을 느끼고 있었고, 그들의 애환까지도 알고 계셨던 겁니다. 제 바이올린 제작의 운명을 바꿔준 인연은 선배 재일동포들이 맺어주신 것이더군요."

끼니를 걱정해야 했던 지독한 가난의 늪에서 탈출하고, 시노자키 선생과 대당 3,000엔으로 시작한 바이올린 가격은 7,000엔까지 올랐다. 생활이 정상궤도에 오르면서 결혼도 하고 2남1녀의 자식도 두었다.

시노자키 선생은 우리나라 국가인 애국가(愛國歌) 작곡가인 안익태(安益泰) 선생과도 친분을 갖고 있었다. 마찬가지로 도쿄동창인 두 사람은 꾸준히 교분을 나누고 있었다. 스페인에서 활동하던 안 선생은 일본으로 연주회 지휘를 하러 올 때면 진창현 장인 집을 찾았다. 그때마다 망가진 현악기들의 수리를 맡겼고 진 장인은 정성을 들여 고쳐주었다.

"훗날 고향 어머니를 만나니 '넌 대체 일본에서 무슨 일을 하길래 외국에서 온 지체 높은 양반이 나에게 그렇게 큰돈을 쥐어주느냐'고 말씀하시더군요. 안익태 선생은 아무 내색 않고 저 몰래 우리집을 도와주셨던 겁니다. 당시엔 한일 간에 국교가 수립되기 전이라 한국으로 송금길이 막혀있어서 저는 돕고 싶어도 그럴 수 없었습니다."

뒤에 알고 보니 안 선생은 서울에 들를 때마다 반도호텔(현 롯데호텔 소공동 본점 자리)로 진 장인의 모친을 불러 사례를 했던 것이다. 그의 바이올린 제작 인생은 탄탄대로를 달리는 듯 보였다.

간첩 혐의로 끌려가 고문 받다

그러나 거칠 것 없을 것 같던 그에게 또다시 큰 시련이 찾아왔다. 사건은 1965년 6월 한일간 국교가 정상화된 다음, 고국 방문 때 벌어졌다. 1968년 5월이었다.

그는 도일 25년 만에 고향인 경북 김천의 이천(梨川)마을을 찾았다. 가족 친지를 만나고 성묘까지 마친 그는 이복형으로부터 북한 스파이로 밀고를 당했다고 한다.

"그땐 참 운이 없었어요. 그해 초 북한의 무장공비들이 청와대로 침투(1·21사태)하고 푸에블로호 사건까지 일어나 정국이 뒤숭숭했잖아요. 하지만 고문을 받으며 겪은 신비한 체험은 제 바이올린 제작의 전기가 되었습니다. 의식이 흐릿해지며 죽음에 가까워지는 것 같다고 느껴질 때 여태껏 살아온 풍경들이 필름처럼 떠올라 지나가는 겁니다. 그리고 '살고 싶다'는 의욕이 솟구치는 거예요."

　진창현 장인은 공안에 끌려가 얼굴이 물속에 거듭 처박히고 온몸에 전기가 관통되는 극심한 고문을 당했다. 그가 끔찍한 고통의 기억을 대수롭지 않은 듯 이야기하자, 곁에서 듣고만 있던 부인 이남이(李南伊) 여사가 손사래를 치며 그의 말문을 가로막았다.

　"말도 마세요. 다시는 떠올리고 싶지 않은 기억이에요. 무혐의로 풀려나 일본행 비행기를 타고 있을 때까지도 무서워서 안절부절못했습니다. 둘이서 손을 꼭 붙잡고서 '제발 빨리 이륙해라'고 얼마나 간절히 기도했는지 모릅니다. 다시 붙들려갈까 싶어 빨리빨리를 얼마나 되뇌었던지….'

　'차라리 일본으로 국적을 바꿨더라면 이런 수난은 겪지 않았을 텐데….'

　일본에서 온갖 서러움과 조롱을 당하며 한국 국적을 지켜온 그에게 조국은 잊지 못할 상처를 안겨줬다. 일본으로 돌아온 진 장인은 매일 밤 악몽과 환청에 시달렸다. 정신병원을 다녀야 할 정도로 심신이 쇠약해졌다. 그때까지 하루도 거르지 않던 바이올린 작업도 중단했다. 그렇게 삶의 정체기를 1년 가깝게 보냈다.

　진 장인이 재기의 발판으로 삼은 건 고문 경험에 대한 인식의 전환이었다. 그는 조국에서 당한 고문이 삶의 소중함을 일깨워줬다고 마인드컨트롤을 했다. 이상하게도 생사가 갈리는 듯한 극한 체험을 한 다음, 어린아이처럼 왕성한 호기심이 발동했다고 그는 회상했다.

　더 좋은 소리, 더 아름다운 모양을 가진 바이올린을 만들겠다는 의욕을 갖고 온갖 실험을 하기 시작한 것이다.

　"실험의 모토는 '감각 기능을 최대한 키우자'였어요. 눈과 귀, 손과

코로 물질을 탐구하고 그것도 안 되면 혀를 썼습니다. 그런 게 무슨 소용이냐는 사람이 있는데 그렇지 않아요. 자꾸 반복하다 보면 오감(五感)이 예민하게 발달합니다."

진창현 장인은 괴이한 실험을 거듭했다. 모유만 먹는 큰아들의 황금색 변을 보고 '이것이야말로 자연의 빛깔'이라 생각해 바이올린에 똥칠을 했고, 석유에서 나는 특유의 붉은 빛깔을 추출하려고 실험하다 폭발사고도 일으켰다. 그리고 전신에 화상을 입은 채 거리로 뛰쳐나오는 바람에 자폭 테러범으로 오인을 받기도 했다.

남들로부터 '미친 놈'이라고 손가락질도 숱하게 받았다. 그러나 그의 이런 무모한 듯한 시행착오들은 진창현 바이올린이 스트라디바리우스의 수수께끼에 다가가는 열쇠가 되었다.

"아름다운 소리는 공기의 진동이 강하고 물리적 운동량이 많다는 특징이 있습니다. 초음파라고 불리는 것이죠. 여름철 매미가 날개를 비비며 내는 소리, 산새가 지저귀는 소리에 바로 초음파가 담겨 있습니다. 바다 게들은 등딱지를 부딪쳐 초음파를 발산하죠. 키토산이란 분자덩어리가 초음파를 내는 매개물질이에요. 저는 이런 자연의 소리들을 찾아내면 곧바로 바이올린 제작에 응용해봅니다. 가령 게딱지를 잘게 쪼개서 바이올린에 발라보는 것이죠."

그는 비록 인간 스승을 만나는 데는 실패했지만 대자연이라는 더없이 훌륭한 스승을 만났다. 아침에 일어나 새가 지저귀는 소리를 들으며 '저 아름다운 소리를 바이올린에 담아낼 수 있다면…' 하고 고민했고, 아이디어가 떠오르면 주저하지 않고 그날로 실험을 했다. 진창현 바이올린은 장인의 숙련된 기능으로 다듬어진 것도 아니고 우연히 발견한 비법에 의한 것도 아니었다.

새벽 3시에 시작하는 일과

"경험만으로는 훌륭한 바이올린을 만들기 힘듭니다. 명기를 마주할 때면 함수와 기하학, 물리학과 화학, 예술적 센스까지 어우러져 있는 게 보고 있는 것만으로 절로 감탄사가 터집니다. 그야말로 과학이 총집결된 예술작품이에요. 저는 바이올린을 만들 때 '한 송이 튤립'처럼 누가 봐도 아름답다고 느끼도록 정성을 다해 제작합니다."

팔순을 넘겨서도 진창현 장인은 스트라디바리우스의 수수께끼를 푸는 일에 일과의 대부분을 쏟고 있다. 취침 저녁 8시, 기상 새벽 3시. 일찍 잠드는 대신 남보다 이른 아침을 시작한다.

그의 기획은 모두 새벽녘에 이뤄진다. 시작은 포근한 이불 속에서 상상하는 것이다. 하루 20분씩 이불 속에서 하는 상상은 좋은 아이디어들을 생산해내는 보물창고라고 그는 고백한다.

그리고 자리에서 일어나 센가와 동네를 한 바퀴 돌며 운동을 하고, 다음엔 거실 의자에 앉아 독서를 한다. 상상력 키우기와 운동, 그리고 이론 공부를 소화한 다음에야 비로소 빵과 요구르트로 아침식사를 한다.

"비록 원래 꿈인 중학교 영어교사는 못 됐지만, 대학시절 익힌 영어는 두고두고 제 인생에 도움이 되고 있어요. 아시다시피 바이올린은 서양악기잖아요. 바이올린의 역사와 연구서, 신간 책자들은 거의가 영어로 쓰여 있습니다. 이탈리아나 독일에서 나온 책들도 영어 번역판은 구하기가 쉽지요. 그 책들을 구해 이론공부를 하고 공업신문과 외국의 과학 잡지들을 뒤적이며 신기술과 아이디어를 찾습니다."

현재 일본에는 바이올린 제작자가 약 500명에 달한다. 그 가운데 진창현 장인의 바이올린이 단연 '넘버원'으로 인정받는다. 그는 또한 세계에서 다섯 명밖에 없는 무감사(無監査) 장인의 반열에 올라 있다.

이러한 경지에까지 오른 건 부단한 학습과 연구가 뒷받침됐기 때문이다. 그는 더 많은 책을 읽을 욕심에 '속독법 교본'을 수차례 독파했다. 진창현의 독서는 화학, 물리학, 수학, 미술, 영문학, 일본 고전, 수필 등 분야를 가리지 않는다. 박학다식형 학습가인 것이다. 지금도 매달 도서구입비로 3만 엔을 지출하고 있다.

"만약 남이 만든 것과 비슷한 소리를 내는 바이올린을 만들었다면 저 같은 재일동포는 경쟁력을 갖출 수 없었을 것입니다. 차원이 다른 월등한 악기여야 살아남을 수 있습니다. 그 길로 가는 가장 빠른 방법은 남보다 폭넓고 앞선 지식들을 축적하는 것이었습니다. 그래야 실험도 해볼 수 있고 남이 따라오지 못하는 새로운 기술도 연마할 수 있는 겁니다."

그는 성공한 마이너리티(minority)들로부터 자신의 정체성과 삶의 방향을 찾는 방법을 깨달았다. 이러한 인물의 대표가 20세기 최고의 과학자로 꼽히는 알버트 아인슈타인이었다. 진 장인은 대학 시절 아인슈타인의 꿈이 과학자가 아닌 중학교 수학교사였다는 수기를 읽고 자신의 처지를 오버랩시키며 위안을 삼았다.

아인슈타인은 독일은 물론 프랑스와 스위스에서도 수학교사의 꿈을 이룰 수 없었다. 결격사유는 오로지 유대인이라는 것 하나였다. 그러나 아인슈타인은 조그만 특허사무소에서 서류정리를 하면서 연구를 계속해 '상대성 이론'을 정립해냈다. 그리고 미국으로 망명해 자신이 연구한 이론으로 핵을 발명해 모국인 독일을 굴복시키는 실마리를 제공했다.

바이올린 연주가 헨릭 쉐링과 함께

이러한 아이러니를 보면서 진창현 청년은 '나도 아인슈타인 같은 일류가 되리라'고 다짐했다고 한다.

5관왕으로 '마스터 메이커'되다

1976년 미국바이올린제작자협회가 필라델피아에서 개최한 '국제 바이올린·비올라·첼로 제작자 콩쿠르'는 '진창현'이란 이름 석 자를 세상에 알린 무대였다. 바이올린과 비올라, 첼로의 음향과 세공으로 나뉘어 총 6개 종목의 경연이 벌어진 이 콩쿠르에서 그는 5개 종목에서 금메달을 받았다.

1984년 미국바이올린제작자협회는 이러한 진창현 장인에게 무감사 제작자의 영예인 '마스터 메이커(Master Maker)'란 칭호를 부여했다. 그가 마스터 메이커가 되는 과정에서는 미국에 사는 유대인들의 응원이 있었다고 한다.

"제 유대인 고객들이 앞장서서 저를 추천했답니다. 유대인들이 일본에 사는 코리안(JapaneseKorean), 즉 재일한국인이라는 저의 정체성을 자기 일처럼 이해를 해줍디다.

그 사실 하나가 서로 교감하고 친분을 쌓는데 도움이 되더군요. 재일동포와 유대인은 망국의 고통을 안고 국경을 건넜고, 이주한 나라에서 차별받는 존재잖아요. 몇 마디 대화만으로도 서로의 마음을 이해할 수 있었어요. 마이너리티라는 공통점이 저와 유대인을 이어주는 연결고리가 된 것입니다."

그는 유대인들이 미국에서 큰 영향력을 행사하는 민족으로 성장한 비결로 '민족사의 계승'을 통한 '정신력의 함양'을 꼽았다. 유대인들은 유대교 계율을 기초로 한 민족 윤리와 2,000여 년을 견뎌온 고통스러운 유민(流民)의 역사를 후대에게 가르쳤다. 이것이 유대인들의 막강한 생존력을 발휘시키는 원동력이다.

"유대인의 집에 가보면 화장실이 유독 많아요. 화장실에는 어김없이 책장이 놓여 있어요. 화장실도 공부의 공간으로 활용하고 있는 것이지요. 유대인들은 크게 성공해도 사치를 부리는 사람을 만나기 어렵습니다.

헨리 키신저 같은 사람은 노벨평화상을 받고 미국의 국무장관까지 지냈지만 아직도 넥타이를 매지 않고 대화하기를 즐깁니다. 격식이나 겉모습에 구애받지 않는 유대인의 실용적 자세는 우리가 본받아야 합니다."

일본 영어교과서에 실린 진창현 스토리

그의 집 문패에는 '진창현'이란 이름 석 자가 선명하게 새겨져 있다. 이름을 물려준 부모님이 자랑스럽고 재일한국인이란 정체성을 당당하게 여기기 때문이다.

본국에서는 그게 무슨 대단한 일이냐 싶겠지만 재일동포들이 '나는 한국인'이라고 밝히고 사는 건 쉽지 않은 일이다. 일본 사회에서 한국인이란 사실이 알려지면 여기저기서 차별받거나 편견의 대상이 되기 십상이기 때문이다.

"자식들에게 '너는 재일한국인이며, 진 씨 가문의 자손임을 잊지 말라'고 상기시킵니다. 재일동포는 보통의 본국사람이나 일본인들처럼 살아서는 안 된다고 생각합니다. 일본에서 살아남으려면 부단히 자기 연마를 해야 하고 차별은 환경으로 받아들여야 합니다. 그리고 일류가 되어야 합니다."

진창현(陳昌鉉) 바이올린匠人 **483**

일본 영어교과서에 실린 장인

진창현 장인은 일본인들도 존경하는 재일동포 가운데 한 사람이다. 그의 삶은 일본에서 책과 만화, TV드라마로 만들어졌고, 2007년에는 한국 국적자로는 최초로 일본 고등학교 영어교과서(三友社 간행 'COSMOS Ⅱ')에 '바이올린의 수수께끼(The Mystery of the Violin)'라는 제목으로 12쪽에 걸쳐 소개됐다.

진창현 장인이 세계적 명성을 얻자 일본 사회는 그에게 끈질기게 국적 변경을 권유했다. 하지만 그는 꿈쩍도 하지 않았다. 일본인으로 귀화하는 것은 자기 정체성을 포기하는 행위라는 신념을 갖고 있기 때문이다.

"귀화한다고 제가 일본인이 될 수 있습니까? 저를 낳아주고 길러준 어머니 아버지를 부정한다고 그 사실을 지울 수는 없는 법입니다. 부모가 물려준 유전자, 한민족 DNA의 힘을 믿고 악착같이 살아야 합니다. 그게 일본 땅에서 살아가는 우리 재일동포들의 운명이자 생존방법이라고 믿습니다."

자민족 중심적인 경향인 일본사회는 외국인이라도 우수한 인재에게는 과거부터 적극적으로 귀화를 종용해왔다. 그간 진창현 장인을 제대로 인식하지 못했던 우리 정부도 그의 존재를 인식하기 시작했다. 지난 2008년 10월 정부는 진창현 장인에게 일반인이 받을 수 있는 최고 영예인 국민훈장 무궁화장을 수여했다.

열네 살 때 혼자 몸으로 일본으로 떠난 지 65년 만에…. 스파이 누명을 씌워 고문의 고통을 안겨줬던 40년 전의 조국이 비로소 그를 따뜻이 환대한 것이다.

수상식이 있은 후 그는 필자와 인터뷰를 하며 "꿈만 같다"는 말을 몇 번이고 되뇌었다. 그러던 그를 두 달 뒤 센가와에서 만나 보니 어린아이처럼 들떠 있었다.

훈장을 받자 도일 후 그를 한 번도 찾지 않던 고향의 김천중학교 친구들이 동창회에 참석해달라는 편지를 보내오고 수소문해 전화를 걸어왔다는 것이다.

해마다 성묘하러 고향에 들렀지만 번번이 외면하던 친구들이 비로소 그에 대한 경계를 푼 것이다. 정부가 수여한 훈장은 그에게 꼬리표처럼 붙어 다니던 68년의 '빨갱이 모함'의 굴레를 벗겨주었다.

역경이 준 기회

마음의 짐을 털어서였을까 진창현 장인의 얼굴에는 미소가 사라지지 않았다. 요즘에는 술 마시는 취미까지 생겼다. 얼마 전 병원에 들렀다가 만성저혈압 진단을 받고 처방으로 약한 술을 마시라는 권유를 받았다고 한다. 요즘 그 효과를 톡톡히 보고 있다고 했다.

"술은 입에도 대지 않았는데 마시는 재미가 쏠쏠해요. 기분도 좋고 대화도 재미나고 혈액순환도 잘 되니, 건강도 좋아졌습니다. 이럴 줄 알았으면 진작 마실 걸 그랬어요. 적당히 마시는 술이 약이 되듯 아름다운 바이올린 소리는 치료의 효능을 지니고 있습니다. 좋은 소리를 들으면 사람의 맥박이 강해지거든요. 바로 저의 목표가 모세혈관 구석구석까지 파고드는 깨끗한 피처럼 맑고 아름다운 소리로 사람의 온몸을 전율시키는 바이올린을 만들어내는 겁니다."

진창현 장인은 술잔을 기울이는 순간조차도 술과 바이올린을 연관 짓고 있었다. 어쩌면 그는 바이올린을 만들기 위해 태어난 운명인지도 모른다. 그러나 그와 수차례 인터뷰하면서 발견한 것은, 그는 타고난 천재성보다는 후천적인 노력으로 대가가 된 사람이라는 사실이다.

그는 스스로에게 근거 없는 자신감을 단 한 번도 허락하지 않았다고 말한다. 그는 매일 새벽 3시에 시작하는 일과를 수십 년간 반복하면서 철저히 자기관리를 하고 있고, 학구열도 학창시절 못지않다.

머리카락이 하얗게 센 팔순 노인이지만 그는 호기심이 가득한 어린 아이의 눈을 갖고 있었다. 그는 스트라디바리우스를 능가하는 1등 명기를 만들 수 있는 사람이다.

"극한 상황에 부딪히면 저도 모르게 강한 힘이 생겨납니다. 사람들은 '어떻게 역경이 자기 힘이 되느냐고 하느냐, 터무니없는 이야기다'라고 하는데요, 저는 제 자신이 역경에 의해 길러지는 걸 체험했습니다. 재일한국인이라는 이유로 차별받아 잃은 것이 많았지만, 그 역경 덕분에 얻은 다른 기회가 얼마나 많았습니까?"

거장 이우환(李禹煥)과 이타미준(伊丹潤)의
인생 최후 대담

세계 최고봉에 오른 재일동포 예술가 인생 궤적을 논하다

현대미술가 이우환(李禹煥)씨와 건축가 이타미 준(伊丹潤, 한국이름 유동룡, 庾東龍)씨는 각자의 분야에서 제1선을 달리는 작가이다. 일본을 넘어 세계에서도 정상급에 오른 두 아티스트는 재일한국인이라는 공통점을 갖고 있다. 과연 이들은 어떤 삶의 궤적을 밟아왔고, 어떤 삶의 방식을 택했기에 세계 최고의 아티스트로 우뚝 설 수 있었을까? 서로 각자의 미(美) 의식에 미친 영향은 무엇일까? 두 사람은 30년 이상의 지기(知己)지만 서로 속 깊은 대화를 나눌 기회는 없었다고 한다. '통일일보(統一日報)'는 두 사람의 대담을 주선해 자이니치로 세계 정상에 오른 예술가들의 진솔한 이야기를 들었다.

註- 이 기록은 統一日報 도쿄본사가 진행한 이우환-이타미준 선생의 대담이다. 2010년 8월 7일 도쿄 프린스호텔에서 이뤄진 대담은 그해 신문의 8.15특집호에 게재됐다. 안타깝게도 이날의 대담은 "두 거장이 처음으로 나눈 깊이 있는 대담이었으나 생애 마지막 대담"이 되고 말았다. 이타미 준 선생이 이듬해 6월 26일 도쿄에서 향년 75세로 별세했기 때문이다. 그해 7월 19일 이타미 선생의 장녀이자 후계자인 유이화 씨는 서울에서 선생의 추모회를 열었다. 두 거장의 대담을 원문을 벗어나지 않는 범주에서 우리말로 의역하여 소개한다.

미술가 이우환(李禹煥)과 건축가 이타미준(伊丹潤)의 인생 최후대담   **489**

여행 도중 마주친 인연

이타미 준 이 선생과 알게 된지 30년 이상이 지났는데 둘이서 대담하는 건 처음입니다. 이게 마지막이 아닐까 싶습니다.

이우환 이타미 선생과는 만나고 싶어도 좀처럼 만날 수 없었습니다. 가끔 공항이나 호텔 로비에서 우연히 마주친 적이 있긴 합니다. 굉장히 상징적인 만남이었다고 생각해요. 우리가 동분서주하는 사람들이기 때문일 테지요. 동분서주한다는 것은 험한 길을 다니며 일을 하고 있음을 의미합니다.

우리가 행선지가 서로 겹쳐서 우연히 만났는지도 모르지만요. 여하튼 우리는 70대가 되어서도 나이에 걸맞지 않게 부지런히 활동하고 있습니다. 이타미 선생과는 학교를 졸업하고 사회에 진출한 1970년대 전후에 자주 만났고 서로 의논을 한 적도 있습니다. 당시가 여러 의미로 좋은 시대였는지 모르겠습니다.

이타미 준 지금은 전철을 타서 한국인, 중국인, 인도인이 있더라도 일본인들이 위화감을 느끼지 않습니다. 재일교포라는 존재도 일본사회에서 더 이상 특수한 존재가 아닌 시대이고요. 하지만 당시 재일교포들은 너 나 할 것 없이 핸디캡이 있었습니다.

건축가로 진로를 택하려 할 때, 저는 취직할 수 없다는 사실을 기회로 삼아야만 했습니다. 바꿔 말해 취직불가 상황을 기회로 여겨야 한다고 받아들여야 했습니다. 그 시기에 저는 건축은 여행, 여행은 곧 건축이라며 저 스스로를 달래면서 여기저기 여행 다닌 기억이 납니다.

이우환-이타미준 두 아티스트의 생애 마지막 대담 (2010.08.07, 도쿄)

돈이 있든 없든 상관도 않고 다녔습니다. 혼자서 말이지요. 그냥 이곳 저곳 돌아다녔는데 돌이켜봐도 참 좋은 추억입니다.

이우환 혼자 하는 여행은 혼자이기 때문에 필사적으로 되는 면이 있어요. 재일교포 2세는 어떤 면에서는 1세보다도 살아가기가 벅찼습니다. 1세보다 더 힘든 생존이라는 건, (내가 어디에 속해야 할 것인지) 귀속성이 모호해진 가운데 스스로 그것에 대해 혼자서 투쟁해야 했기 때문입니다. 공동체에도 속할 수 없었습니다.

괴로웠지만 그러한 방황을 적극적으로 하는 가운데 부지불식간에 살아남는 능력을 체득했던 것 같습니다. 1960년대, 70년대를 살았던 교포라면 누구라도 그랬을 것 같다는 생각이 듭니다.

악조건에서 살아남는 저력

이타미 준 우리에게는 재일교포 1세로부터 물려받은 것이 있습니다. 바로 비극적인 역사적 상황 속에서 살아남는 방법입니다. 우리는 그런 비극적 역사를 겪은 부모님을 바라보면서 자랐습니다.

그런 사람은 사회나 상황을 탓하지 않습니다. 어떻게든 삶을 부지해 나가야 하니까요. 보통 사람보다는 훨씬 강한 의지를 갖고 있지 않았을까 싶어요.

이우환 건축은 회화나 조각보다 어려운 면이 있습니다. 왜냐하면 건축은 의뢰하는 사람이 있어야만 시작할 수 있는 일이기 때문입니다. 이타미 선생은 일본이나 한국에서 의뢰자를 찾아내고 그걸 개척하면서 살아남았습니다. 그걸 몸소 보여주셨지요. 그것이 이타미 선생의 저력입니다.

요즘 세대는 전에 비해 편하게 살고 있습니다. 조건은 좋은데 거꾸로 허약해져 있는 것 같아 보입니다. 예전에는 악조건 속에서 곤욕을 당하는 일이 있어도 견뎌냈지요. 또 그걸 동력으로 삼았습니다. 무엇이든지 역사나 상황 탓으로 돌리면 패배하는 법입니다.

이타미 준 그 말씀을 들으니 두근두근 심장이 강하게 요동치는 느낌이 듭니다. 1960~1970년대에는 숨이 멎을 것 같은 무력감도 느꼈습니다. 사방이 장벽으로 둘러싸여 있었으니까요.

이 선생이 말씀한 대로 건축가는 사회적인 존재여서 고객이 없으면 자기세계를 실현할 수 없습니다. 그렇게 생각하면 미술가는 자기표현을 위한 예술을 행한다고 할 수 있습니다. 그래서 부럽기도 합니다.

이우환 그렇습니까(웃음).

이타미 준 그러나 이 선생은 여러 면에서 다른 작가들과는 달랐습니다. 예술적인 의미에서도 마찬가지구요. 근대미술이 있으니까 반근대미술이라는 것도 존재합니다. 선생의 작품은 발상자체가 철학적입니다. 또한 미술이며 감성입니다. 모든 것을 짊어지고 응축시키지 않으면 그러한 작품은 탄생하지 않습니다.

저도 종종 그림을 그립니다만, 이렇게 그리고 싶다고 생각하고 보면 이미 다른 사람이 그 시도를 하고 있는 겁니다(웃음). 현대미술은 오리지널리티(originality)가 없으면 할 수 없는 일입니다. 제 건축도 반근대 건축입니다. 하지만 국제적인 오리지널리티란 과연 무엇인가라는 질문을 받으면 말이죠. 저는 이우환 선생의 예술세계에서 영향 받고 영감을 얻었다고 생각합니다.

이우환 지금 하신 이야기 중에 보충하고 싶은 부분이 있습니다. 우리는 근대를 비판하면서도 완전히 근대 속에 침식된 채 살고 있습니다. 그것을 뛰어넘어 전진할 수는 없는 법입니다. 한국이나 중국 같은 나라는 근대성이 약한 편입니다. 그런 곳에서 근대성을 가벼이 무시해버리고, 어디론가 가려고 한다면 안된다고 생각합니다.

그런 생각은 꿈을 꾸는 것도 곤란하지 않을까 싶어요. 왜냐하면 근대라는 요소를 서둘러 정리해버리고 오로지 비판하는 일에 치우칠 우려가 생기기 때문입니다.

이타미준 선생이 설계한 제주도 핀크스골프클럽의 〈포도호텔〉

이우환 '철저하게 무거운' 작품을 만들다

이타미 준 이 선생의 최근 작품은 무겁습니다. 소재도 무겁습니다. 제 것도 철저하게 무거운 것이기는 합니다만. 요즘 일본 현대미술은 '귀여운 것' 혹은 '예쁜 것'들이 인기를 끌고 있습니다. 현대건축이 오브제(환상적 상징적 효과를 내기 위해 작품에 넣는 물체)가 되어 디자인만을 중시하는 듯 합니다. 그래서인지 감동을 주지 못하고 있는 것 같습니다.

요즘 들어 기쁘게 감상한 작품이 있습니다. 이 선생의 신작 '철판과 돌(鉄板と石)'입니다. 참으로 대단한 세계를 보여주고 있습니다. 거기에는 침묵이라는 언어가 있습니다. 이처럼 지금까지 없었던 작품에 도달하려면 말이죠. 시험이 필요합니다. 위대한 작품은 연속적으로 실험을 하다가 탄생하는 법입니다.

이우환 시대의 조류에 떠밀리지 않고 작업을 한다는 건 힘들고 고된 일입니다. 지금은 모두가 가볍게 가지만 조금만 기다려 달라고, 그렇게 쉽게 가지마라고 말하고 싶습니다. 오히려 저는 여러 문제를 일부러 짊어지고 가는 편입니다. 손해 보는 성격이기 때문입니다.

이타미 선생이 작업한 '포도호텔'(제주도 핀크스골프장 내에 있는 멤버십 호텔)의 건축을 감상했습니다. 얼핏 보면 경쾌함이 느껴집니다. 하지만 제법 진중하며, 차분하게 대지와 대화를 나누고 있었습니다. 하이테크의 흐름에 휩쓸리지 않고 자연이나 대지, 문화 속에서 대화하는 듯 하였습니다.

지금의 시대 조류와는 한참 동떨어져 있더군요. 정제된 작품을 만들면서 자신의 길을 걸어가는 건 대단히 어렵습니다. 하지만 이를 반복하다보면 어떤 작품도 그렇게 될 수 밖에 없는 법이지요.

한국과 일본, 두 나라가 기반이다

이타미 준 그렇게 봐주시다니 정말 기쁩니다. 지금 제가 하고 있는 건축, 모더니즘 건축은 경제성이나 기능성을 추구합니다. 독립된 개체로서의 모습, 아름다움, 조형을 추구하려고 합니다. 그렇기 때문에 이 선생의 미술, 회화, 말씀으로부터 영향을 받고 있다고 말하는 겁니다.

이우환 어떤 영향인지.

이타미 준 건축을 하다보면 당연하게도 여백을 고려해야만 합니다. 가끔은 디자인한 건물이 예정된 부지의 풍토나 입지조건에 어울리지 않는 경우가 발생하곤 합니다. 이럴 때 무리하게 조화시키려 말자, 그리 하지 않아도 괜찮다는 결론을 갖게 되었습니다.

　새로운 세계를 보여주려면 자기라는 주체와 타인이라는 객체가 필요 합니다. 건축은 주체와 객체를 이어주는 매체라고 여기게 되었습니다. 그런 생각을 갖게 된 데는 이 선생의 영향이 있었습니다. 예전에는 부끄러워서 본인 앞에서는 말하지 못했습니다만. 이제는 솔직하게 말할 수 있습니다.(웃음)

　이우환　일본에 50년 넘게 살다보니 한국과 일본 어디에도 치우치지 않게 되었습니다. 유럽에도 40년 넘게 드나들고 있지만 거주하는 것과 아닌 것에는 차이가 있더군요. (정착지가 없으면) 어디 종속되어 있을 데도 없고 몸을 의탁할 수도 없습니다.

　반면 양쪽 면을 모두 볼 수 있다는 점이 바로 우리들을 살아가게 만든다고 생각합니다. 한국과 일본 두 개의 나라를 기반으로 갖는 우리 재일교포들이야말로 가능하지 않을까 생각합니다.

　또한 그것을 의도적으로 자각하는 것도 중요할 것입니다. (한일 양쪽에 걸쳐서 살아가는) 경계성이야말로 지금 세계가 가장 주목하고 있는 요소입니다. 우리가 그것을 생생하게 제시해주고 있습니다. 이제는 모든 지역, 모든 인종과 서로 논의할 수 있는 그러한 사고방식이 요구되는 시대를 맞고 있다 할 것입니다.

「재일교포」라는 나의 존재

현대 일본에서 재일교포라는 존재는 더 이상 특수한 존재가 아니다.

1,2세 시대처럼 도전과 모험을 하지 않아도 안주할 수 있는 시대를 맞이하고 있기 때문이다.

그렇다면 이우환, 이타미 준 두 사람은 재일교포로서 어떻게 살아왔고 그걸 자기 분야에서 어떤 식으로 표현했을까? 서로의 분야에서 제1선을 달려온 두 사람은 공감하는 부분이 많이 있었다. 두 거장이 나눈 예술 이야기, 젊은 시절의 진솔한 이야기를 옮겨본다.

이타미 준 우리가 벌써 70대의 나이에 접어들었네요. 지금도 저 스스로는 50대라고 여기며 살고 있습니다만... 젊은 시절인 1960년대, 1970년대에는 재일교포라는 본질에 걸맞은 근성을 갖고 있었던 것 같아요.

그러나 21세기에 접어드니까 어떤 의미에서 재일교포라는 사실이 저에게 더 이상 특수하지 않게 된 것 같습니다. 요즘 들어선 자기 친척이 한국인 며느리를 들였다거나, 인도인, 중국인과 결혼했다는 이야기가 제법 많이 들립니다. 그만큼 국제색이 짙어지고 있다고 할까요.

한일관계도 10년 전(2002년 한일 월드컵축구 공동개최 무렵)부터는 변화하는 모양입니다. 계기가 한류(韓流)와 일류(日流)입니다. 유행이란 금세 지나가는 일시적 붐에 지나지 않는 속성을 가집니다. 그러나 10년 넘게 유행이라 불리고 있으니 더 이상 유행이라 할 수 없게 되었습니다.

이제는 일본인들이 한국 시골까지 찾아가고, 한국인의 일본관광도 늘어나고 있습니다. 일본에서는 배용준 인기가 대단하고, 한국에서는 무라카미 하루키(村上春樹)가 높은 인기를 얻고 있습니다.

이제 재일교포라는 사실과 존재가 특수한 의미를 잃어가고 있는 것 같아요. 그래서 거꾸로 쓸쓸함, 허전함을 느끼곤 합니다. 재일교포라는 존재는 저의 미(美) 의식에도 틀림없이 영향을 미쳤다고 생각합니다. 이쪽도 저쪽도 아니면서 양면을 모두 보고 살아왔으니까요. 제 美 의식의 근저에는 비애감 내지 적막함이 있는 것 같습니다.

어떤 것이냐면 가령 소리가 들린 뒤 여운이 남고, 여운의 뒤에 무(無)가 오며, 그 뒤에는 적막함만 남는 식입니다. 나아가서 인간의 생명은 무한하지 않습니다. 유한하기 때문에 그 지점에서 미 의식이 발현되는 겁니다.

이 선생의 美 의식 근저에도 슬픔이나 적막함이 있지 않습니까. 저는 유한한 생명과 무한한 자연이 맞닥뜨려지는 그때 무언가 생겨나는 게 아닐까라는 생각을 멈출 수 없습니다.

이우환 그 말씀 속에서 성숙함이 느껴집니다. 이타미 선생은 한국(그중에서도 조선시대)의 오래된 사물을 좋아하고, 그것에 매혹되어 오랫동안 관찰해온 것으로 알고 있습니다. 모국의 고미술을 통해 사물을 바라보는 능력을 익히고, 점점 더 깊은 곳 근저에까지 통찰하게 되었습니다.

밑바닥에는 무엇이 있을까요. 적막함이라 하셨는데 그 단계를 뛰어넘었기 때문에 눈과 마음이 맑아지게 된 것일 테지요. 일종의 여유라고 할까요. 직접 일과 결부시키지 않아도 흔들림 없이 사물을 바라보는 저력, 보이지 않는 곳까지 자기시선을 돌리는 힘, 문화는 바로 거기서부터 만들어지는 것이라 생각합니다.

조선시대 항아리처럼 오래된 사물은 눈앞에 있는 것을 꿰뚫어보는 훈련에 좋습니다. 상황을 파악하고 시대를 읽는 법도 중요하지만 사물의 밑바닥에 잠들어 있는 것, 궁극적인 것을 찾아내는 힘이야말로 예술이 가르쳐주는 일입니다. 시대를 초월하는 것, 거대한 우주와 대화하고 싶은 욕구, 바로 그 점이 예술의 매력이 아닐까 싶습니다.

소외를 자각하는 것이야말로

이우환 이타미 선생 말씀 중에 "슬픔을 알아야 한다"는 문구가 떠오릅니다. 저는 슬픔 앞에는 말로 표현할 수 없는 무언가가 있다는 생각이 들어요. 그건 작품으로 쉽게 표현할 수 없는 부분입니다. 바꿔 말해 일류 예술품이란 보이는 것을 완전하게 표출하는 게 아니라 그걸 숨기고 있는 것이라 할 수 있습니다.

이타미 준 확실히 그렇습니다. 바로 번뜩이며 순간적으로 만들 수는 없습니다. 그렇게 만들어진 건 깊이가 없습니다. 요즘 세상 돌아가는 모습을 보면 어떤 물건을 찾으려해도 없는 게 없고, 불편함도 느끼기 힘들어졌습니다.

그건 재일교포에게도 마찬가지입니다. 그런 세상 속에서 자기다움을 찾기 위해서는 철저하게 '자기 자신이 아니어야' 합니다. 어떤 직업이든 마찬가지라고 생각합니다. 자기 개성을 연마할 수도, (인맥이 풍부한) 인간재벌이 될 수도 있습니다.

도전한다는 자체가 중요합니다. 요즘 젊은 사람들은 좀처럼 모험하려 들지 않아요. 모험이란 결심만으로는 할 수 없습니다. 삶의 자세에서 만들어내는 것입니다.

이우환 이제는 한번 재일교포를 새로 조명해볼 필요가 있습니다. 부채를 유산으로 가지고 태어나 그걸 삶의 지렛대로 삼은 독특한 삶의 방식, 그걸 주목해보자는 겁니다. 어느 곳에도 귀속하지 못하고, 공동체에도 속할 수 없기에 이것이 새 시대의 존재방식이자 강력한 동력으로 작용합니다.

본인 외에는 기댈 데가 아무도 없다, 이건 어떤 의미에서는요. 모든 것에 소속되어 있다고도 말할 수 있습니다. 그래서 거꾸로 찬스인 겁니다. 한국인이나 일본인보다도 유리한 부면이 아닌가. 물론 소외감을 떨쳐낼 수는 없습니다. 사회적 소수자(마이너리티)라는 소외감을 자각하는 것에서부터 자기연마가 이뤄지고 자신만의 유니크한 인생, 특별한 일을 영위할 수 있다고 생각합니다.

이타미 준 저도 동감합니다.

이우환 지금이 기회입니다. 몇 번이나 이야기한 것 같은데, 재일교포가 갖고 있는 양면성, 양의적 존재성은 설령 가지려해도 갖고 싶다고 가질 수 있는 게 아닙니다. 그게 교포의 파워입니다. 재일교포사회는 조국을 원망하는 식의 기존 사고방식을 가져서는 지켜낼 수 없습니다. (자기 걸 지킨다는) '수호'와 (외부와의) '결합'을 함께 영위해가겠다는 모순적 상황을 자각하는 게 필요합니다.

이타미 준 서로의 작품에 대해 이야기해 봅시다. 저는 풍토, 경치, 지역의 문맥(context) 속에서 어떻게 본질을 뽑아내고 건축에 스며들게 할 것인가 고려합니다. 가령 바람이 강한 장소에서 어떤 건축물을 지을 것인가 말입니다.

우리의 작품

이타미 준 최근 총괄건축가로 작업하고 있는 제주도의 경우에는 바람이 강한 지역입니다. 악조건이라서 오히려 좋은 작품을 만들 수 있지 않을까 싶습니다. 경치와 건축이 대립해도 좋고, 조화가 이뤄져도 좋습니다. 저는 거기서부터 표출되는 새로운 세상이 펼쳐지기를 보고 싶을 따름입니다.

제가 요즘 고민하는 부분은 말이죠. 오리지널이 무엇이냐는 겁니다. 세계 속에서 지역이 갖는 문맥을 간파하고, 그걸 어떻게 건축형식의 미술로 표현해낼 것인가, 작품 속에 스며들도록 할 것인가 고민이 깊습니다.

지역에서 발현된 사상이 아닌 경우에는 진정으로 새로운 오리지널이 되기가 어렵습니다. 현대건축이 (디자인과 외관에 치중하는) 오브제가 되어가고 있는 것 같아 안타깝습니다. 오브제는 장소성, 역사, 전통을 고려하지 않습니다. 그렇기 때문에 무게 없는 것들이 많아지고 있습니다.

이우환 방금 중요한 말씀을 하셨습니다. 예전의 건축은 탁상에서 도면을 그려서 표출하는 것이었습니다. 현장이 무시된 채 실현되는 게 보편적이었습니다. 정치적 용어로 콜로니얼리즘(colonialism), 즉 식민지 경영을 하고 있었습니다. 자연이나 문화적 요소를 고려하지 않고, 현장을 무시하는 건설, 그것이 근대건축이었습니다.

　근대미술도 비슷한 길을 걸어왔습니다. 아티스트의 머리 속에서 나온 작품을 무조건 보여주고, (관객들에게) 그 의미를 받아들이도록 강요하였습니다. 외부의 존재도 소통도 없는 것이나 마찬가지였습니다.

　그러나 세계는 안과 밖(內外)의 관계로 이뤄집니다. 다른 사람들과의 관계는 무한합니다. 그러한 내외의 관계를 음미하고 그걸 새롭게 제시한다, 그것이 무한입니다.

아트와 건축의 관계

　이타미 준　최근 세토나이(瀬戶內)에 이우환 미술관(李禹煥美術館)이 생겼더군요.

　* 이우환 미술관은 2010년 6월 일본인이 운영하는 한 미술재단이 세운 그의 개인 미술관으로, 가가와현의 세토내해가 보이는 마을에 세워진 부지면적만 9860m²에 달하는 대형 미술관이다.

　이우환　반신반의랍니다. 미술관은 무덤자리와 마찬가지인 것 같아요. 아직 살아있는 사람의 이름을 붙인 미술관을 세우는 건 모순이 있습니다. 건축가는 넓은 의미에서는 화가와 공통점을 갖고 있으면서도, 구체적인 답을 갖고 일을 해야만 하잖아요.
　반면 아트는 결정된 것 없이 변경할 수 있는 상태에서 작업을 진행해야 합니다. 아트와 건축의 매듭, 둘을 어떻게 연결시킬 것인가는 사

이우환 선생의 작품 〈관계항-별들의 그림자(2014)〉
프랑스 베르사유정원에 전시된 이 작품은 흰 자갈 위에 7개의 돌멩이를 북두칠성 별자리 형상으로 배치하고, 40m에 달하는 지름에 37개의 철판을 배치하였다. 날씨와 시간의 변화에 따라 그림자 모양이 달라지며, 철판과 돌이 자연과 조화를 이루고 있는 작품이다.

회적인 일일 것입니다.

이타미 준 그러니까 재미있는 겁니다. 저는 요즘 제주도에서 국제교육도시를 세우는 마스터건축 일을 하고 있습니다. 다양한 사람들과 함께 하며, 프로젝트를 총괄하는 역할인데요. 이 선생께도 부탁드리고 싶은 게 있습니다.(웃음) 제주도에서 세계로 발신하고 격려해주는 일입니다.

이우환 세계 최초의 프로젝트이니까 대단히 고된 작업이겠습니다.

이타미 준 목숨 걸고 일하고 있습니다.(웃음) 욕심이라면 이사무 노구치(野口勇, 일본계 미국인으로 20세기 대표적인 조각가이자 인테리어 디자이너로 명성을 얻고 있다. 1988년 작고)라든가, 이 선생께도 참가했으면 하고 있습니다.

요셉 보이스가 현대의 저명한 건축가들에게 영향을 미친 것처럼, 건축가 이타미 준은 이우환으로부터 영향받고 있습니다. 옛날부터 첨단의 영역에서는 미술이 건축에 영향을 끼쳐왔습니다. 여하튼 일본인이 추진해서 세운 것이라지만 세토나이에 이우환 미술관이 생긴 건 대단히 기쁜 일입니다.

이우환 제가 부탁한 일도 아닌데 만들어 주셨습니다.

이타미 준 일본 국내에 미국 아티스트 키스 헤링그의 미술관이 생겼는데, 그 미술관을 세운 사람이 다름 아닌 우리 교포입니다. 재일한국인 가운데 저력 있는 분이 계신 것에 놀랐습니다. 실력을 갖추면 여러 군데에서 응원자가 나타나는 것 같습니다.

이우환 한국인으로서 뛰어난 건축가가 누구냐고 묻는다면, 저는 이타미 선생 외에는 찾을 수 없을 것 같아요.(웃음)

이타미 준 아닙니다. 당치도 않습니다. 제주도 미술관 주인이 재일교포라서 저에게 프로젝트를 완전하게 맡겼는지도 모릅니다.

이우환 그건 아닐 겁니다. 그런데 국제도시를 세운다는 게 미지의 작업이잖아요. 설레고 기대감이 높은 일일 것 같아요.

작품을 인정받았을 때

이타미 준 1960년대 중반이었지요. 이 선생을 포함해서 3인 미술전을 개최한 적이 있습니다. 실은 그땐 저 역시 화가가 되고 싶었습니다. 대학은 건축학과에 들어갔지만 계속 그림을 그릴 수 있을 것이라 믿었거든요.

건축을 하더라도 그럴 것이라 여겼건만, 졸업 직전에 아버지가 돌아가시고 말았습니다. 취직하기도 어려운 시절이었고요. 형제 많은 집안인데다 장래가 보이지 않으니 부득이 건축의 길로 접어들 수 밖에 없었습니다. 그 길로 '건축은 여행'이라 생각하면서 정처없이 여기저기 돌아다니며 기행했습니다.

건축가가 되어 제일 처음 맡았던 일이 생각납니다. 재일교포 분이 의뢰한 작업으로, 나가노현 가루이자와(長野縣 輕井澤)에 별장을 짓는 일이었습니다. 독립하고 나서는 주로 레스토랑이나 찻집 등 상점을 건축하였습니다. 상점을 건축할 수 있으면 주택 건축도 가능해집니다. 그런 식으로 트레이닝을 받다보니까 저절로 감성이 단련되는 기분이 들었습니다.

그리고 1975년 '묵의 집(墨の家)'을 설계하고 비슷한 시기에 유명화가인 와키타 카즈(脇田和)씨의 아틀리에(화실)와 사무실도 설계하였습니다. 그것이 좋은 평가를 받으면서 건축가로서 인정받게 되었습니다. 아주 좋은 경험이었습니다.

이우환 센스가 있었을테니까요.

이타미 준 아닙니다. 형제 많고 아버지도 안 계신 환경이었기 때문에 건축가로서 일을 해야만 하는 사정이었습니다. 그렇기 때문에 고생이나 갈등이 작품 속에 나타났을 것입니다.
그런데 일본이란 나라는 참 이상합니다. 제가 2010년 무라노도고(村野藤吾)상을 수상하자, 여기저기에서 강연 부탁이 쇄도하는 것입니다.

이우환 저는 첫 개인전을 1973년 도쿄화랑(東京画廊)에서 열었습니다. 일본에서 현대미술의 인기가 별로 없던 시절입니다. 그런데도 이타미 선생은 그런 상황에서도 어려운 형편임에도 불구하고 제 그림을 사주셨습니다. 굉장히 기뻤습니다.

이타미 준 분명 생활은 어려웠습니다. 하지만 이 선생의 작품이라면 무엇이든 소장하고 싶었습니다.

이우환 저도 이타미 선생처럼 이름이 알려지면서 꽤나 시달렸습니다. 주변 분들이 걱정하면서 (모함성 글에는) 반론하지 말라 조언하더군요. 그것이 유럽으로 진출하게 된 계기였지요. 마치 개척지를 찾아가는 심정이었습니다.
(제 아티스트 인생은) 끊임없이 바깥에서 살아갈 수밖에 없었다고 할까요. 일본에서는 '침입자', 한국에서는 '도망자' 취급을 받았으니까요. 다수로부터 냉담한 반응을 받았던 기억이 선명합니다. 그런 비판

이 저를 용수철처럼 튀어 오르게 만든 것 같아요.

지금 와서 보면 그때 비판해준 분들에게 감사드리고 싶은 마음입니다. 물론 과거 일이니까 말할 수 있겠지요. 무척 고단하지만 외부에서 출구를 찾아내야 했습니다. 그게 제 삶의 방식이었습니다. 결국 가치 있는 결과는 본인이 만들어내는 것입니다.

'지금', 현 시대를 생각한다

이타미 준 건축계는 의외로 보수적인 점이 있습니다. 재일교포니까 노골적으로 욕먹는 일은 없지만 학벌이 존재합니다. 저 역시 그 속에서 싸워왔습니다. 2005년에 프랑스 정부로부터 예술문화훈장을 받으니까 인터뷰가 쇄도하더군요. 여러 곳에서 작업 의뢰도 들어왔습니다.

제가 일본에서 건축가의 길을 걸을 수 있었던 건 말이에요. 초보 시절에 미술평론가인 이시코 준조(石子順造)씨의 격려가 큰 힘이 되었습니다. 이시코 씨는 저에게 "건축 하나로 열심히 해보시게"라고 말을 건넸습니다. 어쩌면 그분의 조언이 없었다면 저는 건축가가 되지 않았는지도 모릅니다. 가족을 부양하기 위해 다른 길을 찾지 않았을까도 싶습니다.

이우환 이시코 씨는 저에게도 문장을 써서 주신 적이 있습니다.

이타미 준 (모르는) 타인이 제 편이 되어준 셈이에요.

이우환 그런데 '지금' 현재의 일본미술계로 눈을 돌려보면 걱정스럽습니다. 갤러리는 개점휴업 상태이고 관람객 수는 꾸준히 줄고 있어요. 활기가 보이지 않아요.

젊은 작가들은 위기감이 없으니, 내일이 어찌 될지 가늠하기 어려운 상황입니다. 경쟁에서 이긴 자만이 세계를 자기 수중에 넣고 있습니다. 과연 이들이 외부로 나와서도 싸울 수 있을까 걱정이 됩니다.

현재의 분위기는 내부 권력 구조가 강해지고 외부인을 인정하지 않으려는 (배타적) 공기를 느낄 수 있습니다. 1960, 19070년대보다 음습해질 우려가 있어요. 일본이 기력을 잃으면 틀림없이 한국도 비슷한 상황에 처하게 될 겁니다. 큰일입니다.

이타미 준 이 선생 클래스가 되면 인정하지 않을 수 없겠지요. 밑에 있는 사람은 올라가기가 힘들어지게 됩니다.

재일교포 젊은이들에게

이우환 지금의 시대에서는 여하튼 스스로 버둥거리며 올라가는 수밖엔 없는 것 같아요. 재일교포 젊은이들에게 조언을 하자면 하늘에서 내려준 선천적인 양의성, 이중성(両義性·二重性)을 십분 살려내라는 것입니다.

이우환 저는 본인 안에 있는 마이너리티 부분을 수용하는 게 중요하다고 생각합니다. 우리 젊은이들이 그걸 발판 삼아 투쟁하는 길을 익혔으면 좋겠습니다.

　천부적인 건 어떤 의미로 보면 수동성을 지니고 있습니다. 생산제일주의라고 할까요. 무엇이든 만들 수 있다고 느끼면 교만이 됩니다. 근대라는 것도 인간의 교만이 빚어낸 공해와 같은 겁니다.

　이타미 준　산다는 것은 능동적인 것입니다. 자기 자신에게 주어진 천부적인 걸 비딱하게 보기보다는 적극적으로 투쟁하기를 바랍니다.

　이우환　삶은 즐겁지만은 않습니다. 저는 목표란 걸 좋아하지 않습니다. 하나하나 과정과 싸워간다는 방식으로 살아왔습니다. 힘들고 어려운 상황에 처해도 도망치지 말고 감사의 기회로 여기고 분발하세요. 자신만의 삶의 방식과 보람을 찾기 바랍니다.

　현대사회는 정보가 넘쳐나고 그걸 아는 게 중요합니다. 하지만 무슨 일을 하더라도 그 정보에 일정거리를 유지하며 의심해보는 것이 좋다고 생각합니다. 고독을 두려워말고, 끈기를 갖고 기어올라서라도 전진해야 합니다.

　본인은 타인과의 관계 속에서 언제나 혼자가 되며, 고독한 법입니다. 큰 틀에서는 모두 연결되어있겠지만 삶이란 스스로의 선택입니다. 남을 탓하지도 말고 사회나 국가 탓도 마세요. 자기 힘을 기르세요. 어디까지 갈지 알 수 없겠지만 살아남으려는 투쟁의식이 인생을 풍요롭고 매력 넘치게 만든답니다.

이우환(李禹煥)

1936년 경상남도 함안 출생. 1956년 서울대학교 미대 중퇴후 도일. 1961년 니혼대학 문학부 철학과 졸업. 일본 현대미술의 경향 중 하나인 모노파(もの派)의 대표작가. 2001년 세계문화상 회화부문 등 다수 수상. 한국, 일본, 프랑스정부로부터 문화예술훈장 서훈. 도쿄 타마미술대학(多摩美術大学) 명예교수.

이타미 준(伊丹潤, 본명 庾東龍)

1937년 일본 도쿄 출생. 1964년 무사시공업대학 건축학과 졸업. 1968년 이타미준건축연구소 설립. 2009년부터 제주국제도시 마스터아키텍트로 취임. 2008년 한국건축문화대상, 2010년 일본 무라노 도고(村野藤吾)상 등 수상 다수. 프랑스정부로부터 문화예술훈장 '슈발리에' 서훈. 대표작으로 JDC제주국제영어교육도시, 제주도 핀크스(PINX)골프클럽 바이오토피아 및 타운하우스, 포도호텔 등

* 모노파 - 1960년대 말부터 1970년대에 걸쳐 일본에 나타난 미술 사조. 모노는 일본어로 '물(物)'. 즉 물건, 물체라는 뜻이다.
인간에 의해 조작된 사물 또는 사물에 대한 인식을 저버리고 나무, 돌, 점토, 철판, 종이 등 사물 소재 고유의 세계를 보여주는 것이 모노파(物派)의 특성이다. 재일동포 이우환 선생은 모노파의 대가로 인정받고 있다.

* 무라노 도고상 - 일본 최고 건축가에게 수여하는 상이다.
건축계의 아쿠타가와상(芥川賞, 일본 최고 권위의 문학상)으로도 불린다.

미술가 이우환(李禹煥)과 건축가 이타미준(伊丹潤)의 인생 최후대담

신한은행을 설립한
자이니치 리더

초판 1쇄 발행일 | 2015년 7월 10일

발행처 | 統一日報
발행인 | 강창만
지은이 | 이민호
펴낸곳 | 통일일보
주 소 | 서울 종로구 경운동 89-4 SK허브 101동 713호
　　　　 일본국 도쿄도 미나토구 모토아카사카 1-7-4
연락처 | 02.725.4161 ggilsan0@naver.com
사이트 | www.onekoreanews.net
편 집 | 올리브스토리
등 록 | 1990.05.14. 제300-1990-81호
스태프 | 김명신, 고광표, 이성실, 이명

ISBN 978-89-967807-2-4
Copyright ⓒ 통일일보 2015, 이민호

◇ 이 책은 저작권법에 따라 보호를 받는 저작물로서 무단 복제 및 전재를 금합니다. 이 책의 내용을 이용하려면 사전에 발행인과 지은이의 서면 동의를 받아야 합니다.